制造业海外并购整合
与产业技术创新研究

余鹏翼　著

国家自然科学基金（项目编号：71972057）
广东省自然科学基金（项目编号：2017A030311026）　资助

科学出版社

北　京

内 容 简 介

中国制造业尽管规模发展迅速，但普遍缺乏关键技术创新，自主技术创新能力"大而不强"已成为阻碍中国经济"创新驱动，转型发展"的重要原因。本书全面刻画中国制造业实施"创新驱动型"海外并购整合战略的路线图，结合中国制造业所处的发展阶段对海外并购政策的内在需求，从支持性、引导性和发展性三个层面构建与中国经济社会发展相匹配的海外并购政策体系，把握政府支持海外并购政策设计的内在规律和要求，通过微观、中观、宏观三个层次，对中国制造业企业海外并购整合与产业技术创新应对策略进行了系统探索与研究。

本书适用于从事海外并购研究的相关人员，也可以作为研究生和高年级本科生的课外阅读资料。

图书在版编目（CIP）数据

制造业海外并购整合与产业技术创新研究 / 余鹏翼著. —北京：科学出版社，2024.1

ISBN 978-7-03-075999-3

Ⅰ．①制… Ⅱ．①余… Ⅲ．①制造工业-跨国兼并-研究-中国 ②制造工业-企业创新-研究-中国 Ⅳ．①F426.4

中国国家版本馆 CIP 数据核字（2023）第 129940 号

责任编辑：王丹妮 / 责任校对：贾娜娜
责任印制：张 伟 / 封面设计：有道文化

科学出版社 出版
北京东黄城根北街16号
邮政编码：100717
http://www.sciencep.com
北京中科印刷有限公司 印刷
科学出版社发行 各地新华书店经销

*

2024年1月第 一 版 开本：720×1000 1/16
2024年1月第一次印刷 印张：19 3/4
字数：400 000

定价：**212.00 元**
（如有印装质量问题，我社负责调换）

序

　　余鹏翼教授要我为他的新著《制造业海外并购整合与产业技术创新研究》写个序，因为我长期从事并购问题研究，对这一话题很感兴趣，因此乐意应允。该部著作是作者承担两个基金项目的研究成果，研究的是 2016 年以来国内制造业企业为突破发达国家"卡脖子"关键核心技术而实施的海外并购整合的市场机制与政策路径。

　　并购与创新是发达国家企业发展的重要驱动力。中国企业并购交易已居全球第二但创新能力仍明显不足，并购能否促进创新依然是有待解答的重大命题。近年，大量中国企业"走出去"跨境并购欧美等发达国家和地区的企业，引发了海内外极大的关注，欧美发达国家和地区因担忧"跨境并购的技术转移会增强中国企业的创新能力"而加大对中国企业在当地并购的审查力度，导致国内制造业企业处于"海外并购是死路，不做海外并购也是死路"的两难困境。如何有效解决制造业企业关键核心技术"卡脖子"和"低端锁定"问题，技术获取型跨国并购能否促进产业技术创新，成为学界与业界亟须解答的重大现实问题。

　　习近平总书记指出，"装备制造业是制造业的脊梁，要加大投入、加强研发、加快发展，努力占领世界制高点、掌控技术话语权，使我国成为现代装备制造业大国"①。中国制造业尽管规模发展迅速，但普遍缺乏关键技术创新，自主技术创新能力"大而不强"已成为阻碍中国经济"创新驱动，转型发展"的重要原因。提高技术创新能力主要有两种方式：一是内部方式——企业自主研发；二是外部方式——技术引进、技术联盟及并购。现有研究表明，由于制造业企业自主研发往往具有周期长、风险大、投入高的特点，越来越多的制造业企业通过并购提高技术创新能力，实现战略资源获取和关键技术创新突破，而技术获取型海外并购正是联通国内国际双循环、加快海外优质创新资源内部化和促进高端制造业高质量发展的关键手段之一，从而解决关键核心技术"卡脖子"和制造业企业"低端锁定"问题。通过海外并购能够促进国内产业或行业资源整合，有助于优势产能

---

① 资料来源：《确保产业链供应链安全稳定》，《人民日报》2022 年 8 月 16 日第 01 版.

对接，为"供给侧、需求侧双向改革"提供有效支持。

该书在国内文献综述与理论回顾的基础上，分析了技术获取型海外并购整合与产业技术创新的宏观动因与微观机理，比较发达国家的制造业发展战略对中国制造业企业的启示与借鉴，通过实证研究分析了制造业企业海外并购整合与产业技术创新的财富效应，明确指出国内制造业要充分发挥海外并购整合的能力重构优势并针对性地制定整合策略。

该书立足于现实情境，结合产业技术创新理论、资源基础理论及并购协同创新理论，构建了技术获取型海外并购与创新驱动发展战略的分析框架，指出中国制造业如何突破发达国家"卡脖子""掉链子"关键技术是亟待解决的现实问题，厘清中国制造业在全球价值链重构各产业演进阶段的并购动机，为政府监管部门制定相关产业政策提供决策参考，对推动制造业企业整体技术创新和产业升级具有重要的实践价值。

李善民

2022 年 10 月 24 日于中山大学康乐园

目　　录

第一章　导　　论

　　海外并购是我国企业对外直接投资的主要方式之一，海外并购效果的好坏关系到我国企业国际化战略能否有效实施和推进。因而努力提高海外并购的效率和效果，进而实现企业价值增值和战略目标，是企业决策者和政府部门不可忽视的问题。党的十九大报告指出"我国经济已由高速增长阶段转向高质量发展阶段"[①]，而全要素生产率是衡量资源配置效率的关键指标。企业如何实现自身资源配置的有效性，首先涉及企业战略的布置。Penrose（1959）表明资源如何调度是企业战略最核心的问题，而企业战略的类型往往决定了资源的安排倾向（Chandler，1962）。关于企业业务层面的战略分类主要有 Miles 和 Snow（1978）的进攻型、防御型与分析型战略等，其中进攻型企业通常倾向于寻找新市场与新产品，发现并尝试各种可能成功的计划，而防御型企业则聚焦于自身领域，以提高生产效率、降低成本为目标。因此进攻型企业对资源的投入资金与投入方向往往比防御型企业更多，资源投资效率也相对较差（Miles and Snow，1978；Habib and Hasan，2019）。

　　此外，企业战略的实施具有一定的持续性与连贯性（刘海建等，2009），而并购的发生则会引入另一个企业的战略模式，进而对原先并购方的企业战略产生一定的冲击。基于战略动机假说，企业喜欢寻找可以弥补自己缺陷的标的方。融资约束大的企业倾向于并购现金流大的企业以获得充裕的资金来源，来弥补自己的缺点；缺乏研发能力的企业倾向于并购高科技企业以获得相关的技术等（温成玉和刘志新，2011）。然而，也有文章指出当并购双方之间存在某些相似之处时，并购的绩效更好。陈仕华等（2013）发现当并购方与目标公司之间存在董事联结关系时，双方更可能发生并购，且并购方获得的长期并购绩效会相对较好。然而关于企业并购战略之间的匹配程度，传统文献往往只谈到并购企业双方是否处于同一个行业或行业是否具有相关性，这是对企业总体经营战略方向是否一致的研究，但缺乏对并购双方企业业务层面战略即具体资源的利用

---

　　① 习近平：决胜全面建成小康社会 夺取新时代中国特色社会主义伟大胜利——在中国共产党第十九次全国代表大会上的报告[EB/OL]. http://www.gov.cn/zhuanti/2017-10/27/content_5234876.htm，2017-10-27.

程度是否存在差异的进一步探讨。不同行业的企业可能在业务层面的资源配置投入存在相似性，同一个行业不同企业的战略配置也存在一定差异（袁蓉丽等，2019），此外，一家企业自身也可以实现不同业务战略的转变。因此，有必要针对并购双方的资源配置战略的匹配程度是否会降低或提高并购后的资源利用效果即全要素生产率进行研究。

第一节 研究背景和问题提出

2020 年以来，受新冠疫情蔓延、国际贸易摩擦加剧、反全球化思潮盛行等多重因素影响，国内制造业企业海外并购之路变得困难重重。安永会计师事务所发布的《2022 年一季度中国海外投资概览》显示：2022 年一季度，中企宣布的海外并购总额为 58.5 亿美元，同比下降 65%，创历史单季最低；宣布的交易数量为 107 宗，同比减少 25%[①]。更早的数据显示，2021 年，中资海外并购交易宗数同比下降 28.09%，披露交易金额同比下降 40.09%，交易宗数、披露金额均达到 2014 年以来的最低点[②]。短期内外部大环境不会发生改变，国内制造业企业海外并购之路也将充满挑战，同时也不乏新机遇，在新的区域、新的领域仍然存在新的增长空间。

2016 年是国内制造业企业海外投资并购交易跨越式增长的一年。2016 年，中国企业海外并购交易金额达到 2 210 亿美元，超过前四年的总和。但在 2016 年之后，中国企业海外并购交易量和金额开始急剧下滑。据麦肯锡统计，从 2016 年到 2019 年，金额 10 亿美元以上的中国企业海外并购交易量从 202 起下降至 57 起。

主要的原因有：一是国内监管部门对海外投资加强监管和指导；二是目的地市场对外商直接投资（foreign direct investment，FDI）的审批日趋收紧；三是跨国并购后的整合工作高度复杂，一些并购后无法融合的案例引发企业家担忧；四是国内市场投资和增长机遇爆发。

2018 年掀起的中美贸易摩擦，对国内制造业企业海外并购造成了较大冲击。美国针对国内制造业企业海外并购设置了各类障碍，包括借助长臂管辖原则，将所有在美拥有资金账户或销售收入的全球跨国公司纳入安全审查范围。这直接导致国内制造业企业海外并购规模大幅下滑。商务部数据显示，仅是 2019 年一季度，

---

① 资料来源：https://www.sohu.com/a/546012908_676545。
② 资料来源：https://caifuhao.eastmoney.com/news/20220325230454305020530。

国内制造业企业海外并购交易额就同比下降了 48.8%，交易数量同比下降了 54.4%①。总的来说，早在新冠疫情发生以前，国内制造业企业海外并购的步伐已趋于放缓，企业家对于海外投资也越来越谨慎。2020 年之后，新冠疫情叠加地缘政治风险升级，进一步削弱了中国企业对外投资的势头。

商务部数据显示，2020 年国内制造业企业海外并购再创近年来新低，宣布的并购额同比下降 46.2%。2020 年中国企业宣布的海外投资退出项目金额较 2019 年上涨 124%，达 493.3 亿美元，首次超过全年宣布的并购总额②。2021 年，中企宣布的海外并购数量为 516 宗，同比减少 4%，创 7 年来最低。海外并购总额为 570 亿美元，同比增长 19%，但较疫情前 2019 年的 794 亿美元仍萎缩 28%，且四季度交易额处于历史同期最低水平③。

当前，国内制造业企业在海外并购市场上面临多重挑战，从外部因素来看，疫情仍在全球蔓延，跨境人员活动仍受限，对企业进行海外实地考察尽职调查带来不便，国际地缘政治风险激增，俄乌冲突等对全球尤其是欧洲的经济稳定造成了巨大的负面影响；国际货币基金组织将 2022 年世界经济增长由 4.4%调低至 3.6%④，全球经济复苏预期显著放缓，欧美国家通货膨胀率持续上升，均已创近 30 年来新高。全球各国宏观经济形势不稳定性增加，令国内制造业企业海外投资趋于谨慎。

一、国内制造业企业海外并购区域变化的趋势

按交易额计，2022 年一季度中国企业宣布海外并购的十大目的地国中，美国、印度和德国位居前三。按交易宗数计，前三位是美国、日本、韩国，美国同样位居榜首⑤。但随着美国加大对外国投资审查力度，以及一些新兴市场的崛起，国内制造业企业海外并购的目的地也在悄然发生变化。

在华尔街将矛头对准中国企业之际，欧洲已成为中国投资的首选区域，吸引了大量资本流入。从 2021 年的国内制造业企业海外并购数据也不难发现，欧亚区域对中资的吸引力在不断提升。2021 年，中国企业在欧洲宣布的海外并购金额为 159.8 亿美元，同比增长 13%，交易数量 161 宗；在北美洲宣布的海外并购金额为

---

① 资料来源：https://static.nfapp.southcn.com/content/202208/01/c6744036.html。
② 资料来源：https://www.sohu.com/a/581573899_161794。
③ 资料来源：安永《2021 年中国海外投资概览》：中国全行业对外直接投资同比增长 9.2%，https://www.sohu.com/a/521909401_676545。
④ 资料来源：新浪财经，https://finance.sina.com.cn/7x24/2022-04-19/doc-imcwipii5264842.shtml。
⑤ 资料来源：https://www.sohu.com/a/546904244_163278。

87.5 亿美元，同比减少 35%，交易数量 134 宗①。2021 年 3 月 25 日，荷兰皇家飞利浦宣布，将家用电器业务出售给中国私募巨头高瓴资本，交易价值约为 37 亿欧元②。这是当年国内制造业企业海外并购金额最大的一笔交易，也是欧洲当年最大的一笔并购交易。

2022 年一季度，中国企业在欧洲宣布的并购金额为 21.3 亿美元，宣布的交易数量 43 宗，在各大洲中均位列第一③。未来，俄乌冲突会加速欧洲各国加速向新能源转型。因此，国内制造业企业在欧洲新能源领域的投资与合作机会预计将继续增加。欧洲的传统发达国家在许多行业仍具有领先的技术和品牌，较具投资吸引力，尽管欧洲近年来也逐渐加大对外国投资的审查力度，但仍有一些空间。

国内制造业企业海外并购的另一个新兴重要目的地是亚洲。2021 年，中国企业在亚洲宣布的海外并购金额为 263.7 亿美元，同比增长 85%，占同期总额 46%，为投资金额最多的大洲，且大项目数量较 2020 年明显增多，有 7 宗交易金额超过 10 亿美元④。在 2021 年国内制造业企业海外并购最受欢迎的十大目的地中，有一半来自亚洲，包括新加坡、韩国、印度尼西亚、印度和日本，且除印度外均取得三位数增长。亚洲板块的快速增长，一方面，源于经济发展展望好，东盟等地发展潜力值得期待；另一方面，"一带一路"倡议的深入推进和《区域全面经济伙伴关系协定》（Regional Com-prehensive Economic Partnership，RCEP）的签订也增加了亚洲地区的投资吸引力。2018 年中资海外并购交易宗数和金额继续下降，但共建"一带一路"国家的并购宗数却出现了 13.64%的增长⑤。2021 年，中国企业对共建"一带一路"国家非金融类直接投资同比增长 14.1%，达 203 亿美元⑥，主要投向东盟、孟加拉国、阿联酋和哈萨克斯坦等国家和地区。2022 年 1 月 RCEP 正式生效，其将进一步促进区域内的投资和贸易活动，亚洲板块预计将继续成为国内制造业企业海外投资的重点区域之一。

二、国内制造业企业海外并购产业变化的趋势

海外并购是企业提高国际市场竞争力、迈向全球价值链中高端的重要手段。

---

① 资料来源：安永《2021 年中国海外投资概览》：中国全行业对外直接投资同比增长 9.2%，https://www.sohu.com/a/521909401_676545。

② 资料来源：https://www.sohu.com/a/457551555_354896。

③ 资料来源：安永发布《2022 年一季度中国海外投资概览》，https://www.sohu.com/a/546012908_676545。

④ 资料来源：东方财富网，https://finance.eastmoney.com/a/202202102272838841.html。

⑤ 资料来源：中国贸易救济信息网，http://cacs.mofcom.gov.cn/article/gnwjmdt/gn/201903/158006.html。

⑥ 资料来源：https://www.sohu.com/a/518033472_387251。

国内制造业企业海外并购趋势始终与国内产业发展的势头有密切联系，金属、矿产、TMT（technology、media、telecom，科技、媒体和通信）、医药成为过去几年来国内制造业企业海外并购的热门行业。

根据胡润研究院发布的"2021 胡润中国跨境并购百强榜"，金属与矿产成为中国企业出海跨境并购的最主要行业，50 强交易中占 6 笔；其次是软件与服务，占 5 笔；医疗健康、食品饮料和能源并列第三，各占 4 笔。原因在于新能源汽车行业在中国乃至全球的高速发展引发企业大肆收购矿产资源，到处跑马圈地。2021 年和 2022 年，疫情和国际贸易摩擦对大部分行业的海外并购交易造成了影响，而能源矿产行业是为数不多能够保持热度的行业之一。

2022 年上半年，国内能源矿产行业海外并购热度依然居高不下。国内锂矿巨头江西赣锋锂业集团股份有限公司发布公告，为进一步加强上游锂资源布局，同意全资子公司收购 Lithea 公司不超过 100% 股份，收购总对价不超过 9.62 亿美元。Lithea 公司拥有位于阿根廷萨尔塔省的 Pozuelos 和 Pastos Grandes 两块锂盐湖资产。2021 年更是中资海外"抢"锂的一年。其中，紫金矿业集团股份有限公司以 9.6 亿加元收购加拿大上市公司新锂公司，其核心资产为位于阿根廷西北部卡塔马卡省的 3Q 锂盐湖项目。除了能源矿产，TMT 行业也一直是国内制造业企业海外并购最热门的行业。2022 年一季度，TMT 行业并购交易金额在国内制造业企业海外并购总额中占比超过四成，主要投向 IT 咨询及服务、软件系统和半导体制造等细分领域。从历年交易来看，半导体制造等高科技行业极易受到阻挠甚至被迫终止，尤其是中资赴美投资并购碰壁的重灾区。例如，紫光集团收购美光科技被否决、中资基金收购美国莱迪思公司搁浅等并购交易案例，都引发了关注与讨论。

另外，疫情促进了国内外医疗行业的发展，这一领域的海外并购数额显著攀升。2021 年，医疗与生命科学行业的国内制造业企业海外并购交易数量达 1 253 起，交易金额达 445 亿美元，达到历史同期最高水平[①]。同时，医疗与生命科学行业是唯一连续两年获得交易金额和数量双增长的行业。

2022 年新冠疫情持续，但全球并购在新技术、新模式、新产业的催生下，可能继续走出历史新高。国内制造业企业海外并购呈现三大趋势：更多国内制造业企业探索深入参与国际产业链供应链重构，医疗与生命科学行业继续引领国内制造业企业海外投资，绿色和可持续发展领域相关的投资逐步上升。

在新发展格局下，面对日益激烈的国际竞争，中国的制造业企业也急需"走出去"，通过学习和吸收国外的先进技术，实现自身的跨越式发展，在这样的需求

---

① 资料来源：东方财富网，https://finance.eastmoney.com/a/202204072335208148.html。

驱动下，更多的制造业企业实施海外并购也应运而生。随着更多智能化制造、国际化战略、"一带一路"等的推进，预计未来中国制造业还将进行更多的海外兼并整合。

第二节 理论背景与学术价值

海外并购与产业技术创新问题既涉及价值创造的理论问题，又涉及科学制定策略的现实问题，历来是各国政府极为重视的问题之一。当前，国内制造业海外并购整合意愿增强。无论是战略资源类并购，还是创造性资产类并购，均提升了中国企业的国际形象和影响力，形成一批在行业中发挥引领作用的跨国企业。但国内关于制造业海外并购整合与产业技术创新的理论研究尚处于起步阶段。

一、并购与技术创新研究尚未形成整体框架

对于并购后技术创新的研究，现有文献形成了两个基本的分析框架。第一个框架以战略管理学派为主，研究了并购前资源的相似性与互补性对技术创新的影响。该学派的研究认为并购绩效依赖于并购企业和目标企业的资源联系性，一方面，有研究指出相似性是影响并购后技术创新的重要因素（Cassiman et al., 2005）；另一方面，部分学者提出资源互补性有利于并购后技术创新（Kim and Finkelstein, 2009）。第二个框架以组织行为学派和过程学派为主，主要研究了并购双方文化差距及并购后整合行为对企业价值创造的影响。他们认为整合过程是决定并购能否成功的重要阶段（Birkinshaw et al., 2000）。

以上不同学派各有其关注点，战略管理学派强调并购前阶段，而过程学派则聚焦并购后管理，并购的成功与并购前和并购后阶段均密切相关（Bower, 2001; Barkema and Schijven, 2008; Stahl and Voigt, 2008）。这是因为并购是一个连续动态的过程，且影响并购后技术创新的各因素间存在着相互作用，因此对并购后技术创新的研究必须在一个整合的框架中进行。一些研究也指出同时考虑并购前后阶段的联系可能会取得并购后更好的绩效（Weber et al., 2011）。

然而，已有的文献基本都是从资源的相似性和互补性出发研究其对技术创新的影响，或者从并购整合的角度探讨其对技术创新的影响，仅有少量文献将资源

相似性、互补性、并购整合与技术创新放入统一的框架中，分析在不同资源相似性互补性条件下并购整合对技术创新的影响，且缺乏关于内在影响机制的深入理论探讨。

二、并购整合对技术创新影响机制研究较为薄弱

自 20 世纪 90 年代以来，理论界逐渐意识到并购后整合过程对于企业技术创新的重要影响。以过程学派为代表的并购后整合的相关研究表明，对于之前相互独立的两个组织而言，恰当的整合程度对于并购成功是十分重要的（Haspeslagh and Jemison, 1991; Larsson and Finkelstein, 1999），过低或者过高的整合程度都可能会导致价值创造的失败。一方面，高程度整合有利于协同效应的实现。高程度整合会增加两个公司部门间的相互交流，需要并购双方高程度的互相依赖及同步的决策过程（Jemison and Sitkin, 1986; Pablo, 1994; Zollo and Singh, 2004）。同时，高程度的整合可以剥离冗余业务，降低企业的经营成本（Kale and Puranam, 2004）。另一方面，高程度整合将增加组织和协调成本。高程度整合会给目标方组织结构、资源和制度带来较大破坏，造成目标方关键资源和能力的损失。Paruchuri 等（2006）与 Kapoor 和 Lim（2007）的研究发现，当目标方公司被整合到并购方组织中，而不是保留其独立子公司身份时，目标方科研人员的创新效率会大幅下降。因此，并购方在选择整合策略时，实质上是对整合所带来的积极影响与消极影响的一种平衡。然而，如何选择适当的整合模式在目前的研究中仍未有全面、广泛认同的分析框架，而整合对于并购后价值创造的影响机制也不甚清晰。同时，与大量已有的研究并购对公司的财务和经济绩效影响的文献形成鲜明对比的是，仅有有限数量的文献关注并购对企业技术创新的影响。因此，打开并购整合与技术创新的黑箱，解决两者之间的因果模糊性，亦是学术界需要进一步探讨的方向。

可以看到，并购整合已经成为海外并购过程中需要解决的重点和难点，选择适当的整合模式是决定并购成败的关键。因此，深入而系统地研究并购后的整合问题，探讨并购前资源联系性在并购整合对技术创新影响中的作用，建立"资源联系性—并购整合策略—产业技术创新"的综合研究框架，解决并购整合难题，具有重要的理论价值和现实意义。

（1）海外并购整合与产业技术创新战略是中国制造业企业更好参与全球经济治理、充分利用国内外两种资源、寻求更宽广发展空间的需要。在经济全球化和科技发展日新月异的背景下，全球市场竞争日益激烈，技术创新速度加快，生产资料、技术及人力资本在全球各个国家和地区之间的流动更加频繁，而持续降低

的运输和通信成本使得跨国公司能够以空前的方式将其在各个国家或地区的生产及企业其他功能加以整合。随着发展中国家海外并购交易的迅猛增长，对于发展中国家企业的海外并购理论、战略选择和运作机制的研究已成为当今学术界研究的热点之一。学者们从各个层面对海外并购的动因、效应、运行机制、政策措施等进行了深入的研究，但是他们多以发达国家作为投资并购企业的母国，而对新兴市场海外并购的研究比较少，研究层面比较单一和浅显。因此有必要完善以中国、印度等为代表的新兴市场经济体国家的企业海外并购的理论研究，以期在企业海外并购理论上做出新的解释。

日益发展壮大的中国制造业应根据自身战略定位和长期发展规划，积极参与到全球生产体系和产业结构调整进程中，一方面，通过海外并购活动充分盘活企业的存量资源，结合通过并购活动获得的外部资源进一步提高企业在生产经营方面的互补优势，充分发挥企业潜力；另一方面，吸收并购企业在某一产品领域的研发技术和生产工艺迅速融入全球生产体系，并借助并购企业在全球营销网络、产品市场上的品牌优势和市场号召力拓展企业市场空间，进而实现规模经济与范围经济。然而，当前我国关于企业海外并购整合的理论研究远远滞后于海外并购的实际发展趋势，理论基础比较薄弱，并且对中国制造业海外并购的引导、培育和发展的政策建议相对缺乏，因此，研究我国企业海外并购整合具有丰富的理论意义和实践价值。

（2）制造业海外并购整合关系到中国产业技术创新、产业转型升级问题。通过对制造业海外并购整合模式的分析，为"一带一路"倡议和《中国制造2025》提供决策参考。据统计，随着我国地区产业集群、块状经济的持续发展，我国制造业在很多行业中已奠定了技术与产量上的制造大国的市场地位。然而，在全球金融危机冲击下，这种以低成本为主体的产业集群发展却遇到了极大的困境：一方面，许多产业集群企业往往是通过低劳动力成本和价格优势建立起来的，处于全球价值链底端，回报微薄，绝大多数技术利润和渠道利润都被外商垄断；另一方面，又受到美国、欧盟等发达国家消费减少、需求放缓、出口锐减及"贸易威胁"的反倾销与抵制。国内制造业传统的经营模式已经不适应我国经济发展和当前世界经济形势转变的需要。基于此，研究在全球金融危机严重冲击下，推动我国制造业通过海外并购整合战略实现传统来料加工模式向"走出去"的开放式经营模式转型升级，从而带动产业技术进步和产业集群的转型升级具有重大现实意义。

（3）制造业企业海外并购是中国实施企业《中国制造2025》、推动产业技术创新、供给侧结构性改革的必然要求，也是中国参与全球经济治理的重要途径之一。经过四十多年的改革开放历程，我国制造业已经获得了飞跃式发展，并在我国国民经济、就业和税收等方面占据着越来越重要的地位。然而，近几年我国制造业也出现了原材料和劳动力成本上升、资金短缺及发展后劲不足等进一步发展的问题。尤其是 2008 年全球金融危机以来，制造业的持续、健康发展更是举步维艰，为了有效解决国内企业的发展瓶颈问题，国家从发展战略、政策扶持等方面鼓励我国具备"走出去"能力的制造业实施海外并购战略，通过海外并购整合优化企业资源整合、改进经营管理模式，最终实现制造业的转型升级，反过来促进我国整体产业技术创新和结构优化升级。然而，由于世界经济形势的错综复杂和企业间竞争的日益加剧，再加上市场外部的不确定性因素和管理等多方面因素，企业海外并购整合的成功率相对较低，这在我国企业海外并购活动中表现得尤为突出：一是出于财务投资的考量，希望在成本低的时候进入，等到企业业绩增长获得增值；二是在行业内集中布局，形成整个产业链的布局，期待未来能形成大的竞争力。尽管国内制造业在经济低迷期有全球化并购，但是收购之后如何协同配合？一些亏损资产如何扭亏？资源的整合是我国企业管理能力面临的重要考验。在国际并购中，整合难度一般较大，我国企业和国外企业的文化、管理理念差异较大，在整合过程中会出现较多问题。短期内可能对企业经营业绩改善不大。没有有效整合和业务重组，在产业链上就不能提高经营效率，就不能创造价值，制造业海外并购存在较高财务风险。

因此，对我国制造业海外并购整合进行跟踪分析，并对海外并购成功及失败的案例进行总结分析，探讨我国企业海外并购整合中存在的问题，提出针对性的解决措施，进一步完善我国企业海外并购理论和方法，将有助于我国进一步提升经济实力，促进国内供给侧结构性改革，进一步提升我国世界大国身份、履行全球经济发展责任、参与全球治理。同时，通过对我国制造业海外并购整合的情况比较分析，提出实施企业海外并购的针对性策略，进而构建我国制造业海外并购整合与产业技术转型升级的路径与机制，以促进我国制造业持续协调发展。制定与我国积极"走出去"战略相匹配的海外并购整合法律规范与政策体系，构建符合"中国制造强国"战略的企业海外并购战略路径，降低我国企业海外并购的风险，从而提升企业海外并购效率。

第三节　研究方法

在选择理论视角和研究范式的时候，考虑到影响中国制造业企业实施海外并购整合与产业技术创新行为的因素是综合性的，即包括外部环境和企业自身发展规划的双重影响。因此，根据研究的总体设计将综合使用产业经济学、国际政治学、战略管理学、社会学、国际法学等不同学科的理论分析和研究中国制造业企业海外并购整合与产业技术创新。

一、文献探讨与理论分析

在收集海外并购、海外并购整合、海外并购战略方向、海外并购运行机制、产业技术创新等相关文献资料的基础上，系统、深入地总结前人的研究成果，在这个过程中，拟采用文献研究和理论分析相结合的方法，全面分析中国制造业实施海外并购的动因、策略、整合等的差异，明确中国企业海外并购过程中面临的机会和威胁，进而为本书开展中国制造业企业海外并购整合与产业技术创新的战略选择和运行推进机制研究奠定理论基础。

二、国内外典型经验比较研究

依据国内外典型的海外并购案例，运用比较分析与实证分析方法对国内外企业海外并购的不同影响因素及其完善的应对策略进行系统性比较分析，如发达国家企业海外并购与再工业化的历史与现状的比较、国内外企业海外并购整合模式选择与产业创新机制的比较、国内外企业海外并购整合战略的比较等，在比较分析的基础上总结各个典型海外并购整合与产业创新的经验，并提出可借鉴的启示与对策。

三、个案研究和深度访谈法

通过深度访谈的方式，并根据档案数据、书面文件、实物样本或者直接的观察与事后回溯法相结合（中国制造业海外并购整合的重要事件），完成 50 个典型（汽车制造业、机械制造业、生物医学工程等相对集中）的海外并购案例搜集、整理工作，以进行探索性的案例研究，并结合理论研究的结果进行进一步研究框架修正与改进。

四、问卷调查法

建设相关数据库是开展企业海外并购整合与产业技术创新的战略选择和实施

"走出去"战略研究的基础。基于此，本书计划在调研区域内，采用面向计划实施海外并购企业的动态跟踪调查与已经完成海外并购企业的多轮次大规模问卷调查相结合的调研方法，构建制造业企业海外并购动态跟踪数据库，为理论构建和实证研究工作提供必要的数据支持。

五、案例分析与专家研讨

基于个案研究、深度访谈法及动态跟踪调查方法，对中国制造业企业海外并购的战略方向选择和运营推进机制开展案例研究，并结合相关专家研讨，对理论模型与研究问卷进行适当修订，以搜集到真实、准确的调研数据。

六、内容分析法

内容分析法是一种对研究对象进行客观、系统和定量的描述的研究方法，其实质是对研究对象所含信息量及其变化的推理分析。将在建立研究目标的基础上，以中国制造业企业海外并购整合和产业技术创新机制作为研究总体，整理和回顾相关文献、研究报告，制定初步的分析维度，并根据预测的结果进行修订，以设计出客观性较强的分析维度体系。然后抽取分析材料，综合运用回归分析、均值比较、结构方程建模、相关分析、因素分析、R 分析等定量研究方法对所获得数据进行量化处理，以形成关于中国制造业企业海外并购的趋势、特征等方面的结论。

七、扎根理论与定性分析方法

鉴于中国制造业企业海外并购整合与技术创新机制的复杂性，本书将注重探究中国制造业企业海外并购整合与技术创新战略的定位和整合模式，在个案研究和深度访谈的基础上，选择典型个案予以重点调查分析，通过对典型案例进行长期观察、深度访谈与动态追踪，以扎根理论为主要的定性分析方法，采用开放性译码、主轴译码和选择性译码相结合的三重译码技术来归纳民营企业实施海外并购战略的行为活动，借助资料分解和比较检验探讨概念之间的联系，资料组合，形成理论雏形，扎根于典型个案的资料与信息，从而揭示制造业企业海外并购整合与技术创新的战略方向和运行机制。

八、模型检验法

为了更好地探索影响制造业企业海外并购整合与产业技术创新的因素,本书将建立相关理论模型,并计划运用多轮编码、专家咨询、因子分析、信效度分析、关键事件技术等方法来抽取关键因素,构建可操作化测量量表并检验量表的信度和效度,并采取因子分析、聚类分析、相关分析、回归分析、*T* 检验等方法对模型进行验证,用实证结果来验证模型假设是否成立以及成立的条件,分析关键要素的一般特征以及相互之间的关系和影响程度,并在此基础上衡量与检验有关假说、观点和理论的科学性。

近些年来,学术界对我国企业海外并购整合的问题已经开展了一些研究,但这些研究较为分散,尚未形成系统的观点,如何对这些观点及本书研究基础上新发现的观点予以理论提炼,对研究成果的知识产出和理论创新非常重要。对此,本书将针对典型的中国制造业企业海外并购案例进行应用性调研,从理论基础、问题的解决方法及实际应用层面分析、整理相关数据,并加以归纳比较。此外,本书将充分发挥广东外语外贸大学广东国际战略研究院和跨国并购与创新战略研究中心复合型专家团队的科学优势,用组织小型专家研讨等活动来对研究结果进行理论提升。

第四节　总体框架

本书确立了以中国制造业海外并购整合与产业技术创新为研究主线,以解决海外并购整合与产业技术创新存在的实际问题为突破的研究思路,遵循"历史梳理—国际比较——一般理论构建—关键现实问题的解释—理论的检验与修正—制度框架设计"的基本逻辑展开。

本书的总体框架主要由"一个核心、两个层面、三个维度、四大模块"四个部分组成。

1. 一个核心

通过海外并购整合,促进中国制造业向中高端发展,加快从制造大国转向制造强国进程,以信息化与工业化深度融合的数字化、网络化、智能化制造为主线,改造提升中国制造业。在课题设计中,我们紧紧围绕"制造业海外并购整合与产业技术创新"这个核心,系统深入研究并购整合与产业技术创新的理论提炼、运行规律与经验总结，在此基础上提出中国制造业海外并购整合的系统解决方案，并进一步为国家及各地方政府的海外并购整合提供政策建议，为中国制造业更好参与全球经济治理、实现转型升级提供战略思路。

2. 两个层面

为了对这一问题做出科学的研究与判断，本书按照理论问题和实践问题两条思路展开，一条是解决理论关键问题：提出理论难题—凝练科学问题—推动理论创新；另一条是解决与理论相关的实践关键问题：突破约束条件—探索海外并购整合模式转型—实现产业技术创新路径转轨。

理论层面的主要内容构成如下。

运用案例分析、历史回溯及经验总结等方法对历史上崛起大国的企业"走出去"战略进行分析和总结，并结合中国崛起和制造业海外并购实际，探索制造业海外并购整合战略及理论。

通过对中国制造业海外并购的经验总结和案例分析探讨中国制造业海外并购整合发展历程，进而提出中国制造业海外并购的技术路线图和并购的相关理论。

通过对全球经济治理模式、系统动力政策规划和优化模型的研究，形成与中国制造业海外并购整合的相关政策指引与制度安排理论。

实践层面主要是：

通过对中国制造业海外并购整合的理论梳理与经验总结，为制造业实施海外并购整合活动提供一整套的系统解决方案，实现中国制造向中国智造、中国创造，中国速度向中国质量，中国产品向中国品牌的转变。

通过制定相应的海外并购整合的政策措施，对中国制造业的海外并购活动形成指导理论，提高中国制造业海外并购绩效。同时要把产业技术创新贯穿制造业发展始终，以智能制造、绿色制造为主攻方向，用高新技术尤其是"互联网＋"改造提升制造业。也为中国进一步参与全球经济治理提供政策上的参考与指导意见。

3. 三个维度

三个维度即微观、中观和宏观三个维度。微观层面主要是从我国制造业海外并购整合的视角展开，通过对我国制造业在海外并购活动中的得失成败、经验总结进行分析，探索我国制造业海外并购整合的特征和规律。

中观层面依托我国不同区域的制造业发展差异，对我国制造业海外并购整合不同区域、不同行业差异的比较分析进行实证研究，进而探讨不同区域经济转型或产业升级的不同战略路径。

宏观层面立足于制造业 2025 规划的视角，探讨在全球动态竞争格局下我国制造业海外并购战略的路径选择和政策实施，以及我国如何依托企业海外并购战略积极参与全球经济治理和国际合作。

从以上三个维度进行分析，有利于我们对制造业海外并购整合进行全程指导和监督；可以满足我国不同区域不同行业制造业海外并购的不同需求，有助于构建区域联动和协调一致的国家制造业海外并购战略体系。

4. 四大模块

四大模块是指本书按照研究方法与功能划分的调查与分析、理论与技术、评价与预警、对策与机制等四个模块。

调查与分析模块是本书的基础模块，主要包括前期的企业海外并购整合资料收集、案例分析及研究人员对企业、协会组织及政府部门关于企业海外并购相关数据、文献等资料的收集活动，为后续研究开展提供数据基础。

理论与技术模块是本书的支撑模块，企业海外并购在发展过程中已经建立了相对系统的理论框架，而企业海外并购的经验积累和得失成败教训则为后续企业海外并购提供了借鉴意义，因此，理论与技术模块为本书的开展提供了理论支持。

评价与预警模块是本书的操作模块，本书的研究目的之一是通过对我国制造业海外并购理论的总结与实践分析，构建出一套能够有效指导和促进制造业海外并购战略实施和监督的评价和预警体系。为了达到此目的，我们将综合应用管理学、经济学和多学科的技术与方法，进行深入的研究。

对策与机制模块是本书的实践模块，在实践模块中，我们主要是将研究成果有效输出并指导实践。具体表现在为制造业实施海外并购战略提供指导，为区域经济发展、产业转型升级提供政策支持，为中国全面参与全球经济治理提供决策参考。

第五节　可能的创新

一、研究思路的创新点与特色

全面刻画出中国制造业实施"创新驱动型"海外并购整合战略的路线图，结合中国制造业所处的发展阶段对海外并购政策的内在需求，从支持性、引导性和发展性三个层面构建与中国经济社会发展相匹配的海外并购政策体系，把握政府支持海外并购政策设计的内在规律和要求，通过微观、中观、宏观三个层次，对中国制造业企业海外并购整合与产业技术创新应对策略进行系统探索与设计，这种研究思路的变革与创新，能为中国构建"制造业2025"的发展战略提供新理论、新思路与新路径，为政府有效支持企业海外并购整合和提升制造业技术创新水平提供理论指导和政策借鉴。

二、研究内容的创新点与特色

（一）通过典型案例研究与实证分析，探讨中国制造业企业海外并购整合对产业技术创新的影响

现有研究大多从规模效应、范围经济描述并购整合对技术创新的积极影响，从并购双方的摩擦成本来刻画整合对技术创新的消极影响。本书则通过借鉴生态位理论和跨越"死亡之谷"的研究成果，揭示海外并购整合对技术创新的影响机制。目前国际上有关海外并购整合的研究集中于发达国家企业的海外并购，国内关于并购后整合的研究仍处于起步阶段。基于此，本书从中国制造业企业特征出发，通过典型案例研究与实证分析，探讨中国企业的技术获取型海外并购整合对技术创新的影响。

（二）为中国制造业企业克服"海外并购整合难题"提供理论指导和可操作的途径与方法

对于大多数发展中国家企业而言，通过海外并购获取先进的技术资源、经验与能力是其提升产业技术创新能力的有效途径。然而，在中国企业"走出去"的实践中却有大量中国企业陷入"并购整合困境"，因此如何制定并购整合策略，最小化并购整合过程中的摩擦成本，实现协同效应，从而提高产业技术创新能力是企业亟须解决的重要课题。本书将为中国企业如何克服"海外并购整合难题"和提升产业技术创新提供相关建议。一方面，做好事前评估，通过对并购双方资源联系性的考量，明确并购企业与目标企业之间资源间的相似性与互补性；另一方面，充分意识到并购整合对于技术创新的重要影响，在准确分析并购双方资源相似性与互补性的前提下，利用适当的并购整合策略实现潜在协同效应。

第六节　总体研究框架图

本书的总体研究框架图，如图 1-1 所示。

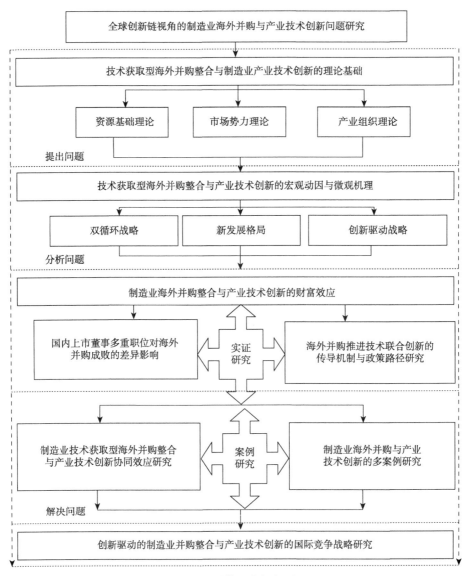

图 1-1　总体研究框架图

第二章　理论回顾与文献综述

第一节　海外并购整合的界定及理论基础

关于并购整合，现有的文献观点主要是将整合定义为资源的重新配置。Haspeslagh 和 Jemison（1991）认为整合指的是将先前两个独立的公司结合的管理过程。Pablo（1994）将并购整合定义为"通过改变活动安排、组织结构、系统及合并后的组织文化等方面，以巩固并购后公司使其成为正常发挥作用的统一体"。一些学者认为，整合是指收购后的重新配置、重新调整，并将目标方资源和收购双方之间资源的交互作用合理化。Capron（1999）认为整合是一个转移、删除和保留资源的过程。国内方面，王长征（2000）认为企业的并购整合即并购双方组织及其成员间通过企业能力保护、转移、扩散和积累创造价值的相互作用的过程。杨洁和程丽霞（2006）认为并购整合是在并购战略的愿景驱动下，并购双方采取一系列措施对企业要素进行系统性融合和重构，并以此来创造和增加企业价值的过程。

本书的并购整合是指以创造"1+1>2"的协同效应为目的，以并购双方各种经营要素的有效融合与优化配置为手段将资源合理化的过程。该定义包含了三层含义：第一，并购整合的最终目的是为企业创造价值，通过并购双方的协作获得超越其单独经营所能达到的绩效；第二，并购整合通过资源在并购双方之间的转移、融合、重构来实现；第三，并购整合是一个过程的概念，并非瞬间完成的事件。

一、传统的海外并购理论

关于海外并购的理论最早源于跨国直接投资理论，相关研究始于 20 世纪 60 年代，先驱者是海默，他提出了垄断优势理论，并被 Kindleberger 加以丰富和完善。根据垄断优势理论，掌握或拥有特殊资产的所有权优势的企业将会选择对外直接投资。20 世纪 60 年代，Vernon（1966）提出了产品生命周期理论，从企业的垄断优势和特定的区位优势角度揭示了出口企业转向直接投资的动因、条件和转换的过程。20 世纪 70 年代初，Buckley 和 Casson（1976）用交易成本理论解释了跨国直接投资，认为若企业内部化的成本低于出口等其他海外进入方式，企业就会选择对外直接投资的方式。Dunning（1980）将原有理论进行了综合，提出了国际生产折中理论，认为企业的所有权优势、内部化优势和区位优势决定了其在国际市场上的进入方式。

（一）海默的垄断优势理论

1960 年美国麻省理工学院的海默在他的论文《国内企业的国际经营：对外直接投资研究》中提出了垄断优势论。西方学术界认为这标志着跨国公司（transnational company，TNC）问题从传统的贸易、金融理论中分离了出来，开始成为一个单独的研究领域。后经海默的导师金德尔伯格的补充完善形成了系统的垄断优势论。该理论的主要内容是：①市场是不完善的；②一国和国际市场的不完善导致跨国公司在国内获得垄断优势，并通过国外生产加以利用，形成对外直接投资。跨国公司的垄断优势来自三方面：一是产品市场不完善时的优势；二是要素市场不完善时的优势；三是企业规模经济的优势（Hymer，1960）。

（二）维农的产品生命周期理论

1966 年，美国哈佛大学教授雷蒙德·维农在《产品周期中的国际投资和国际贸易》一文中提出，美国企业对外直接投资是与产品生命周期密切相关的（Vernon，1966）。维农的理论把制造业产品生命周期分为三个阶段：新产品阶段、成熟产品阶段和标准化产品阶段，并相继分析了不同阶段的产品供给和需求特点、资源和市场的要求，以及相应的贸易和对外直接投资流动模式。维农的理论较好地解释了美国对西欧和发展中国家的直接投资，他从企业垄断优势和特定的区位优势相结合的角度揭示了出口企业转向直接投资的动因、条件和转换的过程。

（三）索瑟德和艾萨德的区位优势理论

1931 年经济学家索瑟德（Southard）在其著作《美国企业在欧洲》中，最早研究了"跨国公司为何在 A 国而不是在 B 国投资生产"的问题。他认为跨国公司海外投资的方向取决于区位禀赋的吸引力（即区位优势，包括劳动力成本、要素成本、交通运输基础设施、市场潜力、政治风险）的大小，即到哪个国家直接投资能带来更多的经济利益（Southard，1931）。索瑟德这一观点后来被艾萨德予以发展，并被称为区位优势理论。

（四）巴克利和卡森的内部化理论

1976 年，英国瑞丁大学的巴克利（Buckley）和卡森（Casson）在出版的《跨国公司的未来》一书中把科斯市场交易内部化原理引进了对外直接投资理论。他们认为，企业跨国经营的原因不仅仅在于最终产品市场的不完全性，更重要的是在于中间产品市场的不完全竞争（Buckley and Casson，1976）。为了谋求利益最大化，将原先由市场连接和组织的各项活动（包括技术、诀窍、管理技能等知识产品）置于统一的所有权控制之下，当市场内部化超越国界，跨国经营就形成了，跨国经营就是企业内部化过程超越国界的表现。内部化理论提出后对直接投资理论的发展产生了深刻的影响。不少经济学家称之为"外国直接投资的一般理论"。

（五）邓宁的国际生产折中理论

1977 年，英国雷丁大学教授邓宁在其发表的《贸易、经济活动的区位和跨国企业：折衷理论方法探索》一文中提出，研究跨国公司的跨国经营活动中，应吸收区位理论，俄林的要素禀赋论和巴克利、卡森的内部化理论；1980 年，邓宁进一步系统化、理论化、动态化地阐述其国际生产折中理论（Dunning，1977，1980）。邓宁折中理论的特点在于：吸收了过去 20 年中的各家之长，适合解释不同形式的外国直接投资，并能解释企业开展跨国经营中的主要形式，即出口贸易、国际技术转让和国际直接投资的行为动机和条件。该理论的核心思想是：一国企业跨国经营必须具备三种优势：所有权优势、内部化优势和区位优势。即所有权优势+内部化优势+区位优势=对外直接投资。也就是说，当国外企业拥有的优势大于国内企业，它利用国外生产要素能获得更大利益，通过内部化市场比外部市场交易得益更多，它就会倾向于直接投资。

二、新发展的海外并购理论

20 世纪 80 年代以后，对企业海外并购的研究在很大程度上是在原有经典理论体系的基础上进行的实证检验和完善，理论基础和视角主要包括交易成本理论、制度理论、组织学习理论、资源基础理论、代理理论等。

（一）交易成本理论

交易成本理论源自国际中间投入品市场的信息不对称导致的不确定性和风险可以通过海外并购得以有效化解。这一理论的核心论点为，公司进行海外并购时选择相应组织结构的目的是将交易成本最小化并且将长期风险调节有效性最大化。不同的组织结构包含着不同程度的控制与资源承诺。企业进行对外直接投资决策的制定过程则是一种对控制程度与资源承诺成本的权衡，并且这种权衡依赖于四种决定企业最优结构的因素，即可交易专属性资产、外部不确定性、内部不确定性与搭便车行为的可能性。

（二）制度理论

制度理论认为企业倾向于遵循先前环境中的规则和范式以获得合法性。制度理论认为企业倾向于遵循先前环境中的规则和范式以获得合法性，企业进行战略选择是基于制度与组织的动态相互作用，企业的行为不可避免地会受到制度环境的影响。基于制度理论，跨国公司的海外子公司面临着内外部（东道国和母国）的双重一致性压力（Zaheer，1995），即全球整合与本土响应（Slangen and Hennart，2007）。在不利的外部制度环境下，跨国公司实现子公司组织结构、行为和管理操作等与外部环境同构的压力增大。文化距离和政治风险（东道国政府管制）代表了跨国公司所面临的外部环境，文化距离同时也代表了跨国公司的内部环境。跨国公司能够利用有效的制度环境增强其竞争优势，而且政治风险和文化距离与海外并购模式决策和绩效表现有相关关系（Brouthers，2013）。子公司还面临着与母公司组织范式同构的内部制度压力，因为不同的企业有不同的组织惯例。例如，战略决策方式、冲突解决策略、人力资源管理实践和道德准则（Slangen，2006）。

（三）组织学习理论

组织学习理论假定复杂环境中涌现的大量事件和观念能够加强企业的知识基础和技术能力，而且海外并购过程中，企业更加关注知识经验的学习和知识基础的加强。在多个国家和多个行业经营有利于企业知识经验的学习。Barkema 和 Vermeulen（1998）提出，跨国公司通过跨国经营经历已经学到了大量技能技巧和在外国运营的经验，因而更可能放弃海外并购，因为海外并购不能提供额外的学习经验。然而当业务所涉及的行业非常多时，跨国公司可能转向偏好海外并购模式。这是因为广泛多样化使得跨国公司不能完全理解企业的实际运营状况，导致控制体系呈现出松散的"M"形，从而降低了知识在部门之间的传导效率，制约了组织内部的学习过程（Barkema and Vermeulen，1998）。跨国公司先前学习到的模式选择经验也会影响跨国公司后期进入模式的选择。Barkema 和 Vermeulen（1998）认为，企业寻求海外并购来扩展企业的知识基础，因为海外并购拓宽了企业的知识基础、减少了组织惯性（Shimizu et al.，2004）。东道国的整体创新体制同样也会影响到企业知识基础的加强和知识经验学习，特别是发展中国家的跨国公司。企业仅仅将技术研发活动放在母国对于保持持续竞争优势是远远不够的（Demirbag et al.，2009）。这样，企业为了获得技术研发所需要的资源，可能更加倾向于并购当地企业，以增强企业的知识基础。

（四）资源基础理论

资源基础理论的主要观点是跨国公司的模式选择决策受企业资源基础及能力特征的影响，关注现有资产的利用和资源的增加来创造新的资源，进而将企业资源禀赋与可能的国际增长路径连接起来（Luo，2002；Meyer，2006）。关键的资源就是默会知识和内嵌在企业中的特定知识。转移知识能力是企业核心竞争力的重要层面，跨国公司在需要转移的知识基础上选择海外并购或者绿地投资模式。

（五）代理理论

委托代理问题是伴随着两权分离模式下现代企业制度的出现而产生的。代理产生的基本原因在于管理者（决策或管理代理人）和所有者（风险承担者）间的合约不可能无代价地签订和执行。代理理论认为，追求私利的管理者驱动了并购活动的发生。

第二节　企业并购与技术创新的思想学派

自 20 世纪 70 年代以来，关于并购的研究逐渐增多，理论界亦开始从不同的方面研究企业并购现象（Barkema and Schijven，2008）。由于并购是多层次、多学科、多阶段的现象（Angwin，2007），需要一个整合的框架来全面地解释这一现象（King et al.，2004；Stahl and Voigt，2008；Pablo and Javidan，2004）。因而在进行并购整合研究的综述之前，对并购各学派主要思想的回顾是必要的。当前学术界对于并购与技术创新的研究主要集中在四个流派，大致可分为金融经济学派、战略管理学派、组织行为学派、并购过程学派。具体来看，每个学派的观点都各有侧重；金融经济学派主要关注的是并购双方股东的财富创造或总体的并购绩效情况；战略管理学派则强调了并购战略管理中的各类因素对并购公司与被并购公司绩效的影响；组织行为学派提出了并购对组织成员和组织文化的影响，研究者相信被并购公司与并购公司之间的文化一致性会促进并购双方满意和有效的整合；并购过程学派，重点着眼于并购后的价值创造，认为整合过程在某种程度上是实现并购利益的一种决定因素。

多数学者认为海外并购整合的内涵为：要想从合并后的组织中获得规模经济和其他效益，并购方必须考虑并购后双方公司互相依赖的资源需要重新配置。当前，中国制造业企业海外并购以技术获取型为主，成功率堪忧。据麦肯锡咨询公司的研究，在过去 20 年，中国有 67%的海外收购不成功，其中以获得先进技术为目的的海外收购大多没能实现。越来越多的中国企业意识到技术获取型海外并购完成后不能实现协同效应，面临处理并购整合的难题。由此可见中国企业的海外并购整合还难言成败。因此，海外并购整合收益（并购绩效），是文献综述中的第一个关注点，这类研究更多是从金融经济学派的角度展开。

与发达国家开展的海外并购活动相比，国内制造业企业开展海外并购的特点在于：第一，海外并购的动机在于获得先进的科学技术、经营能力、管理经验，与被并购方存在一定的差距；第二，国内制造业企业的技术获取型海外并购目标多为西方发达国家企业，面临着较大的中西方文化差异与企业文化差异；第三，国内制造业企业特别是民营企业开展的海外并购，大多数属于弱势并购，如吉利汽车采用财务杠杆并购资产规模远大于自身的沃尔沃汽车的亏损业务，使其承受较大的融资压力和整合风险。通过已有的理论经验和实证分析可以归纳出我国企业多数海外并购的动机在于获得海外企业具有的相似性或者互补性资源。技术获取型海外并购中双方资源的相似性为并购成功提供了可能性；而互补性可以使并购双方互相促进带来超额回报，为并购提供更多潜在的协同效应。企业根据自身实际情况会在合理的时机关注具有互补性与相似性特征的海外企业资源进行并购，并购双方资源相似性与互补性的不同强弱组合，内生了并购方不同的整合措施。因此，国内制造业企业海外并购整合中的资源相似性与互补性是文献综述的第二个关注点，这类研究更多体现了战略管理学派和组织行为学派的观点。

战略管理领域中的资源基础观认为，企业是资源和能力的集合，这种资源和能力可以成为一种优势（Grant，1991），并购后的长期竞争优势和优越的绩效依赖于并购所获得的有价值的资源（Graebner et al.，2010）。组织行为学派研究了并购交易对于组织、组织文化和个人的影响效应（Haspeslagh and Jemison，1991；

Birkinshaw et al., 2000）或是组织层面的变量，如并购经验等对并购绩效的影响（Haleblian and Finkelstein, 1999；Haleblian et al., 2006）。该流派主要聚焦组织文化对并购的影响。许多研究指出，文化的不兼容或不匹配是导致并购成功率低的重要原因之一（Cartwright and Schoenberg, 2006），这种不兼容来自组织文化的各个方面（Chatters et al., 1992）。有文献认为国家文化和组织文化是不同的，会对并购后整合阶段带来不同的影响（Stahl and Voigt, 2008）。

从战略管理学派和组织行为学派中派生出了过程学派，该流派认为并购绩效是孕育在并购过程之中的，与并购后的整合过程息息相关（Jemison and Sitkin, 1986；Haspeslagh and Jemison, 1991）。他们提出在并购后需要进行高效的整合，才能实现并购的成功（Birkinshaw et al., 2000）。

以往的研究主要探讨了并购过程中的不同方面及不同阶段并购整合与并购后企业绩效的关系（Nikandrou and Papalexandris, 2007；Guerrero, 2008）。从理论研究来看，目前的三条研究主线中提出了影响并购后技术创新的多种因素，包括并购企业与目标企业的资源联系性，并购双方文化差异，以及并购后的整合行为，这三类因素对并购后技术创新的影响已得到基本认可。虽然以上四个领域的研究并不相互排斥，但在已有的研究中其相互交叉的研究仍旧很少，而分立的视角并不能完全捕捉到并购过程的层次与复杂性。如何将这些视角整合起来，形成更全面与综合的理论框架，是学者们进一步努力的方向。

第三节 海外并购整合与产业技术创新的研究

从以往的研究来看，并购整合通常被视为并购双方资源的重新配置过程（King D R et al., 2008），而该过程是决定并购成功与否的关键（Haspeslagh and Jemison, 1991）。目前学术界对于并购整合过程的研究仍然偏少，尚未形成较为系统的理论框架（Chatters et al., 1992；King et al., 2004）。有关海外并购整合的研究主要从三个维度对并购整合进行探讨：整合程度、目标方自主性与整合速度，大多研究集中于对这三者的单一维度。第一个维度是整合程度，是整合阶段的基本决策，指并购企业与目标企业在组织结构与资源上重新配置的程度（Datta and Grant, 1990；Haspeslagh and Jemison, 1991；Puranam et al., 2006）。第二个维度是目标方企业的自主性（目标方自主性），指的是目标企业在并购后决定其原有经营与管理权力的自由程度（Haspeslagh and Jemison，1991；Zaheer et al.，2012）。第三个维度是整合速度，表示并购后整合过程的时间长短（Schweiger et al.，1987；Bragado，1992；Olie，1994；Angwin，2004）。此外，少量研究提出了并购整合模式的概念，通过对这些文献的分析，本书发现整合模式的细分上或多或少地体现了以上三个维度的思想。本节分别从整合程度、整合速度、整合模式三个方面对现有的主要观点进行阐述。

一、并购整合程度的概念界定

并购整合程度是技术获取型海外并购整合研究的重点，目前大部分有关并购后整合的文献聚焦于并购整合程度。整合程度通常是指并购企业与目标企业在组织结构与资源上进行重新配置的程度（Datta and Grant，1990；Haspeslagh and Jemison，1991；Puranam et al.，2006；Cording et al.，2008）。Pablo（1994）将并购整合程度定义为并购双方组织、技术、管理和文化形态方面的变化程度，它反映了并购方与目标方结构关系的改变程度（Datta and Grant，1990；Karim，2006）。在并购整合过程中，企业选择不同的并购整合程度的目的在于提高并购企业与目标企业之间资源重组的有效性（Datta，1991）。整合程度的变化范围可以处于完全不整合与完全整合的区间之内（Pablo，1994），对于完全整合的情况，我们称之为"结构性整合"，表示并购双方由之前不同的组织个体合并成统一的组织单元，此时目标企业和并购企业之间所有的组织结构与文化的界限将被打破（Haspeslagh and Jemison，1991；Paruchuri et al.，2006）。与"结构性整合"相对立的概念是"结构性分离"，在该情况下，并购企业并不会对目标企业进行整合，此时并购双方仍然保持着原有的组织、结构、技术与文化的独立性。也就是说，在低程度整合的情况下，目标公司的运营和结构都保持着相对独立，而高程度整合则表明两个企业的绝大部分业务与资源都处于统一的构架下。

二、并购整合程度对产业技术创新影响的研究

纵观目前对于并购整合程度对并购绩效影响的研究，学者们在以下两个方面达成了基本共识：第一，并购整合程度并非越高越好，一方面，虽然高的整合程度在理论上能够促进以资源相互依赖为基础的协同效应的实现，进而对产业技术创新产生积极影响（Datta and Grant，1990；Haspeslagh and Jemison，1991；Shanley，1994；Capron，1999），另一方面，也会引致由于并购双方组织、路径

和人力资源冲突而产生的摩擦效应，进而对技术创新产生负面影响。第二，并购整合程度的选择应当充分考虑并购双方的主体特征，如并购企业与目标企业的资源联系性。

首先，较高的并购整合程度有利于实现规模经济与范围经济。一些学者的研究也表明两个组织系统之间的相互交流与资源重组，能够通过并购后的整合来实现（Datta，1991；Haspeslagh and Jemison，1991；Capron，1999；Homburg and Bucerius，2005；Puranam et al.，2009）。实施较高程度的并购整合能够加强并购企业与目标企业之间的相互沟通与交流，增强了并购方利用目标企业嵌入人力资源中的技术知识，通过将组织单元结合在一起，并提供较好的协作机制，为并购双方带来更有效率的知识流（Pablo，1994；Ranft and Lord，2002；Zollo and Singh，2004；Dunn and Schweitzer，2005；Puranam et al.，2006；Puranam and Srikanth，2007；Puranam et al.，2009）。Bresman（2010）认为为了实现并购的潜在创新，实施一定的并购整合程度是必需的，并购双方资源的结合与相互作用能够促进并购后创新的成功（King et al.，2003）。以上研究主要从并购双方资源的相互流动及知识的共享来说明并购整合有利的一面，除此之外，高程度的整合还可以通过剥离并购双方重叠、冗余的资源与业务，降低企业的经营成本，提高生产效率（Kale and Puranam，2004）。

其次，较高程度的整合将产生更多的组织冲突，导致资源损耗。部分研究认为并购整合是具有一定破坏性的，可能会损害并购后的创新绩效（Cloodt et al.，2006）。通过分析结构性整合的作用，研究发现在并购中结构性整合并不一定是必要的，在某些情况下其对并购产生的消极作用更大。在有关并购整合对并购产生消极影响的文献中，员工离职通常是分析该负面影响的主要关注点。更高的并购整合程度可能引发员工的负面情绪（Chatterjee et al.，1992），增加研发人员的离职率（Hambrick and Jr Cannella，1993；Very et al.，1997），破坏目标公司的知识资源（Ranft and Lord，2002）。高程度的并购整合可能会造成较强的冲突，致使目标方关键研发人员离任，进而损害目标企业的技术创新能力，因此并购整合的成本可能会超过其通过资源充足所获取的收益（Paruchuri et al.，2006；Puranam et al.，2006；Puranam and Srikanth，2007）。这些文献认为并购双方资源的冲突效应是并购后整合过程所产生的最重要也是最消极的影响，该观点与现实情况较为吻合，一些实证研究也发现技术获取型海外并购整合通常会导致目标企业核心人员离职（Ranft and Lord，2002；Paruchuri et al.，2006；Kapoor and Lim，2007）。也有一些实证研究表明高程度整合总体上会减少目标方的专利研发活动。例如，Paruchuri 等（2006）、Kapoor 和 Lim（2007）的研究发现当目标企业被整合到并购企业的组织中，而不是保留其独立子公司地位时，目标方研发人员的创新生产率会出现较大幅度下降。Puranam 和 Srikanth（2007）认为，通过区别并购企业利用目标企业技术资源的方式，可以在一定程度上解释并购整合程度与创新之间的矛盾关系，他们认为并购整合有利于并购企业对目标企业技术的学习与吸收，但也会给目标企业的创新能力带来一定的破坏。国内方面，颜士梅和王重鸣（2002）也认为过高的整合程度增加了并购双方潜在的组织冲突与协作成本，可能产生消极影响。张光曦和方圆（2014）从社会资本理论视角探讨了并购整合对并购企业技术创新的影响机制，他们探讨了并购整合过程的两条作用路径，认为并购整合虽然有利于形成并购双方之间的联系，但同时也对目标方原有的社会网络联系产生了一定破坏。

　　再次，部分学者意识到，并购企业如何选择正确的并购整合程度取决于并购双方的特征。基于该思想，他们对并购整合的前提进行了研究。这些研究的一条分支，从并购动机出发，探寻不同动机下最优的并购整合策略，Dunn 和 Schweitzer（2005）运用多种方法分析了生物制药行业中五起并购案例，发现对于并购短期动机而言需要对并购的生物技术进行及时吸收，需要进行并购整合，而对于长期动机而言则需要保持目标公司的完整性。Castañer 和 Karim（2011）认为经济协同目标包括成本缩减和收入增加，并购针对不同的协调目标需要实施不同的并购整合策略。他们提出对于预期通过资源共享实现成本缩减的并购，目标方人员参与并购整合决策的制定可以提高并购成功率；而对于以收入提升为目标的并购，目标方人员介入并购实施决策会提升并购方成功率。另一条分支，从并购双方的主体特征出发，尝试明晰并购双方资源对并购整合程度的影响。Haspeslagh 和 Jemison（1991）的研究指出为了从并购后整合程度的选择中获益必须充分考虑并购双方的相互依赖关系，如果并购双方相互依赖程度较高则需要进行高程度整合，反之则可选择低程度整合。Puranam 等（2009）研究了并购整合的影响因素，他们发现在并购双方相互依赖程度较高时，或者并购组合技术而非单一产品技术时，企业倾向于实施结构性整合。Datta 和 Grant（1990）对比分析了相关性并购与非相关性并购对并购后绩效的影响效果，结果显示在不相关并购的子样中低程度的整合更有利于并购后绩效，但在其整体样本和相关性并购子样的研究中并未获得显著性结论。国内方面，项保华和殷瑾（2001）提出了并购后整合应当从企业的管理制度、经营业务与组织文化这三个层面展开，并认为并购方需要根据自身组织文化的强弱程度以及并购双方经营业务领域的相关程度来选择适当的并购整合模式，这是企业能否成功获得并购后协同效应的关键。

　　最后，实证方面，对于并购整合程度对并购后绩效的影响，目前并未得到一致的结果，已有的研究表明并购整合程度对并购绩效有不同影响。Capron（1999）探讨了并购双方资源重新配置的程度，发现其与并购业绩呈现正向相关关系。Puranam 等（2006）、Puranam 和 Srikanth（2007）分析了并购整合程度对于并购后技术创新的影响，发现当并购企业的主要目的是对目标企业已有技术进行商业化时，高程度并购整合可能会更成功。相反，若并购企业是为了获得目标企业的持续技术能力，那么低程度的并购整合反而能带来更好的创新表现。Purauam 和 Srikanth（2007）提出当并购方具有足够的并购经验，可以通过干中学克服并购整合带来的组织问题时，高程度并购整合对持续利用目标企业技术创新能力的负面效应可得到适当减轻。Puranam 等（2006）的研究结果表明当目标方处于创新探索阶段时，高程度并购整合所带来的不利影响较为严重，尤其是对于并购后的第一次创新活动。Li 和 Tang（2010）通过实证检验了并购整合程度对并购创新绩效的影响，结果表明并购整合达到一定程度时，并购整合对于创新绩效的影响逐渐增加，当达到某一点之后，该影响开始降低，即二者之间具有倒"U"形关系。

三、并购整合速度对技术创新的影响研究

就目前的研究而言，学者对于并购整合速度的关注显然远远不及并购整合程度，仅有有限的文献考虑了并购后整合速度的影响（Olie，1994；Gerpott，1995；Inkpen et al.，2000；Ranft and Lord，2002；Angwin，2004；Homburg and Bucerius，2005，2006）。并购整合的速度描述了从交易完成时起至达到并购整合程度的时间跨度（Homburg and Bucerius，2006）。对于并购整合速度对并购绩效影响机制的观点有两个。

一方面，部分学者指出，缓慢的并购整合速度能够有效缓解并购双方之间的冲突，增强并购双方员工之间的相互信任。Bragado（1992）最早对并购后的整合速度进行探讨，他认为在某些情况下采取缓慢的并购整合速度要优于快速整合，因为并购双方员工的相互学习与理解需要一定的时间，并提出恰当的并购整合速度的选择依赖于并购双方的协调程度。Olie（1994）通过案例研究发现，并购整合过程中实施较慢的整合速度能够降低和缓解并购双方之间的冲突。Inkpen 等（2000）同样使用了案例分析方法，得到了与之类似的结论，他们建立了以六家高科技企业并购事件为代表的案例集合，并进行横向对比分析，证实了并购整合速度是并购成功的重要因素，且认为缓慢的整合比较适宜。随后Ranft 和 Lord（2002）研究发现缓慢的并购整合有利于并购双方公司员工之间建立相互信任。

另一方面，也有部分学者的研究结果显示，快速并购整合对并购同样存在有利的一面，他们认为采取快速的并购整合能够消除并购过程中的不确定性，通过加快价值的创造提高并购绩效。尤其是对技术更新较快的行业而言，快速整合有利于其实现速度经济。比较有代表性的研究如下。Gerpott（1995）的实

证结果发现，在并购后的整合阶段，研发集中度与并购整合速度对并购成功存在交互的正向作用。Angwin（2004）认为快速的并购整合能够更快地实现并购的协同价值。Homburg 和 Bucerius（2005）的大样本实证研究结果也显示，并购整合速度和并购绩效存在直接的正相关关系，他们指出快速的并购整合能够降低顾客的不确定性心理，因而能够提升并购绩效。此外 Cording 等（2008）同样指出快速的整合有助于消除不确定性、减少目标企业员工的抵触心理、促进并购潜在协同效应的更快实现。Chatterjee 和 Bourgeois（2011）通过对多起成功并购整合案例的研究，发现并购整合所耗费的时间越长，并购过程中出现的问题越多。

此外，一些研究开始关注并购整合速度对并购后绩效影响结果的前提条件。Bauer 和 Matzler（2014）的研究指出并购双方的战略互补性、文化匹配性和并购整合程度均对并购后的整合速度有一定影响，其中战略互补性、文化匹配性越高并购整合速度越快，此时快速的整合将有利于并购成功，该研究同时指出，较高的整合程度将导致并购双方的组织结构发生较大变化，因此需要并购企业花费更多的时间进行相应的协调与互动。这与 Bragado（1992）的观点是相契合的，Bragado 认为目标企业员工学习和适应并购企业的制度需要一定的时间，且并购整合程度越高，越需要进行缓慢的整合。

四、技术获取型海外并购整合模式研究

以上我们分别从并购整合程度和并购整合速度两个维度对有关并购整合的研究进行了综述。一些学者也尝试刻画并购整合模式，希望通过模式的细分来反映企业并购实践，这些研究大多通过案例分析得到。并购整合方法的复杂性引致了许多框架和类型学的发展（Nahavandi and Malekzadeh，1988；Schweiger and Weber，1992；Haspeslagh and Jemison，1991；Li-Weber et al.，1989；Schweiger et al.，1993；Angwin，2007；Angwin and Meadows，2015）。在并购整合模式的所有研究中最为著名的分类来自 Haspeslagh 和 Jemison（1991），他们将并购企业的战略需求与并购后组织匹配的需求结合起来，关注并购双方的战略相互依赖性与组织自主性，基于此提出了并购整合的三种模式选择：①吸收，该模式要求并购方直接吸收目标方的业务，反映了并购双方具有较高相互依赖性，同时给予目标方较低的自主性。在该并购整合模式下，两个企业合并为一个组织单元，将对并购双方的运营系统、文化、组织等方面进行高度融合。因而，其主要的协同效应来自规模经济，主要通过诸如消除冗余资源实现资源合理化配置来实现。②保留，该模式反映了低的相互依赖程度与高度自主性的需要，因此对目标企业实施较低程度的并购整合，并保留其自身的业务模式。在该模式中，保持了目标企业的进一步研发与生产能力。③共生，该模式反映了高度的相互依赖性，并同时给予目标方高度的组织自主权。其中无论是并购方还是目标企业中有助于实现合并战略目标的业务流程都是完好的，而仅对那些相似的业务流程进行整合以减少冗余，因而进行部分整合。在他们的理论框架中还提出了第四种并购后整合模式——控制型，即较低的依赖性并给予目标企业较低的组织自主性。Haspeslagh 和 Jemison 并购整合模式分类的缺陷在于其并没有考虑并购方和目标方在并购前状况的因素。

　　另一个较有影响的并购整合模式分类方法为 Nahavandi 和 Malekzadeh（1988）提出的概念模型，探讨了组织文化在并购后整合阶段的影响，并提出了四种并购整合策略：①分离，即保留目标企业文化和路径的独立性；②同化，即目标方完全融入并购企业的组织、文化、业务中，不再作为独立的个体存在；③整合，即保留目标企业基本的设定、信仰和文化、组织系统，同时也愿意被整合进并购方的结构；④消亡，即并购双方间的文化和心理联系丧失。该分类的缺陷在于它假定文化压力对于并购整合绩效的影响是负的，且忽视了可能会获得或者创造价值的方式，同样没有考虑结构和功能的改变。

　　此外，Marks 等（2001）将并购双方所经历的文化和流程变化并置，提出了五种并购后整合策略：①保留，即对目标方企业文化采取较低程度的并购整合，进行较少的并购后改变；②吸收，即将目标方企业文化和架构同化进母公司；③转化，即并购双方都对自己的文化和架构进行基本的改变，来创造一个融合的企业；④反向接管，即一种较为罕见的情形，由目标方企业来主管并购后的整合行为；⑤双方最优，即平等的收购，对文化进行完全的整合，对组织架构进行部分或全部合并。这种分类法是根据并购双方改变的程度来进行定义的，其优势在于关注了并购整合阶段双方企业的文化改变，以及管理层保留和改变的重要性。

　　最新的研究来自 Angwin 和 Meadows（2015），他们以 Haspeslagh 和 Jemison 的理论框架为基础，尝试通过采用不同的、经过更加仔细控制的数据，完善 Haspeslagh 和 Jemison 的理论框架。他们指出作为一种并购后整合策略，知识的转移程度和目标方的组织匹配是相互独立的，并以知识转移程度和自主性程度为维度，形成了五种并购整合策略，通过聚类群组分析印证了 Haspeslagh 和 Jemison 的理论框架中的三个主要并购后整合策略——吸收、保留和共生，同时也证实了存在类似于 Haspeslagh 和 Jemison 所提出的控制模式，称之为"集中保护"。同时，该项研究也提出了一个新的并购整合模式——"重新定位"，在该模式中，企业会对功能组织进行有意识和快速融合，以及对于市场和销售进行快速整合，但是对于经营和公司发展的调整和变动是有限的。

　　将以上四个模型进行对比，我们发现 Nahavandi 和 Malekzadeh（1988）、Marks 等（2001）是从单一维度即并购整合程度来考察并购后的整合模式，而 Haspeslagh 和 Jemison（1991）从战略依赖性、组织自主性来考察，Angwin 和 Meadows（2015）从知识转移程度与自主性两个维度来探讨并购后整合模式问题，从而弥补了单一维度的不足。注意到，战略依赖性与知识转移程度属于并购整合程度的大范畴，因此，目前并购整合模式分类模型主要从并购整合程度与目标企业自主性两大维度进行分析。

　　可以看到，学者们试图寻找能够刻画并购整合行为的并购整合模式分类，但以上这些研究的结果还停留在概念层面，并没有形成系统的理论。虽然 Haspeslagh 和 Jemison（1991）的保留、吸收、共生，几乎总结了所有的并购整合活动，但他们并没有揭示在某些特定的情况下选择各种并购整合方法或组合方法的条件，因此未能提供关于如何采用适当的并购整合方法的观点和思想。

五、海外并购整合与产业技术创新研究的简要评述

　　通过对海外并购整合相关研究的回顾，可以得到如下认知。第一，并购整合是影响企业并购成功与否的关键阶段，并购整合过程中的决策涉及多个维度，主要包括：并购整合程度、目标方自主性、并购整合速度。第二，并购整合程度对技术创新同时存在积极和消极影响：一方面，并购整合对协同价值的实现有好处，能够实现并购双方企业资源的优化配置，提高研发人员的相互交流，进而促进并购后技术创新；另一方面，高程度的并购整合带来更多的动荡和整合成本，将对并购后创新绩效产生消极影响，破坏创新资源。第三，并购整合模式不具备"放之四海而皆准"的标准措施，而是管理决策者根据并购双方的主体特征等采取的策略，对于相同的并购整合模式，由于并购双方主体不同，其对创新绩效的影响自然也有所不同。

　　当前学术界对于技术获取型海外并购整合的研究仍处于初级阶段，存在广泛的研究空间。首先，并购整合对于产业技术创新影响内在机制较为模糊；其次，对并购整合过程中的影响因素缺乏全面的梳理与总结；再次，对于并购整合的研究目前主要集中在概念层面，少数实证研究中并购整合的度量以问卷调查为主，缺乏客观的定量化指标；最后，纵观前人的成果，大多数研究将并购整合程度与目标方自主性割裂开来，只有极少数的研究同时考虑了这两个维度。

第四节　海外并购与产业技术创新的文化整合风险研究

从企业文化差异的角度来看海外并购整合风险，根据现有的理论研究和实证研究可以将技术获取型海外并购的成功关键大致分为三个主要因素。一是行业的组织结构；二是经济金融的稳定性；三是战略的管理。研究技术获取型海外并购整合成功关键因素的"先驱者"（Lorenzoni and Lipparini，1999；Ferrucci et al.，2000）采用了初级的以资源为基础的视角（Wernerfelt，1984；Barney，1986），试图分析哪种管理和组织因素对技术获取型海外并购的经济贡献比较大，做了类似研究的还有一些学者（Blake and Mouton，1985；Jemison and Sitkin，1986），他们的结论是成功的海外投资主要取决于决策的质量及投资持续性的实现。特别强调了在技术获取型海外并购整合价值创造的过程中，战略和管理结构的相互协调是十分重要的。另外，Shrivastava（1986）、Nahavandi 和 Malekzadeh（1988）在研究技术获取型海外并购过程中，深入地研究了后期整合过程中的社会文化因素。

许多文献（Jemison and Sitkin，1986；Datta，1991；Zollo and Singh，2004）指出，一旦海外并购运作成功，需要战略和组织结构上的良好的延续性作为持续经营的战略整合与组织结构匹配。实际上，经营管理中两类行为要对海外投资可能的损失负责：第一类行为是经营管理集中度的战略分析；第二类是组织框架的相容性及公司管理层人员的个性行为。实际上，文献中还提出了第三类管理行为可能带来技术获取型海外并购的整合风险，带来海外投资的无效率。Jemison 和Sitkin（1986）认为许多技术获取型海外并购整合的失败不是因为战略和组织结构上的问题，更多的是因为不同阶段遵循投资方和被投资方公司不同的规章制度等制定行动策略而造成的。换句话说，如果投资后的经营和管理能有效整合的话，海外投资将会对未来公司业绩有正效应。投资后需要解决的最重要的问题就是，根据公司间差异和周围环境的不确定性，考虑如何对两个公司进行整合。

对整合的风险，要在技术获取型海外并购各个阶段都予以充分考虑。在海外投资的运作阶段，组织结构、人力资源和融合的持续性上的问题会存在。因此，实际上在技术获取型海外并购整合的决策过程中，很关键的因素就是决策中要考虑到并购的目标公司在未来的整合成本有多高，能不能带来预想的正的协同效应。从这个角度来看在投资过程中两个公司合作得越紧密，相互越了解，海外投资在未来就越有可能成功。紧密可以体现在单个公司的市场和产品，抑或扩展到公司的组织结构、管理和公司文化的互补性（Altunbas and Marques，2008）。

　　这意味着技术获取型海外并购整合过程的成功更多地取决于双方公司结构上的融合而不仅仅是产品的相似度或其他。整合的难易程度，或者说并购方公司整合要花费的成本，可以从公司文化和技术传播的难易程度来衡量。对于并购来说，也可以通过被并购方接受新技术和接受新公司文化的能力方面来衡量。从这个观点来看，公司文化决定了公司的组织架构，进而影响了海外投资的回报率，增加了对管理行为成本的估价动力。

第五节　海外并购与产业技术创新整合方法及模式研究

　　并购成功与否不仅在于被收购企业创造价值的能力，更大程度上依赖于并购后的整合情况（Wasserstein，1998）。并购整合所带来的整体效应或价值可能来源于规模经济或范围经济，也可能来自内部化成本的节约或其他并购动因。可见，签订并购协议只是企业海外并购实施的第一步，并购后的整合才是决定并购成败的关键因素。基于哈贝的研究，我们绘制了并购失败阶段概率图，如图2-1所示。

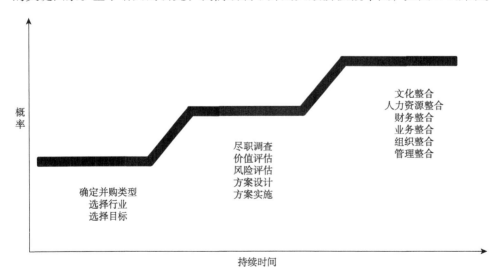

图 2-1　并购失败阶段概率图

并购失败的 53%在于整合的失败。Myers（1998）则发现，并购失败主要有两个原因：一是交易缺口；二是转化缺口。前者可以通过并购谈判、讨价还价来弥补；后者是并购成败最为关键和微妙之处，需要采用 PMI（project management institute）战略来实现。成功实现 PMI 战略的关键在于实现企业领导团队、公司文化、公司结构、人员、产品、流程和技术等各方面的快速整合（Nardozza，1997）。广义上讲，PMI 包括公司战略整合、制度整合（组织结构整合、规章制度整合）、资本整合、市场整合、营销整合（广告整合、品牌整合）、技术整合、信息系统整合、人力资源整合和公司文化整合、对资产的处置及经营渠道的保护等。其中任何一方整合的欠缺，都将导致 PMI 战略失败和并购后公司价值的下降。因此，企业在实施 PMI 战略过程中，不仅要进行有形资源整合，更应注意并购活动的特异性和无形资产在 PMI 战略中的核心地位。

一、有形资源整合

有形资源整合主要由组织结构、生产经营、人力资源等整合要素组成。企业完成并购后，首要任务是对生产经营资源进行整合，主要是生产技术、生产设备、生产管理的整合，这样不仅可以降低企业生产、销售、存货等的成本，还能在短期内实现生产协同效应和供销协同效应，进而实现利润增长，提高企业的市场竞争力。同时，组织结构的有效整合是企业国际化经营成功的前提。跨国经营企业的组织结构不仅与国内母公司组织结构相关，也与东道国社会、经济、文化及法律环境有关。经济合作与发展组织提出影响跨国公司组织结构设计的三个重要因素为公司文化与管理哲学、公司战略和公司国际化程度，但其需要无形资源的充分整合作为基础。此外，企业国际化的本质是人力资源的国际化。制造业企业并购过程中最大的困难之一就是高端人才的严重缺乏。因此，我国制造业企业应通过设立专门的培训机构或聘请等方式加大力度寻找真正熟悉被并购企业所在国家的文化与市场，精通税法、金融、贸易和财务，了解被并购企业所在国家的工会和人力资源规章制度，以及具备海外并购经验和熟悉跨国交易流程的高端复合型人才，并实施有效的人才聘用制度，以留住原企业的关键人才。

基于上述分析，本书将通过分析国外企业组织结构、生产经营和人力资源等有形资源的特征和规律，归纳和总结我国未来制造业企业对被并购企业组织结构、生产经营和人力资源等有形资源的整合路径。

二、无形资源整合

无形资源整合包括对组织文化、技术、管理等的整合。其中，组织文化整合是难度最大的无形资源整合，这是因为组织文化整合涉及对人的行为、行为规则甚至价值观的改变，涉及对企业文化进行评估、调研和各自民族文化、传统、企业历史、风格及商业声誉的分析。然而，实施海外并购的企业往往是国内企业界的佼佼者，它们在过去的经营中取得了显著的成绩并已形成相对稳定的企业文化，其高层管理人员对民族文化有一定的执着程度，不愿意在文化整合中做出任何有损于民族文化的决策，同时很容易将过去在国内采取的经营管理模式运用到被并购企业管理中。但是被并购企业通常具有悠久的历史和成熟的企业环境，它们不仅对自身文化存在较高的认同度，而且也具有较强的种族优越感，而对他国企业文化的认同度普遍较低。在这种情况下，如果我国企业将自身文化强加于被并购企业，双方必然发生冲突，从而阻碍双方在业务及组织上的整合。

根据以往的研究，组织内的文化差异共有四种解决模式：凌越，即一种文化占据强势；妥协，即求同存异折中；合成，即相互补充协调；隔离，即彼此保留各自文化。我国制造业企业在海外并购过程中往往涉及两种文化，而且主要管理人员的比例大致是双方各占一半，因此被称为"双文化团队"。因此，我国制造业企业在对被并购企业开展文化整合时，应主动吸收被收购企业文化中的先进成分，同时放弃原有企业文化中无法被并购企业所认同的文化因素，以有效推进文化整合进程。基于上述分析，本书将通过分析国外企业组织文化、技术和管理等无形资源的特征和规律，着重探讨有效整合组织文化的方式，并归纳和总结我国未来制造业企业对被并购企业组织文化、技术和管理等无形资源的整合路径。

第六节　创新驱动与制造业升级关系研究

目前学者们对创新驱动产业升级的研究主要集中在创新驱动产业集群升级与产业结构升级和优化与制造业升级和竞争力提升三方面。

一、创新驱动对产业集群升级的促进作用

刘友金（2002）基于中小企业的研究视角，将集群式创新定义为一种组织形式，即在专业化分工和协作基础之上，同一产业或相关产业的众多企业通过空间地理位置的集中或靠近，形成创新集聚效应，从而获得集群创新优势的一种新型组织形式。通过这一组织形式，集群内企业既可以发挥自身创新优势，又可以弥补单个企业创新活力不足的缺陷。魏江（2004）提出，集群创新系统是指在一定的地理空间内，企业和相关机构以产业集群为基础并结合规制安排组成创新网络，这种网络促进了知识在集群内部的创造、储存、转移和应用。集群创新系统架构了集群内部各要素之间通过规制安排而组成的集群创新网络和机构，并由此构造了集群内部知识流动和知识创新的关联价值系统。陈海华和陈松（2010）认为创新型产业集群是产业集群的发展方向，是产业集群发展的高级阶段，是由多个创新主体共同参与创新活动的网络系统。这些创新主体在创新活动中形成了不同程度的战略联盟，共同协作又相互竞争，推动集群整体由低级向高级、从简单到复杂动态演进。

二、创新驱动对产业结构升级和优化的促进作用

江洪（2008）考察了自主创新对产业结构优化升级的影响途径和内在机制，认为自主创新使我国三次产业结构之间的比例更加合理，也促进了三次产业内部结构的高级化。姜红和陆晓芳（2010）认为，产业技术创新是推动产业结构升级的核心动力。黎春秋和熊勇清（2011）认为，由于战略性新兴产业具有掌握关键核心技术的创新特质及具备的溢出效应、置换效应和联动效应，其将成为未来我国产业优化升级的新动力。陈栋（2011）利用总量分析法进行了实证研究，发现自主创新与工业结构的指标变量间存在显著的长期正向协整关系，并且提出了自主创新的多动力综合驱动模型以及自主创新推动我国工业结构升级的路径与传导机制。基于我国30个省份的平衡面板数据的实证研究结果表明：产业升级可以通过微观需求拉动效应、中观地区协同效应、宏观国际贸易效应带动企业、地区、国家三个层面的自主创新（吴丰华和刘瑞明，2013）。盛朝迅（2014）的研究表明，工业化发展阶段的演进、创新要素投入的增加、创新成果的涌现和体制机制创新等方面的改善都会提升我国制造业全员劳动生产率，从而带来产业转型升级的绩效改善。辛娜（2014）以全要素生产率测度技术创新，借助空间计量模型对产业升级与技术创新之间的关联性进行探讨。研究结果表明：产业升级和技术创新存

在显著的空间正自相关性,技术创新在促进产业升级过程中存在着空间溢出效应。纪玉俊和李超(2015)同时考虑了地理距离因素和信息化水平因素的方法设定空间权重矩阵,利用空间误差模型分析了地区创新与我国产业升级的关系。结果表明,地区创新对产业升级的促进作用不仅显著而且具有稳健性,此外,空间溢出效应也是我国地区产业升级不可忽略的重要影响因素。

三、创新驱动制造业升级和竞争力提升的机理研究

Ernst D(1998)最早采用"产业升级"的概念并分析了韩国电子产业的升级问题,指出了韩国电子产业发展伴随的多元化扩张并非产业内学习、知识积累和创新的结果,而是一种战略实施的结果。这种观点影射出产业升级与产业结构调整的差异,表明产业升级的基本前提是知识学习和创新能力。Verspagen(2000)、Cohen(2002)和 Wolfgang 等(2004)分别实证研究了美国、日本、德国制造业的合作研发溢出、专利和创新绩效,分析了依靠创新可以提升产品、工艺的创新来带动制造业竞争力的作用机理。Head 和 Ries(2002)通过空间面板数据分析了日本制造业的发展形势,发现日本的制造业逐步将一些技术含量低、劳动密集型企业移植到亚洲其他发展中国家,国内保留高新技术、资本密集型产业,文中提出依托高素质科技人员与熟练劳动力来提升生产效率,降低劳动成本提升制造业竞争力的机理,文章还进一步强调了技术创新对提升日本制造业竞争力具有核心作用。Hijzen 等(2011)通过实证分析技术创新对英国制造业各部门的效益问题,并具体分析了技术创新通过哪些机制来提升英国的制造业竞争力。国内学者王章豹和李垒(2007)运用灰色关联度等方法,从成本、质量、效率、规模、结构等方面深入剖析了技术创新对提升我国制造业产业竞争力的作用机制,强调了技术可以提升质量和效率,降低成本,借此来提升我国制造业的国际竞争力。有的文献从产业渐进创新角度切入,如罗天洪等(2011)构建了一个渐进性创新体系,并阐释了该体系对提升重庆市装备制造业竞争能力的作用机制。徐康宁和冯伟(2010)认为中国产业升级的关键在于企业形成创新能力,加快实现技术创新,提出了基于本土市场规模效应的技术创新的第三条道路。田娇(2012)从理论上分析了研究经费投入和人才投入对产业升级产生的直接影响,并认为产业升级的动力来自技术创新成果的提高。与此观点类似,朱榕榕(2012)以技术创新理论和产业升级理论作为研究基础,分析和揭示了技术创新促进产业升级的内在机理。程强和武笛(2015)基于对科技创新与传统产业的耦合分析,以及科技创新驱动传统产业的作用机理分析,提出了科技创新驱动传统产业转型升级发展的路径。

但是目前的研究要么将技术创新作为驱动因素考察其对产业升级和演化的作

用，要么将技术创新作为结果分析产业特征对其绩效和强度的影响（陆国庆，2011；王立军等，2011），却没有考虑两者之间的互动机制。诚如韩江波和蔡兵（2009）所言，技术创新、产业升级及经济发展三者之间具有紧密的联系，即技术创新推动产业升级、产业升级拉动技术创新，在技术创新和产业升级的互促过程中经济发展实现形态的演变。因此，只有将两个方向的作用机制放在一起进行全面考察才能深刻揭示出技术创新与产业升级之间关系的本质。

第七节　国内外研究现状总体评价

一、海外并购整合对技术创新的影响研究：缺乏一个过程性和整合性的理论框架

目前的研究流派提出了影响并购后技术创新的多种因素，包括并购企业与目标企业的资源联系性、并购双方文化差异、并购后的整合行为，这三类因素对并购后技术创新的影响已得到基本认可。虽然现有流派的研究并不相互排斥，但在已有研究中相互交叉的研究仍旧很少，而分立的视角并不能完全捕捉到并购过程的层次与复杂性。如何将这些研究流派整合起来，形成更全面与综合的理论框架是学者们进一步努力的方向。在实证研究方面，虽然有大量研究关注海外并购对技术创新的影响，但有关技术获取型并购是否能提升企业的技术创新绩效的实证研究却得出了不一致结论。之所以当前的经验研究并未达成共识，一个重要原因在于影响并购成功的因素是多方面的，而无论资源联系性、文化差异还是并购后整合对于并购后技术创新都是很关键的，因此实证分析中关键因素的遗漏导致了不同的研究结果。当前的研究基本以静态的视角来分析并购整合对并购后技术创新的影响。然而，并购整合实际上是一个动态过程，因此动态视角探讨并购整合过程是未来的一个重要的研究方向。

二、海外并购整合过程和模式研究：缺乏对新兴经济体企业的独特性分析

并购整合通常被视为并购双方资源的重新配置过程（King D R et al.，2008），

而该过程是决定并购成功与否的关键（Haspeslagh and Jemison，1991）。目前学术界对于并购整合过程的研究仍然偏少，尚未形成较为系统的理论框架（King et al.，2004）。学者们试图寻找能够刻画并购整合行为的并购整合模式分类，但以上这些研究的结果还停留在概念层面，并没有形成系统的理论，无法揭示在某些特定的情况下选择并购整合方法或组合方法的条件，因此未能提供关于如何采用适当的并购整合方法的观点和思想。同时，国外的研究大多集中在发达国家，因此，以中国技术获取型海外并购企业为研究对象，基于中国企业海外并购的特征开展并购整合研究，具有较大研究空间。

三、并购前资源的联系性对产业技术创新的综合影响机制分析不够

并购双方资源相似性、并购整合与技术创新研究。对高技术企业并购的部分研究发现，并购方和目标方的资源相似性是影响并购后技术创新的重要因素（Hagedoorn and Duysters，2002；Cassiman et al.，2005；谢伟等，2011）。然而，也有部分研究指出过多的相似性会减少并购方的学习空间（Ghoshal，1987；Hitt et al.，1996）。Cloodt 等（2006）研究发现：资源的相似性与并购后的技术创新绩效呈现倒"U"形关系。并购双方资源相似性对并购后技术创新影响的背后机制在于：通过获取目标企业的技术与研发资源，能够拓展并购公司的知识基础和吸收能力（Zahra and George，2002），因而带来技术与研发的规模经济，同时可以通过合并部分研发业务消除冗余资源、缩减研发投入（Hagedoorn and Duysters，2002；Colombo et al.，2010；Makri et al.，2010）。通过资源的优化配置，能够增强并购的协同效应，对并购后的价值创造具有积极影响（Tanriverdi and Venkatraman，2005；Wang and Zajac，2007；Kim and Finkelstein，2009；于成永和施建军，2012；Chen and Wang，2014），反映了资源互补性的潜在价值要通过并购双方成功的合作和资源整合来实现。如果并购方不能有效地进行目标企业产品与自身产品的整合，或者并购方没有经营相关产品的能力，实现潜在的协同收益的可能性将较低（Kapoor and Lim，2007；王寅，2013；Zaheer et al.，2013）。

已有文献注意到了资源相似性、互补性所带来的潜在协同效应需要通过并购后整合才能实现，但其关系链条并未被充分探讨，对于并购整合对技术创新影响机制的分析较为缺乏，且各要素间的相互作用分析不够全面。

四、并购后整合活动对技术创新的综合影响机制分析不够

目前并购整合程度对并购绩效影响的研究在两个方面达成了基本共识：第一，并购整合程度并非越高越好。一方面，高的整合程度有利于实现规模经济与范围经济，能够促进以资源相互依赖为基础的协同效应的实现，进而对技术创新产生积极影响（Puranam and Srikanth，2007；Puranam et al.，2009；Bresman，2010）。另一方面，高的整合程度也会引致由于并购双方组织、路径和人力资源冲突而产生的摩擦效应，进而对技术创新产生负面影响（Cloodt et al.，2006；Kapoor and Lim，2007；Puranam et al.，2009；张光曦和方圆，2014）。第二，并购整合程度的选择应当充分考虑并购双方的主体特征。基于该思想，他们对并购整合的前提进行了相关研究。从并购动机出发，探寻不同动机下最优的并购整合策略（Castañer and Karim，2013）。

综上可见，从已有的研究结论来看，中国制造业海外并购整合与产业技术创新受到多种因素的影响，难以有一种理论可以解释所有的并购整合与产业技术创新现象。从现有的对中国制造业海外并购整合与产业技术创新的实证分析来看，不同的实证分析方法及同一种实证分析方法之间的结论均存在差异。从并购对目标企业的影响来看，用事件分析方法的文献大部分支持并购给目标企业股东带来了超额收益，另外对不同的文献进行总结发现不同学者的研究表明，海外并购整合对目标企业的技术创新提升没有一致结论，诚然现有的研究还存在以下几点不足。

（1）研究视野有待拓展。文献普遍不重视对发展中国家海外并购案例的筛选，主要是以发达国家海外并购案例为分析对象。案例的差异是导致实证结论差异的主要原因，对海外并购整合的案例在总体和具体案例的分析上不能很好地结合，忽视对海外并购整合后个体的绩效变化及出现绩效变化差异原因的分析，这导致对并购整合绩效深入分析的不足。

（2）研究内容有待深化。海外并购整合在我国的研究相对滞后，直接导致早期实证研究的样本量过少，且无法对已完成海外并购整合制造业企业的长期业绩进行考察，从而限制了对长期并购整合效应的研究。随着"一带一路"倡议与"双循环"稳步实践，越来越多的中国企业参与海外并购扩张，研究时机也趋于成熟。基于此，本书将全面考察海外并购整合后的长期市场表现、经营业绩变化及企业并购战略变化，并从产业技术创新的角度研究并购整合对国内长期经济增长与产业转型升级的影响。

（3）研究方法有待完善。国内不少文献在考察海外并购整合的市场反应时所选事件发生日标准不一，计算海外并购累计超额收益估算方法比较单一，缺乏对

海外并购行为的深入调研，导致研究结论难以令人信服。同时较少关注海外并购、产业转型升级对产业绩效及经济后果的作用机理研究。

鉴于此，本书将立足《中国制造2025》战略背景，从产业技术创新的角度出发，对海外并购整合、产业技术创新与产业转型升级相关问题进行全面而深入的探讨。本书将以产业技术创新为出发点，通过构建制造业海外并购整合与产业技术创新绩效评估体系，并以此评价体系评估海外并购整合对产业结构转型升级的影响，并从实证的角度研究海外并购整合对产业安全与产业转型升级的影响因素，在借鉴发达国家海外并购规制政策、法律和市场经验的基础上，为中国制造业企业的海外并购规制提出相应的政策建议。

第三章 技术获取型海外并购整合与产业技术创新的宏观动因与微观机理

进入 21 世纪以来，制造业面临着全球产业结构调整带来的新机遇和挑战。特别是 2008 年全球金融危机之后，世界各国为了寻找促进经济增长的新出路，开始重新重视制造业，欧盟整体上开始加大对制造业科技创新的扶持力度，美国国家科学技术委员会于 2012 年 2 月正式发布了《先进制造业国家战略计划》，德国政府在 2013 年 4 月推出了《德国工业 4.0 战略》，英国政府科技办公室在 2013 年 10 月推出了《英国工业 2050 战略》。中国也在 2015 年提出了《中国制造 2025》，旨在推动国内传统产业技术改造，促进工业化和信息化深度融合。

在信息技术驱动的智能化和自动化发展下，传统制造业的生产模式和用户需求都在发生着颠覆性的变化，特别是对于中国等新兴市场中传统高人力成本、低附加值的制造业企业而言，竞争更加激烈，在这种情况下，工业 4.0 或者说第四次工业革命的到来，对于制造业企业而言是一次重大的发展机遇和挑战。

在新的市场环境下，面对日益激烈的国际竞争，中国的制造业企业也急需"走出去"，通过学习和吸收国外的先进技术，实现自身的跨越式发展，在这样的需求驱动下，更多的工业 4.0 海外并购也应运而生。随着更多智能化制造、国际化战略、"一带一路"等的推进，预计未来中国制造业还将进行更多的海外兼并整合。

在此背景下，本章从《中国制造 2025》切入，剖析各国在工业 4.0 领域的发展基本路线；同时分析工业 4.0 在中国本土化——《中国制造 2025》的基本状况，重点解析中国制造业企业在工业 4.0 环境下的海外并购整合趋势，以期为中国制造业参与工业 4.0 发展提供政策借鉴。

第一节　发达国家工业 4.0 国际比较
与经验借鉴

工业 4.0，或称第四次工业革命、生产力 4.0，是德国政府于 2013 年汉诺威工业博览会提出的高科技计划，由德国联邦教育及研究部和联邦经济及科技部联合资助，用来提升制造业的电脑化、数字化与智能化。工业 4.0 自从被德国提出来以后就迅速火遍全球，本质上看，与前三次工业革命相比，工业 4.0 的进步在于利用互联网激活了传统工业过程，使工厂设备"能说话、能思考"，同时实现三大功能：较大程度地降低制造业对劳动力的依赖、较大程度满足用户个性化需求、将流通成本降到较低。

工业 1.0——蒸汽时代（1760~1840 年）机械化，以蒸汽机为标志，用蒸汽动力驱动机器取代人力，从此手工业从农业中分离出来，正式进化为工业。

工业 2.0——电气时代（1840~1950 年）电气化，以电力的广泛应用为标志，用电力驱动机器取代蒸汽动力，从此零部件生产与产品装配实现分工，工业进入大规模生产时代。

工业 3.0——信息时代（1950 年至今）自动化或电子信息化，以 PLC（programmable logic controller，可编程逻辑控制器）和 PC（personal computer，个人电脑）的应用为标志，制造过程自动化控制程度大大提高，从此机器不但接管了人的大部分体力劳动，同时也接管了一部分脑力劳动。

工业 4.0 的精髓是提升相关数据的可用性和集成度，目的是将价值链上所有的产品、公司和资源进行互联互通，从可用数据中挖掘附加值，从而最终实现客户价值的最大化。

2008 年的全球金融危机对发达国家而言是灭顶之灾，大量的企业倒闭，工人失业，但是全球金融危机也同样让欧美等传统发达国家重新认识到实体经济尤其是制造业的重要性，特别是在发展中国家强力争夺中低端甚至部分高端领域制造业市场的情况下，发达国家急需重塑国家制造业。工业 4.0 的到来对于发达国家和新兴国家而言，都是一次资源重新分配的机遇。

一、美国再工业战略

今日全球制造业的翘楚依然是头号经济大国美国，在以新一代信息技术为核心的新科技革命牵引下，美国制造业呈现多路演进的新趋势。全球金融危机之后，美国政府重新关注制造业问题。虽然美国一些传统的制造业因为得不到更多资源投入而衰退，但美国从未停止革命性技术的研发。在政策方面，美国总统科技顾问委员会于 2011 年、2012 年先后提出《保障美国在先进制造业的领导地位》以及《获取先进制造业国内竞争优势》，同时 2011 年 6 月 24 日，美国总统奥巴马正式宣布了一项超过 5 亿美元的"先进制造业伙伴关系"（Advanced Manufacturing Partnership，AMP）计划，以期通过政府、高校及企业的合作来强化美国制造业。到了 2014 年 10 月，美国总统科技顾问委员会又发布了《加快美国先进制造业发展》，该报告俗称 AMP2.0。美国的 AMP2.0 代表美国政府主导的国家级制造业战略，与德国的工业 4.0、中国的《中国制造 2025》可以等量齐观。美国在前后两份 AMP 制造业报告中，都明确提出了加强先进制造布局的理由，那就是通过规划系列"先进制造伙伴计划"，保障美国在未来的全球竞争力。

从《加快美国先进制造业发展》报告中提出的革命性技术来看，美国没有把创新重心放到一些系统集成技术上，而是把第四次工业革命中的共性技术——智能化技术放到了至关重要的位置上。无论是先进传感、控制和平台系统，还是可视化、信息化和数字化制造，其核心是研究基于大数据（机器智慧）的智能如何更高效、精准地驱动物理世界的制造，而先进材料制造很可能将颠覆德国、日本等制造强国在装备品、消费品领域既有的强大制造能力，这些将是美国下一代制造技术力图突破的核心。这一系列革命性技术可以帮助美国继续掌控全球制造业的命脉。

作为创新大国和强国的美国，在系列 AMP 报告中，明确提出了通过构建国家级的创新网络、保证创新人才渠道及提升商业环境等三方面的关键措施，继续保持美国在全球创新方面的领先优势。从支撑手段来讲，美国政府正在通过支持创新研发基础设施、建立国家制造创新网络、政企合作制定技术标准等多种方式为制造业注入强大的政府驱动力。无论是美国还是德国，推动制造业的创新发展绝不单单是工业行业与 IT 企业自身的市场化行动，而是融合了国家意志的产物。

二、德国工业 4.0 战略

在德国的制造企业中，工业 4.0 的概念实际上是在物料管理系统、ERP

（enterprise resource planning，企业资源计划）系统、装配和包装系统及物流系统基础上逐渐集成、整合和优化，通过数据一致性、数据集成、数字建模与仿真、车间控制、生产自动化与控制、规划与预测等信息化应用渐进式发展而来的。这种连接将促进端到端的信息流动和信息分享，加速对客户需求的交付速度，增强满足大规模定制要求和生产柔性化的能力，降低供应链的协同成本，从而增强产业体系、集群的整体竞争力。德国信息化战略的核心与制造业深度融合启动在 1997 年，从建设网络工厂开始（工厂有 IP 地址），到 2001 年 E-工业服务（在规定时间远程对设备进行维护）；2009 年的自组织生产（对设备状态进行监控，由机器决定何时对设备进行服务）；到 2014 年的工业 4.0（从管理者驾驶舱、产品的虚拟设计、虚拟生产、并行混合工程，从设计、模块到车间的整体云控制平台建设），德国工业信息化经过近 20 年的努力和持续的渐进式创新，建立了一套不断完善的工业互联网体系。这个体系的核心原理是连接，即将人—物—服务和流程不同要素进行关联协同，使这些要素之间具有读写、信息处理、数据交换、决策优化的能力。其是工业体系从信息化、数据化、自动化到智能化发展历程的延续和渐进式创新的升级，通过上述要素的连接，持续推动管理和生产过程的智能化，将分布式的制造企业和客户进行横向和纵向的组合，增强要素之间整体协同的能力，降低企业分散式布局、客户大规模定制和快速交付所带来的管理复杂性。

三、日本制造业白皮书

20 世纪 60 年代，日本依靠制造业的发展实现经济腾飞，但在现代互联网经济中，日本企业却难见身影，面对第四次工业革命的冲击，日本也推出了对应的措施——《2015 年版制造白皮书》。

从白皮书透露出的信息来看，日本制造业的现状可以从三个方面理解：一是与德国、美国的动态相比，日本虽然在工厂的省人力化、节能化等改善生产效率方面有些长处，但不少企业都对进一步发展数字化持消极态度，尤其是对物联网的关键——软件技术和 IT 人才的培养。日本人担心，德国工业 4.0 体系一旦建立，德国工业包括汽车工业会实现压倒性的高效率和供应链的整体优化，德国厂商的竞争力相对日本将上升。二是日本制造业企业之间的合作不充分，如工厂使用的制造设备的通信标准繁多，许多标准并存，没有得到统一，需要跨越企业和行业壁垒，强化"横向合作"。三是在生产制造过程中软件使用不够，如对 PLM 工具的使用。所以，除了相继推出大力发展机器人、新能源汽车、3D 打印等的政策之外，日本的白皮书中特别强调了发挥 IT 的作用。另外，白皮书认为，日企赴海外发展今后仍将持续，但指出新技术研发基地仍有留在日本国内的倾向。白皮书还将企业的职业培训、面向年轻人的技能传承、理工科人才培养等视作亟待解决的问题。

第二节　中国的工业 4.0 战略
——《中国制造 2025》

一、《中国制造 2025》背景

中国改革开放后的制造业发展大致经历了三个阶段：第一阶段，20 世纪 80 年代到 90 年代。70 年代末，为了解决严重的结构矛盾，中国开始进行工业化战略的重大调整，放弃了改革开放前单纯发展重化工业的思路，转而采取消费导向型的工业化发展战略，注重市场需求导向，优先发展轻工业，以纠正扭曲的产业结构。自 1980 年起对轻工业实行了"六个优先"的政策，即原材料、燃料、电力供应优先；挖潜、革新、改造的措施优先；基本建设投资优先；银行贷款优先；外汇和引进技术优先；交通运输优先。此后，工业内部重工业自我循环的结构被初步打破，被长期压抑的消费需求突然被释放出来，成为工业化的巨大牵引力。这一时期也出现了新的结构性矛盾，即加工业的超高速发展，在 80 年代末和 90 年代初出现了能源、交通、原材料等领域的紧缺，基础工业和基础设施成为国民经济发展的瓶颈。

第二阶段：20 世纪 90 年代到 20 世纪末。20 世纪 90 年代开始，随着国家政策的不断放开，沿海地区的开放程度不断提高，广东成为中国经济的龙头，江浙地区的民营经济也开始崛起。消费结构明显升级并由此推动产业结构向高端化演进，是这一时期的突出特点。在 90 年代中期，居民（特别是城市居民）消费结构再次出现升级，彩电、冰箱等传统家电类的消费依然保持较快增长，同时空调、个人计算机和通信等领域需求以更高的速度增长，从而推动了电子信息产业的高速增长。同时 1993 年之后重工业呈现快速增长势头，工业增长明显转向以重工业为主导的格局，再次出现了重化工业势头。经过外资、民营企业的快速发展，以及国有企业的改组、改造，国有企业在工业产出中的份额由 1980 年的 76%下降到了 2000 年的 28%。在 1990 年后的十年里，巨大的中国市场也吸引了大批国外制造业企业的进入，中国开始有了外资、合资和合作企业，中国较低的成本优势也使得发达地区的劳动密集型产业和低端制造业开始向中国转移。中国制造业企业开始广泛学习和引进国外的工业和消费产品设计和制造技术，同时随着收入的普遍提高，中国消费者对国产制造业的消费不断增大。经济体制的改革是这一时期最重要的进展，初步建立了社会主义市场经济体制，确立了市场对资源配置的基础性作用，产业的市场化程度显著提高。

第三阶段：2000 年至今。2000 年之后，中国迎来 10 年黄金发展期。中国加入世界贸易组织后外资进入中国的趋势越来越凸显，在全球制造企业降低成本并占领中国及亚太市场的推动下，大量外资进入中国，形成了今天中国数以万计的外资和合资企业。伴随着浦东的开发，长三角地区也成为中国改革开放的龙头。基础设施建设投入飞速增长，全国高速公路和铁路全面建设，航空载客量和货运量增长迅速。中国的城市化进程也呈现出蓬勃发展的趋势，中国的城市成为全球最大的工地，建筑业的发展也带动了对制造业产品的需求，同时一、二线城市庞大的人口流入也支撑起了民营制造业企业的蓬勃发展。2010 年中国再次成为制造业第一大国。目前，中国超过 200 多种工业产品的产量和出口量都居世界第一，其中数十种产品的出口占到全世界出口总量的 70%以上。互联网、信息技术的发展也大大颠覆了人们的生产和生活方式，阿里巴巴、腾讯等企业成为全球屈指可数的超级公司，新兴产业的创新创业也为经济增长创造了源源不断的动力。

二、中国企业海外并购的整体趋势

根据普华永道2021 年发布的《2021 年上半年中国企业并购市场回顾与前瞻》，从交易数量和交易规模来看（图 3-1），我国海外并购交易自 21 世纪以来发展迅速，从 2014 年 272 起交易量发展到 2019 年的 667 起交易量，增长将近 1.5 倍，其更是在 2016 年迎来顶峰时期，之后由于政府监管及外汇管制等宏观因素的影响，海外并购交易逐渐回归理性，交易数量和金额都有所下降，尽管大型交易总体在下降，但仍然存在大量较小规模的海外并购。受新冠疫情和政治因素的影响，内地企业的出海并购活动依旧在缓慢地恢复当中。从投资者性质来看（图 3-2），我国民营企业一直以来都是最活跃的买家，而在近年来，财务投资者交易逐渐替代国有企业交易，规模日趋变大。从投资行业来看（图 3-3 和图 3-4），高科技、消费品和电力能源行业的交易金额相对较高，高科技、工业和消费品行业的海外交易相对更活跃。从投资区域来看（图 3-5 和图 3-6），由于中国收购海外技术、专有技术、知识产权和品牌的需求，欧洲获取的并购金额最多，并保持高位的交易数量，但近几年受某些政治因素影响，欧洲区域的交易规模明显缩水；随着"一带一路"的发展，中国企业赴共建"一带一路"国家的跨境并购交易量总体上也持续增长。此外按照交易量和交易额计算，中国为全球并购市场贡献份额约14%，充分体现了中国在全球市场中扮演着重要角色。

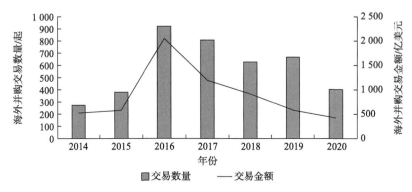

图 3-1　海外并购交易发展变化趋势

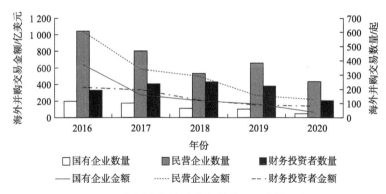

图 3-2　按投资者性质分交易数量和交易金额

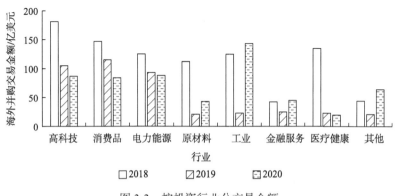

图 3-3　按投资行业分交易金额

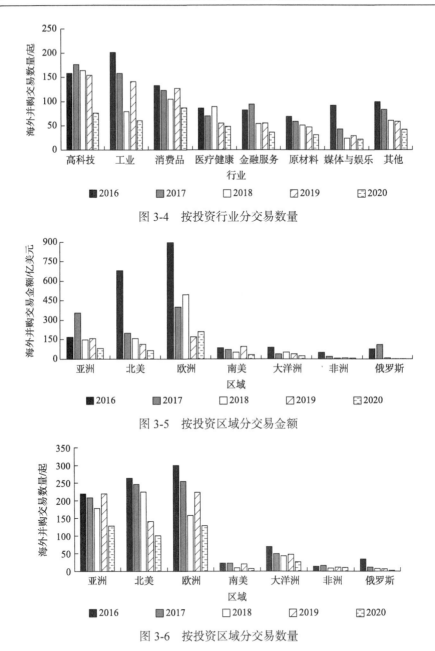

图 3-4　按投资行业分交易数量

图 3-5　按投资区域分交易金额

图 3-6　按投资区域分交易数量

　　国际跳板理论认为，许多后发追赶型企业使用国际扩张作为跳板来实现以下目的：①获取战略资源来弥补技能空间，以克服落后的缺点；②利用其他国家的竞争优势和市场机会；③缓解国内的制度和市场约束，绕过贸易壁垒进入发达市场；④增强和改善自身的研发技术，更好地与全球竞争对手竞争（Luo and Tung，

2018）。作为一个新兴市场，在我国，许多企业尤其是民营企业的跨境收购是为了将高端、世界级的技术汇回国内，提高研发技能，增强创新能力，拉动企业经济增长。但并购方母国与东道国之间的制度差异会增加企业在国际化过程中面临的不确定性和风险，进而影响并购交易的结果。尽管前人研究已证明，制度距离是企业海外并购过程中的重要影响因素，但关于制度距离如何影响企业跨国并购结果，研究结论尚存在分歧。有研究认为，制度距离将产生额外的交易成本及合法性带来的风险，从而不利于海外并购交易的完成[①]（Liou and Rao-Nicholson，2017；Boateng et al.，2019；乔璐等，2020）；但另有研究认为制度距离带来了互补性资源和知识技能，并购方更有动机完成并购交易[②]（李元旭和刘飚，2016；Ellis et al.，2017；Dong et al.，2019；刘飚和孟勇，2019）。

处于蓬勃发展中的中国制造业，规模与水平不断提升，国际竞争力也有了显著的提高，但即便到目前，中国也只能称作制造业大国，距离制造业强国还有很长的路要走。在突飞猛进的工业化进程中，中国制造业面临三大突出问题。

首先，产业结构不合理。从生产角度来看，中国制造业产业结构的不合理表现为低水平下的结构性、地区性生产过剩，又表现为企业生产的高消耗、高成本。具体而言，许多重要产业对外技术依存度高，自主开发能力弱，难以适应激烈的国际竞争；很多行业产能严重过剩。随着中国外贸规模的迅速扩大，外部市场需求的约束力显著上升，低档产品、初级产品的贸易条件从长期来看呈不断恶化趋势，同时东南亚、印度等国家的崛起也使得部分低端产业追逐更低的成本向这些地区转移，中国的劳动密集型产品出口格局在未来很难有很大的增长空间。

其次，产品附加价值不高。一直以来，中国企业大都采用贴牌生产方式，处于全球价值链的中低端，产品设计、关键零部件和工艺装备主要依赖进口。即使是在国际市场上占有一定份额的产品，中国生产厂商也更多地处于组装和制造环节，普遍未掌握核心技术，关键零部件和关键技术主要依赖进口。

最后，能源消耗大，污染严重。在世界产业的分工链条中，属于中国的环节是制造业，这本身就是一个对自然资源需求量极大的产业，再加上利用效率低，导致在经济发展过程中自然资源消耗过快。国际初级产品市场价格的不断上涨给中国以低成本取胜的制造业市场带来了越来越大的压力。

---

① 比如在蒙牛收购 Lion-Dairy and Drinks Pty Ltd 过程中，澳大利亚外国投资审查委员会已经推荐批准了该项交易，但该国的财政部部长仍然否决了该项收购，正是因为政治考量。三峡集团收购葡萄牙 EDP 需要获得监管机构的 16 项批准，而该项收购因为未获得美国、巴西、法国、加拿大等国的监管机构批准而终止。

② 山东黄金最终依靠目标公司董事会支持、外力的援手和自己的坚持，在与俄罗斯黄金生产商 Nordgold 轮流出价的竞购中，成功收购卡蒂诺资源公司。环球晶圆成功收购全球第四大硅晶圆供应商 Siltronic。

三、《中国制造 2025》三步走战略

《中国制造 2025》是中国实施制造强国战略第一个十年的行动纲领，根据计划，预计到 2025 年，中国将达成从"制造大国"变为"制造强国"的目标，而到 2035 年，中国的制造业将达成赶超德国和日本的目标。《中国制造 2025》对构成制造强国评价指标体系的各项具体指标进行逐项的发展目标预测，建设制造强国的进程可大致分为三个阶段，如图 3-7 所示。

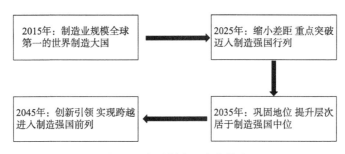

图 3-7　中国制造三步走战略

第一阶段，到 2025 年，综合指数接近德国、日本，实现工业化时的制造强国水平，基本实现工业化，中国制造业迈入制造强国行列，进入世界制造业强国第二方阵。在创新能力、全员劳动生产率、两化融合、绿色发展等方面迈上新台阶，形成一批具有较强国际竞争力的跨国公司和产业集群，在全球产业分工和价值链中的地位明显提升。

第二阶段，到 2035 年，综合指数达到世界制造业强国第二方阵前列国家的水平，成为名副其实的制造强国。在创新驱动方面取得明显进展，优势行业形成全球创新引领能力，制造业整体竞争力显著增强。

第三阶段，到新中国成立一百年时，综合指数率略高于第二方阵国家的水平，进入世界制造业强国第一方阵，成为具有全球引领影响力的制造强国。制造业主要领域具有创新引领能力和明显竞争优势，建成全球领先的技术体系和产业体系。

四、中国海外并购整合的政策分析

1979 年 8 月，国务院提出"出国办企业"，第一次把发展对外投资作为国家政策，从而拉开了中国企业对外直接投资的序幕。到 20 世纪 90 年代中后期，中国企业和资本进入海外的步伐大大加快，国家也出台了一系列政策，支持企业通

过对外直接投资、对外工程承包、对外劳务合作等形式积极参与国际竞争，实现我国经济可持续发展的现代化强国战略，具体政策见表3-1。

表3-1　中国企业海外并购相关政策梳理（部分）

时间	来源	政策法规名称	政策法规要点
2010-03	第十一届全国人民代表大会第三次会议	走出去战略	加快实施"走出去"战略，鼓励符合国外市场需求的行业有序向境外转移产能，支持有条件的企业开展海外并购，深化境外资源互利合作，提高对外承包工程和劳务合作的质量
2013-10	国务院	《国务院关于化解产能严重过剩矛盾的指导意见》	加大对产能严重过剩行业企业兼并重组、整合过剩产能、转型转产、产品结构调整、技术改造和向境外转移产能、开拓市场的信贷支持。加大企业"走出去"的贷款支持力度、研究完善"走出去"投融资服务体系，支持产能向境外转移
2014-03	国务院	《国务院关于进一步优化企业兼并重组市场环境的意见》	落实完善企业跨国并购的相关政策，鼓励具备实力的企业开展跨国并购，在全球范围内优化资源配置。鼓励外资参与我国企业兼并重组。解决跨地区跨所有制企业兼并重组和跨国并购中的重大问题
2015-03	国务院授权国家发展和改革委员会、外交部、商务部联合发布	《推动共建丝绸之路经济带和21世纪海上丝绸之路的愿景与行动》	发挥新疆独特的区位优势和向西开放重要窗口作用，深化与中亚、南亚、西亚等国家交流合作，形成丝绸之路经济带上重要的交通枢纽、商贸物流和文化科教中心，打造丝绸之路经济带核心区
2015-08	证券监督管理委员会、财政部、国务院国有资产监督管理委员会、银行业监督管理委员会	《关于鼓励上市公司兼并重组、现金分红及回购股份的通知》	推动商业银行积极稳妥开展并购贷款业务，扩大贷款规模，合理确定贷款期限。鼓励商业银行对兼并重组后的上市公司实行综合授信。通过并购贷款、境内外银团贷款等方式支持上市公司实行跨国并购
2016-07	国务院办公厅	《关于推动中央企业结构调整与重组的指导意见》	推进强强联合和专业化整合，加快推进企业内部资源整合，积极稳妥开展并购重组

资料来源：根据相关资料收集整理

第三节　国内制造业并购的现状与特征

万得数据库统计数据显示，2014年以来，我国并购交易市场迎来快速发展，交易数量及规模屡创新高，并且成为全球仅次于美国的第二大并购投资地。但是在2018年，尽管并购案例数比2017年有所提高，但并购总规模却回调了。2020年，全球范围内量化宽松的大环境与国内资本市场的改革带来的上市公司资金充裕的小环境互相叠加，推动了并购市场交易规模的回暖，如图3-8所示。

图 3-8　2010~2020 年中国并购市场交易趋势图

资料来源：Wind 资讯

一、并购总数平稳，交易金额回升

2020 年我国资本市场改革逐渐走向"注册制"，伴随着上海证券交易所（简称上交所）科创板注册制常态化运行、深圳证券交易所（简称深交所）创业板试点注册制稳步落地，企业上市的通道逐步放开，通过资本市场实现业务整合升级的能力也逐步增强。2020 全年各类并购事件共发生 9 199 起，并购合计总规模达到 23 197.97 亿元。

二、国内并购回升，海外并购回落

2020 年国内外并购市场出现了极大的反差。受制于美国政府对华投资设限、"长臂管辖"制裁、并购审查趋严等逆全球化贸易政策，海外并购下的外资交易和海外交易业务开展困难。跨境交易总数仅 76 起，同比降低 40.6%，总金额仅 679.97 亿元，同比减少 58.7%。相比之下，人民币并购交易凭借科技创新鼓励、资本市场改革等政策驱动而稳步走高。全年国内并购交易数量达到 1 817 起，同比增长 6.6%，金额达到 11 431.80 亿元，同比增长 34.8%。

（一）国内并购

受"产业升级"、"双循环"和区域经济一体化等政策的影响，中国并购市场异常活跃。通过对近十年国内并购交易事件的梳理，发现相比漫长的 IPO（initial public offering，首次公开募股）流程，部分企业通过借壳方式完成曲线救国，通过反向收购实现借壳上市的目的。例如，近年来比较著名的一次反向收购案例就是 2017 年顺丰控股完成上市。但是，随着退市机制和发行制度的完善，企业并购的目标也逐渐由获得二级市场融资资格逐渐向获得被并购企业的主营业务、提高自身核心竞争力转变。例如，2017 年阿里巴巴通过对大麦网的收购将其升级为阿里文化娱乐集团现场娱乐事业群，打通了阿里音乐和大麦网的业务。

（二）海外并购

RCEP 为中国和东亚带来了机会，大幅提升了中国优势产业和优秀企业的全球竞争力，推动更多有实力的中资企业"走出去"。在全球并购的浪潮中，公司之间"强强联合"，实现优势互补，形成了一批"巨头"企业。在这样的背景下，越来越多的企业走出国门，以并购方式参与全球资源的优化配置，抢占国际市场。例如，医药领域 CRO[①]行业巨头泰格医药通过不断的海外并购方式扩大市场份额，将客户产品推向国际市场。但是，由于并购双方处于不同文化背景下，且存在政策等方面的差异，不能仅仅关注并购是否成功，更要注意海外并购之后的整合问题，这也对企业提出了更高的要求。

随着我国经济的发展，中小企业发展势头越来越好，但受资金不足的约束，很多大型企业会收购小企业，通过企业并购的方式促进两个企业的发展。目前我国企业并购的方式主要有四种。一是承担债务式，即并购方以承担被并购方债务为条件接受其股权。在国有企业的并购中，通过承担债务方式来并购的企业约占并购总数的 70%。二是购买式，即并购方以资金购买被购方的产权，不同地区或不同所有制性质企业间的并购多采用这种形式。三是控股式，即通过购买其他企业的多数股权达到控股或并购。四是吸收股份式，即被并购企业将企业的净资产作为股金投入到并购方，成为并购方的一个股东。

三、多种并购目的并存

从并购的目的来看，2010~2020 年，上市公司并购的目的主要有横向整合、资产调整、多元化战略、战略合作、财务投资、垂直整合、获取做市库存股、业务转型、买壳上市、整体上市、私有化、获取资格牌照、管理层收购、收购品牌、

---

① CRO，医药研发外包服务机构或医药研发外包服务行业的简称。

获取知识产权、获取资质、避税和其他这 18 大类目的，2010~2020 年以上 18 种并购目的合计实现 46 319 笔。占比最高的两种并购重组目的为横向整合和资产调整，这两种并购目的的累计占比达到 65.17%。这与供给侧结构性改革、债转股及去产能去杠杆的大背景相互契合。2010~2020 年上述 18 种并购重组目的的交易金额合计 203 121.19 亿元。交易金额排名前三位的并购重组目的为横向整合、多元化战略和资产调整，这三种重组目的的累计占比达到 63.64%（表 3-2），分项来看，横向整合在 2010~2020 年一直比较平稳，保持较高的交易金额。

表3-2   2010~2020年中国并购市场交易数量和金额分布概况　　　　单位：亿元

目的	笔数	交易金额	目的	笔数	交易金额
横向整合	18 959	76 864.02	整体上市	94	6 080.81
资产调整	11 228	24 117.07	私有化	39	1 015.71
多元化战略	7 964	28 291.47	获取资格牌照	32	91.96
战略合作	2 751	14 697.19	管理层收购	33	61.84
财务投资	2 343	8 629.48	收购品牌	8	40.58
垂直整合	1 404	4 769.53	获取知识产权	12	4.49
获取做市库存股	308	38.03	获取资质	72	1.37
业务转型	238	3 261.66	避税	19	0
买壳上市	233	14 399.34	其他	582	20 756.64

资料来源：Wind 资讯

四、国内制造业并购的行业统计

本章根据万得数据库的行业分类标准及数据，统计了 2006~2020 年各个行业并购数量和并购金额，详细情况见表 3-3、表 3-4。其中，电信服务分类包括无线电服务和多元电信服务；金融分类包括多元金融、保险和银行；医疗保健分类包括制药、生物科技与生命科学行业和医疗保健设备与服务行业；材料分类包括纸与林木产品、容器与包装、金属、非金属与采矿、化工和建材；工业分类包括资本货物、运输和商业与专业服务；信息技术分类包括技术硬件与设备、半导体与半导体设备和软件与服务；房地产分类包括房地产管理和开发；日常消费分类包括食品、饮料与烟草、家庭与个人用品、食品与主要用品零售；公用事业分类包括水务、燃气、独立电力生产商与能源贸易商、复合型公用事业和电力；能源分类包括石油、天然气与供消费用燃料行业和能源设备与服务；可选消费分类包括媒体、耐用消费品与服装、消费者服务、零售业、汽车与汽车零部件。

表3-3 2006~2020年各个行业并购数量 单位：起

年份	电信服务	金融	医疗保健	材料	工业	信息技术	房地产	日常消费	公用事业	能源	可选消费
2006	4	120	43	110	250	62	84	47	71	25	117
2007	12	135	75	185	272	75	172	62	71	50	154
2008	18	152	106	256	328	117	140	73	77	60	202
2009	4	128	64	167	263	105	127	54	91	64	162
2010	7	124	85	199	346	147	135	93	108	56	165
2011	4	212	155	252	462	228	146	96	111	65	259
2012	13	277	107	218	315	181	115	49	63	57	162
2013	7	250	172	264	533	302	173	87	74	48	245
2014	4	407	241	406	803	573	219	134	147	62	479
2015	5	787	336	494	1 143	903	296	199	144	80	661
2016	6	719	276	370	924	739	198	134	125	65	482
2017	8	806	409	556	1 345	1 084	337	249	190	84	756
2018	12	659	408	564	1 438	1 059	284	254	151	55	672
2019	7	502	347	499	1 371	865	214	191	144	69	582
2020	5	335	268	422	987	759	180	169	192	71	430

资料来源：Wind资讯

表3-4 2006~2020年各行业并购总金额统计 单位：亿元

年份	电信服务	金融	医疗保健	材料	工业	信息技术	房地产	日常消费	公用事业	能源	可选消费
2006	0	250	35	154	312	32	134	17	137	197	114
2007	23	865	42	625	806	156	529	131	582	206	262
2008	1 228	838	248	683	1 021	316	511	56	524	389	1 348
2009	38	875	180	1 309	889	289	680	254	1 529	193	689
2010	453	1 653	53	1 042	1 386	251	487	870	806	627	506
2011	46	1 191	210	734	1 412	398	424	192	697	435	1 060
2012	1 041	1 189	203	1 912	836	358	332	109	597	470	498
2013	79	858	335	1 280	1 542	1 188	934	630	815	359	1 381
2014	1	2 929	526	1 437	5 677	1 593	1 706	381	638	470	2 613
2015	5	4 012	1 377	2 827	4 943	2 747	2 122	635	1 783	665	3 588
2016	0	3 942	902	2 117	4 634	2 689	2 788	424	546	647	2 093
2017	14	2 990	914	2 276	5 111	2 865	3 582	345	1 332	1 403	2 475
2018	13	2 716	1 222	2 444	4 782	2 514	1 789	397	608	295	2 555
2019	3	2 782	551	2 267	3 439	1 137	1 758	788	751	366	1 739
2020	4	1 447	427	2 198	3 072	4 212	1 334	498	745	645	912

资料来源：Wind资讯

从表 3-3 和表 3-4 可知,2006~2020 年,工业类的并购数量和并购总金额都占据高位,而电信服务类的并购数量则最少,但其并购总金额波动极大,其中,2006年和 2016 年显示总金额为 0,可能是并购方没有披露交易金额。为了更直观地展示 2006~2020 年各个行业并购的趋势变化,本书把这 15 年平均分为 3 个期间,即2006~2010 年、2011~2015 年、2016~2020 年,分别进行描述,具体见图 3-9、图3-10、图 3-11。

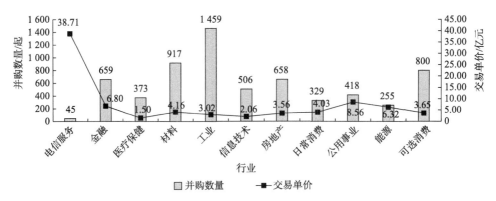

图 3-9　2006~2010 年各行业并购数量和平均交易单价统计

资料来源:Wind 资讯

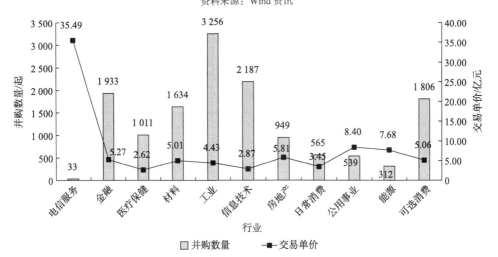

图 3-10　2011~2015 年各行业并购数量和平均交易单价统计

资料来源:Wind 资讯

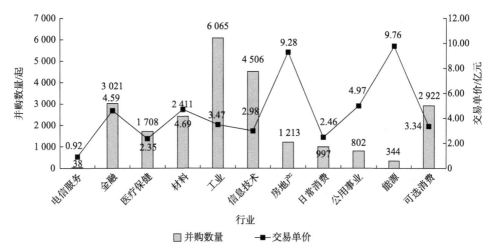

图 3-11 2016~2020 年各行业并购数量和平均交易单价统计

资料来源：Wind 资讯

从图 3-9 可知，2006~2010 年各个行业并购数量的统计中，工业类的并购数量最多（1 459 起），材料类和可选消费类的并购数量排在第二（917 起）、第三位（800 起），其中，可选消费中耐用消费品与服装有 228 起并购交易，汽车与汽车零部件有 129 起交易，这体现了中国早期并购交易以制造业为主。电信服务类并购数量最少（45 起），但其平均交易单价高达 38.71 亿元。电信服务类并购单价高的原因主要是中国三大电信运营商早年的横向整合及业务投资拉高了平均交易单价。其他行业平均并购交易单价均小于 10 亿元，其中，公用事业和金融行业的交易单价较高，分别为 8.56 亿元和 6.80 亿元。

在图 3-10 中，从 2011~2015 年各行业并购数量可知，工业类并购仍占高位，达到 3 256 起，信息技术类并购数量上升至 2 187 起，排第二位，金融类并购数量上升至 1 933 起，排第三位。从行业并购数量交易的变化可以看出，中国这 5 年的并购仍是制造业占主导地位，但科技与金融业的迅猛发展也推动了这些行业并购的发生。同时，可选消费中媒体行业的并购数量达到 485 起，相比于 2006~2010 年的 136 起，占比从 17.0%上升至 26.9%，而归属于制造业的耐用消费品与服装为 474 起，汽车与汽车零部件仅为 313 起，在可选消费的占比出现下降趋势。这也体现了中国经济的转变，从第二产业逐步转向第三产业。电信服务类的并购数量仍呈现交易数量最低、交易单价最高的特点，其主要原因仍是中国三大电信运营商的高额并购交易。

在图 3-11 中，从 2016~2020 年各行业并购数量可知，各个行业的并购交易数量与 2011~2015 年的排位相近，工业类并购仍占高位，达到 6 065 起，信息技术类并购数量为 4 506 起，排第二位，金融类并购数量为 3 021 起，排第三位。2016~2020

年平均交易单价最高的行业是能源行业，达到 9.76 亿元，相比于 10 年前的 6.32 亿元和 5 年前的 7.68 亿元，平均交易单价呈现缓慢上升的趋势。值得关注的是 2016~2020 年的房地产并购交易单价高达 9.28 亿元，成为平均交易单价第二高的行业，这与中国房价飞速上涨的现象有关。电信服务行业的平均交易单价突降至 0.92 亿元，主要是因为中国三大电信运营商这几年没有实施大额并购。金融类和日常消费类的交易单价则出现逐渐下降的趋势。

五、国内制造业并购的区域分布

在区域分布方面，从 2006~2020 年中国并购数量前 10 地区统计来看，北京、广东、江苏、浙江、上海 5 个地区并购交易最为活跃，5 个地区的并购总数和总金额常年占全国并购总数和总金额的 40% 以上，山东、四川、湖北、福建也常属于并购数量前 10 的地区。总体而言，我国并购数量在区域分布方面较为稳定，并购数量前 10 的地区交易数量占全国数量 70% 以上，这主要是因为这些区域的公司比较多，发生并购交易的行为相比于其他地区更频繁，但从不同的年份区间与并购单价上看，不同区域有着不同的并购特点，具体情况见图 3-12、图 3-13 和图 3-14。

在 2006~2010 年，北京并购交易数量最多，且平均交易单价最高（7.08 亿元）；而并购交易数第二的上海，其平均交易单价并不高，并购交易数量第三的广东，其平均交易单价则仅次于北京，达到 5.85 亿元，其他省份的并购交易单价较低，多集中于 1 亿~3 亿元，如图 3-12 所示。

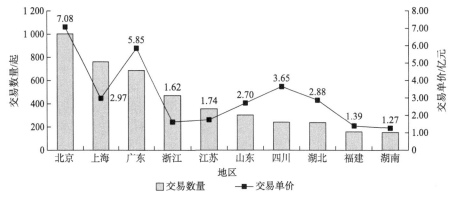

图 3-12　2006~2010 年中国并购数量前 10 地区

资料来源：Wind 资讯

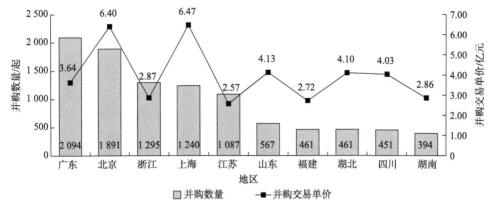

图 3-13 2011~2015 年中国并购数量前 10 地区

资料来源：Wind 资讯

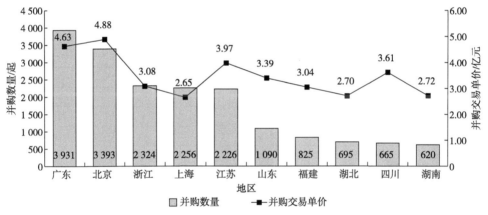

图 3-14 2016~2020 年中国并购数量前 10 地区

资料来源：Wind 资讯

在 2011~2015 年，广东代替了北京，成为并购交易数量最多的地区，上海的交易数量为 1 240 起，少于排名第三的浙江（1 295 起）。这 5 年中，中国并购数量前 10 的地区其并购单价均有所上升，其中，平均交易单价最高的地区是北京（6.40 亿元）和上海（6.47 亿元），其他省份的平均并购单价均未超过 5 亿元，如图 3-13 所示。

在 2016~2020 年，中国并购数量前 10 的地区排名与 2011~2015 年一样，但前 5 名的地区并购数量的绝对值出现较大上升，与其他地区的并购数量差距更大。在平均并购交易单价方面，大部分地区并购单价差距不大，没有出现某一区域的单价较为高企的现象，同时，相比于 2011~2015 年的并购交易单价，2016~2020 年的并购交易单价总体更低，如图 3-14 所示。

六、中国并购规模统计

从表 3-5 可知，在 2006~2020 年已披露并购交易金额的统计中，并购交易规模大多集中在 0.1 亿~1 亿元和 1 亿~5 亿元，小于 0.1 亿元和大于 5 亿元的交易规模较少。从交易规模的绝对数量上看，小于 0.1 亿的交易规模数量在 2017 年出现突增的情况；0.1 亿~1 亿元的交易规模数量在 2006~2017 年有上升趋势，2018~2020 年则开始下降；1 亿~5 亿元的交易规模数量则呈现先上升后稳定的趋势；5 亿~10 亿元、10 亿~50 亿元和大于 50 亿元的交易规模均出现上升后下降的趋势，其中，10 亿~50 亿元和大于 50 亿元的交易规模数量均在 2015 年出现突增的情况。

表3-5　2006~2020年并购规模统计

交易规模（数量）	<0.1 亿元	（0.1, 1]亿元	（1~5]亿元	（5, 10]亿元	（10~50]亿元	>50 亿元	未披露	全部
2006 年	10	633	223	30	25	1	402	1 324
2007 年	9	713	317	71	81	21	544	1 756
2008 年	16	813	326	74	94	23	571	1 917
2009 年	7	680	348	84	120	27	385	1 651
2010 年	6	926	438	99	132	36	333	1 970
2011 年	8	1 279	562	139	145	30	484	2 647
2012 年	1	786	486	113	117	23	161	1 687
2013 年	5	1 278	574	127	167	35	141	2 327
2014 年	12	2 040	854	262	255	37	336	3 796
2015 年	80	3 094	1 135	391	442	88	1 208	6 438
2016 年	92	2 396	904	290	382	74	868	5 006
2017 年	417	5 148	1 221	438	460	74	3 159	10 917
2018 年	481	4 831	1 236	431	454	66	3 812	11 311
2019 年	478	4 106	1 158	359	314	69	3 463	9 947
2020 年	457	3 614	1 268	355	294	56	3 154	9 198

资料来源：Wind 资讯

从规模占比趋势上看，小于 0.1 亿元的并购规模占比缓慢上升，从 2006 年的 0.76% 上升到 2020 年的 4.97%；0.1 亿~1 亿元的交易规模占比则出现先上升后下降的趋势，从 2006 年的 47.81% 上升到 2013 年的 54.92%，后续每年占比均在下降，2020 年仅占 39.29%；1 亿~5 亿元的交易规模占比在 2006~2018 年也出现先升后降的趋势，从 2006 年的 16.84% 上升到 2012 年的 28.81%，又从 2013 年的 24.67% 下降到 2018 年的 10.93%，从 2018~2020 年占比则有上升迹象，2020 年占比 13.79%；5 亿~10 亿元、10 亿~50 亿元的交易规模占比有先升后降的情况；而大于 50 亿元的交易规模占比则出现波动，从 2006 年的 0.08%上升到 2007 年的 1.2%，随后 10 年其占比均在 1%~2%波动，到了 2017 年，其规模占比下降到 0.68%，后续几年占比均在 0.55%~0.70%范围内波动。

总之，各个区间的并购规模在各个年份中与并购数量总额的变化情况相近，并没有出现某一个交易规模在某些年份被热捧的情况。

第四节　海外并购的动因变化

随着中国经济的持续增长及国内企业实力的不断增强，海外并购已经成为中国企业实施"走出去"战略，提升全球竞争力，进入全球产业价值链高端的战略选择。海外并购能够帮助企业打开新市场、布局全球产业链、获取无形和有形资源，提升企业的经营效率和竞争力（赵黎明和陈妍庆，2019）。与国内并购活动相比，海外并购的成本、周期和风险更高，但是仍有许多中国企业希望通过在海外并购发达国家企业，寻求知识、技术、品牌等关键战略资产，实现能力的跃迁。

企业一般出于两种目的进行海外并购。其一，企业具有"可转移"优势资源，如生产率、技术和管理优势，并购国外企业的"不可转移"资源，如营销网络、销售渠道和客户资源等。其二，企业具有"不可转移"优势，如在本国的销售能力和品牌等，并购国外企业的先进技术和研发资源等。与其他发展中国家相比，我国企业的技术水平、研发创新和管理能力等具有一定相对比较优势。然而，具有相对比较优势并不一定能够保证企业在东道国市场取得经营成果。原因在于，要获得东道国消费者的满意不仅要有优质产品，更重要的是要有销售渠道和网络、成熟的广告营销和推广，以及客户资源等（蒋冠宏，2017）。然而外国公司一般不具有这种优势。因此，企业通常选择并购一家类似企业，利用被并购企业的销售网络、营销渠道和客户资源来销售产品。这与企业自己建立营销网络和渠道相比节约了大量成本。

在新的国内外环境下，随着"中国工业强基战略"的实施和"一带一路"倡议的深入，中国制造业企业海外并购活动的动因变得越来越复杂和多样化，以技术获取为动因的海外并购仍然是中国制造业海外并购的主要动因，但随着全球价值链重构成为中国制造业"走出去"参与全球竞争的重要战略目标，海外并购动因也出现了一些新的变化。随着国内经济生产能力和生产技术的不断发展及国内生产要素尤其是人力资源要素的变化，一些产业产能在国家经济结构转型升级的过程中，伴随着"一带一路"的推进逐步地转移到经济发展相对落后的发展中国家。企业可以通过海外直接投资设厂，也可以通过海外并购的方式逐步转移产业产能。

新兴产业技术尤其是信息技术和人工智能技术的发展日新月异。中国是否能够在下一代产业革命中实现弯道超车或者说换道超车，就看能否在新的技术创新上有所建树。新技术的研发与突破往往是零散地分布于小微初创企业及独角兽企业中，掌握这些技术资源，往往需要在技术刚刚露出端倪之时就收入囊中，这就需要企业有敏锐的观察力和前瞻性。企业通过海外并购进入国际市场，不仅为企业提供接近国外创新型竞争者、研发基础设施、知识中心和研发成果的平台，也为企业提供机会了解全球消费者的偏好、产品标准和未来创新趋势等。同时，并购能够扩大集团公司的生产规模，生产规模扩大发挥了企业技术优势。规模扩大降低了生产的平均成本，也分摊了研发费用，有助于企业通过"逆向技术溢出"促进生产率进步、研发和创新。相信中国的科技企业在进行自主研发创新的同时，也会对国际上新兴技术的萌芽企业进行并购并不断地积累和储备，最终成为相关技术的先行者和领导者，在全球价值链中占据有利的竞争地位。随着全球经济的日益增强，很多国内企业都会选择海外并购来提升自身的全球竞争力，全球高端产业价值链的顶端已有不少中国企业崭露头角。在 2013 年我国出台了许多对企业进行海外并购有利的政策，我国迎来了"海外并购"的全新时代，我国自 2010 年起至 2020 年国内企业跨境并购的案例数见图 3-15。

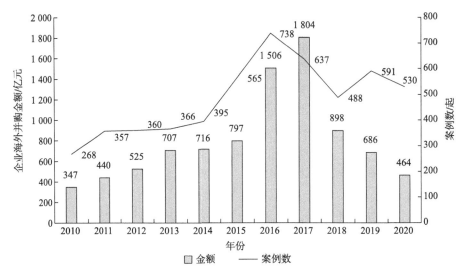

图 3-15　2010~2020 年中国企业海外并购情形图

资料来源：Wind 数据库

并购作为企业外延式扩张的战略手段之一，往往被认为是企业寻求发展的重要方式。相比西方第一次兼并浪潮发生的时间，我国企业并购起步较晚，在并购进程中存在许多问题，归纳起来主要如下。

一、过多的行政干预

企业实施并购战略重组的目的是使自己更具竞争力，通过扩大规模和战略创新技改达到转型升级的目的（董长胜，2019），但是实际活动中，海外并购往往被政府赋予了过多的产业政策使命，当政府以不适当的方式介入时，一般意义上的市场行为、经济行为就会因为两者在动机和评估体制上的不同而发生扭曲。部分产业落后、节能环保不够的微利小型企业，想要延伸产业链条或提升和改造相关技术，会去寻找成熟技术企业的兼并机会，通过被收购实现快速的技术共享和产业延伸。实际上，在符合政策导向的情况下，政府为了提高产业整合效率，往往会推进企业并购进程，但是政府对企业并购重组进程中的合规性比较关注，而对企业实际资产价值关注较少。从现实情况来看，我国一些国有企业并购行为往往是出于社会责任承担的表现，而非追求经济效益目标。地方政府从发展本地经济、提高就业率和维稳等角度考虑，会表现出强烈的动机干预其控制下的地方国企"多并购，少破产"（高燕燕等，2016），有些地方政府为了帮助当地企业摆脱困境，采用强制行政干预的方式去干预企业并购行为，还有些地方政府为了打造上市公司，要求几家效益好的企业"强强联合"进行并购重组以满足上市要求。这种行政干预力太强的并购行为，不仅没有达到生产要素的有效组合和资源的优化配置，还有可能造成效益好的企业被拖垮。优质企业强强联合后，由于管理和文化的整合不到位，未能使并购发挥协同效应，所以，多数行政干预方式下的企业并购效益比较低。

二、海外并购制度环境不完善

以 North（1990）等为代表的新制度经济学者强调了制度环境（包括正式制度和非正式制度）对企业行为的影响。当企业风格与政府环境发生错配时，较高的经营成本使得企业有躲避政府环境的倾向（肖土盛等，2018）。对很多民营企业而言，资本外移可能是躲避当地不利政府环境的方式之一，通过海外并购投资可以减弱不利政府环境的负面影响。实际上，低效劣质的政府服务一直是推动资本跨区流动的重要因素之一。一个成熟的市场要想稳定运作就必须通过市场规则来支撑。成熟可靠的市场制度能有效提升市场快速有序运作，而不成熟的市场规则会引起市场混乱，造成无法预测的混乱（杜宏宇，2020）。我国地区金融市场化发展水平不一，企业跨地区并购可能会导致中央与地方、地方与地方之间的税收收入转移，更不利于调动被并购企业所在地政府的积极性。海外并购市场由于不健全的制度和发展不一的法治水平，企业信息披露水平较低，政府无法对企业并购行为实施全方位的监督，不同行业、不同地区在实际并购过程中存在许多不规范行为。这种情况使得并购的资源整合效力和预期效益受损。

三、资产价值估值偏误

企业确定并购目标后，最重要的问题就是合理估算目标企业的价值，并将其作为收购底价，这是并购成功的基础。一个有偏的估值可能会使企业选择一个错误的标的资产或者支付过高的并购溢价。事实上，由于海外并购过程的每个环节均存在较严重的信息不对称，一些原本极具吸引力的并购交易很可能会落空，一些原本可能创造的并购价值可能不会实现，引致社会福利损失。为了缓解并购估值偏误，收购方通常会聘请第三方评估机构来对目标方进行尽职调查和价值评估，但是卖方为了推高标的资产价格，仍然存在利用信息优势进行"信息隐藏"或"虚假信息发布"的动机，导致评估机构无法对标的资产的内在价值进行合理估计（李旎，2020）。第三方评估机构属于上市公司并购重组的重要参与方，虽然其估值结果具有咨询性的特点，但仍然是标的资产定价的重要依据。据统计，约有90%的并购重组最后交易价格直接采用了资产评估机构的估值结果（翟进步等，2019），但是在信息不对称程度较高的情况下，第三方难以获得充分的标的资产真实价值信息，做出有偏的价值估计，如果该估值远高于标的资产的真实价值，乐观的管理者可能会高估企业未来的并购协同效应和收益，从而支付过高的并购溢价，而较高的并购溢价增加了企业并购成本，继而直接影响后续并购绩效，无法实现并购协同效应，进一步损害股东价值。

四、海外并购融资方式相对单一

与发达国家相比，我国企业海外并购的证券化程度低，被并购或交易的资产多为实物形态的资产而非证券资产，发达国家盛行的换股并购和综合证券并购在国内基本上没有起步。这种以实物资产作为并购或交易标的的交易方式，往往由于被并购企业的人员安排、债务处理等一系列具体问题，其谈判过程和交易过程复杂化，并购的成交率低。由于我国企业并购大多采用现金支付方式，如果企业本身没有大量闲置资金，就需要对外筹集资金，以保证并购的顺利进行。采取债权融资方式收购目标企业，会使并购后的企业资产负债率和长期负债额大幅上升，资产的安全性降低，若并购方融资能力较差，现金流量安排不当，则流动比率也会大幅度下降，影响企业的短期偿债能力，使并购方资产流动性减弱。大量的长期负债还会大大改变企业的资本结构，或令企业被迫接受一系列限制性条款，限制企业正常经营活动的开展和资金的正常运作。因此，企业应根据并购目的、自身资本结构等多方面因素选择适当的融资渠道，避免因融资渠道、还款方式选择不当增加企业资金成本，令企业陷入财务危机。随着 Earn-out 计划在国外并购重组中的兴起，我国企业并购活动中也逐渐引入这种或有对价的支付方式，根据标的资产未来一定时间内的盈利状况分阶段支付并购对价，这一定程度上缓解了收购方的融资约束压力，但是可能会使并购方支付过高的并购溢价以进行风险补偿，一旦标的资产未来业绩不如期，并购会面临失败风险。

五、海外并购整合存在难度

企业成功收购目标公司后，就面临着如何进行资源整合问题，尤其是当两个企业的管理模式和管理制度存在很大差别时。兼并方如何把自己的企业管理制度应用到被兼并方以及两者在经营管理中出现的冲突都会影响到企业的正常运营。采取怎样的整合措施，能够使企业并购后在管理制度和管理模式上尽快实现有效整合，这是企业并购后管理者面临的主要问题。企业所处的行业不同，其经营模式和企业文化也不同。由于并购企业与目标企业所处的行业不同，他们的企业文化也存在明显差异。虽然企业并购主要是资产和业务的整合，但是我国企业并购往往忽视企业文化的整合，总是不谈企业文化整合对并购的实际影响力。企业在海外并购过程中往往需要获得目标地区政府的批准和协调，企业与目标地区政府之间的风格越匹配、其文化舒适度越高，两者之间越能够相互配合、降低沟通和协调成本。并购完成之后，企业面临新的发展环境，企业与政府之间的互动显得尤为重要。企业风格与政府环境匹配度越高、文化舒适度越高，越有利于企业更快适应新的政府环境、制定与政府环境相容的企业发展战略，从而使得政府与企业的互动更好地服务于企业的发展，提升企业绩效。总之，当企业风格与政府环境相匹配时，企业在与环境的互动中将更加如鱼得水、游刃有余，这有助于提升企业的价值认同和文化舒适度。相反，当企业风格与政府环境错配时，企业与环境的互动可能变得磕磕绊绊，而不适合的制度环境难以让企业产生价值认同，文化舒适度较低，不利于企业长远发展。

六、缺乏风险防范意识

对企业来讲，海外并购是一项成本和风险都非常高的战略行为，失败的案例远远多于成功的案例。国内外大量对过去并购行为的实证研究都表明，收购方的股东财富价值平均而言会受损，至多是持平；相反，被收购企业的股东则能获得20%~43%的异常收益。造成企业并购失败的重要原因就是并购后资产整合的困难。企业中很多资源是依托于特定的组合方式存在，并不断动态变化的，并购往往会破坏资源的组合方式，导致资源价值大大降低。或者说，企业中的很多资产是很难完整地从一方转移到另一方的。运用贴现现金流等方法估算出来的预期协同往往高估了企业并购的实际效果。因此，很多著名国际大企业在并购的时候都会非常谨慎。例如，丰田等国际领军汽车公司主要依靠自身技术和资产积累发展壮大，而很少进行大规模并购。然而，部分中国企业在并购中缺乏足够的风险意识。在制订并购计划时，往往对并购本身产生的成本（包括目标企业资产估值、交易活动产生的费用等）估计比较充分，但对于并购完成后的资源整合成本考虑不足。事实上，文化冲突导致并购后无法实现有效的资产整合已经造成了中国许多企业并购的失败。正如永道公司调查所表明的，"目标管理态度和文化差异"和"缺乏收购后的整合方案"是企业并购失败的最重要的两个原因，并购方企业与目标企业之间的文化冲突、目标企业管理者的安置问题、高层次人才流失问题、员工中普遍存在的恐慌和焦虑情绪都有可能使新建立起来的企业无法正常运转。

第五节　海外并购现状与存在的问题

根据普华永道研究报告整理，剔除私募股权交易，得到2014~2018年中国企业共发生并购28 139起，金额达到22 946亿美元。下面将对中国海外并购的趋势、区位选择、行业选择及股权比例进行分析。

一、制造业海外并购整合现状

虽然全球并购金额自2015年达到并购顶峰后下降并在2018年回升，但中国并购趋势却与其并不吻合。中国总体并购金额自2014年起，呈现先上升后小幅下降的状态，主要是由于海外并购下降所致，其中2018年并购总额约为23 392亿

元（图 3-16）。中国企业并购外国企业的海外并购金额自 2016 年达到顶峰 2 104
亿美元后，因外部原因逐年下降，2018 年仅为 941 亿美元，较 2017 年下降 23%。

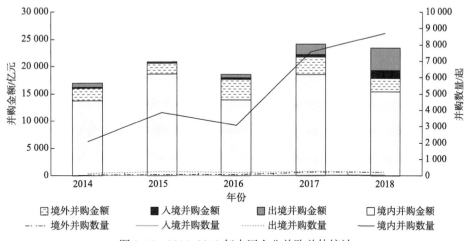

图 3-16　2014~2018 年中国企业并购总体统计

资料来源：Wind 数据库

中国企业海外并购金额因外汇管制等相关政策因素、海外并购市场形势总体
不明朗、收购融资困难等，自 2016 年起连续三年持续下降（图 3-17）。同时，根
据贝恩公司研究报告统计，2015~2017 年，中国占亚太地区境外并购交易的比例
超过 40%，但是在 2018 年比例明显下降。其中，中国国企早期出现政策性海外并
购较多，但随后将重心转移到内部重组及国内市场。民企受获取关键技术及无形
资产、开发新市场、优化业务组合等几大因素的驱动，数量变化与总体趋势一致，
但占比不断提升。

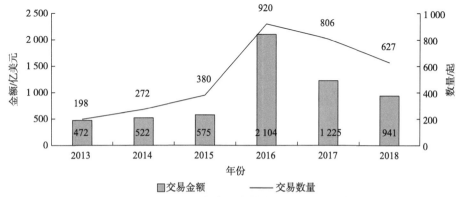

图 3-17　2013~2018 年中国海外并购交易金额及数量

对于海外并购的区位选择，中国企业偏好发达地区——欧美及部分亚洲发达
国家（新加坡等）。但由于中美贸易摩擦，2016~2017 年中国企业赴美并购金额快

速下降。欧洲地区依然受中国企业青睐，维持高位占比（图 3-18）。

图 3-18　2016 上半年~2019 上半年中国企业海外并购金额按投资地区分类

资料来源：国家统计局

　　根据《中国企业境外并购报告》，中国企业海外并购的行业选择，具有三个阶段的发展趋势：2012 年以前，中国企业偏好收购自然资源型企业，如石油天然气、矿产、新能源等行业，以获得关键资源满足国内增长迅速的需求；从 2013 年到 2015 年，中国企业更多并购工业和消费品行业及高科技行业，以获得先进技术及产品；自 2016 年后，虽然工业和消费品行业依然是中国上市企业并购的重点，电信、媒体和科技行业及公共事业交易数量也在快速增长。中国企业在提升国内竞争地位的同时，也为全球扩张做好准备（图 3-19）。

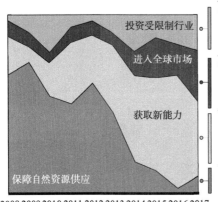

各投资类型发展趋势形成的原因

· 房地产、酒店、休闲娱乐行业交易；资产投机性交易
· 此类交易的敏感性较高，受到严格控制，因此占比预期会有所下降

· 建筑、公用事业和互联网业务，以及发展中国家一般行业（如银行、物流、电信等）交易
· 中国企业渴望进入全球市场，推动此类交易占比不断上升

· 发达国家一般行业（如高科技、化工、公共事业、新能源等）交易
· 在各个阶段都占据较大的比例

· 石油、天然气及采矿业的交易
· 与宏观经济周期一致，缺乏增长促进要素

 未来趋势标示

图 3-19　2008~2017 年中国海外并购按投资类型划分

交易金额仅包括已经公布的交易金额

资料来源：国际货币基金组织；Dealogic；贝恩分析

全球对共建"一带一路"国家的海外并购金额排名前三的行业为金融、能源和电信服务。中国早期并购主要以能源、原材料为主，并购标的国家多在中亚、东盟地区。2008年后能源行业投资占比逐渐下降，中国企业开始转向信息技术领域并购，以以色列为首的西亚地区成为主要目的地。中国对共建"一带一路"国家的并购金额高度集中且大额并购较多，排名前五的是哈萨克斯坦、俄罗斯、以色列、新加坡和埃及，仅这五个国家就占并购总额的70%以上，存在一定风险。

最后一个值得关注的海外并购现状是中国企业偏好高控股的方式。Wind数据库统计显示，2014~2018年，控股30%以上的海外并购占比高达66%，且100%控股权的海外并购交易数量连年增长。

二、共建"一带一路"国家的海外并购现状与特征

与并购总体数量下降对比，中国企业赴共建"一带一路"国家的并购数量呈现上升趋势，且具有高资金密度的特征，值得注意的是2018年"一带一路"并购交易金额有所下降。

从图3-20可以看出，2016年是中国海外并购的一个转折点，"一带一路"海外并购将引导中国企业在全球扩张中进行新的定位，在这个过程中，一些海外并购的问题也接踵而至，如何妥善地解决这些问题则是成功进行海外并购的关键。

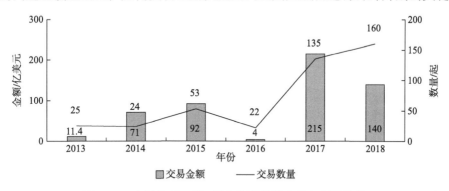

图3-20 中国赴"一带一路"海外并购交易金额及数量

自2013年"一带一路"倡议提出以来，学者们对此倡议下中国企业的海外并购存在的风险、影响因素及结果进行了研究。王喆等（2019）通过对比美国、英国、日本、中国的并购偏好特征，发现随着全球金融危机的发生和"一带一路"倡议的提出，来自发展中国家的并购增长显著。虽然很多周边国家对"一带一路"倡议给予了积极的回应和支持，但是，受社会认知的偏见、意识形态及大国之间战略博弈等因素影响，有些周边国家对中国在共建"一带一路"国家的互联互通

和基础设施建设等方面的努力赋予了负面的政治含义（周静瑜，2018），这无形中提升了中国企业开展海外并购和并购后续整合的难度，直接影响我国企业海外并购的效率。同时，共建"一带一路"国家的经济发展水平、技术资源和制度完备程度存在"天然"差异（蒋冠宏，2017），除了战略环境的影响，东道国社会治安的状况、政府的管制程度、文化和制度距离、政治风险及经济政策不确定性等都会影响我国企业的并购策略（张娟，2017；沈坤荣和金刚，2018）。

　　如何规避上述东道国风险和有效利用其技术资源，这是摆在即将对共建"一带一路"国家进行直接投资的中国企业面前的重大课题。沈坤荣和金刚（2018）发现大力发展与共建"一带一路"国家的深度文化交流，消除文化障碍，有助于企业更快、更好地走出去。郭毅等（2018）认为通过构建跨国公司之间的并购网络关系有助于并购契约的达成，而资源、技术、基础设施建设水平等能提升我国在"一带一路"关系网络中与其他国家的紧密程度。

　　目前学术界对于我国企业"一带一路"海外并购产生的结果的研究较少。王桂军和卢潇潇（2019）通过 DID（difference-in-differences，双重差分）方法发现"一带一路"的提出促进了企业升级。任曙明等（2019）则从整体、所有制和东道国三个方面进行分析，认为海外并购降低了中国企业的投资效率。因此，面对"一带一路"海外并购的不同研究结果，中国企业将如何选择更适当的方式进行并购，提高自身核心竞争力，实现企业升级值得探讨。

第六节　国内制造业海外并购存在的问题

　　随着中国经济结构不断优化升级，国家推行"走出去"战略和"一带一路"倡议，中国企业进行海外并购对国内甚至全球的影响也逐渐加大。中国企业不断在海外更深更广地开拓市场、提升竞争力的同时，许多海外并购的问题也接踵而至，而这些问题往往是进行并购的关键所在。

一、全球贸易保护主义升温，政策不确定性加大

　　中美贸易摩擦，国际市场对于"一带一路"的解读存在政治敌意的倾向，法国总统马克龙颁布"绿色产业法案"和"购买欧洲货法案"等情况均暗示着全球贸易保护主义正在升温，中国海外并购选择将受到较大制约。大型并购极容易成

为政治焦点，从而被迫中止交易。共建"一带一路"国家的货币风险指数和安全风险指数大多在全球平均水平，存在较大的投资风险，因此，中国企业进行海外并购即使不太受政治力量的关注，也可能因为海外国家政策的变化或时局动荡而遭受巨额损失。

二、技术并购估值过高，外国政府加大干预

近几年大多数企业与研究关注逆向海外并购及逆梯度海外并购，即如何通过并购比自身技术领先的发达经济体，以获得关键技术来实现企业绩效的提升或企业创新。根据波士顿咨询公司的测算，2016 年全球技术并购的企业价值倍数（EV/EBITDA）中值约为 13.6，高于 12.0 的历史平均水平，而中国企业是推动这个热潮的因素之一。然而，高估值并不意味着高盈利，一些中国企业因为过高的溢价收购，导致后期需要更多的精力寻找协同效应的发挥以带来利润增长，甚至更多的是带来了商誉减值的风险。这两年，一些国内互联网、媒体公司因为高额的并购溢价及随后被并购的海外公司的亏损，计提了过亿元的商誉价值，严重影响了公司的财务报表情况与股价稳定。

同时，随着贸易竞争的加剧，发达国家和地区的企业牢牢占据在全球价值链的高端，并试图将发展中国家和地区的企业"锁定"在全球价值链的低端环节（申明浩和杨永聪，2012；贾根良，2018）。外国政府开始干预中国的技术并购活动，且一些外国企业对中国存在防范心理，为了防止中国企业获得核心技术，会在并购条款中提出各种要求，中国企业如果一味追求收购的完成而签订对自己不利的条约，则会给公司未来埋下隐患。

三、企业缺乏整体战略规划，对并购整体认知不清

明确的战略规划将使企业知道自身是否适合海外并购，何时何地进行并购及并购什么。2017 年中国海外投资调查报告发现，超过 50%的受访企业表示将在近三年内进行海外并购，但接近 40%的企业缺少清晰的海外并购战略。缺乏清晰的规划，将导致企业准备不周、对标的公司考察不全现象，这也导致了中国在共建"一带一路"国家的并购要约数量比大多数国家高，成功率却低于其他国家。这个现象在部分国有企业更为严重，一些国有企业早期对于"一带一路"倡议存在认知偏差，将其视为一项政治任务或者是高层政绩的表现指标，忽视企业自身的发展趋势，没有具体考察国外形势和标的公司情况，仓促发出要约，导致交易中

断；也有国企"非理性"地收购高溢价的海外项目，尤其是一些资源类项目。例如，有的国企在澳大利亚收购了不少铁矿石和煤炭项目，但目前经营困难，难以收回成本。

四、交易谈判技巧有待提高，尽职调查未充分考虑协同效应

中国投资者习惯于国内的交易模式，即双方管理层（双方高层）之间就交易价格、商业条款等直接沟通，多轮磋商，最后达成共识；然而绕过专业财务顾问直接和卖方进行沟通，并提出不符合交易惯例的诉求，会被卖方认为缺乏交易经验和能力，产生是否继续交易的疑虑。同时，中国投资者往往弱于合理规划项目进度，或在早期没有充分认识到重要时间节点的刚性，或对卖方所需材料的具体要求等理解不够，最终因程序性而非报价因素导致项目流产。"一带一路"倡议提出以来，受到国际各界的关注，当海外并购项目涉及当地劳工福利、基础建设等问题时，中国企业不能及时与标的国家行业协会、工会、媒体、企业员工等建立有效沟通机制，任由舆论发酵，从而影响企业形象与并购进度。

了解和评估协同效应是每一个收购方需要进行的一项必不可少的工作，因为它既是判断并购可行性的基础，也是制定交易价格的依据（张秋生和周琳，2003）。随着并购交易的逐年增长，企业已经完成收购前进行尽职调查的工作。然而，现阶段企业的尽职调查主要聚焦于财务、税务、法律等方面，而对于目标公司的商业模式、运营情况、人力资源等以业务协同为主要目的的尽职调查关注较少。大多数协同效应的探讨只是进行初步的分析，而缺乏在尽职调查过程中不断获取新信息加以验证和细化的流程，导致部分企业收购完成后发现难以发挥协同作用。

五、整合复杂程度高，缺乏国际化人才

收购的完成并不意味着成功，因为并购后的新企业仍然面临着诸多风险，而其中并购整合将是收购成功与否的关键（黄速建和令狐谙，2003）。并购整合程度越高，企业越能更好地发挥协同作用，提高绩效（李善民和刘永新，2010）。现阶段，大多数企业已经认识到海外并购整合的难度及重要性，但具体到整合的制定与执行层面，却仍缺乏明确的认知与行之有效的计划。

更重要的是，一些中国企业尚未形成全球企业的视野，与外企员工缺少良

好充分的沟通，缺少文化输入，使得外方对中国企业产生不信任感和文化冲突，容易导致整合失败。同时，被并购方的关键管理人才是留下，还是另聘富有经验的人员接管并购后公司的整合也是并购公司管理层需要考虑的重点。但在收购成熟市场标的时，理解海外文化和市场及外资企业运作方式的人才十分匮乏。共建"一带一路"国家普遍是发展中国家，基础设施、医疗体系等机制并不健全，局势动荡，相关人才不愿意被派往该地，因此在海外并购整合过程中，中国企业面临严峻挑战。

第四章 制造业海外并购整合与产业技术创新的财富效应

第一节 引 言

 中国制造业曾取得了举世瞩目的发展成就，为中国经济和社会发展做出了重要贡献，并成为支撑世界经济的重要力量。2010 年，中国占世界制造业产出的 19.8%，首次超过美国并夺得后者 1895~2009 年所拥有的"制造业世界第一"。国家统计局数据显示，2016 年中国工业增加值达 24.7 万亿元，占 GDP 比重为 39.8%；制造业产出占世界比重逾 20%，超越美国、德国、日本，已连续近 7 年稳坐制造业世界第一的"宝座"。2000~2016 年中美日德工业增加值（美元现价）变化曲线，如图 4-1 所示。

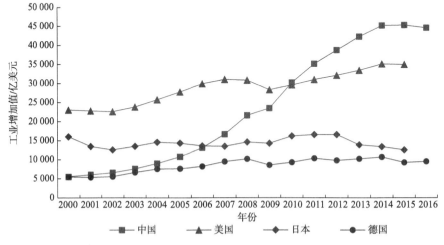

图 4-1 2000~2016 年中美日德工业增加值（美元现价）变化曲线

美国、日本 2016 年的数据暂缺

资料来源：世界银行数据库，经笔者整理

近年，我国经济增速放缓、进入新常态，制造业也因发展瓶颈走上转型升级之路。我国制造业产能过剩，产品附加值低但制造成本高。波士顿咨询公司研究发现，2015 年美国低成本地区的制造成本已与中国地区生产成本相似；预测 2018 年美国制造成本将低于中国 2%~3%。与印度相比，据英国经济学人智库预测，中印两国制造业每小时劳动力成本之比，将从 2012 年的 138%上升至 2019 年的 218%。因此我国制造业现面临转型，从要素驱动转向科技创新驱动，从全球价值链中低端转向高中端。

为了消化国内过剩产能，实现工业生产方式转型升级和由"制造大国"向"制造强国"转变，继美国提出"再工业化"计划和德国提出"工业 4.0"计划之后，中国政府提出了《中国制造 2025》战略。该战略在具体执行时存在较为突出的现实挑战：智能制造的核心技术仍为外国企业所掌握，生产效率远低于发达国家。中国制造业可以通过海外并购实现赶超甚至领跑，但在企业自主创新能力方面进展缓慢。在此背景下，已经实施了技术寻求型海外并购的中国制造业企业如何提升自主创新能力，不仅关乎企业的全球战略布局和竞争力，还关乎国家战略的实现和国际地位的提升。

第二节 理论回顾与文献综述

谢洪明和章俨（2017）借助最新知识可视化技术，通过对海外并购相关文献共被引的计量分析，发现海外并购的研究经历了从并购到海外并购的研究对象转换，从绩效、动因到价值创造机制的视角转换以及从发达国家到发展中国家的情景转换。因此，本书立足于最大的发展中国家——中国的海外并购研究，主要对海外并购的动因和绩效方面进行国内外文献回顾，同时回顾海外并购提升中国企业自主创新能力的研究。

一、国外海外并购动因与绩效研究现状

（一）海外并购动因研究

国外学者对海外并购的研究已经形成了比较成熟的理论体系，主要集中在海外并购的动因和绩效研究两个方面。Deng（2009）从理论上分析了企业进行海外

并购的动因，但并没有进行深入的实证分析。Dikova 等（2010）研究发现经验对海外并购的成功与否有显著影响，拥有海外并购经验的公司更容易取得成功，制度距离对海外并购有负向影响。Erel 等（2012）认为地理位置、会计信息的披露治理、双边贸易关系对国家间的企业并购有重要影响。Yang 等（2017）研究了中国企业在发达市场进行海外并购的主要宏观因素，发现发达经济体的市场规模、自然资源和战略资产正向影响中国企业在发达经济体市场的海外并购数量，东道国的经济自由度正向影响中国的海外并购，而东道国政府效率负向影响中国的海外并购数量。国外学者还研究了知识产权保护（Alimov and Officer，2017；Hasan et al.，2017）、恐怖主义（Ouyang and Rajan，2017）、宗教（Elnahas et al.，2017）等对海外并购的影响。

战略动因学派则认为，企业选择海外并购作为进入国外市场的动机原因十分复杂。di Giovanni（2005），Head 和 Ries（2008）使用 Tobit 回归方法来归纳总结海外并购的主要决定因素。研究发现，除了文化和地理上的接近，目标市场的战略利益对于并购投资具有最大的吸引力。Focarelli 和 Pozzolo（2008）使用负二项分布回归模型对制造业及银行业的海外并购交易进行了研究，实证分析表明，影响海外并购的因素非常复杂，既有企业内部的因素，也有外部市场结构的因素，还有国家之间风险规避转移的因素。

（二）海外并购绩效研究

国外学者对影响海外并购的绩效因素进行了大量实证研究，一般采用事件研究法与会计研究法分别对收购公司及目标公司的海外并购绩效进行实证，但研究结果却并不统一。一方面，部分学者及专业机构通过对海外并购后企业财务指标及股票市值等的研究发现，海外并购并未显著改善企业绩效，其至会损害企业绩效。其中 Datta 和 Puia（1995）研究了 1978~1990 年 112 个美国企业海外并购的案例，结果发现在[-30，30]内的累计超额收益为-2.54%，且在 5%的水平下显著；因此认为海外并购不仅没有为美国并购企业的股东创造价值，反而损害了股东价值。Dickerson 等（1997）通过对英国企业海外并购的长期跟踪、研究，发现海外并购并没有显著改善企业的经营绩效，经营利润率反而有所降低。1999 年毕马威公司对 1996~1998 年全球最大的 107 起海外并购进行研究，结果发现只有 17%的海外并购增加了股东财富。1999 年麦迪逊邦对发达国家之间海外并购的研究发现 60%的海外并购并没有增加股东价值反而损害公司价值。Gugler 等（2003）运用会计数据比较分析法，对 1981~1998 年美国、日本等发达国家及其他国家发生的海外并购进行了比较分析，发现各国企业海外并购后的 1~5 年里，经营绩效在一定程度有所增加，反而销售收入显著降低。Francoeur（2007）考察了加拿大 551

起并购案例于 1990~2000 年参与海外并购的上市公司在股票市场上的绩效表现，整体上看在并购交易完成的第一年股票市值出现下降，并且在并购后五年内并没有产生超常收益。

另一方面，也有部分学者研究发现，海外并购可提高企业的股票市值及股东财富。Neely（1987）、Conn 和 Connell（1990）对美英企业间的海外并购进行了对比研究，发现收购企业大致有 2% 的超额收益，美国被并购企业的超额收益不到英国收购企业价值的一半，表明英国企业的海外并购更有效率。Kang（1993）研究日本本土企业海外并购美国企业的案例，发现日本并购企业的股东财富效应显著改善。除此之外部分国外学者的研究发现，海外并购中目标企业的绩效表现都相当好。其中，Rhodes-Kropf 和 Viswanathan（2004）、Eun 等（1996）、Kuipers 等（2009）及 Kiymaz 和 Mukherjee（2000）的统计结果均表明，在 20 世纪 80 年代到 90 年代外国公司并购美国公司的事件中，美国的目标企业在并购消息公布的前后几日均有不同程度的正累计超收益率。

（三）海外并购绩效影响因素研究

Aybar 和 Ficici（2009）分析了海外并购能否取得好的绩效的影响因素。Ahammad 和 Glaister（2013）、Weber 等（2011）从海外并购前的评估对并购绩效的影响进行分析。Tyagi 等（2013）发现，董事会规模、自由现金流、财务杠杆、流动性、公司年龄、销售收入增长率、外汇汇率这七个因素与跨国收购公司的绩效显著正相关。Nicholson 和 Salaber（2013）将企业海外并购的影响因素划分为交易属性和并购者属性两个层面：其中，交易属性包括支付方式、收购比例、相对规模及目标状态等，而并购者属性则包含产业关联性、先前经验及所有权结构等，之后分别检验了其对海外并购绩效的影响，并将中国和印度的海外并购进行了比较。Huang 等（2017）从收购公司和目标公司的文化冲突出发，研究了海外并购中的权力距离值对并购后的整合绩效的影响；通过对全球信息技术产业的 2 115 个海外并购事件的分析发现，权力距离值的不同是影响收购方海外并购后绩效的重要因素。

二、国内海外并购动因与绩效研究现状

（一）海外并购动因研究

国内学者对海外并购研究相对较晚，主要追随国外学者进行规范性的分析，大多集中在海外并购的现状、动因、绩效及相关法律问题的探讨等方面。有关海外并购动因或目的的解释很多，大致可以归纳为以下几种论点。第一，全球化经营策略的需要。马向东（2003）认为海外并购出于拓展业务领域、扩大市场份额、壮大企业规模、增强竞争力的目的。第二，全球战略需要。宋亚非（2006）认为海外公司在华并购的动因主要有两个：资源和市场。第三，综合性解释。叶勤（2002，2003）认为海外并购是多动因推动、综合平衡的结果。田祖海和王永乐（2006）认为，全球海外并购有着国际宏观背景、海外公司内在需求和东道国因素三个方面动因。第四，内外因分析。杨超（2007）认为经济全球化程度的提高，实施品牌战略、低成本进入市场、整合资源、分散经营风险进而获得更多利润的内在因素激励海外并购活动。黄中文等（2010）也认为海外并购进入模式的差异主要取决于我国政府的政策。吴先明（2011）则认为制度环境与我国企业海外投资进入模式也是影响企业海外并购的关键因素。

吴先明和杨兴锐（2014）认为，寻求技术、管理经验等隐性知识是新兴市场企业，尤其是中国企业进行海外并购的重要动因。张海亮等（2015）认为，中国企业通过海外并购实现交易的内部化，从而利用不同市场制度、不同地区的价格差异，使目标企业所在国成为廉价原材料、零部件等的供应基地。魏涛（2017）认为，近年来中国企业海外并购的主要动因是获取无形资源。

（二）海外并购绩效研究

史建三（1998）提出海外并购要素分析组合理论；叶勤（2003）从理论上构建了海外并购影响因素的一般模型；陈元荧（2004）对海外并购绩效理论进行了综述；李枫（2004）从海外并购对合并后企业的影响、对股东的影响、对东道国的影响和跨国公司在海外并购中的作用四个方面展开对海外并购的绩效分析。此外由于样本容量小及数据难以获取等，国内学者对于企业海外并购绩效的实证研究较少且研究结论不统一。程惠芳等（2004）、王江帆（2005）、李祥艳（2006）以国内上市公司为样本，运用事件研究法进行研究，结果发现海外并购并未给公司带来稳定的交易绩效；刘磊等（2006）对我国 2001~2003 年发生的中国企业并购国外公司的 13 个案例进行经营绩效评价的研究，结果表明海外并购后的两年内，企业经营绩效显著降低，第三年开始好转，但仍然不及并购前一年。何先应（2009）从自由现金流量假说与自大假说入手，通过实证发现海外并购的影响是双面的，对于本身资源缺乏、绩效较差的国内企业而言有促进作用，而对于本身资源丰富绩效好的国内企业却并没有正效应。魏小仑（2010）、李梅和吴松（2010）、何先应和吕勇斌（2010）通过不同的研究方法验证中国企业海外并购经营绩效，结果均表明中国企业海外并购的长期绩效整体来看并没有得到明显改变。顾露露和 Reed（2011）、邵新建等（2012）运用事件研究法评估中国企业海外并购的短期和中长期股东财富效应。结果发现，海外并购一定程度上改善了企业经营绩效。

（三）海外并购绩效影响因素研究

李祥艳（2006）以 2001~2004 年进行海外并购的 45 家中国企业作为样本研究海外并购绩效的影响因素，研究发现国内并购经验、总资产规模、设立当地法人的他国数量、主营业务收入增长率是影响海外并购绩效的主要因素。这些因素可以解释并购后企业绩效的变化，其中以国内并购经验和总资产规模最为显著。杜群阳和徐臻（2010）以 2006~2008 年实施了海外并购的四家公司为对象，构建了企业海外并购绩效与风险评价模型，实证分析了风险控制与并购绩效的关系。朱勤和刘垚（2013）以 2000~2008 年在沪深上市企业发起的海外并购交易为研究对象，通过多层面的综合考察，实证分析了影响我国企业海外并购绩效的因素。结果显示，东道国的制度环境越不完善、并购双方文化差异性越小、企业自身规模越大、并购规模越大，中国企业海外并购的绩效越好；反之，则并购绩效越差。李善民和李昶（2013）通过海外并购与 FDI 的比较分析，利用期权三阶段模型，得出影响海外并购的因素主要表现在：国内政治稳定、市场需求及文化整合等。余鹏翼和王满四（2014）的实证研究发现，现金支付方式、第一大股东持股比例、并购双方的文化异质对跨国收购公司的并购绩效有显著正向影响，其政府关联度与其并购后的短期绩效正相关、与其长期绩效显著负相关，其公司规模与其并购后的短期绩效显著负相关、与其长期绩效显著正相关。张兰霞等（2015）通过因子分析法发现，我国上市公司高管过度自信与海外并购前一年的绩效显著正相关，与并购后一年的绩效显著负相关，且与并购当年及并购后两年的绩效存在负相关关系，但其显著性随研究数据和方法的不同而不同。闫雪琴和孙晓杰（2016）研究了中国企业政治关联对其海外并购绩效的影响，实证结果发现，当并购方政治关联度一定时，政府干预度越高，其海外并购绩效越低。孔德议（2017）研究发现，知识转移、文化距离及员工留任对海外并购绩效存在正向影响，文化距离、员工留任可正向调节"知识转移−海外并购绩效"的关系。张弛和余鹏翼（2017）实证检验了制度距离对中国企业水平与垂直海外并购绩效的影响，发现正式制度距离在被并购企业属于敏感行业时，与海外并购绩效呈负相关；非正式制度距离与整体的中国企业海外并购绩效关系不显著。

三、海外并购与企业自主创新能力研究

谢洪明等（2016）认为，目前海外并购的研究对企业绩效的探索相对较多，而较少关注海外并购对于企业自身内部的影响，如对包括企业技术开发战略在内的其他战略等方面的影响。对于文化和知识（包括技术、管理等）转移的讨论又是目前海外并购最前沿的研究，尤其是中国制造业企业的海外并购主要以获取知识为目的（谢洪明和章俨，2017）。针对海外并购与企业自主创新能力的研究，现有文献认为海外并购能够获得先进的技术，通过技术的转移扩散、技术的竞争与激励及人力资本效应，有利于企业提高自主创新能力和国际竞争力，但也有研究认为海外并购对企业自主创新能力有消极的影响。Harzing（2002）认为，海外并购可以创造跨越国家边界的学习和创新的潜能，特别是在高科技产业中；此外，被外资并购的企业有更多的机会在国内不同的分部和地域市场内转移技术知识，比国内企业在创新活动中更具优势（Belderbos，2001；Harzing，2002），这种优势包括能以更低的成本进行创新（Bertrand and Zuniga，2006）。吴添祖和陈利华（2006）认为，借鉴美国、日本、韩国企业的发展经验，通过海外并购来获取核心技术，是实现中国企业核心技术获取和企业跨越式发展的有效途径，并认为中国企业在海外并购后应实行有效的整合管理。王玉等（2007）详细调研了上海电气集团并购日本秋山印刷机械公司的案例，从技术、人力资源、经营管理、企业文化和市场等五个方面分析了上海电气集团在海外并购后进行的价值链整合，并认为跨国技术并购是适合我国企业获得自主创新能力的路径。吴静静（2008）发现，海外并购有利于全要素生产率、技术效率和规模效率的提高，有利于促进技术进步，但不利于纯技术效率的改善，同时说明短期内海外并购是提高全要素生产率的重要手段，长期还是要依赖自身的技术进步。Liu 和 Zou（2008）研究了中国高科技企业通过对外直接投资、海外并购和贸易获取的国际技术溢出对其创新的影响，发现引进国外技术和增加国内研发投入对国内创新有积极影响。吴先明和糜军（2009）通过实证研究发现，我国企业对发达国家的投资包括海外建厂、海外并购、设立海外研发中心等方式，能够促进自主创新能力的提高。张丽英（2013）研究了基于并购视角的企业自主创新能力形成路径，即从技术购买到技术联盟，再到技术并购，并指出技术并购已成为企业技术能力提升的主要来源和趋势，对企业自主创新能力提升和形成起到了极大推动作用，尤其是我国企业的跨国技术并购。吴先明和苏志文（2014）通过对吉利、中联重科股份有限公司等7 个海外并购案例的深入分析，发现我国企业的海外并购是一种实现技术追赶的途径，后发企业通过海外并购，跨越了技术创新的鸿沟，形成真正意义上的国际竞争力。

Kogut 和 Zander（1992）认为，海外并购带来的文化和地域上的差异影响了知识转移过程中组织间的相互交流，进而增加了吸收和应用新知识的难度；而且，也会加大海外并购中组织转变和整合的难度（Gioia and Thomsen, 2004），研发的重复程度也比较低（Bertrand and Zuniga, 2006），不利于对创新过程的重组改造。另外，海外并购打破了贸易和关税壁垒，比国内并购更有助于增强竞争优势，进一步抑制了收购方企业自主创新的动力（Bernheim and Whinston, 1990）。Alvarez等（2009）发现，西班牙企业的海外并购对收购方的创新活动有着消极影响。Stiebale 和 Reize（2011）研究了海外并购对目标企业创新活动的影响，并以德国中小企业为大样本进行研究，实证研究发现，外资并购对创新型企业实施创新活动的倾向有大的负面影响，对平均研发支出也有负面影响，而且在给定创新努力的情况下，创新产出也不受外资并购的显著影响。

应郭丽（2013）分析总结了海外并购前期、中期和后期影响企业技术创新能力的因素，并采用多案例分析方法，从立足企业发展战略、选择合适并购目标、优化研发资源配置、留住核心技术员工四个方面总结出四种技术创新管理模式，并验证了交易相关程度、技术的相关性、企业关系资本、核心员工保留和以往并购经验在海外并购实施过程中对主并企业技术创新能力提升起到的正向促进作用。尹中升（2014）研究了以海外并购实现企业技术创新战略，认为我国企业技术寻求型海外并购的合理路径为：先消化并购所得的核心技术和产品，以形成技术创新能力，然后在兼顾目标企业原有市场的情况下，首先开拓国内市场并实现盈利，再开拓经济发展水平与我国相似的第三国市场，在新技术的运用和吸收过程中有所发展和改进，最后通过进一步的技术创新再进入目标企业所在国市场，形成螺旋式上升的趋势。陈爱贞等（2008）认为，在新发展背景下，中国企业要站在产业创新发展的战略高度，实施基于全球价值链的"以并购促进创新"战略，一方面，以全球价值链的资源配置流向引导企业并购，另一方面，通过企业并购促进资源在全球价值链重新配置，提升在全球价值链中的地位，进而促进企业和产业自主创新。王昶等（2017）基于时代电气的纵向案例研究，分析了公司总部在技术寻求型海外并购中的角色演化，为我国企业实施"走出去"和技术赶超战略提供了理论与实践指导。

从国内外学者对海外并购动因和绩效的研究现状可知，企业的海外并购并没有脱离资源获取、市场寻求、技术获取和战略资产寻求这四种动因（薛求知，2004；肖文和周君芝，2014），海外并购绩效由于研究角度等方面的不同，并未得出一致的结论；就海外并购与企业自主创新的研究现状来看，国外学者就海外并购能否促进企业自主创新并未达成一致结论，而国内学者通过理论分析、案例研究和实证检验等方法倾向于认为海外并购可以促进企业自主创新，并提出一系列政策性建议，这可能与我国建设创新型国家、《中国制造 2025》等的提出有关。

第三节　制造业上市公司海外并购绩效实证研究

一、海外并购绩效评价方法

（一）事件研究法

事件研究法是一种统计方法，是当资本市场上某一个事件发生的时候，通过研究股价是否会产生波动及是否会产生"异常报酬率"，进而了解股价的波动与该事件是否相关。该方法由 Fama 等在 1969 年提出，并成功运用于对股票分割的市场反应。

在运用事件研究法时，研究者将某个企业的并购视为单个事件，然后确定一个以并购宣告日为中心的"事件期"，然后运用超常收益或者累积超常收益来检测并购事件公布对并购企业在股票市场的价格波动的具体反映情况，最后通过股东财富的变化去判断并购事件对企业绩效的影响。如果研究对象的股价上升，则表明并购事件能够改善企业的绩效，反之则不利于企业绩效的提高。运用该方法时，"事件期"长短的选择十分重要。一般而言，"事件期"越长，对并购事件影响的衡量越全面，但同时也容易受到其他不相关因素的干扰。

事件研究法在欧美地区得到广泛应用与其有效的资本市场背景密不可分，因为在有效的资本市场中，上市公司的任何信息对公司短期和长期的影响都会反映在股价上。随着我国股市的不断完善，我国学者在对 1997 年之后我国股票市场有效性的研究中，大多支持我国股市已达到弱势有效的结论（张兵和李晓明，2003；王少平和杨继生，2006），因而运用事件研究法进行海外并购绩效研究是适合的。

虽然事件研究法被广泛运用于检验企业并购绩效的研究，但我们也要留意其缺陷。当研究并购绩效时，是将并购的预期收益作为股价变化的影响因素，然而实际中，投资者的心理预期、股票的市场波动等都会对绩效造成影响，如何剔除这些影响也将在以后运用事件研究法时纳入考虑范围，此外对于股票融资型（包括股票互换）并购，在采用事件研究法时，由于股票市场的反应不能区分股票发行与并购交易行为，容易使股票融资型并购的价值创造效应被低估。

（二）会计指标研究法

会计指标研究法，是通过对并购双方长时间的观察，从经营业绩变化、核心竞争优势的培养情况等多角度考察并购绩效变化的一种方法。这种方法主要是利用财务会计报表和财务数据指标，通过权重分析、因子分析等方法分析并购企业完成并购前后或企业在并购以后与同行业其他企业相比营利能力、偿债能力、资产运营能力、发展能力、现金流管理能力等经营业绩指标的变化，进而反映并购绩效。研究并购公司的经营业绩，实际上是检验企业经营业绩在发生并购后的变化情况，还可以通过并购发生后该公司经营业绩的变化，来判断并购行为对公司未来盈利预期的影响。相对于事件研究法而言，会计指标研究法更加关注公司并购所引起的公司微观财务状况、经营状况的实质性改善，更适合不成熟的证券市场。此外，会计指标研究法也因财务数据的容易获取及便于计算而得到广泛应用。

但是我们也要留意会计指标研究法的局限性。一方面，由于财务数据是历史数据，因而其只能度量历史绩效，不能反映预期的未来收益；另一方面，由于绝大多数财务数据都是累积值，如果会计期间内发生几起并购事件，则很难独立分辨单个事件所造成的经营绩效变化。

（三）案例研究法

案例研究法又名临床诊断法，是专门针对个别案例进行详细分析的一种研究方法。与事件研究法和会计指标研究法不同，前两者通常建立在针对大样本的统计分析的基础上，忽略了并购主体的主客观条件，使得研究结论不免偏颇，而案例研究法则更注重对企业海外并购的绩效进行中长期的跟踪研究，它的分析和研究是以并购案例的具体运作为基础，更加注重并购行为的动态演变过程，考察的时间跨度更大，包括并购的前期阶段、并购发生期及并购完成后的整合、运营期。由于其所具备的以上特点，该方法在企业并购绩效的领域中得到了广泛运用（李梅和吴松，2010）。但由于案例研究法没有一种标准的数据分析方法，因而其证据的提出和数据的解释都带有可选择性，因而不宜用来检验理论假说。

除以上三种研究方法，问卷调查法也被用于并购绩效分析。综上所述，本书在研究我国上市公司海外并购的绩效时，将采用会计指标研究法与事件研究法，分别对并购公司的经营绩效和股东财富效应进行检验。

二、中国上市公司海外并购经营绩效实证分析

会计指标研究法是利用企业公开的相关财务信息，以体现企业绩效相关的财务指标为评价标准，通过企业并购前后的财务指标变化情况，使用会计指标或建立财务指标体系来评价收购公司的经营状况，用统计分析的方法判定并购事件对企业绩效的影响。目前国内对于会计指标研究法的应用主要通过企业财务报表披露的公开数据，对并购公司营利能力、资本营运能力、偿债能力、发展能力和现金流量水平进行并购前后的对比，对比的方法有配对 T 检验、选取代表性财务指标进行对比检验及通过主成分分析法对财务指标进行主成分提取，得到并购公司的综合得分，进一步对比并购前后的综合得分，从而判定企业绩效的变动情况。主成分分析法是目前较为理想也较多人采用的并购绩效衡量方法（余力和刘英，2004；毕克龙，2007；黎平海等，2010），因而本书也采用主成分分析法对收购公司并购前后的绩效进行评价。主成分分析法是一种依据各原始指标的实际观察值所提供的信息量大小来决定各指标权重的客观赋值法。相对于主观赋值法，主成分分析法更遵循数据间的内在规律，更能客观体现数据间的内在联系。运用主成分分析法，需要对多个指标进行观测，收集较多数据以便分析进而寻找规律，在尽量保留原有信息的原则上，将多个指标简化为少数潜在的因子并赋予其客观权重，这几个简化后的因子可以高度概括原有大量数据中的信息，在减少指标个数和方便数据处理的同时，又保留了指标之间的内在联系。这些简化后的因子不仅均可以表示为各原始指标的线性组合，而且彼此之间都不相关，最后由它们所组成的新指标体系也将反映不少于原指标体系的信息量。简言之，主成分分析法的核心便是对若干个原始指标进行因子分析、提取主因子，再以每个因子的方差贡献率作为权数，与该因子得分进行相乘，最后将各乘积相加作为综合得分函数。利用主成分分析法进行综合评价的步骤如下。

（一）对原始指标数据进行标准化处理

主成分分析法一般是采用主成分分析寻求因子变量。由于各原始指标数据的单位不同、量纲不同、数值大小差异大，这样在计算方差贡献率的时候，大数值指标的作用往往会被放大，数值小但实际贡献率可能更大的指标作用被弱化，最终导致综合得分函数有失客观，因而为使主成分分析能够客观对待每一个财务指标变量，消除量纲和数量级这些非合理因素的影响，通常需要对原始指标进行数据标准化处理，将其转化为均值为 0，方差为 1 的无量纲数据，即：

设 K 家样本公司的财务指标值序列为 X_{ij}（$i=1,2,\cdots,p$；$j=1,2,\cdots,K$），则经过正态标准化处理后的指标值为

$X_{ij}=\dfrac{X_{ij}-\overline{X}}{S}$，其中 $\overline{X}=\dfrac{1}{K}\sum\limits_{j=1}^{K}X_{ij}$，标准差 $S=\sqrt{\dfrac{1}{K-1}\sum\limits_{j=1}^{K}(X_{ij}-\overline{X})^{2}}$，$i=1,2,\cdots,$

p；$j=1,2,\cdots$，K；p 为原始财务指标的个数。

计算经过数据标准化处理后的指标数据矩阵的相关系数矩阵 $\boldsymbol{R}$ 并检验。设 r_{ij} 为经标准化处理之后指标 i 与指标 j 之间的相关系数，则 $\boldsymbol{R}=(r_{ij})_{p*p}$，其中 $i,j=1,2,\cdots,p$。计算相关系数矩阵 $\boldsymbol{R}$ 的特征值及综合因子的权重系数，由特征方程：$|\boldsymbol{R}-\lambda_{i}|=0(i=1,2,\cdots,p)$ 求 $\boldsymbol{R}$ 的特征值 $\lambda_{1}\geqslant\lambda_{2}\geqslant\lambda_{p}\geqslant0$，根据各特征值求出特征向量 γ_{1}，γ_{2}，$\cdots$，γ_{i}，$\cdots\gamma_{p}$。其中 γ_{i} 反映了在经营绩效中起到支配作用的因素，称为综合因子，γ_{i} 为各原始变量的线性组合，任意两个因子反映的信息绝不重复。

由于 $\boldsymbol{R}$ 的特征值 λ_{i} 就是综合因子 γ_{i} 的方差，计算第 i 个综合因子保持原始数据信息总量的比重为

$C_{i}=\dfrac{\lambda_{i}}{\sum\limits_{i=1}^{k}\lambda_{i}}$，其中，$C_{i}$ 为第 i 个综合因子对原始数据的贡献率。

在实际测评中，通常只选取前若干个方差大的综合因子，达到用尽可能少的指标反映尽可能多信息的目的。通常要求选取的 m 个综合因子的信息量大于原始数据信息量的80%。

（二）进行因子载荷矩阵的旋转

综合因子 γ_{i} 线性组合中的系数构成了因子载荷矩阵，如果这些系数的大小差别不大，则难以对因子进行解释。为了得到比较明确的综合因子解释，需要进行因子载荷矩阵旋转，一般采用方差极大旋转法，本书亦采用此种方法。

（三）计算各主因子的综合得分

$Z=\sum\limits_{i=1}^{m}C_{i}Y_{i}$，其中 C_{i} 为综合因子贡献率，Y_{i} 为因子得分，m 为综合因子的个数。

三、海外并购绩效的评价指标选取

关于经营业绩的评价衡量是上市公司海外并购绩效的基础，但是单个指标难免反映片面，且容易受人为因素的影响（如操纵会计利润等），因而通过选取多个财务指标，构建综合指标体系，可以更客观准确地反映收购公司的绩效变化。本书利用样本公司提供的公开财务报表，选用多个财务指标对样本公司的经营绩效进行综合评价。在借鉴 2002 年 2 月财政部等五部委共同修订的《企业效绩评价操作细则》中规定的财务分析指标的基础上，从营利能力、偿债能力、资产营运能力和发展能力四方面进行财务指标的选取，共选取 10 个指标。

上市公司海外并购的经营业绩应当首先体现在其营利能力上。净资产收益率是一个综合性较强的指标，可以充分反映上市公司资本运营的综合效益；总资产报酬率表示上市公司全部资产获取收益的水平，可以全面反映企业的获利能力和投入产出状况；主营业务收入是上市公司收入的主要来源，主营业务产生的利润越大，表明上市公司主营业务的营利能力越强；此外，每股收益是测定股票投资价值的重要指标，也是综合反映上市公司获利能力的重要指标。

偿债能力是指上市公司用其资产偿还长期债务与短期债务的能力。上市公司有无支付现金和偿还债务能力，是企业能否健康生存和发展的关键。一家公司的偿债能力也是反映其财务状况和经营能力的重要标志。一般经营业绩良好的上市公司的长期和短期偿债能力都应该比较强。资产负债率用来反映上市公司偿还债务的综合能力，其值越小，表明企业偿还债务的能力越强，反之越弱；流动比率常被用于衡量上市公司短期偿债能力，其值越大，表明企业偿还债务的能力越强，反之越弱；速动比率（又名酸性测验比率），衡量上市公司流动资产中可以立即变现用于偿还流动负债的能力，其值越大，表明企业偿还债务的能力越强，反之越弱。

资产营运能力是指通过上市公司生产经营资金周转速度的有关指标所反映出的企业资金利用的效率，它体现了企业管理人员经营管理、运用资金的能力。上市公司生产经营资金周转的速度越快，表明企业资金利用的效果越好、效率越高，企业管理人员的经营能力越强。总资产周转率用于反映上市公司全部资产的使用效率，其值越大，表明企业利用全部资产进行经营的效率越高，最终有助于企业获利能力的提高；应收账款周转率越高，表明应收账款回收速度越快，企业的管理工作效率越高，最终也将有助于企业获利。

发展能力是上市公司在生存的基础上，扩大规模并壮大实力的潜在能力。通常经营业绩较好的上市公司也应该具有较好的发展能力，同时具有良好发展前景的上市公司，其营利能力也较强。营业收入增长率值越高，表明上市公司增长速度越快，其市场前景越好，上市公司具有较好的发展潜力。

综上所述，上市公司的海外并购绩效的原始评价指标，如表4-1所示。

表4-1　海外并购绩效的原始评价指标

指标类型	指标名称	指标计算公式
营利能力	每股收益 X_1	净利润/总股本
	净资产收益率 X_2	净利润/平均净资产
	总资产报酬率 X_3	净利润/平均总资产
	营业利润率 X_4	净利润/主营业务收入
偿债能力	资产负债率 X_5	负债总额/总资产
	流动比率 X_6	流动资产/流动负债
	速动比率 X_7	（流动资产−负债）/流动负债
资产营运能力	总资产周转率 X_8	主营业务收入/平均资产总额
	应收账款周转率 X_9	主营业务收入/平均应收账款
发展能力	营业收入增长率 X_{10}	（本期营业收入−期初营业收入）/期初营业收入

四、样本选取及数据来源

（一）样本选取

为方便追踪并购事件对上市公司并购前后长期经营绩效（并购前一年、并购当年、并购后第一年、并购后第二年）的影响，本书选择 2005 年 1 月 1 日到 2007 年 12 月 31 日之间在我国上海证券交易所和深圳证券交易所发行 A 股股票的上市公司发生海外并购的公司作为基本样本，在此基础上：

剔除所选择年份当年新上市的样本公司及终止上市的公司；剔除公司财务数据披露不全的样本公司及在相关指标上出现极端异常值的样本公司；剔除并购规模过小、对样本公司业绩影响甚微的海外并购事件；为方便研究行业因素对海外并购绩效的影响，剔除行业为综合类的样本公司；同年间发生两起或两起以上海外并购事件的公司，选取交易额较大的一起作为样本，若发生不同类型的海外并购但海外并购规模差异很大，则选取规模较大的海外并购事件作为样本。经过以上筛选，选择了 672 家在 2014~2018 年发生海外并购的上市公司。

（二）数据来源

本节关于海外并购前后经营绩效实证研究的样本均来自深圳市国泰安信息技术有限公司开发的中国上市公司并购重组研究数据库，财务指标来自北京聚源锐思数据科技有限公司开发的财务指标数据库及 CSMAR（China Stock Market & Accounting Research Database，中国经济金融研究数据库）部分数据。

本节所有数据处理均经过 Microsoft Office Excel 2017 及统计产品与服务解决方案（Statistical Product and Service Solutions，SPSS）21.0 完成。

（三）样本数据的描述性统计

样本公司海外并购前后财务指标的描述性统计见表 4-2。

表4-2　样本公司海外并购前后财务指标的描述性统计

指标类型	指标名称	并购前一年	并购当年	并购后第一年	并购后第二年
每股收益	均值	0.296 3	0.359 3	0.178 6	0.289 5
	中位数	0.310 0	0.288 9	0.200 0	0.191 0
	标准差	0.178 6	0.349 7	0.423 9	0.311 9
净资产收益率	均值	0.112 7	0.111 1	0.021 2	0.094 9
	中位数	0.107 8	0.112 7	0.072 4	0.078 5
	标准差	0.062 5	0.120 1	0.197 1	0.097 5
总资产报酬率	均值	0.078 7	0.077 1	0.047 0	0.058 9
	中位数	0.071 9	0.066 9	0.051 9	0.055 0
	标准差	0.043 6	0.055 3	0.055 2	0.037 6
营业利润率	均值	0.085 6	0.085 5	0.038 7	0.440 6
	中位数	0.064 0	0.040 8	0.027 4	0.040 5
	标准差	0.078 8	0.120 1	0.097 3	2.288 4
资产负债率	均值	0.557 3	0.570 4	0.594 2	0.593 0
	中位数	0.584 9	0.531 1	0.607 3	0.597 8
	标准差	0.163 5	0.166 6	0.177 8	0.164 7
流动比率	均值	1.259 6	1.409 4	1.286 3	1.145 9
	中位数	1.192 0	1.256 6	1.057 1	1.134 3
	标准差	0.520 0	1.185 4	0.997 8	0.595 7
速动比率	均值	0.871 3	1.036 3	0.890 1	0.760 5
	中位数	0.915 5	0.742 1	0.751 4	0.662 4
	标准差	0.442 0	1.134 8	0.866 3	0.490 9

续表

指标类型	指标名称	并购前一年	并购当年	并购后第一年	并购后第二年
	均值	1.019 0	0.995 6	0.986 2	0.932 1
总资产周转率	中位数	0.849 1	0.805 2	0.768 7	0.685 3
	标准差	0.664 8	0.674 9	0.708 5	0.710 9
	均值	23.645 4	17.290 5	17.971 5	17.485 4
应收账款周转率	中位数	8.163 2	8.177 3	8.343 5	7.297 6
	标准差	62.235 3	19.596 5	19.646 7	19.081 5
	均值	0.261 7	0.203 2	0.180 6	0.057 7
营业收入增长率	中位数	0.207 2	0.189 8	0.172 9	0.038 9
	标准差	0.403 5	0.249 1	0.356 7	0.277 9

从表 4-2 中，我们发现，在反映上市公司海外并购前后营利能力的指标中，净资产收益率与总资产报酬率相对并购前一年略有降低，在并购后第一年持续降低，并购后第二年虽有上升，但仍未达到并购前一年的水平；每股收益虽在并购当年有所上升，但在并购后第一年又下降，并购后第二年有较大幅上升，但同样未达到并购前一年的水平；营业利润率自海外并购事件发生后持续下降，但在并购后第二年明显上升，从四个指标难以判定并购对样本公司营利能力的影响，有待进一步检验。

在反映上市公司海外并购前后偿债能力的指标中，资产负债率自海外并购事件发生后持续上升，并购后第二年的值虽略低于并购后第一年，但仍高于并购前一年；流动比率与速动比率在海外并购事件发生当年虽略有上升，但在并购后第一年及并购后第二年便下滑，且明显低于并购前一年，可见整体而言海外并购行为并未提高样本公司的偿债能力。

在反映上市公司海外并购前后资产营运能力的指标中，总资产周转率自海外并购事件发生当年至并购后第二年持续下降，应收账款周转率在海外并购事件发生后也下降了，在并购后第一年略有回升，但并购后第二年便下降，且明显低于并购前一年，可见整体而言海外并购行为并未提高样本公司的资产营运能力。

在反映上市公司海外并购前后发展能力的指标中，营业收入增长率从海外并购事件发生当年便一直下降，可见海外并购行为并未提高样本公司的发展能力。

通过对样本公司绩效指标的描述性统计发现海外并购事件未能从整体上改善样本公司的经营状况，但描述性统计仅从均值进行判断，未考虑各指标间的内在联系，导致结论不具有完全的说服力，因而本节将继续运用主成分分析法，通过对各绩效指标进行定量分析，对样本公司的经营绩效进行客观评价。

五、主成分分析过程

使用 SPSS 21.0 分别对样本公司并购前一年、并购当年、并购后第一年、并购后第二年的财务数据进行主成分分析。

使用主成分分析要求原有变量间具有较强的相关性，因为原有变量之间相关性太弱，则无法提取可以综合反映某些原始变量共同特征的少数公因子。因此在对原始数据进行标准化处理后，需要对原有变量进行相关分析。本书将利用 SPSS 提供的巴特利特（Bartlett）球度检验和 KMO（Kaiser-Meyer-Olkin）检验进行原变量之间的相关性检验。

Bartlett 球度检验是以变量的相关系数矩阵为出发点，其零假设相关系数矩阵是单位阵，若通过 SPSS 检验出的统计量值较大，且其对应的相伴概率值小于显著性水平，则应当拒绝零假设，认为相关系数矩阵不是单位阵，表明各变量之间存在相关性，适合主成分分析，反之则表明主成分分析法不适用。

SPSS 中的另一种相关性检验方法为 KMO 检验，KMO 统计量用来比较原始变量间的简单相关系数和偏相关系数，其取值介于 0 到 1 之间，且值越趋近 1 则表明越适合做主成分分析。一般 KMO 值小于 0.5 则认为主成分分析法不适用。

如表 4-3 所示，并购前一年（M_{-1}）、并购当年（M_0）、并购后第一年（M_1）及并购后第二年（M_2）的 KMO 值均大于 0.5，且 Bartlett 的显著系数均为 0.000，因此认为四年的样本都适合进行主成分分析。

表4-3　样本公司并购前后4年的KMO和Bartlett球度检验

指标		M_{-1}	M_0	M_1	M_2
KMO		0.575	0.547	0.682	0.555
Bartlett	近似卡方	266.570	343.783	315.379	207.747
	自由度	45	45	45	45
	显著系数	0.000	0.000	0.000	0.000

在进行相关性检测后，即可利用主成分分析法进行综合因子提取。表 4-4 显示了提取出的全部综合因子对于解释原始指标变量的总方差所做的贡献，它表示全部综合因子反映出的原始变量信息的百分比，即变量的共同度（communality）。共同度取值介于 0~1，越趋近于 1 表明所有方差都可以被因子解释，反之则表明因子不解释任何方差。一个因子能够解释的方差越大，也表明该因子所包含的原有变量信息的量越多。从表 4-4 不难看出，自提取综合因子后，变量的共同度比较大，表明因子分析的效果会较好。

表4-4　变量共同度

指标	提取			
	M_{-1}	M_0	M_1	M_2
X_1	0.786	0.865	0.919	0.841
X_2	0.902	0.924	0.839	0.877
X_3	0.854	0.908	0.915	0.843
X_4	0.874	0.883	0.723	0.812
X_5	0.848	0.716	0.825	0.788
X_6	0.948	0.969	0.901	0.902
X_7	0.936	0.946	0.829	0.909
X_8	0.909	0.870	0.834	0.841
X_9	0.886	0.842	0.856	0.852
X_{10}	0.876	0.921	0.500	0.754

　　从表 4-5~表 4-8 的特征值和方差贡献率可以看出，提取的综合因子的累计方差贡献率在四年分别达到了 88.199%、88.425%、81.408%、84.178%，这意味着每一年所提取的综合因子所反映的信息量已经达到了所有原始信息量的 88.199%、88.425%、81.408%、84.178%，因而我们可以用提取后的主因子代表原始总体变量。为使矩阵更简洁，进一步对因子载荷矩阵进行旋转。

表4-5　四年的累计方差解释率

成分	提取平方和载入			旋转平方和载入		
	合计	方差比重	累计占比	合计	方差比重	累计占比
1	3.652	36.525%	36.525%	2.674	26.741%	26.741%
2	2.293	22.929%	59.454%	2.520	25.198%	51.939%
3	1.528	15.282%	74.735%	1.901	19.006%	70.945%
4	1.346	13.463%	88.199%	1.725	17.254%	88.199%

表4-6　并购当年的累计方差解释率

成分	提取平方和载入			旋转平方和载入		
	合计	方差比重	累计占比	合计	方差比重	累计占比
1	3.844	38.440%	38.440%	3.249	32.491%	32.491%
2	2.577	25.771%	64.211%	2.504	25.044%	57.535%
3	1.419	14.194%	78.405%	1.911	19.111%	76.646%
4	1.002	10.020%	88.425%	1.178	11.779%	88.425%

表4-7　并购后第一年的累计方差解释率

成分	提取平方和载入			旋转平方和载入		
	合计	方差比重	累计占比	合计	方差比重	累计占比
1	4.136	41.358%	41.358%	3.608	36.080%	36.080%
2	2.434	24.342%	65.700%	2.748	27.476%	63.556%
3	1.571	15.708%	81.408%	1.785	17.852%	81.408%

表4-8　并购后第二年的累计方差解释率

成分	提取平方和载入			旋转平方和载入		
	合计	方差比重	累计占比	合计	方差比重	累计占比
1	3.085	30.852%	30.852%	2.553	25.528%	25.528%
2	2.526	25.261%	56.113%	2.515	25.154%	50.682%
3	1.452	14.519%	70.633%	1.698	16.979%	67.661%
4	1.355	13.545%	84.178%	1.652	16.517%	84.178%

旋转后的因子提取结果如表4-9~表4-12所示，以并购前一年为例，并购前一年的主因子 $Factor_{-11}$ 在流动比率和速动比率上的载荷值较大，我们可以认为 $Factor_{-11}$[①] 是反映样本公司偿债能力的主因子；同样 $Factor_{-12}$ 在每股收益和净资产收益率上的载荷值较大，认为其为反映样本公司营利能力的主因子；同理可知 $Factor_{-13}$ 是反映样本公司资产营运能力和发展能力的主因子，$Factor_{-14}$ 是反映样本公司资产营运能力的主因子。

表4-9　并购前一年的因子载荷矩阵

指标	主因子 1 $Factor_{-11}$	主因子 2 $Factor_{-12}$	主因子 3 $Factor_{-13}$	主因子 4 $Factor_{-14}$
X_1	0.023	0.856	−0.050	0.226
X_2	0.063	0.942	0.079	−0.069
X_3	0.259	0.749	0.279	−0.385
X_4	0.320	0.521	0.049	−0.705
X_5	−0.822	−0.156	0.101	0.371
X_6	0.958	0.089	0.141	0.044
X_7	0.948	0.053	−0.172	−0.071
X_8	−0.047	0.152	0.088	0.936
X_9	−0.019	0.057	0.940	−0.001
X_{10}	−0.070	0.079	0.928	0.059

---

① $Factor_{-1i}$(i=1,2,3,4)表示提取并购前一年数据的第 i 个主因子；$Factor_{0i}$(i=1,2,3,4)表示提取并购当年数据的第 i 个主因子；$Factor_{1i}$(i=1,2,3)表示提取并购后第一年数据的第 i 个主因子；$Factor_{2i}$(i=1,2,3,4)表示提取并购后第二年数据的第 i 个主因子。

表4-10　并购当年的因子载荷矩阵

指标	主因子1Factor$_{01}$	主因子2Factor$_{02}$	主因子3Factor$_{03}$	主因子4Factor$_{04}$
X_1	0.855	−0.057	0.347	0.098
X_2	0.916	0.055	0.202	0.202
X_3	0.886	0.272	−0.120	0.188
X_4	0.842	0.210	−0.354	−0.063
X_5	−0.080	−0.706	0.434	0.150
X_6	0.133	0.972	0.014	0.072
X_7	0.118	0.956	−0.030	0.129
X_8	−0.045	−0.094	0.918	0.124
X_9	0.222	−0.091	0.760	−0.455
X_{10}	0.309	0.063	−0.016	0.906

表4-11　并购后第一年的因子载荷矩阵

指标	主因子1Factor$_{11}$	主因子2Factor$_{12}$	主因子3Factor$_{13}$	主因子4Factor$_{14}$
X_1	0.945	0.061	0.147	0.384
X_2	0.897	0.176	0.064	0.379
X_3	0.950	0.109	0.033	0.364
X_4	0.795	0.228	−0.197	−0.406
X_5	−0.334	−0.823	0.188	0.448
X_6	0.187	0.930	−0.043	0.386
X_7	0.143	0.890	−0.124	0.285
X_8	0.070	−0.173	0.894	0.187
X_9	−0.023	−0.014	0.925	−0.136
X_{10}	0.451	−0.533	−0.109	0.305

表4-12　并购后第二年的因子载荷矩阵

指标	主因子1Factor$_{21}$	主因子2Factor$_{22}$	主因子3Factor$_{23}$	主因子4Factor$_{24}$
X_1	0.912	0.006	0.016	0.097
X_2	0.931	−0.087	−0.035	0.032
X_3	0.894	0.185	−0.095	−0.038
X_4	0.056	0.107	−0.034	−0.892
X_5	−0.054	−0.778	0.343	0.250
X_6	0.101	0.942	0.039	−0.041
X_7	−0.050	0.941	−0.130	−0.060
X_8	−0.125	−0.011	0.889	0.187
X_9	0.037	−0.268	0.872	−0.136
X_{10}	0.141	−0.106	0.027	0.850

根据因子载荷矩阵，可写出各原始变量的因子表达式（以海外并购前一年的每股收益为例）：

$$X_1 = 0.023\,\text{Factor}_{-11} + 0.856\,\text{Factor}_{-12} - 0.050\,\text{Factor}_{-13} + 0.226\,\text{Factor}_{-14}$$

其他海外并购年度的各原始变量类似。

各年的方程采用最小二乘法回归分析可得到各变量的因子得分系数矩阵，如表 4-13~表 4-16 所示，各主因子的协方差矩阵如表 4-17 所示。

表4-13　海外并购前一年的因子得分系数矩阵

指标	主因子 1Factor$_{-11}$	主因子 2Factor$_{-12}$	主因子 3Factor$_{-13}$	主因子 4Factor$_{-14}$
X_1	−0.044	0.408	−0.117	0.219
X_2	−0.074	0.408	−0.048	0.034
X_3	−0.008	0.256	0.096	−0.163
X_4	−0.017	0.145	0.001	−0.379
X_5	−0.286	0.030	0.029	0.106
X_6	0.427	−0.067	0.109	0.180
X_7	0.395	−0.060	−0.058	0.106
X_8	0.111	0.136	0.013	0.622
X_9	0.026	−0.067	0.510	−0.017
X_{10}	0.010	−0.046	0.498	0.017

表4-14　海外并购当年的因子得分系数矩阵

指标	主因子 1Factor$_{01}$	主因子 2Factor$_{02}$	主因子 3Factor$_{03}$	主因子 4Factor$_{04}$
X_1	0.276	−0.068	0.135	−0.025
X_2	0.280	−0.047	0.070	0.051
X_3	0.271	0.009	−0.082	0.020
X_4	0.320	−0.046	−0.240	−0.222
X_5	−0.009	−0.259	0.159	0.194
X_6	−0.070	0.442	0.152	0.027
X_7	−0.079	0.428	0.129	0.080
X_8	−0.095	0.099	0.530	0.182
X_9	0.108	0.059	0.383	−0.414
X_{10}	−0.041	−0.025	0.033	0.797

表4-15　海外并购后第一年的因子得分系数矩阵

指标	主因子 1Factor$_{11}$	主因子 2Factor$_{12}$	主因子 3Factor$_{13}$	主因子 4Factor$_{14}$
X_1	0.273	−0.048	0.075	−0.001
X_2	0.250	−0.005	0.038	0.094
X_3	0.273	−0.040	0.013	0.326

续表

指标	主因子1Factor$_{11}$	主因子2Factor$_{12}$	主因子3Factor$_{13}$	主因子4Factor$_{14}$
X_4	0.220	0.000	−0.107	−0.073
X_5	−0.027	−0.286	0.035	0.116
X_6	−0.029	0.357	0.063	0.149
X_7	−0.038	0.337	0.012	0.129
X_8	0.020	0.011	0.504	0.178
X_9	−0.022	0.087	0.539	−0.216
X_{10}	0.186	−0.269	−0.124	0.193

表4-16　海外并购后第二年的因子得分系数矩阵

指标	主因子1Factor$_{21}$	主因子2Factor$_{22}$	主因子3Factor$_{23}$	主因子4Factor$_{24}$
X_1	0.360	−0.005	0.044	0.028
X_2	0.370	−0.062	0.000	−0.023
X_3	0.349	0.046	0.003	−0.034
X_4	0.052	−0.054	0.032	−0.562
X_5	0.000	−0.274	0.095	0.066
X_6	0.022	0.428	0.173	0.070
X_7	−0.044	0.404	0.057	0.069
X_8	−0.021	0.151	0.566	0.088
X_9	0.061	−0.006	0.535	−0.152
X_{10}	0.028	0.044	−0.026	0.528

表4-17　成分得分协方差矩阵（以海外并购前一年为例）

指标	主因子1Factor$_{-11}$	主因子2Factor$_{-12}$	主因子3Factor$_{-13}$	主因子4Factor$_{-14}$
Factor$_{-11}$	1.000	0.000	0.000	0.000
Factor$_{-12}$	0.000	1.000	0.000	0.000
Factor$_{-13}$	0.000	0.000	1.000	0.000
Factor$_{-14}$	0.000	0.000	0.000	1.000

根据表 4-13~表 4-16，可以得到各主成分因子的得分表达式（以海外并购前一年的 Factor$_{-11}$）为例：

$$Factor_{-11} = -0.044 X_1 - 0.074 X_2 - 0.008 X_3 - 0.017 X_4 - 0.286 X_5$$
$$+ 0.427 X_6 + 0.395 X_7 + 0.111 X_8 + 0.026 X_9 + 0.010 X_{10}$$

其余各主成分的得分表达式同理。

由表 4-17（海外并购当年、并购后第一年、并购后第二年的协方差与之类似）可知，各提取后的主因子得分的协方差矩阵为单位阵，表明提取的各个公因子之间是不相关的。因而根据所提取的各个公因子，再根据各因子得分及方差贡献率，得到海外并购绩效的综合得分函数：

$$Z_{-1}=(26.741Factor_{-11}+25.198\ Factor_{-12}+19.006\ Factor_{-13}+17.254\ Factor_{-14})/88.199 \tag{4-1}$$

$$Z_0=(32.491\ Factor_{01}+25.044\ Factor_{02}+19.111\ Factor_{03}+11.779\ Factor_{04})/88.425 \tag{4-2}$$

$$Z_1=(36.080\ Factor_{11}+27.476\ Factor_{12}+17.852\ Factor_{13})/81.408 \tag{4-3}$$

$$Z_2=(25.528\ Factor_{21}+25.154\ Factor_{22}+16.979\ Factor_{23}+16.517\ Factor_{24})/84.178 \tag{4-4}$$

Z_{-1}、Z_0、Z_1、Z_2 分别为各样本公司在海外并购前一年、并购当年、并购后第一年、并购后第二年的综合绩效得分。

根据式（4-1）~式（4-4）综合得分函数及并购前后相应年份因子得分差值对全部样本公司海外并购绩效进行检验，检验结果如表4-18所示。图4-2反映了全部样本公司海外并购前后综合得分差均值的变动趋势。

表4-18　海外并购前后相应年份全部样本公司经营绩效综合得分均值及正值比

F差值	Z_0-Z_{-1}	Z_1-Z_0	Z_1-Z_{-1}	Z_2-Z_1	Z_2-Z_0	Z_2-Z_{-1}
F差均值	2.70×10^{-7}	1.08×10^{-7}	3.51×10^{-7}	-2.43×10^{-7}	1.35×10^{-7}	1.62×10^{-7}
正值比	0.486	0.649	0.486	0.541	0.649	0.514

注：F差均值是综合得分差值的算术平均，均值的符号反映绩效变动的趋势（上升或下降），均值的大小反映绩效变动的程度。正值比反映综合得分差值为正的样本公司数目在总体样本公司中的比例

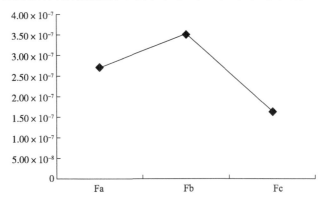

图4-2　样本公司海外并购前后综合得分差均值的变动趋势图

其中 Fa 代表 Z_0-Z_{-1}，Fb 代表 Z_1-Z_{-1}，Fc 代表 Z_2-Z_{-1}

通过分析表4-18中的数据变化，可知我国上市公司在发生海外并购事件后，并购当年的绩效整体来看虽未变差，但仍有超过50%的公司当年绩效不及并购前一年绩效，这可能是由两方面因素造成的：一是我国企业海外并购的经验不足，

二是我国企业在海外并购时大多采用现金支付，只有少数公司采用换股方式，造成资金的暂时短缺，导致并购当年绩效不理想。

在经过过渡期之后，收购公司通过吸收国外先进管理经验和技术，并随着资源整合，海外并购开始对我国上市公司发挥正效应，海外并购后第一年的绩效好于并购当年，有65%的公司绩效明显上升。但这种好景在海外并购后的第二年便不再持续，并购后第二年上市公司的绩效相对于并购后第一年有了较明显的下降，其下降速度甚至超过了并购后第一年提升的速度，观察并购正值比，发现有一半的上市公司并购后第二年的绩效又回到并购前一年的水平。

总体而言，海外并购虽在短期内改善了企业的绩效，但这种改善缺乏持续性和长期性，其原因值得深思。

第四节　中国上市公司海外并购股东财富效应实证分析

一、研究假设

（一）支付方式

信息与信号理论认为公司特别的行动会传递其他形式的重要信息，就海外并购而言，如果收购公司通过换股或者其他非现金方式为并购融资，是因为收购公司管理者认为其普通股价值被高估，若采取现金支付方式，则在传递公司股价被低估的信号，同时也表明收购公司拥有充足的资金来源，可以增强投资者信心，有利于收购公司绩效的提高。基于以上分析，本书提出如下假设：

H4-1：现金支付方式与收购公司并购绩效正相关。

（二）文化差异

社会认知理论认为，组织成员为了提高自己群体的相对地位，一般都偏爱自己群体内的成员，而对群体外相对成员持否定态度。当目标公司面临收购时，成员之间的凝聚力会加强，就有可能拒绝收购公司的接管。与此同时，收购公司的经理可能有优越感，认为目标公司是他们的下级，此时如果继续沿用旧文化，则很容易使目标公司员工产生厌恶情绪，工作激情不高，达不到管理、经营或者财务的协同效应。基于以上分析，本书提出如下假设。

H4-2：文化差异程度与收购公司并购绩效正相关，即并购双方的文化差异越小，收购公司的绩效越好，反之越差。

（三）行业差异

市场势力理论和内部资本市场理论都支持多元化并购可以为企业创造价值的观点。前者认为企业多元化会改变传统的竞争模式，可以改善经营绩效，后者认为通过多元化，企业可以创造一个比外部资本市场更有效率的内部资本市场，从而改进企业的资源配置效率，提高企业经营绩效。但是，委托-代理理论却认为，企业多元化是在信息不对称条件下由经理人追求私人利益的道德风险行为引起的，因此企业多元化将损害企业经营绩效和投资者的利益。国内外目前关于多元化的并购绩效的研究结论也尚未统一，因而本书也将做尝试性研究，提出如下假设。

H4-3：行业相关程度与收购公司并购绩效正相关，即并购双方的行业相关性越高，收购公司的绩效越好，反之越差。

（四）国家股比例

在国内并购中，张新（2003）的研究表明政府在我国上市公司的并购重组中将利益在并购公司股东和其他利益相关者之间进行了再分配或转移，提高了并购公司的价值。李善民和朱滔（2006）的研究也表明政府关联对并购绩效差的公司有显著影响。在海外并购中，相当多国家的经验表明，政府的支持对企业走出国门进行海外并购具有促进作用，政府关联度高的企业将会获得更多来自政府的支持，但在我国的上市公司中，政府事实上处于所有权缺位状态，并未发挥有效的监督作用，难以对收购公司的绩效产生正面影响。基于以上分析，用国有股比例作为政府关联程度的量化指标，提出如下假设。

H4-4：政府相关度与收购公司并购绩效短期内正相关，但长期可能有损收购公司的并购绩效。

（五）公司规模

自由现金流量理论认为，当企业拥有较多自由现金流量时，经理会将其用于扩大公司规模，而忽略其投资收益。经理主义也认为，经理人会投资一些低收益的并购从而扩大公司规模，达到增加自身收入的目的。但市场势力理论则认为通过并购，可以扩大市场份额，在一定时期内可能享受垄断利润。同时收购公司规模越大，其抵御风险的能力越强，从长期来看，将有利于并购绩效的提高。基于以上分析，提出如下假设。

H4-5：短期内，公司规模与收购公司并购绩效负相关，但长期来看，公司规模将与收购公司并购绩效正相关。

二、变量定义及研究方法

（一）变量定义

基于前述假设，设置各自对应的变量，同时，为避免公司治理因素对并购绩效产生影响，将第一大股东持股比例作为控制变量。各变量的具体定义如表4-19所示。

表4-19　海外并购绩效影响因素变量定义表

指标类型	指标名称	指标计算公式
因变量	并购当年绩效：Y_0	主成分分析法得到的收购公司当年绩效得分
	并购后第一年绩效：Y_1	主成分分析法得到的收购公司并购后第一年绩效得分
	并购后第二年绩效：Y_2	主成分分析法得到的收购公司并购后第二年绩效得分
	并购当年相对于并购前一年的绩效变化：Y_{01}	Y_0-（主成分分析法得到的收购公司并购前一年绩效得分）
	并购后第一年相对于并购前一年的绩效变化：Y_{11}	Y_1-（主成分分析法得到的收购公司并购前一年绩效得分）
	并购后第二年相对于并购前一年的绩效变化：Y_{21}	Y_2-（主成分分析法得到的收购公司并购前一年绩效得分）
自变量	支付方式：PayM	虚拟变量，现金支付为1，其余为0
	文化差异：Cul	虚拟变量，若目标公司处于亚洲，则视为文化差异小，为1；其余地区视为文化差异大，为0
	行业差异：Indus	虚拟变量，若并购双方行业差异小，为1，差异大则为0
	政府关联度：Gov	收购公司并购前一年国有股比例
	公司规模：LNA	收购公司并购前一年总资产取对数
控制变量	第一大股东持股比例：FH	收购公司并购前一年第一大股东持股份额/全体股东持股份额

（二）研究方法

基于前面对我国企业海外并购的影响因素分析，拟采用多元线性回归的方法

检验各个因素对并购绩效的影响程度，研究模型为

$$Y_t = \alpha_t + \text{PayM}\beta_{1,t} + \text{Cul}\beta_{2,t} + \text{Indus}\beta_{3,t} + \text{Gov}\beta_{4,t} + \text{LNA}\beta_{5,t} + \text{FH}\beta_{6,t} + \xi_t$$

其中，Y_t 分别为 Y_0，Y_1，Y_2，Y_{01}，Y_{11}，Y_{21}。

三、实证过程

（一）描述性统计

表4-20列示了2014~2018年672家样本公司海外并购时所采取的并购支付方式、其与目标公司的文化差异和行业差异、国有股持股比例及公司规模，以及第一大股东持股比例的描述性统计。

表4-20　变量的描述性统计

变量	均值	中位数	标准差
PayM	0.89	1	0.315
Cul	0.24	0	0.435
Indus	0.59	1	0.498
Gov	0.256 2	0.290 5	0.210 9
LNA	22.037 2	21.700 9	1.329 2
FH	0.374 5	0.374 6	0.121 3

通过表4-20可以看出，我国企业在进行海外并购时，有近90%的公司选择了现金支付，表明我国绝大多数企业在海外并购时倾向于现金支付，传递有利于投资者的信号；仅有24%的样本公司在亚洲实行并购，表明越来越多的企业倾向于并购欧美等非亚洲的公司；过半数（59%）的公司依然倾向于相关行业的并购，但也有近一半的公司开始进行多元化并购；进行海外并购的企业国有股持股比例普遍较第一大股东持股比例低；通过对LNA的观察发现，进行海外并购的公司资产规模较平均。

（二）相关性分析

表4-21列示了2014~2018年672个海外并购样本的自变量之间的相关性分析结果。

表4-21　自变量间的相关性分析

变量名	PayM	Cul	Indus	Gov	LNA	FH
PayM		0.197	0.244	0.046	−0.169	−0.020
Cul	0.197		−0.045	−0.167	−0.409	−0.057
Indus	0.244	−0.045		0.008	0.153	0.313
Gov	0.066	−0.10	−0.01		0.496	0.443
LNA	−0.196	0.113	0.113	0.476		0.320
FH	−0.016	−0.077	0.356	0.412	0.272	

表 4-21 左下部分为 Spearman 检验结果，右上部分为 Pearson 检验结果。通过观察发现，各自变量间的相关系数低于经验值 0.5（最高为 0.496），这意味着本书用于检验绩效影响的因素重叠性较低，采用多元线性回归模型是合适的。

（三）回归分析

在进行回归分析中，针对每一个回归模型分别做了多重共线性分析，发现最终的回归方程中自变量的方差膨胀因子（VIF）均小于 5（以并购前一年为例，VIF 为 1.024），因而可认为不存在多重共线性问题。

采用李善民等（2004）、李祥艳（2006）的做法，首先将表 4-19 的全部作为自变量，与并购后各年绩效及其变动值进行回归，采用使 F 值增大的原则逐步剔除不显著变量，再从整体回归 F 检验显著的回归方程中，选取调整 R^2 最大的回归方程，作为某一因变量的最终回归方程，回归结果如表 4-22 所示。

表4-22　海外并购绩效影响因素的多元线性回归结果

变量名	预期符号	Y_0	Y_1	Y_2	Y_{01}	Y_{11}	Y_{21}
C		1.405 （0.169）	4.221*** （0.000）	−0.709 （0.484）	−3.577*** （0.001）	2.496** （0.018）	−3.050*** （0.005）
PayM	+				2.770*** （0.009）	2.570** （0.015）	
Cul	+			1.279 （0.210）			0.775 （0.444）
Indus	+	1.878* （0.069）		−1.434 （0.162）	1.309 （0.200）		−0.786 （0.438）
Gov				−2.651** （0.013）	1.523 （0.137）	1.544 （0.132）	−2.137** （0.040）
LNA		−1.530 （0.135）	−4.395*** （0.000）			−2.935*** （0.006）	3.138*** （0.004）
FH	+		1.763* （0.087）	1.987* （0.069）			

续表

变量名	预期符号	Y_0	Y_1	Y_2	Y_{01}	Y_{11}	Y_{21}
调整 R^2		0.08	0.34	0.158	0.244	0.332	0.154
F 值		2.555*	4.712***	2.352*	4.878***	5.468***	2.633*

***表示在 1%的水平显著；**表示在 5%的水平显著；*表示在 10%的水平显著

从表 4-22 的回归结果可以看出，所有模型的整体 F 值均显著，调整 R^2 除并购当年较低为 0.08 外，其余均超过 0.1，最高达到 0.34，表明在每个独立方程中，自变量对因变量的解释效果总体而言较好。由于采用了 F 值和调整 R^2 最大化的原则来选取最终的回归方程和进入回归方程的自变量，因而各回归方程的因变量不完全相同，因此不能全面评价某个因素对海外并购的绩效影响。但通过观察某些方程中显著的自变量以及在多个回归方程中都出现的自变量，发现以下几个因素对收购公司海外并购绩效有明显影响。

从并购当年、并购后第一年二者与并购前一年的各自的绩效差值来看，现金支付方式对其产生显著正影响，即采用现金支付方式的收购公司并购当年和并购后第一年的绩效相对并购前一年都有显著提高，验证了 H4-1。

从并购当年、并购后第一年及并购后第一年与并购前一年的绩效差值来看，公司规模越大，绩效越差；但从长期来看，公司规模与并购后第二年与并购前一年绩效的差值显著正相关，验证了 H4-5。

从并购后第一年及并购后第一年相对于并购前一年绩效的差值来看，政府关联程度与绩效关系虽不显著，但依然存在正向关系，表明短期内政府关联度越高，收购企业的绩效越好，从并购后第二年及并购后第二年与并购前一年绩效的差值来看，政府关联程度越高，绩效却越差，呈现显著负相关，与何先应（2009）得出的结论一致，验证 H4-4。

从并购后第二年及并购后第二年相对于并购前一年绩效的差值来看，文化差异与绩效虽不显著，但依然存在正向关系，表明长期来看，文化差异越小，收购公司的绩效越好，一定程度上验证了 H4-2。

从并购当年、并购当年相对于并购前一年绩效的差值来看，行业差异越小，收购公司的绩效越好，并购绩效的提高来自相关行业的并购，但这种正向关系未能持续，到并购后第二年，并购绩效的提高却来自不相关的并购，与李善民等（2004）得出的结论一致，未能验证 H4-3。

此外，作为控制变量的第一大股东持股比例与并购后第一年及并购后第二年的绩效显著正相关，表明第一大股东持股比例越高，收购公司的绩效越好，也证明了随着公司治理体系的不断完善，第一大股东发挥了其正向的监督作用。

第五节　本章结论与相应政策建议

一、研究结论

本章对 2014~2018 年我国上海证券交易所和深圳证券交易所的 672 家 A 股上市公司发生海外并购后的并购绩效进行了经验研究。一方面，采用主成分分析法计算出收购公司在并购前一年、并购当年、并购后第一年和并购后第二年四年的综合得分，发现收购公司的绩效在并购后的短期内有一定上升，但这种提高并不具有持续性，并购后第二年有一半的样本公司其绩效又回落到并购前一年的水平，因而整体看来，海外并购行为并未明显改善收购公司的绩效。另一方面，采用 CAPM（capital asset pricing model，资本资产定价模型）法对收购公司的股东财富效应进行检验。研究发现收购公司在[-1,1]的事件期内的累计平均超额收益（cumulative abnormal return，CAR）在 10%的显著水平下为 1.28%，在[-40,40]的事件期内的累计平均超额收益在 1%的水平下为-1.48%，显著小于零，表明海外并购事件存在一定的公告效应，但长期来看，我国上市公司的股东并不看好其海外并购，海外并购事件并没有创造价值，股东财富显著损失。主成分分析法和事件研究法均得出了我国上市公司海外并购长期绩效不理想的结论。

在对上市公司海外并购绩效研究的基础上，进一步通过多元线性回归模型，研究了并购支付方式、并购双方的文化差异、行业差异、收购公司的政府关联度、收购公司的规模及其第一大股东持股比例对收购公司并购绩效的影响。研究发现：并购支付方式、收购公司第一大股东持股比例、并购双方的文化差异均正向影响收购公司的并购绩效，其中前两者影响显著；收购公司的政府关联度与其并购后的短期绩效正相关，与其长期绩效显著负相关；收购公司的公司规模与其并购后的短期绩效显著负相关，与其长期绩效显著正相关；并购双方的行业差异越小，收购公司并购后的短期绩效显著越好，但长期来看，行业差异越小的公司其绩效越差，这种变化并不显著。

二、政策建议

为保证我国的能源供给、获取国外先进技术和经营管理资源，同时也提升我国国际竞争力，我国企业海外并购的热潮愈演愈烈，但其结果并不尽如人意，不仅企业海外并购后的绩效未得到预期的提高，而且资本市场反应也冷淡，这也意味着我国企业还需要从多方面查找原因，采取相应的措施作为保障，扬长避短，不断促进我国对外贸易的发展和产业结构的升级，在增强我国经济实力的同时，进一步提高我国在国际中的经济地位。

（一）政府层面

（1）完善我国企业海外并购的法律体系。随着我国企业对外海外并购的迅速发展，构建海外并购法律环境已刻不容缓，应当对海外并购中涉及的审批程序、保险支持、资金融通、税收政策等有关问题进行明确规定，实现海外并购管理的规范化和法治化。在构建中国特色的海外并购法律体系时，应包括国内《上市公司收购管理办法》《中华人民共和国反垄断法》及相关配套法律及实施细则，完善现有的《中华人民共和国公司法》《中华人民共和国证券法》，做好法律间的配套衔接。同时还要加强对对外投资的产业与行业规划与调控，制定以对外投资为基础的《海外投资企业的审批程序和管理办法》《境外投资管理办法》等，将对海外并购的管理由行政手段管理过渡到法律手段和经济手段。此外还要做好国内法律与国际法律的协调，构建完善的对外投资法律体系。

（2）加大对我国企业海外并购的扶持力度。首先，通过设立专门对我国企业海外并购进行管理的机构及权威的信息情报和咨询中心，宏观上对我国各行业的海外并购进行协调和统一管理，制定相应的方针政策，同时为我国企业提供海外并购的相关信息和咨询服务，达到鼓励和保护我国企业的海外并购的目的。其次，由于对外投资具有交易风险、经营风险和政治风险等，为了保证企业及投资者的利益，或者使其利益损失最小，政府应当建立相应的风险保障机制。例如，应当建立企业海外并购保险制度，对企业进行海外并购后遭遇的意外风险（如国家政局动荡不稳、战争等会给海外并购企业的经营带来的不可预测风险）造成的损失给予一定的补偿。最后，政府应当对企业进行海外并购时的融资采取政策扶持。其一，通过鼓励和引导国内银行（尤其是实力雄厚的工、农、中、建四大银行）向进行海外并购的企业提供优惠贷款，在有充分把握的情况下，为企业提供贷款担保；其二，努力拓宽国际融资渠道，协助跨国企业在国际金融市场上筹借资金；其三，参照美国等发达国家的做法，设立专门的跨国投资银行，为我国企业的海外并购提供资金支持。

（3）丰富我国海外并购的主体企业。从我国企业海外并购的历程来看，国有企业尤其是大型央企一直是海外并购的主体，这与全球私有化的并购浪潮背道而驰，因此也限制了我国企业的国际化空间，2002 年中石化拟收购俄罗斯斯拉夫石油公司就因违反"任何超过国家股 25%的法人和自然人（包括外国）不得参与俄罗斯私有化"而以失败告终。因而我国应当从以下两方面入手：一方面，培育部分有竞争力的海外并购主体，使其通过构建研发体系，加强核心技术的研发，不断提升自主创新能力，达到做强做大的目的，从而增强其海外并购的竞争力；另一方面，鼓励并督促我国民营企业"走出去"。首先，我国民营企业相对于国有企业而言，产权较清晰，经营机制也较灵活，信息沟通方便，能够根据市场变化迅速做出决策；其次，我国民营企业的规模也不断扩大，2010 年，我国民营企业出口总额达 4 812.66 亿美元，相比 2005 年增长 223%，年均增长达到 26.4%，目前也已有一批成熟的民营企业形成，为海外并购奠定了基础。虽然民营企业的海外并购可以追溯到 2001 年 8 月浙江万向集团以 280 万元收购美国 UAI 公司，也具有产权清晰和规模不断扩大的特点，但其相对国企的海外并购，无论从并购规模还是政策支持上看，都有很大差距，因而国家应当从融资、税收等面给予民营企业更多的支持和帮助，鼓励其"走出国门"。

（二）上市公司层面

（1）谨慎选择海外并购的时机和目标公司。我国企业海外并购的经验表明，实力雄厚、资本结构合理的企业在海外并购时的成功率更高，但如果时机得当，并购效果往往在更好，如 2008 年全球金融危机的大环境下，部分海外企业经营困难，资产严重贬值。为缓解流动性短缺，迫不得已大量出售资产，当时的海外并购则可大大节省我国企业的收购成本。此外，在进行海外并购时，也需要对目标公司进行谨慎选择，虽然越来越多的企业倾向于走出亚洲进行并购（本书的 37 家样本中，亦有 76%的公司选择了并购亚洲以外的公司），但欧美国家往往为了突出其产业优势与主营业务，仅分拆出售其非核心资产与业务。因而在海外并购前，应依据自身的战略定位，同时对目标公司进行详细调查和了解，达到成功并购的目的。

（2）培育海外并购和经营的人才。在当前我国企业进行海外并购时，由于对目标公司所在国的法律、有关投资的规定、审查的程序及工会等的作用并不了解，往往凭借主观判断进行风险分析，制定收购决策，最终影响并购的效果。因而培育从事海外并购对象搜寻、并购交易谈判的海外并购专业人才和熟悉国际惯例、海外经营环境且善于同海外企业进行沟通的跨国经营人才成为当务之急。为解决这一海外并购的瓶颈，可采用选派公司人才到海外进行学习或邀请海外专家对公司的人才进行定位培训等方式。

（3）强化海外并购后的整合。交易的成功并不意味着海外并购本身的成功，一些企业在海外并购的当年，由于协同效应获得了短暂的收益，但长期绩效并未得到改善，很大程度上在于忽视了海外并购后与目标公司的整合。为实现并购的真正成功，除了在并购前期认真准备之外，更要重视并购后的文化整合，建立沟通的桥梁，使员工尤其是目标公司的员工能接受并购，并能相互了解，彼此信任，形成对企业未来的价值、管理模式、制度等方面的共识，达到提升企业核心竞争力、实现跨越式发展和全球化经营的目的。

（4）完善上市公司的股权结构。随着我国股改的逐步完成、资本市场的不断完善，上市公司第一大股东也发挥了其有效监督作用，避免了内部人控制对企业价值的损害，但值得注意的是，在海外并购当年，由于国家的介入，收购公司可能享受到某些优惠，有助于收购企业的短期绩效提升（这种提升不显著），就长期来看，国有股并未发挥其有效监督作用，反而因为过多介入企业的日常运营和经营决策，导致收购企业的经营绩效显著下降，因而应当不断实行国有股减持，优化股权结构，同时通过监事会和独立董事制度完善公司法人治理结构，达到保障公司规范运作和管理、维护股东权益的目的。

第五章　国内上市董事多重职位对海外并购成败的差异影响

第一节　引　　言

　　自 2008 年全球金融危机以来，中国企业对外直接投资增长迅速。作为对外直接投资的重要方式之一，海外并购持续成为中国企业"走出去"获取战略性资产、自然资源、扩大市场份额以提升国际竞争力的重要途径。但与此同时，中国企业海外并购成功率也备受关注。根据 2018 年 5 月中国商务部国际贸易经济合作研究院、国务院国资委研究中心、联合国开发计划署驻华代表处联合发布的《中国企业海外可持续发展报告 2017》，我国"走出去"的企业，仅有 13%盈利可观，有 43%基本盈利，仍有 44%处于基本持平或暂时亏损状态。此外，不少学者的研究也认为中国企业总体的海外并购成功率仍然不高（张建红等，2010；李维安等，2014；朱华，2017；邓秀媛等，2018；钟宁桦等，2019）。随着中国日益崛起并积极参与和引领全球经济治理，不少国家对于中国企业的海外投资都不同程度地患上了"中国恐惧症"（朱华，2017），国际社会日益对中国企业投资（尤其是对中国企业在欧美发达国家的高科技投资）持有更多的怀疑和谨慎态度，以美国为首的发达国家对外资的"国家安全"审查大有滥用之势。因此，探究影响我国沪深上市公司海外并购成败的因素兼具理论价值和实践意义。

　　根据已有文献，中国企业海外并购成败的影响因素主要可分为国家、行业、交易、公司等四个层面。国家宏观层面的因素固然影响广泛且经常充满极大的不确定性，但现有研究大多将其视为同质的因素，即同一来源国的收购方企业所面对的宏观环境是无差别的，较少研究关注微观公司层面的异质性及其对海外并购决策和风险应对成败的影响。以董事会构成为代表的公司治理问题已然成为微观公司层面的重要影响因素之一。国内外学者对董事会多样性（或异质性）与公司绩效之间的关系研究给予了一定关注，但主要集中在董事会人口统计学特征的多样性，且结论并不统一。董事会多样性对海外并购成败的影响研究也较为缺乏，且也是集中在董事会人口统计学特征，并只限于前并购阶段成败，并不涉及后并购阶段成败（李维安等，2014）。与以往研究不同的是，本章主要回答以下问题：基于董事兼任现象，董事兼任职位的多样性（即董事多重职位）是否会影响海外并购不同阶段的成败？其影响机制是什么？前、后并购阶段成败是否存在关联？

本章可能在以下研究领域有所贡献：第一，本章整合了高阶梯队理论、学习迁移理论和组织学习理论考察关键职位设计中的董事在海外并购不同阶段的作用机制及影响效果，为我国沪深上市公司海外并购成败的影响因素研究提供了新的理论视角，丰富了公司治理与海外并购成败相关领域的研究；第二，本章构造了董事多重职位指数，创造性地将前、后并购阶段成败结合起来考虑，运用 Biprobit 模型探讨了前并购绩效与后并购绩效之间的关系；第三，本章结论及政策建议也对中国企业实施海外并购并提高成功率提供了一种创新思路，即针对不同的海外并购阶段，海外并购团队要进行动态调整，根据海外并购能力赋予公司并购决策权力，按照不同阶段需求调节决策者构成，同时要加强董事会和经理层的组织学习与团队融合，利用公司治理等制度保障海外并购决策的效率和效果。

本章其余部分的结构安排如下：第二节为文献综述和研究假设；第三节为研究设计；第四节为实证结果与分析；第五节为本章结论与相应政策建议。

第二节　文献综述和研究假设

一、海外并购过程与海外并购成败

海外并购是一个动态的、复杂的决策和博弈过程，主要包括前、中、后三个阶段（邓秀媛等，2018）。结合 Boone 和 Mulherin（2007）、Dikova 等（2010）与 DePamphilis（2011）的研究，本章绘制了如图 5-1 所示的标准海外并购流程图。在非公开并购时期，收购方公司与目标公司初次接触、协商；当并购双方达成初期协议并公开宣告，则标志着公开并购时期的开始。并购宣告之后，交易是否达成既要看是否符合东道国和母国的政策法律及相应的国际规则，又要看是否存在使并购双方都能接受和执行的整合方案，并接受利益相关者（员工、投资者等）的反馈（Dikova et al.，2010）。海外并购成败对于收购方公司十分重要，因为中介费用、资源及时间投入等大量成本在收购方初始报价时就已经发生了，收购方信誉也会因海外并购交易的中止（或失败）而受到损害（Zhou et al.，2016）。

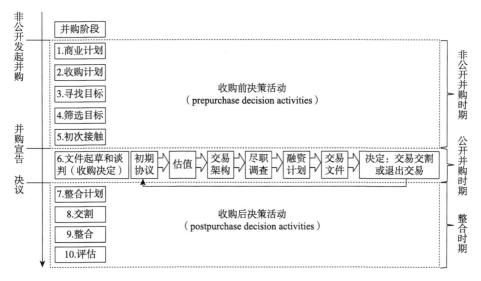

图 5-1　标准海外并购流程

资料来源：Boone 和 Mulherin（2007）、Dikova 等（2010）与 DePamphilis（2011）

　　然而，评估海外并购成败是比较主观的，因为并购双方永远不会知道，如果没有此项海外并购，他们现在会是什么情形（在倾向得分匹配的语境下，这是"反事实"的），且目前并没有一个统一的衡量标准。已有国内外文献中海外并购成败的评价标准主要集中在并购完成后的协同效应和整合绩效，而较少关注并购前期或准备阶段各个因素对海外并购成败的影响。虽然海外并购中间阶段也很重要（Meyer and Altenborg，2007；Muehlfeld et al.，2007），并会影响海外并购的完成效率（李秀娥和卢进勇，2013）和成败，但更多的学者对前并购阶段的交易完成率进行了讨论（张建红和周朝鸿，2010；阎大颖，2011；Zhang et al.，2011；贾镜渝等，2015；温日光，2015；贾镜渝和李文，2015，2016；李诗和吴超鹏，2016；朱华，2017；陈岩和郭文博，2018；邓秀媛等，2018；钟宁桦等，2019；Schweizer et al.，2019）。根据现有文献，海外并购前期或准备阶段的成败是以海外并购完成与否为标准的，并不涉及海外并购完成后的整合（贾镜渝和李文，2016）。朱华（2017，2018）将前并购阶段的海外并购交易是否完成称为前并购绩效，有别于 Loughran 和 Vijh（1997）提出的前并购回报。此外，已有研究多用财务绩效来衡量海外并购宣告或完成后的绩效（顾露露和 Reed，2011；余鹏翼和王满四，2014；Huang et al.，2017；Schweizer et al.，2019），进一步地，Renneboog 和 Vansteenkiste（2019）将长期财务绩效（包括长期股票绩效和长期经营绩效）用来衡量长期并购成败。其中，Schweizer 等（2019）既检验了政治关联对海外并购交易完成的影响，又检验了其对并购宣告之后收购方公司财务绩效的影响，但并未探讨前并购阶段的交易完成率对后并购阶段的财务绩效的影响。考虑到前面提出的研究问题，本书将海外并购成败聚焦于前并购阶段和后并购阶段。其中，前并购阶段主要考察企业海外并购交易是否完成，后并购阶段主要考察企业海外并购宣告或完成后的财务绩效是否改善。为对比结果和行文方便，前者为前并购绩效，后者为后并购绩效。

海外并购的研究越复杂，海外并购成败的研究也越复杂。当前学者们对海外并购成败的标准仍未统一，在未来也可能不会统一。正如《铁血并购：从失败中总结出来的教训》一书的作者罗伯特·布鲁纳认为的那样，其实不存在客观的标准来评估并购的成败。随着政治经济形势的变化，海外并购成败的判定标准也可能会随之变化。从已有文献来看，学者们对海外并购成败影响因素的研究也更多的是基于国家宏观视角，认为母国与东道国之间的制度、政治、文化等会影响海外并购成败。尽管如此，但本书认为，宏观层面的因素是企业需要应对而难以控制的变量，而公司层面的因素研究更有利于提高企业海外并购的成功率和竞争力，从而找出失败的缘由和问题的症结。因此，本书主要关注公司层面的董事多重职位对海外并购成败的影响，期冀能够丰富不同阶段的海外并购成败影响因素研究。

二、董事多重职位与海外并购成败

董事会是公司内部治理机制和战略领导的核心，良好的董事会构成对于公司获得外部的积极评价和促进可持续发展异常重要。近年来，董事会成员兼任多重职位现象无论是在学术研究中还是在实践中都变得越来越普遍。本书通过梳理文献发现，董事会成员兼任多重职位主要表现在两方面：一是从公司内部角度，董事会成员兼任经理层职位，也即董事会兼任经理层（郭林，2017），表现为董事会与经理层之间的交叉任职，典型的例子包括董事长与总经理两职合一、董事兼任CFO（chief financial officer，首席财务官）（袁建国等，2017）；二是从公司外部角度，董事会成员在股东单位和非股东单位兼任职位，其中兼任两家及以上股东单位的董事职位就会形成企业间的连锁董事关系（Mizruchi and Stearns，1988；卢昌崇和陈仕华，2009；Cai and Sevilir，2012；彭凯等，2018）。本书还发现，现有文献针对董事会成员兼任的研究主要分为整体论和部分论。整体论将由董事组成的董事会视为一个整体、一个团队，考察其比例结构、多样性等特征所带来的公司治理作用（Finkelstein，1992）。基于社会心理学和战略管理理论提出的高阶梯队理论（Hambrick and Mason，1984）就极大地推动了这方面的研究。部分论则区分了不同职务类别的董事会成员，如研究了董事个体在专业技能、知识、经验、社会网络资源及公司治理方面的差异，但这方面的研究也往往容易夸大个别董事的治理作用。因此，本书所指的董事多重职位将综合借鉴已有研究成果，按董事会成员的职务类别分为董事长、副董事长、独立董事和其他董事，同时分别考察其在公司内部经理层与公司外部股东单位和非股东单位兼任职位的数量，最后构建整体的董事多重职位指数。

此外，董事长与总经理两职合一和连锁董事也是董事兼任研究中绕不开的话题；前者涉及的理论包括代理理论、管家理论、自由现金流假说和资源依赖理论，后者则包括共谋理论、监督控制理论、资源依赖理论、信号理论、忙碌董事理论、职业推进理论和社会网络理论等。由于可供解释的理论繁多，学者们对于两职合一和连锁董事分别与公司财务绩效的关系研究并未得出一致的结论。在两职合一与公司财务绩效方面，支持两职合一的研究认为公司内部的信息传递成本将大为降低（Brickley et al.，1997），进而提高公司决策和运营效率。同时，两职合一也有利于满足高管对自尊、信仰及内在工作满足的追求（陈守明等，2012），激励其将个人目标与公司目标统一起来（Donaldson，1990），因而有利于提高公司绩效。Fama 和 Jensen（1983）最早支持两职分离，并在比较两职合一和两职分离的公司在决策权和控制权方面的差异之后认为，两职分离更有助于企业的生存和发展。而且，在净资产收益率、投资回收率和利润率等财务指标上，两职分离的公司也要优于两职合一的公司。他们认为，两职合一会降低董事会独立性，不利于董事会客观、有效地监督公司决策，进而不利于改善公司绩效（Fama and Jensen，1983；李常青和赖建清，2004；秦丽娜和李凯，2007）。此外，两职合一也会破坏董事会的监督控制功能，导致公司领导权力缺乏有效的制约和监督，使公司更容易采取激进的政策，从而导致经营失败的风险随之增加（于富生等，2008）。具体到并购情境中，两职合一会增加企业连续并购的发生率，而拥有较高独立性的董事会则会减少企业并购活动的发生（郭冰等，2011）。此外，两职合一因降低了董事会和经理层的内部交易成本，加上董事长个人利益与公司利益的一致性，显著提高了公司并购绩效（余鹏翼和王满四，2014）。

在连锁董事与公司财务绩效方面，现有研究主要从资源依赖理论和忙碌董事假说两个方面展开（田高良等，2011）。资源依赖理论认为，连锁董事可以帮助公司从外部环境获取声誉、信息、资源、知识、经验和社会资本（Kim and Jr Cannella，2008；彭凯等，2018），降低外部环境不确定性（任兵等，2007），优化董事会结构和提高治理效率，进而对公司财务绩效具有正向影响（Burt，1980；彭正银和廖天野，2008；田高良等，2011）。忙碌董事假说则认为，董事兼任多重职位会导致董事过度繁忙，降低其对每家企业的参与和投入及履行董事职责，进而降低董事会决策和监督的效率、效果，损害公司财务绩效（Ferris et al., 2003; Fich and Shivdasani, 2007)。此外，连锁董事可能仅仅是为了追求个人利益才兼任多重职位的，并不能提高董事会效率（Faleye, 2007）。在公司并购方面，连锁董事的信息传递功能在收购方公司确定并购标的的决策中发挥着非常重要的作用，并且彼此存在连锁董事的公司更易成为对方公司的并购目标（韩洁等，2014）。至于并购绩效，连锁董事既可能产生正向影响（田高良等，2011; Cai and Sevilir, 2012; 万良勇和郑小玲，2014），也可能产生负向影响（余鹏翼和王满四，2018）。

综合上述文献可以看出，首先，董事兼任一直是学术研究的热点话题，围绕董事会传统的战略决策和监督控制两大功能，不同的研究基于不同的理论给出了并不完全一致的解释，但根本上还是取决于董事兼任所带来的成本-收益权衡。这也促使本书采用实证研究方法进一步检验董事兼任多重职位对不同阶段海外并购成败的影响。其次，站在董事会整体的角度来看，是否两职合一和连锁董事仍然是某种意义上的局部研究，更多关注的是董事个体特征的治理作用，而非董事会这个机制的治理作用。具体来说，是否两职合一关注的是董事长个人在公司决策和经营中的作用，而中国上市公司中广泛存在的连锁董事自 2003 年以后有 60%以上是独立董事（彭凯等，2018），对于既非两职合一又非独立董事的副董事长和其余董事的兼任情况及其发挥的作用，现有文献鲜有探讨（孙光国和孙瑞琦，2016）。为此，本书倾向于董事会整体研究，在构造董事多重职位指数的过程中既考虑公司内部和外部之别，又考虑担任不同职务的董事兼任现象，以避免单独考察某一部分董事而出现夸大其作用的情况。再次，现有文献主要分别考察了两职合一和连锁董事对后并购（财务）绩效的影响，较少研究对前并购绩效的影响，对于在海外并购情境下的研究更加缺乏。事实上，董事会主要关注对公司股东价值产生长期影响的重大决策，而非日常经营活动等短期决策（李常青和赖建清，2004）。因此，作为公司的一项重大战略决策，海外并购为研究董事会决策行为提供了一个很好的场景。最后，本书所研究的董事多重职位分别从公司内部和外部两个方向对两职合一、连锁董事的兼任情况进行了扩展，这既是与以往研究的不同之处，也表明本书研究需要引入其他理论进行阐释。

三、理论分析与研究假设

为更好地阐释董事多重职位对不同阶段海外并购成败的影响机制，本书整合了高阶梯队理论、组织学习理论和学习迁移理论。高阶梯队理论认为，公司战略决策会受到管理者经验、知识、价值观和心理因素等的重要影响，并最终影响公司绩效（Hambrick and Mason, 1984）。受限于相关指标的直接衡量，现有文献多采用管理者团队人口统计学特征进行间接衡量，包括性别、年龄、民族、教育背景、职业经历、职业期限等。该理论最初集中在高管团队研究，但由于董事会通常也被称为"超级高管团队"，因此也被应用于董事会研究中（李长娥和谢永珍，2017）。然而，上述人口统计学特征都是反映董事会成员的横向结构，对权力所形成的纵向层级却少有研究（李长娥和谢永珍，2017）。由于组织中的职位能够反映一定的层级，并规定了一种正式权力、附带了相应的资源和影响力，因此，不同职务类别的董事分别兼任多重职位既是对其过往经验、知识、技能、管理、职业、社会经济资源等特征的认可，也表明其能借此影响公司决策并指导他人行为，进而影响公司绩效表现。

在海外并购完成或协议生效前期，收购方公司需要制订商业计划和收购计划，广泛寻找并购标的，建立估值模型和设计交易架构，并对目标公司及所在国家（地区）开展尽职调查，制订融资计划，参与竞标与谈判，然后达成交易文件，等待境内外监管机构审批等。这一过程漫长而又繁杂，但又缺一不可。在实际案例中，不少收购方公司或目标公司甚至会高薪聘请专门的咨询公司或顾问加入进来。根据学习迁移理论，人们会从以往相似或重复性的工作、任务中积累和学习经验，并将其运用到下一次工作或任务中（Yelon and Ford，1999）。兼任多重职位的董事能够带来多样化的经验、资源、知识、技能和视角，并将其运用于海外并购，这有利于收购方公司发现并购机会，识别其中的风险和盲点，并提供相应的咨询服务或解决方案。一方面，有利于收购方公司寻找到最适合的并购标的；另一方面，有利于节约相关成本和规避相关风险，提高前并购绩效。基于此，本书提出如下假设：

H5-1：董事多重职位与前并购绩效显著正相关。

组织是一个以最大化其财富收入和其他由社会制度结构所限定的目标为宗旨的实体（North，1990）。为了生存，任何组织在既定的外部正式和非正式制度条件下都具有内在的组织学习动力（阎大颖，2011）。企业组织学习理论认为，组织学习是一个在企业成长过程中不断积累知识、塑造组织惯例的过程（Cohen and Levinthal，1990），也是一个"干中学"的过程（阎大颖，2011）。在海外并购完成后，收购方公司需要立即着手并购后整合，在整合速度和深度上下功夫。现有研究普遍认为，收购方公司在宣告日之前的并购经验是很有必要的，但经验能否产生积极作用既取决于经验的种类和次数，也取决于能否在并购完成后的新环境中正确运用过去的经验（贾镜渝等，2015），避免犯"经验主义"的错误。兼任多重职位的董事能够提供多元化的经验，并在运用经验时发挥各自专长与才能，有利于合理评估并购标的和双方差异，提出不同的适应策略。事实上，由于从并购前期准备阶段到完成是一个相对漫长的过程，组织学习能力强的收购方公司在并购完成之后能够从前并购阶段吸取经验教训，进一步完善整合计划，以期取得后并购阶段的成功。这有赖于董事长（或总经理）等权力层级高的人充分发挥核心领导作用和充分利用董事多重职位的信息优势推动董事会与经理层成员之间的组织学习，提高海外并购决策的效率和效果，因为权力层级有利于董事会有效地决策并避免冲突（Magee and Galinsky，2008），有利于信息在董事会成员之间有效地流动和整合（Anderson and Brown，2010）。基于此，本书提出如下假设：

H5-2：董事多重职位与后并购绩效显著正相关。

由于董事在公司内部兼任更多职位意味着董事会与经理层的权力集中于更少的一部分人，虽然会带来较高的信息沟通效率和提高决策效率，但也有可能严重破坏董事会的监督控制功能和独立性，为董事兼经理侵占股东利益和谋取个人私利提供极大的便利（卢锐等，2008）。此外，董事兼经理拥有更大的权力也会导致管理层自大，从而遭遇更高的并购溢价（Roll，1986）和频繁发起并购活动以提高个人报酬或在职消费（Fuller et al.，2002）。由此一来，董事内部多重职位在前、后并购阶段带来的多样性收益和信息优势可能被严重的代理成本而冲销，使得股东和管理层在海外并购过程中的团结协作和共同努力遭受破坏，进而导致无法一致应对复杂多变的投资环境和克服全球化过程中所面临的问题（如信息过剩、市场短视等），最终使得前、后并购阶段失败。董事外部多重职位则没有如此严重的代理成本，反而会使前、后并购阶段成功。基于此，本书提出下列两组假设：

H5-3a：董事内部多重职位与前并购绩效显著负相关；

H5-3b：董事外部多重职位与前并购绩效显著正相关。

H5-4a：董事内部多重职位与后并购绩效显著负相关；

H5-4b：董事外部多重职位与后并购绩效显著正相关。

第三节　研　究　设　计

一、样本选择和数据来源

初始样本来源于 Thomson Reuter SDC Platinum 数据库于 1982 年 1 月 1 日至 2016 年 12 月 31 日中国企业发起的所有并购事件。与 CSMAR 中国上市公司并购重组研究数据库和 Wind 中国并购库相比，该数据库具有以下优势：一是对中国企业并购的追溯时间最早，可追溯至 1982 年，更接近于 1978 年中国宣布改革开放的时间，而 CSMAR 和 Wind 最早可追溯的年份分别为 1995 年和 2004 年；二是收集整理了世界各国、各地区披露的 98%以上的并购事件，是海内外学者、业界从业人员研究海外并购专题最常用的数据库之一（贾镜渝和李文，2016）。之所以选择 2016 年作为截止时间，一是因为海外并购从宣告到完成或决议生效的时间可长达 1~2 年（Muehlfeld et al.，2007），二是因为中国企业海外并购无论是金额还是数量均于 2016 年首次达到历史最高点，之后三年均有所回落。本书筛选研究所需要的样本以 SDC 数据库为主，并通过 CSMAR 和 Wind 并购数据库以及手工查询上市公司年报、新浪财经等财经网站补充缺失的信息，同时交叉核对中国企业并购事件信息的完整性和准确性。借鉴已有国内外文献的常见做法，研究样本的筛选如表 5-1 所示。

表5-1　中国企业海外并购样本的筛选标准和筛选过程

筛选标准	剔除样本数	剩余样本数
1982~2016 年中国企业并购事件总数		46 033
1. 保留境外并购样本	41 828	4 205
2. 收购方为境内外上市公司	2 712	1 493
3. 收购方在中国上海、深圳证券交易所上市	576	917
其中：交易完成的样本数为 463，未完成的样本数为 454		

最终，共得到 508 家中国沪深上市公司于 1993~2016 年宣告的 917 起海外并购事件作为研究样本，样本数量的时间分布和国别分布分别见图 5-2 和图 5-3。从图 5-2 可以看出，改革开放 40 多年来，中国企业海外并购大致可以分为三个阶段：①1978~2001 年为第一个阶段，这一阶段所有中国企业的海外并购事件很少，年均少于 50 起；②2002~2008 年为第二阶段，自 2001 年中国加入世界贸易组织以后，中国企业更加积极地走向世界，扩大对外投资和跨国经营，所有中国企业的海外并购事件增长迅速，每年数量在 50~250 起；③2008 年之后为第三阶段，2008 年全球金融危机发生以来，发达国家的优质资产价格相对下降，中国企业借此良机加大了实施海外并购的力度，呈现"逆周期"并购特征（贾玉成和张诚，2019），自 2014 年以来一度出现海外并购浪潮，海外并购的数量也于 2016 年达到历史顶峰，为 695 起。本书所选取的 917 起样本和其中完成的 463 起样本也都反映了这三个阶段性特征。

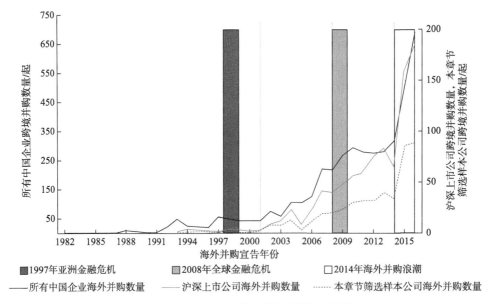

图 5-2　中国企业海外并购样本数量的年份分布

本图使用 Stata 绘制，以下如无特别说明，主要图表均由 Stata 生成；1997 年亚洲金融危机期间为 1997 年 7 月至 1998 年 12 月，2008 年全球金融危机期间为 2007 年 12 月至 2009 年 6 月，该定义来自美国国家经济研究局（National Bureau of Economic Research，NBER）

资料来源：SDC Platinum，作者整理

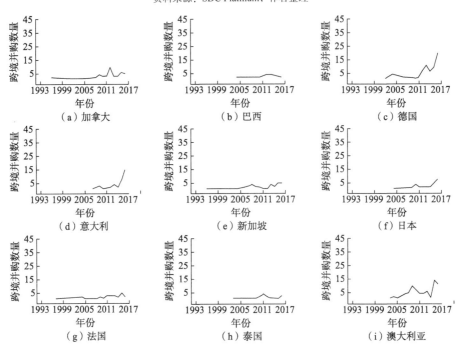

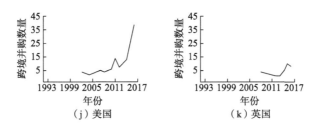

图 5-3　中国沪深上市公司前十一大并购目的地的数量-时间分布

资料来源：SDC Platinum，作者整理

此外，本书所选取的 917 起样本覆盖全球 87 个国家或地区，但从数量上看主要还是集中在北美、欧洲、澳大利亚、日本、韩国等发达地区。在共建"一带一路"国家、撒哈拉以南非洲、拉丁美洲，中国企业也实施了不少海外并购。在样本中，沪深上市公司海外并购数量在 15 起以上的目标国家（地区）有 12 个，分别是美国、澳大利亚、德国、加拿大、意大利、新加坡、英国、日本、法国、巴西、泰国（图 5-3），合计 662 起，占所选样本总数的 72.2%。不难发现，2016 年及以前，发达国家（地区）仍然是中国沪深上市公司实施海外并购的首选之地；从时间趋势来看，沪深上市公司对大部分国家（地区）的海外并购数量均有上升的势头。可以预见的是，中国企业未来的海外并购活动仍将继续保持热度。在国内大力推动经济高质量发展和建设"一带一路"的宏观环境下，中国企业将持续加大对"一带一路"的投资，同时也将更加注重理性投资，注意防范和化解非理性投资带来的金融风险，并着力提高海外并购成功率。

二、模型设定和主要变量的定义

（一）模型设定

为了检验董事多重职位对沪深上市公司前并购阶段海外并购成败的影响，借鉴 Schweizer 等（2019）的模型设定，建立如下所示的多维固定效应面板 Logit 回归模型：

$$\text{Succ\_Pre}(1/0)_{i,t} = \alpha + \beta_1 \text{MPD}_{i,t} + \upsilon_n N_{i,n,t} + \pi_t + \varphi_k + \omega_j + \rho_s + \varepsilon_{i,t} \quad (5\text{-}1)$$

其中，$\text{Succ\_Pre}(1/0)_{i,t}$ 表示一个虚拟变量，当沪深上市公司 i 在 t 年发起的海外并购最终完成（completed）交易时取 1，否则取 0；MPD 表示整体的董事多重职位指数（MPD Index）或单独的董事内部多重职位指数（MPD_IN Index）和董事外部多重职位指数（MPD_EX Index）；$N_{i,n,t}$ 表示包含了国家特征（人均 GDP、官方语言、腐败控制）、行业特征（行业相关性、高科技行业）、交易特征（并购顾问、目标公司是否上市、并购态度、是否现金支付、是否要约收购）和公司特征[ROA（return on assets，资产收益率）、杠杆水平、公司规模、有形资产比率、现金比率、机构持股比例、并购经验、上市年龄、产权性质、两职合一、连锁董事等]变量在内的向量；π_t 表示宣告年份的固定效应；φ_k 表示收购方所属行业的固定效应；ω_j 表示目标公司所在国家或地区的固定效应；ρ_s 表示收购方公司所属省份的固定效应；$\varepsilon_{i,t}$ 表示残差项，使用了针对目标公司所属行业的聚类标准误。

为了检验董事多重职位对沪深上市公司后并购阶段海外并购成败的影响，建立如下所示的多维固定效应多元回归模型：

$$\text{Succ\_Post\_CAR}_i = \alpha + \beta_1\text{MPD}_i + \upsilon_n N_{i,n} + \pi_t + \varphi_k + \omega_j + \rho_s + \varepsilon_i \qquad (5\text{-}2)$$

$$\text{Succ\_Post\_}\Delta\text{ROE}_{i,t} = \alpha + \beta_1\text{MPD}_{i,t} + \upsilon_n N_{i,n,t} + \pi_t + \varphi_k + \omega_j + \rho_s + \varepsilon_{i,t} \qquad (5\text{-}3)$$

其中，Succ_Post_CAR_i 表示沪深上市公司 i 在海外并购宣告日前后 1 天内的累计超额收益率（CAR）；$\text{Succ\_Post\_}\Delta\text{ROE}_{i,t}$ 表示沪深上市公司 i 在海外并购宣告后 1 年与宣告当年的 ROE 之差，其余设定与模型（5-1）相同。之所以选择宣告后 1 年，一是因为本书所选样本中海外并购从宣告日到完成日的平均持续时间为 141.14 天，有 54.08% 的完成样本小于这一均值，因此有一定代表性；二是因为可以保留尽可能多的样本，增加回归结果的代表性。当然，本书也考虑了宣告后 2 年的 ROE，在稳健性检验中还使用了海外并购完成后 1 年与完成当年的 ROE 之差。此外，相对于本书的前并购阶段，并购宣告日前后 1 天并不能算是后并购阶段，但考虑到现有多数文献对并购短期绩效的通行做法，本书也增加这一检验。

本书认为前并购绩效可能对后并购绩效产生影响，为检验这一想法，在模型（5-3）中加入变量 Succ_Pre 作为控制变量，如下所示：

$$\begin{aligned}&\text{Succ\_Post\_}\Delta\text{ROE}_{i,t}\\&= \alpha + \beta_1\text{MPD}_{i,t} + \beta_2\text{Succ\_Pre}_{i,t} + \upsilon_n N_{i,n,t} + \pi_t + \varphi_k + \omega_j + \rho_s + \varepsilon_{i,t}\end{aligned} \qquad (5\text{-}4)$$

在稳健性检验中，根据海外并购宣告后 1 年与宣告当年的 ROE 之差是否大于 0 设置虚拟变量 $\text{Succ\_Post}(1/0)_{i,t}$，大于 0 表示后并购阶段成功，否则为失败。由此，可以设定与模型（5-1）类似的模型（5-5）和加入变量 Succ_Pre 作为控制变量的模型（5-6）：

$$\text{Succ\_Post}(1/0)_{i,t} = \alpha + \beta_1\text{MPD}_{i,t} + \upsilon_n N_{i,n,t} + \pi_t + \varphi_k + \omega_j + \rho_s + \varepsilon_{i,t} \qquad (5\text{-}5)$$

$$\text{Succ\_Post}(1/0)_{i,t} = \alpha + \beta_1\text{MPD}_{i,t} + \beta_2\text{Succ\_Pre}_{i,t} + \upsilon_n N_{i,n,t} + \pi_t + \varphi_k + \omega_j + \rho_s + \varepsilon_{i,t} \qquad (5\text{-}6)$$

事实上，在变量 Succ_Pre 和 Succ_Post 分别由模型（5-1）和模型（5-5）决定且两个模型的解释变量完全相同的情况下，可以进一步使用双变量 Probit 模型（也即 Biprobit 模型）。加上两个变量的相关系数 $\rho\neq 0$，可以使用最大似然估计（maximum likelihood estimation，MLE）写下（Succ_Pre，Succ_Post）的取值概率：

$$p_{11} = P(\text{Succ\_Pre} = 1, \text{Succ\_Post} = 1) = P(\text{Succ\_Pre} > 0, \text{Succ\_Post} > 0) = P(\varepsilon_1$$
$$> -X_1\beta_1, \varepsilon_2 > X_2\beta_2) = P(\varepsilon_1 < X_1\beta_1, \varepsilon_2 < X_2\beta_2)$$
$$= \int_{-\infty}^{X_1\beta_1} \int_{-\infty}^{X_2\beta_2} \phi(z_1, z_2, \rho) \mathrm{d}z_1 \mathrm{d}z_2 = \Phi(X_1\beta_1, X_2\beta_2, \rho)$$

$$(5-7)$$

其中，$\phi(z_1, z_2, \rho)$ 与 $\Phi(X_1\beta_1, X_2\beta_2, \rho)$ 分别为标准化的二维正态分布的概率密度函数与累积分布函数，期望为 0，方差为 1，而相关系数为 ρ。

（二）主要变量定义

被解释变量为海外并购成败（Succ），包括前并购绩效（Succ_Pre）和后并购绩效（Succ_Post）。根据海外并购所处阶段的不同，采取不同的方法衡量海外并购是否成功：在海外并购完成前，以海外并购是否完成衡量，为前并购绩效；在海外并购宣告或完成后，以并购宣告或完成后一年与当年的 ROE 之差衡量。具体来说，首先将海外并购宣告前一年、当年、后一年、后两年的 ROE 分别记为 ROE_1、ROE_0、ROE_11、ROE_12，将并购完成当年、后一年的 ROE 分别记为 ROE0、ROE1；然后分别计算差分 ΔROE_1（ROE_0−ROE_1）、ΔROE_2（ROE_11−ROE_0）、ΔROE_3（ROE_12−ROE_11）、ΔROE1（ROE1−ROE0）和双重差分 ΔROE_11（ΔROE_2−ΔROE_1）、ΔROE_12（ΔROE_3−ΔROE_2）；最后在具体回归分析时，分别用其中的 ΔROE_2、ΔROE1、ΔROE_11、ΔROE_12 替换模型中的 Succ_Post_ΔROE。

此外，使用市场模型计算的累计超额收益率（CAR）作为被解释变量。借鉴 Boateng 等（2019）和 Schweizer 等（2019）的做法，以海外并购宣告日为第 0 天（$t = 0$），事件窗口为（−1，1），估计期间为（−240，−21），日个股回报率和日市场回报率均来自 CSMAR 数据库。为了稳健性检验，也考虑了以下事件窗口：（0，1），（−2，2）和（−3，3）。四个 CAR 值分别记为 CAR1、CAR11、CAR2 和 CAR3，用以替换模型中的 Succ_Post_CAR。

解释变量为董事多重职位指数（MPD Index），包括董事内部多重职位指数（MPD_IN Index）和董事外部多重职位指数（MPD_EX Index）。MPD_IN Index 和 MPD_EX Index 构造的总体思路为：先计算各个沪深上市公司 i 在 t 年的董事会规模，然后分别计算董事长、副董事长、独立董事、其他董事在公司内部高管团队（经理层）和公司外部（股东和非股东）单位兼任职位的数量，再分别计算内、外部各个兼任职位的数量与董事会规模之比的平方和，如式（5-8）所示。不难发现，对于相同董事会规模的公司，四类董事兼任职位的数量越多，指数越大。在此基础上，在每一宣告年份 t 依据样本中两个指数各自的五十分位数来给每个公司赋排名分（Rank）。例如，指数落在五十分之一分位数，则赋排名分为 1，落在五十分之二分位数，则赋排名分为 2，以此类推。可以发现，指数越大，分位数位置越高，排名分越大。最后，对 t 年的每一家公司，将两个指数的排名分之和除以 100，得到整体的董事多重职位指数，如式（5-9）所示。

$$MPD(\_IN/\_EX)\,Index = \sum\left(\frac{四类董事分别在内/外部兼任职位的数量}{董事会规模}\right)^2 \quad (5-8)$$

$$MPD\,Index = \left(Rank_{MPD\_IN} + Rank_{MPD\_EX}\right)\Big/100 \quad (5-9)$$

　　对于缺失的公司特征变量数值，首先通过上市公司年报、新浪财经等资料进行手工查询、补充；如果仍然缺失，再用历史数据移动平均、线性预测等方法进行补充。每个变量的类别、名称、符号、说明和数据来源汇总如表 5-2 所示。

表5-2　变量和数据来源

变量名称与符号	变量定义	数据来源
被解释变量		
前并购绩效（Succ_Pre）	虚拟变量，衡量海外并购是否完成（Completed），是则取 1，否则取 0	SDC 数据库
后并购绩效（Succ_Post）	分为短期绩效和长期绩效：短期绩效为并购宣告日前后各一天的累计超额收益率（CAR），长期绩效为并购宣告后一年与当年的 ROE 之差	SDC 和 CSMAR 股票市场交易数据库
解释变量		
董事多重职位（MPD） 董事内部多重职位（MPD_IN） 董事外部多重职位（MPD_EX）	分别构造董事内部多重职位指数（MPD_IN Index）和董事外部多重职位指数（MPD_EX Index），在此基础上构造董事多重职位指数（MPD）	CSMAR 上市公司人物特征数据库
控制变量		
国家层面		
目标公司所在地人均 GDP（Distgdp）	衡量目标公司所在地的发达程度，采用并购宣告前一年经过地理距离（DistCap）调整的人均 GDP（Current US$），计算方法为 GDP per capita 除以 DistCap[1]	CEPII、世界银行 WDI、Wind 数据库
目标公司所在地官方语言（Lang）	虚拟变量，衡量海外并购双方的语言文化交流是否顺畅；目标公司所在地主要语言为汉语或（和）英语则记为 1，否则记为 0（李维安等，2014；邓秀媛等，2018）	CEPII 数据库
目标公司所在地腐败控制程度（Corruption）	衡量并购宣告前一年目标公司所在地政府治理水平，采用世界治理指数（Worldwide Governance Indicators，WGI）中腐败控制估计指标（Control of Corruption：Estimate）	世界银行 WGI 数据集

续表

变量名称与符号	变量定义	数据来源
行业层面		
行业相关性（Relatedin）	衡量并购双方所属行业的相关程度，当双方 SIC Code 四位数都相同时，赋值为 6，只有前三位数相同时，赋值为 4，仅有前两位数相同时，赋值为 2，否则，赋值为 0（钟宁桦等，2019）	SDC 数据库
高科技行业（Taghightech）	虚拟变量，衡量目标公司是否属于高科技行业，是则取 1，否则取 0	SDC 数据库
交易层面		
并购顾问（Acqguwen）	虚拟变量，衡量收购方公司是否聘请了财务顾问或法律顾问，是则取 1，否则取 0	SDC 数据库
上市状态（Tagpublic）	虚拟变量，衡量目标公司是否为境外上市公司，是则取 1，否则取 0	SDC 数据库
并购态度（Attitude）	衡量目标公司管理层对当次海外并购的态度，友好（Friendly）赋值为 4，不请自来（Unsolicited）赋值为 3，中立（Neutral）赋值为 2，敌意（Hostile）赋值为 1，不适用（Not Applicable）赋值为 0	SDC 数据库
支付方式（Allcash）	虚拟变量，衡量海外并购交易是否全部用现金支付，是则取 1，否则取 0	SDC 数据库
要约收购（Tenderoffer）	虚拟变量，衡量是否为要约收购，是则取 1，否则取 0	SDC 数据库
公司层面		
营利能力（ROA）	并购宣告前一年收购方公司的总资产收益率（ROA）	CSMAR 财务指标分析数据库
杠杆水平（Leverage）	并购宣告前一年收购方公司的资产负债率	CSMAR 财务指标分析数据库
公司规模（Lnassets）	并购宣告前一年收购方公司的总资产，并取自然对数	CSMAR 财务指标分析数据库
有形资产（Tangible）	并购宣告前一年收购方公司的有形资产比率	CSMAR 财务指标分析数据库
现金比率（Cashratio）	并购宣告前一年收购方公司的现金比率	CSMAR 财务指标分析数据库
机构持股比例（Instshare）	并购宣告前一年收购方公司的机构持股比例	CSMAR 机构投资者数据库
海外并购经验（Exper_five）	并购宣告当年之前 5 年收购方公司发起海外并购的数量	SDC 数据库
上市年龄（Listage）	收购方公司自上市当年至宣告当年的年数	CSMAR 股票市场交易数据库
产权性质（SOE）	虚拟变量，衡量收购方公司是否为国有企业，是则取 1，否则取 0	Wind 上市公司属性数据库
两职合一（Dual）	虚拟变量，衡量并购宣告前一年收购方公司是否存在董事长与总经理两职合一，是则取 1，否则取 0	CSMAR 上市公司人物特征数据库
股东单位兼任两职（GDDW_Dual）	虚拟变量，衡量并购宣告前一年收购方公司董事在股东单位是否兼任董事长、总经理或两者兼任，是取 1，否则取 0	CSMAR 上市公司人物特征数据库
连锁董事（Inlock）	并购宣告前一年的连锁董事指数	CSMAR 上市公司人物特征数据库
联结海外并购经验（Exper_Inlock）	收购方公司董事在外部单位兼任职务为董事的上市公司在并购宣告当年之前 5 年发起海外并购的数量	CSMAR 上市公司人物特征和 SDC 数据库

1）省份省会城市的距离

第四节　实证结果与分析

一、描述性统计结果与分析

表 5-3 列示了主要变量的描述性统计结果,其中 Panel A 为全样本的描述性统计结果,Panel B 列示了根据海外并购是否完成的分组描述性统计结果及组间均值差异和中位数差异 T 检验结果。

表5-3　描述性统计结果

Panel A：全样本描述性统计

变量名	样本数	均值	标准差	最小值	中位数	最大值
Succ_Pre	917	0.505	0.500	0.000	1.000	1.000
CAR1	574	0.010	0.062	−0.275	−0.001	0.269
CAR11	574	0.009	0.056	−0.194	−0.000	0.236
CAR2	574	0.010	0.077	−0.371	−0.000	0.366
CAR3	574	0.008	0.091	−0.464	−0.003	0.417
ΔROE_2	917	−0.020	0.188	−4.074	−0.004	1.219
ΔROE_11	917	−0.020	0.353	−8.325	0.000	2.060
ΔROE_12	917	−0.054	0.852	−17.793	−0.000	3.966
Succ_Post	917	0.445	0.497	0.000	0.000	1.000
Duration	463	141.136	187.419	0.000	85.000	1 540.000
MPD	917	0.455	0.231	0.020	0.470	0.990
MPD_IN	917	0.053	0.049	0.000	0.041	0.250
MPD_EX	917	0.729	1.877	0.000	0.100	22.082
Distgdp	917	7.468	6.225	0.029	5.160	29.068
Lang	917	0.586	0.493	0.000	1.000	1.000
Corruption	917	1.196	0.947	−1.474	1.569	2.432
Relatedin	917	2.253	2.628	0.000	1.000	6.000
Taghightech	917	0.213	0.409	0.000	0.000	1.000
Acqguwen	917	0.362	0.481	0.000	0.000	1.000
Tagpublic	917	0.181	0.385	0.000	0.000	1.000
Attitude	917	3.698	0.940	0.000	4.000	4.000

续表

变量名	样本数	均值	标准差	最小值	中位数	最大值
Allcash	917	0.221	0.415	0.000	0.000	1.000
Tenderoffer	917	0.015	0.123	0.000	0.000	1.000
ROA	917	−0.002	1.598	−48.316	0.044	0.346
Leverage	917	0.556	2.110	0.000	0.494	63.971
Lnassets	917	22.745	3.930	0.000	22.332	30.731
Tangible	917	0.940	0.079	0.329	0.964	1.000
Cashratio	917	1.308	6.339	0.000	0.333	167.544
Instshare	917	0.080	0.098	0.000	0.048	0.761
Exper_five	917	0.855	2.126	0.000	0.000	15.000
Listage	917	7.736	6.258	0.000	6.000	26.000
SOE	917	0.103	0.303	0.000	0.000	1.000
Dual	917	0.024	0.153	0.000	0.000	1.000
GDDW_Dual	917	0.517	0.500	0.000	1.000	1.000
Inlock	917	0.044	0.059	0.000	0.020	0.358
Exper_Inlock	917	0.345	1.195	0.000	0.000	14.000

Panel B：未完成样本 VS 完成样本的差异比较

变量名	未完成样本			完成样本			样本差异检验	
	样本数	均值	中位数	样本数	均值	中位数	均值	中位数
CAR1	287	0.009	−0.001	287	0.011	−0.001	−0.002	0.007
CAR11	287	0.008	−0.000	287	0.010	−0.000	−0.002	0.000
CAR2	287	0.011	−0.000	287	0.008	−0.000	0.003	0.028
CAR3	287	0.013	−0.002	287	0.004	−0.008	0.009	0.564
ΔROE_2	454	−0.028	−0.004	463	−0.013	−0.005	−0.015	0.481
ΔROE_11	454	−0.035	0.000	463	−0.005	0.000	−0.030	0.468
ΔROE_12	454	−0.040	−0.000	463	−0.067	0.000	0.027	0.396
Succ_Post	454	0.456	0.000	463	0.434	0.000	0.022	0.442
MPD	454	0.462	0.465	463	0.449	0.480	0.013	0.690
MPD_IN	454	0.055	0.041	463	0.052	0.039	0.003	1.474
MPD_EX	454	0.770	0.099	463	0.689	0.111	0.081	0.185
Distgdp	454	7.557	5.160	463	7.381	5.160	0.175	0.135
Lang	454	0.579	1.000	463	0.592	1.000	−0.012	0.000
Corruption	454	1.118	1.421	463	1.273	1.643	−0.155**	2.631
Relatedin	454	2.137	0.000	463	2.367	2.000	−0.231	3.856**
Taghightech	454	0.185	0.000	463	0.240	0.000	−0.055**	4.099**
Acqguwen	454	0.196	0.000	463	0.525	1.000	−0.329***	107.296***

续表

变量名	未完成样本			完成样本			样本差异检验	
	样本数	均值	中位数	样本数	均值	中位数	均值	中位数
Tagpublic	454	0.154	0.000	463	0.207	0.000	−0.053**	4.369**
Attitude	454	3.522	4.000	463	3.870	4.000	−0.348***	0.000
Allcash	454	0.165	0.000	463	0.276	0.000	−0.111***	16.462***
Tenderoffer	454	0.004	0.000	463	0.026	0.000	−0.022***	7.056***
ROA	454	−0.062	0.039	463	0.058	0.052	−0.120	6.471**
Leverage	454	0.629	0.495	463	0.485	0.494	0.144	0.027
Lnassets	454	22.597	22.212	463	22.890	22.557	−0.293	4.062**
Tangible	454	0.936	0.963	463	0.944	0.965	−0.008	0.054
Cashratio	454	1.095	0.329	463	1.517	0.348	−0.422	0.185
Instshare	454	0.074	0.041	463	0.086	0.052	−0.012*	1.337
Exper_five	454	0.797	0.000	463	0.911	0.000	−0.114	7.032***
Listage	454	8.064	6.000	463	7.415	6.000	0.649	0.372
SOE	454	0.093	0.000	463	0.112	0.000	−0.020	0.977
Dual	454	0.026	0.000	463	0.022	0.000	0.005	0.229
GDDW_Dual	454	0.518	1.000	463	0.516	1.000	0.001	0.000
Inlock	454	0.044	0.025	463	0.044	0.018	0.000	3.516*
Exper_Inlock	454	0.297	0.000	463	0.391	0.000	−0.094	0.098

*，**，***分别表示在10%，5%和1%的水平上显著

从表 5-3 可以看出：①样本中，海外并购完成的数量占比为 50.5%；②并购宣告日前后的短期财务绩效均值都为正，表明沪深上市公司在海外并购宣告后获得较好的市场反应，且在事件窗口[-1，1]内，完成样本的均值大于未完成样本，而在另外两个事件窗口则相反；③后并购绩效的均值都为负，表明沪深上市公司仍有待加强海外并购后整合、提升绩效，然而，未完成样本中并购绩效为正的比例（45.6%）略高于完成样本（43.4%），这表明前并购阶段失败的样本企业在之后仍然可以取得较好的绩效；④董事多重职位指数的中位数（0.470）大于均值（0.455），表明沪深上市公司董事普遍兼任较多的内外部职位，且外部兼任数量远大于内部，此外，未完成样本的董事多重职位指数均大于完成样本；⑤未完成样本中的人均 GDP 要高于完成样本；⑥完成样本中双方语言文化交流的通畅度要高于未完成样本；⑦完成样本中目的地的腐败控制程度要好于未完成样本；⑧完成样本中双方行业相似度要高于未完成样本；⑨全样本中有 21.3%的目标公司属于高科技行业,且完成样本中拥有更高比例的高科技目标公司；⑩全样本中有 36.2%的收购方聘请了并购顾问，这一比例在完成样本中甚至达到了 52.5%；⑪全样本中有 18.1%的目标公司为上市公司，这一比例在完成样本中更高（20.7%）；⑫全

样本中大多数宣告的海外并购均为友好并购，完成样本中更突出；⑬全样本中有22.1%的样本选择了全部现金支付，这一比例在完成样本中更高（27.6%）；⑭全样本中仅有 1.5%的样本为要约收购，这一比例在未完成样本更低（0.4%），而在完成样本中更高（2.6%）；⑮在公司特征变量方面，完成样本的多数均值大于未完成样本，仅在是否两职合一和连锁董事指数两方面没有很大差异或几乎没有差异。

从表 5-3 的 Panel B 可以看出：①无论是组间均值还是中位数 T 检验，完成与未完成样本在目标公司是否属于高科技行业、并购顾问、目标公司是否上市、是否全部现金支付、是否要约收购这 5 个变量上都存在显著差异；②腐败控制、并购态度和机构持股比例这 3 个变量仅在组间均值 T 检验中存在显著差异；③行业相关性、营利能力、公司规模、海外并购经验和连锁董事这 5 个变量仅在组间中位数 T 检验中存在显著差异；④其余变量在两组样本中也存在差异，但并不显著。

二、变量间相关性检验

表 5-4 列示了变量间的相关系数。可以看出，除了极个别相关系数大于 0.7之外，其余各变量之间的相关系数均小于 0.7，表明回归模型不存在严重的多重共线性问题。

三、实证结果分析

（一）董事多重职位与前并购绩效的实证分析

本章所有回归模型均控制了年份、行业、国家、省份固定效应，并使用了聚类标准误；同时，初始样本数量均为917，但 Stata 在进行回归时会因控制固定效应等数据缺失而自动剔除一些样本，使回归结果中的最终样本量少于 917（以下同）。表 5-5 报告了模型（5-1）的实证结果，列（1）至列（3）的结果表明，董事多重职位对前并购绩效具有负向影响（奇比均小于 1 但大于 0），且董事外部多重职位的奇比远大于董事内部多重职位，这说明董事多重职位降低了前并购阶段的交易完成率，在内部经理层兼任多重职位的降低作用远大于外部单位兼任，但均不显著，这可能是因为董事多重职位可能会给董事会带来沟通与协调问题，拖延并购决策程序，错过最佳并购时机，使得本已通过多方调查、多方咨询、多方论证的并购标的未能及时出手收购，而董事内部多重职位还可能带来额外的代理

表5-4 相关系数矩阵

变量名	Succ_Pre	CAR1	ΔROE_2	Succ_Post	MPD	MPD_IN	MPD_EX	Distgdp	Lang	Corruption	Relatedin	Taghightech	Acqguwen	Tagpublic	Attitude
Succ_Pre	1														
CAR1	0.015	1													
ΔROE_2	0.039	-0.044	1												
Succ_Post	-0.028	-0.051	0.861***	1											
MPD	-0.033	0.019	0.464***	0.085**	1										
MPD_IN	-0.019	-0.030	0.080*	0.103**	0.588***	1									
MPD_EX	-0.035	0.020	0.036	-0.057	0.415***	0.060	1								
Distgdp	-0.005	-0.011	0.024	-0.035	-0.072*	-0.093**	0.011	1							
Lang	-0.011	-0.002	-0.080*	-0.053	-0.091**	0.022	-0.055	0.246***	1						
Corruption	0.053	0.033	-0.078*	-0.045	-0.052	-0.086**	0.030	0.487***	0.452***	1					
Relatedin	0.053	-0.108***	-0.036	-0.052	-0.084**	-0.068	-0.038	-0.104**	0.032	-0.111***	1				
Taghightech	0.053	0.033	0.013	-0.017	-0.020	-0.026	0.031	0.096**	0.054	0.138***	0.047	1			
Acqguwen	0.340***	0.039	-0.060	-0.005	-0.096**	-0.074*	-0.056	-0.015	-0.054	0.043	0.098**	-0.101**	1		
Tagpublic	0.046	-0.002	0.046	0.013	-0.038	0.049	-0.076*	0.051	0.158***	0.138***	0.113***	0.052	0.110**	1	
Attitude	0.174***	0.067	-0.059	-0.022	0.019	0.008	0.029	0.031	-0.019	-0.022	-0.091**	0.045	0.080*	-0.248***	1
Allcash	0.052	0.108***	0.011	-0.006	-0.072*	-0.038	-0.073*	0.080*	0.050	0.070*	0.114***	0.015	0.177***	0.238***	0.045
Tenderoffer	0.070*	-0.030	-0.004	0.028	0.007	0.058	-0.027	-0.018	0.051	0.038	0.068	-0.062	0.184***	0.275***	-0.005
ROA	0.099**	0.032	-0.016	-0.157***	0.051	0.023	0.028	-0.107**	0.013	0.075*	0.071*	0.078*	0.041	-0.016	0.034
Leverage	0.009	-0.082**	-0.008	0.000	-0.108***	-0.181***	-0.024	-0.008	-0.005	-0.098**	0.035	-0.268***	0.192***	0.088**	-0.188***
Lnassets	0.112***	-0.125***	0.018	-0.037	-0.122***	-0.091**	-0.086**	-0.073*	-0.005	-0.105**	0.195***	-0.221***	0.286***	0.220***	-0.245***
Tangible	0.017	-0.103**	-0.039	-0.062	-0.058	-0.128***	-0.042	0.029	0.016	-0.001	0.099**	-0.029	0.050	0.027	-0.107**

续表

变量名	Succ_Pre	CAR1	ΔROE_2	Succ_Post	MPD	MPD_IN	MPD_EX	Distgdp	Lang	Corruption	Relatedin	Taghightech	Acgguwen	Tagpublic	Attitude
Cashratio	0.038	-0.038	-0.001	-0.013	-0.001	0.071*	-0.028	-0.017	0.072*	0.071*	0.039	0.165***	-0.022	0.064	0.046
Instshare	0.046	-0.074*	-0.009	0.011	0.048	-0.032	0.054	0.008	0.082**	0.053	-0.057	0.056	-0.010	-0.061	-0.040
Exper_five	0.030	-0.073*	0.025	-0.049	-0.177***	-0.005	-0.125***	-0.109***	0.004	-0.101***	0.203***	-0.171***	0.224***	0.197***	-0.191***
Listage	-0.057	0.086**	0.068	-0.003	0.112***	-0.094**	0.020	0.019	-0.038	-0.002	-0.115***	-0.091**	0.039	-0.046	0.035
SOE	-0.011	0.049	-0.050	0.007	0.067	-0.109***	0.036	-0.099**	-0.027	0.003	-0.009	-0.031	-0.019	0.102**	-0.052
Dual	0.012	-0.001	0.014	0.005	0.027	-0.020	-0.000	-0.039	-0.084**	-0.083**	-0.038	0.073**	0.072*	0.023	-0.014
GDDW_Dual	-0.021	0.021	0.064	0.016	0.435***	-0.012	0.178***	0.002	-0.061	0.027	-0.042	-0.066	-0.038	-0.035	-0.060
Inlock	-0.022	0.072*	0.070*	0.032	0.288***	0.134***	0.399***	0.003	-0.015	0.069	-0.097**	0.094**	-0.088**	-0.060	0.079*
Exper_Inlock	0.021	-0.010	0.017	0.007	0.087**	-0.006	0.013	-0.001	-0.001	-0.025	-0.021	-0.045	0.075*	-0.047	0.033

变量名	Allcash	Tenderoffer	ROA	Leverage	Lnassets	Tangible	Cashratio	Instshare	Exper_five	Listage	SOE	Dual	GDDW_Dual	Inlock	Exper_Inlock
Succ_Pre	0.052	0.070*	0.097**	-0.006	0.077*	0.007	-0.005	0.018	0.085**	-0.050	-0.011	0.012	-0.021	-0.031	-0.008
CAR1	0.067	-0.035	0.108***	-0.116***	-0.190***	-0.183***	0.172***	-0.022	-0.068	0.051	0.052	0.029	0.061	0.085**	0.041
ΔROE_2	-0.033	-0.006	-0.199***	0.035	0.014	-0.080*	-0.059	-0.031	0.039	0.002	-0.024	0.004	0.031	0.070*	0.008
Succ_Post	-0.006	0.028	-0.180***	0.007	-0.024	-0.088**	-0.027	-0.009	-0.010	0.010	0.007	0.005	0.016	0.026	0.023
MPD	-0.085**	0.008	0.075*	-0.096**	-0.099**	-0.172***	0.137***	0.092**	-0.107***	0.137***	0.081*	0.030	0.431***	0.355***	0.103**
MPD_IN	-0.033	0.061	0.051	-0.201***	-0.129***	-0.247***	0.145***	0.028	0.021	-0.043	-0.099**	0.001	-0.016	0.161***	0.055
MPD_EX	-0.068	-0.042	0.044	0.033	-0.029	-0.039	0.087**	0.118***	-0.153***	0.234***	0.193***	0.036	0.581***	0.388***	0.092**
Distgdp	0.097**	-0.015	-0.063	-0.017	-0.069*	0.057	0.001	0.045	-0.099***	-0.002	-0.082*	-0.044	-0.006	0.062	0.044
Lang	0.050	0.051	0.013	-0.008	0.017	0.130***	0.022	0.047	0.024	-0.053	-0.027	-0.084**	-0.061	-0.074*	0.021
Corruption	0.100**	0.073*	0.069*	-0.059	-0.026	0.077*	0.066	0.034	-0.054	-0.032	0.067	-0.073*	0.022	0.020	-0.003
Relatedin	0.103***	0.073*	0.081*	0.017	0.141***	0.092**	-0.072*	-0.076*	0.206***	-0.103**	-0.000	-0.040	-0.035	-0.078*	0.008

续表

变量名	Allcash	Tenderoffer	ROA	Leverage	Lnassets	Tangible	Cashratio	Instshare	Exper_five	Listage	SOE	Dual	GDDW_Dual	Inlock	Exper_Inlock
Taghightech	0.015	-0.062	0.077*	-0.249***	-0.267***	0.012	0.291***	0.049	-0.173***	-0.102**	-0.031	0.073*	-0.066	0.067	-0.048
Acqguwen	0.177***	0.184***	0.006	0.178***	0.270***	0.090**	-0.166***	-0.018	0.268***	0.047	-0.019	0.072*	-0.038	-0.002	0.040
Tagpublic	0.238***	0.275***	-0.051	0.089***	0.258***	0.062	-0.110***	-0.079*	0.268***	-0.034	0.102**	0.023	-0.035	-0.066	-0.020
Attitude	-0.017	-0.075*	0.036	-0.160***	-0.216***	-0.101***	0.167***	0.013	-0.150***	0.024	-0.058	-0.019	-0.060	0.037	0.070*
Allcash	1	0.251***	-0.032	-0.017	0.040	0.027	0.074*	0.015	0.077***	-0.011	0.057	0.040	-0.032	0.036	-0.025
Tenderoffer	0.251***	1	0.011	0.060	0.137***	-0.027	-0.084**	-0.031	0.176***	-0.059	-0.003	-0.019	-0.057	-0.022	0.013
ROA	-0.030	0.059	1	-0.488***	-0.139***	-0.126***	0.341***	0.130***	-0.081***	-0.103***	-0.024	-0.002	0.021	0.012	0.037
Leverage	-0.022	0.069*	-0.434***	1	0.573***	0.263***	-0.727***	0.031	0.264***	0.252***	0.076*	-0.007	0.088**	-0.077*	0.044
Lnassets	0.058	0.128***	-0.104***	0.549***	1	0.252***	-0.543***	0.027	0.534***	0.171***	0.076*	0.040	0.089**	-0.070*	0.118***
Tangible	0.026	-0.018	-0.015	0.195***	0.175***	1	-0.266***	-0.074*	0.085**	-0.084**	0.078*	-0.004	-0.008	-0.128***	-0.105**
Cashratio	0.102**	-0.019	0.044	-0.256***	-0.072*	0.036	1	0.084**	-0.364***	-0.195***	0.042	0.069*	-0.074*	0.170***	-0.011
Instshare	-0.016	-0.040	0.080*	0.075*	0.016	-0.066	-0.039	1	-0.089**	0.132***	0.063	0.056	0.027	0.066	0.065
Exper_five	0.046	0.134***	-0.114***	0.332***	0.605***	0.110***	-0.046	-0.163***	1	-0.011	-0.043	0.049	-0.023	-0.090**	0.070*
Listage	-0.004	-0.062	-0.072*	0.208***	0.069*	-0.048	-0.110***	0.057	-0.008	1	0.199***	-0.066	0.204***	0.026	0.203***
SOE	0.057	-0.003	-0.009	0.050	0.000	0.058	-0.036	-0.007	-0.090**	0.195***	1	-0.020	0.164***	0.094**	0.003
Dual	0.040	-0.019	0.003	-0.020	0.025	0.021	-0.010	0.015	-0.024	-0.068	-0.020	1	0.018	0.053	-0.035
GDDW_Dual	-0.032	-0.057	-0.003	0.077*	0.026	0.052	-0.088**	0.008	-0.128***	0.179***	0.164***	0.018	1	0.057	0.011
Inlock	0.012	-0.040	0.019	-0.146***	-0.104***	-0.143***	0.119***	0.013	-0.119***	-0.008	0.088**	0.002	0.027	1	0.108***
Exper_Inlock	-0.039	-0.006	0.034	0.090**	0.128***	-0.011	-0.036	0.199***	0.015	0.129***	-0.017	-0.021	0.052	0.087**	1

*, **, ***分别表示在 10%，5%和 1%的水平上显著

注：下三角和上三角分别表示 Pearson 和 Spearman 相关系数

成本，这都使得前并购绩效不如预期。因此，H5-1 和 H5-3b 未能通过检验，H5-3a
仅得到部分验证。列（4）至列（6）和列（7）至列（9）的回归结果与前述基本
一致，但董事外部多重职位变得可以提高交易完成率，虽然仍不显著。

表5-5 模型（5-1）回归结果

变量名	（1）模型1-1	（2）模型1-2	（3）模型1-3	（4）稳健性1-1	（5）稳健性1-2	（6）稳健性1-3	（7）稳健性2-1	（8）稳健性2-2	（9）稳健性2-3
MPD	0.558			0.467			0.486		
	（0.474）			（0.385）			（0.616）		
MPD_IN		0.190			0.263			0.007	
		（0.727）			（1.006）			（0.037）	
MPD_EX			0.977			0.966			1.017
			（0.065）			（0.066）			（0.086）
Distgdp	0.777*	0.777*	0.779*	0.873	0.871	0.877	0.666	0.673	0.666
	（0.105）	（0.105）	（0.106）	（0.109）	（0.109）	（0.108）	（0.176）	（0.173）	（0.178）
Lang	0.067	0.071	0.071	0.406	0.406	0.435	0.257	0.169	0.293
	（0.183）	（0.192）	（0.196）	（0.885）	（0.887）	（0.953）	（1.397）	（0.926）	（1.552）
Corruption	15.171**	14.878**	15.989**	11.082*	11.079*	11.909*	0.777	0.615	0.824
	（20.738）	（20.484）	（21.590）	（14.652）	（14.796）	（15.547）	（1.854）	（1.465）	（1.961）
Relatedin	0.926	0.926	0.927	0.906	0.904	0.904	0.966	0.971	0.967
	（0.053）	（0.053）	（0.053）	（0.056）	（0.056）	（0.056）	（0.088）	（0.087）	（0.088）
Taghightech	3.111***	3.110***	3.162***	3.841***	3.888***	3.947***	4.288**	4.489**	4.296**
	（1.351）	（1.358）	（1.396）	（1.878）	（1.899）	（1.970）	（2.911）	（3.092）	（2.946）
Acqguwen	27.465***	27.418***	27.634***	28.512***	28.360***	28.495***	81.620***	79.532***	81.005***
	（9.865）	（9.942）	（9.942）	（11.841）	（11.771）	（11.818）	（60.216）	（58.623）	（60.240）
Tagpublic	1.580	1.595	1.568	1.225	1.233	1.222	3.389*	3.499*	3.367*
	（0.685）	（0.702）	（0.680）	（0.709）	（0.707）	（0.695）	（2.479）	（2.517）	（2.478）
Attitude	2.484***	2.492***	2.508***	2.780***	2.784***	2.792***	5.931***	5.797***	5.976***
	（0.567）	（0.573）	（0.582）	（0.596）	（0.597）	（0.599）	（2.694）	（2.588）	（2.714）
Allcash	1.621	1.647	1.630	1.817	1.863	1.837	2.655	2.787	2.748
	（0.686）	（0.689）	（0.682）	（0.787）	（0.797）	（0.789）	（1.998）	（2.095）	（2.084）
Tenderoffer	2.513	2.280	2.325	2.391	2.095	2.170	0.282	0.248	0.234
	（2.330）	（2.031）	（2.124）	（2.384）	（2.011）	（2.128）	（0.378）	（0.318）	（0.303）

续表

变量名	（1）模型1-1	（2）模型1-2	（3）模型1-3	（4）稳健性1-1	（5）稳健性1-2	（6）稳健性1-3	（7）稳健性2-1	（8）稳健性2-2	（9）稳健性2-3
ROA	0.597 (0.823)	0.592 (0.816)	0.647 (0.914)	0.539 (0.740)	0.547 (0.751)	0.612 (0.874)	14.443 (29.394)	12.534 (25.069)	15.153 (31.887)
Leverage	0.641 (0.670)	0.638 (0.666)	0.683 (0.731)	0.583 (0.606)	0.590 (0.614)	0.643 (0.697)	6.628 (10.402)	5.968 (9.192)	6.873 (11.151)
Lnassets	0.903** (0.046)	0.903** (0.047)	0.905* (0.046)	0.954 (0.055)	0.956 (0.055)	0.960 (0.054)	0.814** (0.084)	0.816* (0.085)	0.818** (0.081)
Tangible	0.337 (1.034)	0.315 (0.965)	0.292 (0.907)	0.080 (0.316)	0.076 (0.296)	0.071 (0.289)	0.050 (0.202)	0.045 (0.184)	0.043 (0.162)
Cashratio	1.009 (0.011)	1.010 (0.011)	1.009 (0.011)	1.011 (0.011)	1.011 (0.011)	1.010 (0.011)	1.032** (0.015)	1.033** (0.015)	1.032** (0.015)
Instshare	4.346 (7.372)	4.136 (6.960)	4.140 (7.049)	5.461 (10.697)	5.066 (9.811)	5.245 (10.318)	0.313 (0.922)	0.306 (0.885)	0.212 (0.628)
Exper_five	0.982 (0.076)	0.981 (0.076)	0.981 (0.077)	1.004 (0.077)	1.002 (0.076)	1.003 (0.077)	1.427* (0.262)	1.421* (0.261)	1.415* (0.262)
Listage	0.957 (0.032)	0.956 (0.032)	0.959 (0.032)	0.967 (0.035)	0.967 (0.035)	0.970 (0.035)	0.971 (0.049)	0.963 (0.046)	0.969 (0.047)
SOE	3.688* (2.673)	3.564* (2.600)	3.586* (2.565)	3.171 (2.519)	3.052 (2.407)	3.023 (2.347)	2.608 (3.621)	2.499 (3.457)	2.450 (3.419)
Dual	4.986 (7.160)	4.593 (6.409)	4.452 (6.243)	5.661 (8.421)	4.989 (7.141)	4.847 (6.949)	1.020 (2.744)	0.996 (2.644)	0.898 (2.432)
GDDW_Dual	1.119 (0.504)	0.994 (0.396)	1.008 (0.411)	1.204 (0.560)	1.033 (0.435)	1.061 (0.453)	0.661 (0.378)	0.564 (0.272)	0.567 (0.275)
Inlock	2.259 (6.303)	1.716 (4.821)	2.569 (7.591)	2.490 (7.312)	1.832 (5.362)	3.203 (10.040)	1.277 (5.277)	0.741 (3.058)	0.786 (3.287)
Exper_Inlock	0.963 (0.089)	0.954 (0.085)	0.949 (0.083)	0.982 (0.092)	0.968 (0.089)	0.962 (0.087)	0.957 (0.099)	0.951 (0.087)	0.936 (0.084)
_cons	1.104 (5.266)	1.102 (5.242)	0.996 (4.797)	0.716 (3.551)	0.696 (3.397)	0.573 (2.809)	1 492.260 (10 556.826)	2 399.578 (16 835.709)	996.920 (7 026.361)
Obs.	666	666	666	591	591	591	486	486	486
Pseudo R^2	0.424	0.424	0.423	0.415	0.414	0.414	0.516	0.516	0.515

续表

变量名	（1）模型 1-1	（2）模型 1-2	（3）模型 1-3	（4）稳健性 1-1	（5）稳健性 1-2	（6）稳健性 1-3	（7）稳健性 2-1	（8）稳健性 2-2	（9）稳健性 2-3
年份固定效应	Yes	Yes	Yes	Yes	Yes	Yes	Yes	Yes	Yes
行业固定效应	Yes	Yes	Yes	Yes	Yes	Yes	Yes	Yes	Yes
国家固定效应	Yes	Yes	Yes	Yes	Yes	Yes	Yes	Yes	Yes
省份固定效应	Yes	Yes	Yes	Yes	Yes	Yes	Yes	Yes	Yes
聚类标准误	Yes	Yes	Yes	Yes	Yes	Yes	Yes	Yes	Yes

*** $p<1\%$, ** $p<5\%$, * $p<10\%$；以下同

注：括号内为标准误；另外，表中系数为奇比（odds ratio）

在控制变量方面：①目标公司所在国家（地区）的人均 GDP 会显著降低前并购绩效，因为人均 GDP 越高，工资水平、劳动保护等成本和标准越高，不利于达成海外并购交易，但均未通过稳健性检验；②目标公司所在国家（地区）的腐败控制程度与前并购绩效显著正相关（奇比大于 1），表明目的地政府治理水平越高，越有利于完成海外并购，但仅通过了稳健性检验 1；③目标公司所处行业为高科技行业也与前并购绩效显著正相关，这从侧面反映出中国企业求"高科技"若渴，无论付出什么代价，都尽可能确保完成跨境技术并购，而且都通过了稳健性检验 1 和 2；④收购方聘请并购顾问与前并购绩效在 1%的水平上显著正相关，这与董事多重职位的学习迁移作用形成了有效互补，稳健性检验 1 和 2 的结果也一致；⑤目标公司为上市公司、现金比率分别与前并购绩效呈正相关关系；⑥并购态度也与前并购绩效在 1%的水平上显著正相关，表明目标公司管理层对并购的态度越友好，越有利于完成海外并购交易，并且通过了稳健性检验 1 和 2；⑦收购方公司规模与前并购绩效显著正相关；⑧宣告前五年海外并购经验与前并购绩效负相关，但在剔除了全球金融危机期间宣告的样本之后变得正相关；⑨收购方为国有企业与前并购绩效在 10%的水平上显著正相关，因为国有企业可以获得相对多的资源、资金和国内审批便利，有利于完成海外并购交易，但未能通过稳健性检验 1 和 2。

（二）董事多重职位与后并购绩效的实证分析

表 5-6 列出了模型（5-2）的回归结果，列（1）至列（3）的结果表明，董事多重职位与并购宣告后短期绩效呈负相关关系，而且董事内部多重职位的回归系

数的绝对值大于董事外部多重职位，进一步印证了更多的董事内部多重职位会带来严重的代理成本，以致超过了兼任多重职位带来的收益，最终导致前并购阶段的交易失败。但只有整体的董事多重职位在1%的水平上显著，且通过了稳健性检验1，其余结果均不显著。在采用不同的事件窗口计算 CAR 之后，董事多重职位在总体上仍然与短期绩效负相关，但只在事件窗口为（0，1）时，整体的董事多重职位与短期绩效在 1%的水平上显著负相关，董事内部多重职位与短期绩效在10%的水平上显著负相关，其余结果均不显著（表 5-7）。

表5-6　模型（5-2）回归结果

变量名	（1）模型2-1	（2）模型2-2	（3）模型2-3	（4）稳健性1-1	（5）稳健性1-2	（6）稳健性1-3	（7）稳健性2-1	（8）稳健性2-2	（9）稳健性2-3
MPD	−0.055***（0.021）			−0.060**（0.023）			−0.026（0.025）		
MPD_IN		−0.139（0.088）			−0.125（0.096）			−0.084（0.101）	
MPD_EX			−0.005（0.004）			−0.006（0.005）			−0.005（0.005）
Distgdp	0.000（0.004）	−0.000（0.004）	0.001（0.004）	0.002（0.005）	0.001（0.005）	0.003（0.004）	−0.001（0.008）	−0.001（0.008）	0.002（0.008）
Lang									
Corruption	0.030（0.035）	0.027（0.036）	0.041（0.038）	0.034（0.038）	0.032（0.038）	0.046（0.041）	0.076（0.051）	0.073（0.050）	0.081（0.051）
Relatedin	−0.001（0.001）	−0.001（0.001）	−0.001（0.001）	−0.001（0.001）	−0.001（0.001）	−0.001（0.001）	−0.000（0.002）	−0.000（0.002）	−0.000（0.001）
Taghightech	−0.005（0.013）	−0.007（0.013）	−0.005（0.014）	−0.002（0.014）	−0.004（0.013）	−0.001（0.014）	−0.009（0.014）	−0.010（0.013）	−0.010（0.013）
Acqguwen	0.002（0.009）	0.002（0.009）	0.000（0.008）	0.002（0.010）	0.001（0.010）	−0.001（0.009）	0.007（0.010）	0.007（0.009）	0.003（0.008）
Tagpublic	0.010（0.007）	0.011（0.007）	0.010（0.007）	0.012（0.008）	0.012（0.008）	0.012（0.008）	0.006（0.010）	0.007（0.010）	0.007（0.009）
Attitude	−0.001（0.002）	−0.001（0.002）	−0.000（0.002）	−0.001（0.002）	−0.000（0.002）	0.000（0.002）	−0.002（0.002）	−0.002（0.002）	−0.001（0.002）

续表

变量名	（1）模型2-1	（2）模型2-2	（3）模型2-3	（4）稳健性1-1	（5）稳健性1-2	（6）稳健性1-3	（7）稳健性2-1	（8）稳健性2-2	（9）稳健性2-3
Allcash	0.005	0.007	0.006	0.006	0.007	0.007	0.003	0.004	0.002
	（0.009）	（0.010）	（0.010）	（0.009）	（0.010）	（0.010）	（0.010）	（0.010）	（0.010）
Tenderoffer	0.004	−0.001	−0.002	0.011	0.003	0.004	−0.001	−0.003	−0.001
	（0.015）	（0.014）	（0.014）	（0.014）	（0.015）	（0.014）	（0.019）	（0.018）	（0.019）
ROA	−0.083	−0.090	−0.060	−0.106	−0.107	−0.093	−0.083	−0.088	−0.043
	（0.076）	（0.077）	（0.073）	（0.081）	（0.083）	（0.083）	（0.096）	（0.098）	（0.092）
Leverage	−0.021	−0.024	−0.017	−0.026	−0.028	−0.021	−0.037	−0.036	−0.030
	（0.039）	（0.039）	（0.037）	（0.040）	（0.040）	（0.038）	（0.050）	（0.049）	（0.049）
Lnassets	−0.007**	−0.007*	−0.007**	−0.007**	−0.006*	−0.006*	−0.012**	−0.012**	−0.011**
	（0.003）	（0.003）	（0.003）	（0.003）	（0.004）	（0.003）	（0.005）	（0.005）	（0.005）
Tangible	−0.175**	−0.180**	−0.163**	−0.181**	−0.185**	−0.159**	−0.202**	−0.206**	−0.192**
	（0.073）	（0.076）	（0.072）	（0.076）	（0.078）	（0.078）	（0.082）	（0.083）	（0.082）
Cashratio	−0.000	−0.000	−0.000	−0.000	−0.000	−0.000	0.000	0.000	0.000
	（0.000）	（0.000）	（0.000）	（0.000）	（0.000）	（0.000）	（0.000）	（0.000）	（0.000）
Instshare	−0.039	−0.043	−0.032	−0.033	−0.037	−0.024	−0.053	−0.059	−0.049
	（0.042）	（0.040）	（0.040）	（0.049）	（0.046）	（0.045）	（0.054）	（0.055）	（0.056）
Exper_five	−0.001	−0.001	−0.001	−0.001	−0.002	−0.001	−0.003	−0.003	−0.003
	（0.002）	（0.002）	（0.002）	（0.002）	（0.003）	（0.003）	（0.003）	（0.003）	（0.003）
Listage	0.002*	0.002	0.002*	0.002	0.002	0.002	0.004**	0.004**	0.004**
	（0.001）	（0.001）	（0.001）	（0.001）	（0.002）	（0.001）	（0.002）	（0.002）	（0.002）
SOE	0.007	0.002	0.000	0.008	0.003	0.001	0.002	−0.000	−0.001
	（0.014）	（0.015）	（0.013）	（0.015）	（0.016）	（0.014）	（0.018）	（0.018）	（0.017）
Dual	0.039**	0.032*	0.028	0.040**	0.033*	0.029	0.042**	0.040**	0.035*
	（0.019）	（0.017）	（0.018）	（0.020）	（0.017）	（0.018）	（0.020）	（0.020）	（0.021）
GDDW_Dual	0.007	−0.001	0.004	0.010	0.000	0.006	0.002	−0.003	0.003
	（0.010）	（0.011）	（0.011）	（0.011）	（0.012）	（0.012）	（0.010）	（0.010）	（0.010）
Inlock	−0.059	−0.090	−0.034	−0.059	−0.086	−0.028	−0.108	−0.121	−0.061
	（0.069）	（0.072）	（0.059）	（0.073）	（0.075）	（0.064）	（0.091）	（0.092）	（0.089）
Exper_Inlock	−0.004	−0.004	−0.004	−0.005	−0.005	−0.005	−0.002	−0.002	−0.002
	（0.003）	（0.003）	（0.003）	（0.004）	（0.004）	（0.004）	（0.004）	（0.004）	（0.004）

续表

变量名	（1）模型2-1	（2）模型2-2	（3）模型2-3	（4）稳健性1-1	（5）稳健性1-2	（6）稳健性1-3	（7）稳健性2-1	（8）稳健性2-2	（9）稳健性2-3
_cons	0.338*** (0.103)	0.323*** (0.104)	0.263*** (0.099)	0.322*** (0.113)	0.305*** (0.112)	0.236** (0.119)	0.414*** (0.132)	0.421*** (0.130)	0.363*** (0.107)
Obs.	459	459	459	423	423	423	371	371	371
R^2	0.685	0.678	0.685	0.685	0.675	0.685	0.722	0.722	0.729
年份固定效应	Yes	Yes	Yes	Yes	Yes	Yes	Yes	Yes	Yes
行业固定效应	Yes	Yes	Yes	Yes	Yes	Yes	Yes	Yes	Yes
国家固定效应	Yes	Yes	Yes	Yes	Yes	Yes	Yes	Yes	Yes
省份固定效应	Yes	Yes	Yes	Yes	Yes	Yes	Yes	Yes	Yes
聚类标准误	Yes	Yes	Yes	Yes	Yes	Yes	Yes	Yes	Yes

表5-7　模型（5-2）的稳健性检验结果

变量名	（1）稳健性3-1	（2）稳健性3-2	（3）稳健性3-3	（4）稳健性3-4	（5）稳健性3-5	（6）稳健性3-6	（7）稳健性3-7	（8）稳健性3-8	（9）稳健性3-9
MPD	-0.063*** (0.019)			-0.030 (0.028)			-0.003 (0.038)		
MPD_IN		-0.141* (0.079)			-0.078 (0.115)			0.070 (0.162)	
MPD_EX			-0.006 (0.005)			-0.006 (0.005)			-0.003 (0.006)
Distgdp	-0.002 (0.003)	-0.003 (0.004)	-0.001 (0.003)	0.003 (0.005)	0.003 (0.005)	0.004 (0.004)	0.011 (0.007)	0.011 (0.007)	0.011 (0.007)
Lang									
Corruption	-0.002 (0.030)	-0.005 (0.031)	0.009 (0.031)	0.056 (0.038)	0.055 (0.039)	0.070* (0.040)	0.081* (0.046)	0.080* (0.047)	0.089* (0.049)
Relatedin	-0.001 (0.001)	-0.001 (0.001)	-0.000 (0.001)	-0.000 (0.002)	-0.000 (0.002)	-0.000 (0.002)	-0.000 (0.002)	-0.000 (0.002)	-0.000 (0.002)
Taghightech	-0.005 (0.011)	-0.007 (0.011)	-0.005 (0.012)	-0.022 (0.017)	-0.023 (0.017)	-0.021 (0.017)	-0.025 (0.020)	-0.025 (0.019)	-0.025 (0.020)
Acqguwen	0.003 (0.008)	0.003 (0.008)	0.002 (0.007)	0.001 (0.012)	0.002 (0.012)	-0.000 (0.011)	-0.003 (0.015)	-0.003 (0.015)	-0.004 (0.014)
Tagpublic	0.004 (0.006)	0.004 (0.006)	0.004 (0.006)	0.017* (0.009)	0.017* (0.009)	0.017* (0.009)	0.017 (0.012)	0.016 (0.012)	0.017 (0.012)

续表

变量名	（1）稳健性 3-1	（2）稳健性 3-2	（3）稳健性 3-3	（4）稳健性 3-4	（5）稳健性 3-5	（6）稳健性 3-6	（7）稳健性 3-7	（8）稳健性 3-8	（9）稳健性 3-9
Attitude	0.000 （0.002）	0.000 （0.002）	0.001 （0.002）	−0.002 （0.002）	−0.002 （0.002）	−0.002 （0.002）	−0.003 （0.003）	−0.003 （0.003）	−0.003 （0.003）
Allcash	0.006 （0.009）	0.007 （0.009）	0.007 （0.009）	0.001 （0.011）	0.002 （0.012）	0.001 （0.012）	0.005 （0.015）	0.005 （0.015）	0.004 （0.015）
Tenderoffer	0.007 （0.014）	0.002 （0.013）	0.001 （0.013）	0.005 （0.020）	0.003 （0.020）	0.002 （0.020）	−0.006 （0.021）	−0.007 （0.022）	−0.006 （0.022）
ROA	−0.079 （0.070）	−0.085 （0.069）	−0.054 （0.065）	−0.180* （0.107）	−0.185* （0.105）	−0.164 （0.105）	−0.149 （0.124）	−0.137 （0.124）	−0.144 （0.124）
Leverage	−0.027 （0.034）	−0.030 （0.033）	−0.023 （0.031）	−0.003 （0.046）	−0.005 （0.045）	0.002 （0.045）	−0.000 （0.060）	−0.000 （0.059）	0.003 （0.059）
Lnassets	−0.007** （0.003）	−0.006* （0.003）	−0.006** （0.003）	−0.008** （0.004）	−0.007* （0.004）	−0.007** （0.004）	−0.007 （0.004）	−0.007 （0.004）	−0.007 （0.004）
Tangible	−0.137 （0.084）	−0.143 （0.089）	−0.126 （0.082）	−0.180** （0.079）	−0.182** （0.077）	−0.165** （0.080）	−0.187* （0.107）	−0.187* （0.105）	−0.178* （0.108）
Cashratio	0.000 （0.000）	0.000 （0.000）	0.000 （0.000）	−0.000 （0.000）	−0.000 （0.000）	−0.000 （0.000）	0.000 （0.000）	0.000 （0.000）	0.000 （0.000）
Instshare	−0.004 （0.042）	−0.008 （0.039）	0.003 （0.037）	−0.042 （0.052）	−0.044 （0.051）	−0.033 （0.049）	−0.025 （0.059）	−0.024 （0.058）	−0.020 （0.059）
Exper_five	−0.002 （0.002）	−0.002 （0.002）	−0.002 （0.002）	−0.001 （0.002）	−0.001 （0.002）	−0.001 （0.002）	−0.000 （0.003）	−0.000 （0.003）	−0.000 （0.003）
Listage	0.001 （0.001）	0.001 （0.001）	0.001 （0.001）	0.001 （0.001）	0.001 （0.001）	0.001 （0.001）	−0.000 （0.002）	−0.000 （0.002）	−0.000 （0.002）
SOE	0.001 （0.011）	−0.004 （0.012）	−0.005 （0.011）	0.009 （0.014）	0.007 （0.014）	0.006 （0.014）	0.013 （0.020）	0.012 （0.020）	0.013 （0.020）
Dual	0.034* （0.017）	0.026* （0.015）	0.022 （0.016）	0.023 （0.023）	0.019 （0.023）	0.016 （0.024）	0.007 （0.022）	0.006 （0.023）	0.005 （0.025）
GDDW_Dual	0.013 （0.010）	0.003 （0.010）	0.009 （0.010）	−0.001 （0.011）	−0.006 （0.012）	−0.001 （0.012）	−0.017 （0.015）	−0.017 （0.017）	−0.015 （0.016）
Inlock	−0.077 （0.061）	−0.113* （0.065）	−0.057 （0.049）	−0.085 （0.065）	−0.102 （0.069）	−0.043 （0.064）	−0.210** （0.085）	−0.216** （0.089）	−0.180** （0.081）
Exper_Inlock	−0.005* （0.003）	−0.004 （0.003）	−0.004 （0.003）	−0.002 （0.004）	−0.002 （0.004）	−0.002 （0.004）	0.000 （0.004）	0.000 （0.004）	0.000 （0.004）

变量名	（1）稳健性3-1	（2）稳健性3-2	（3）稳健性3-3	（4）稳健性3-4	（5）稳健性3-5	（6）稳健性3-6	（7）稳健性3-7	（8）稳健性3-8	（9）稳健性3-9
_cons	0.345*** (0.101)	0.326*** (0.105)	0.265*** (0.095)	0.308** (0.129)	0.300** (0.125)	0.246** (0.122)	0.226 (0.151)	0.217 (0.146)	0.203 (0.139)
Obs.	459	459	459	459	459	459	459	459	459
R^2	0.687	0.675	0.683	0.705	0.703	0.710	0.682	0.682	0.683
年份固定效应	Yes	Yes	Yes	Yes	Yes	Yes	Yes	Yes	Yes
行业固定效应	Yes	Yes	Yes	Yes	Yes	Yes	Yes	Yes	Yes
国家固定效应	Yes	Yes	Yes	Yes	Yes	Yes	Yes	Yes	Yes
省份固定效应	Yes	Yes	Yes	Yes	Yes	Yes	Yes	Yes	Yes
聚类标准误	Yes	Yes	Yes	Yes	Yes	Yes	Yes	Yes	Yes

表 5-8 列出了模型（5-3）的回归结果，列（1）至（3）表明董事多重职位与后并购绩效在 5%的水平上显著正相关，并且表 5-8 中的列（7）（稳健性检验 2-1）、表 5-9 中的列（1）（模型 5-4）和列（7）（稳健性检验 2-1）、表 5-10 中的列（1）（稳健性检验 4-1-1）、表 5-11 中的列（1）（稳健性检验 4-1-1）和表 5-12 中的列（1）（稳健性检验 5-1）也都表明是显著正相关；董事内部多重职位与后并购绩效在 10%的水平上显著正相关，而董事外部多重职位仅与后并购绩效正相关但不显著，此外，两者均未能通过稳健性检验 1 和 2，但前者在表 5-9 中的列（2）（模型 4-2）和列（8）（稳健性检验 2-2）、表 5-10 中列（2）（稳健性检验 4-1-2）和列（8）（模型 5-2）、表 5-11 中的列（2）（稳健性检验 4-1-2）和列（8）（稳健性检验 6-2）以及表 5-12 中的列（7）（Biprobit 模型）也都表明是显著正相关，后者在表 5-10 和表 5-11 中的列（6）（稳健性检验 4-2-3）都变得在 5%的水平上显著正相关。值得注意的是，表 5-10 和表 5-11 的列（9）都表明，在后并购绩效设为虚拟变量之后，董事外部多重职位与后并购绩效的关系由正变为负，尽管仍不显著。这表明董事多重职位可以带来丰富的知识、经验、信息、人脉等企业所需的重要资源，通过组织学习，将其迁移运用到后并购阶段，有助于完善海外并购后的整合计划和提高整合效果，取得更好的后并购绩效。董事内部多重职位则降低了董事会和经理层的信息不对称，提高了公司内部信息传递和沟通效率，有利于及时推进海外并购后的整合，积极应对后并购阶段出现的外部环境不确定性，使海外并购活动更符合公司使命和战略，实现公司价值的提升。虽然在公司外部单位兼任职务的董事也具有多样性的优势，但其将国内经验、资源、知识、技能等迁移运用到海外并购后的新环境中也需要相当长的时间。若非强大的组织学习能力，短时间内很难匹配经验与新环境，甚至增加试错成本，反而不利于提高绩效。而且，外部兼任多重职位的董事在迁移运用过程

中可能还要受到其自身所处的权力层级的影响，尤其是在董事内部多重职位显著正向影响后并购绩效的情况下。此外，董事会能否及时从前并购阶段的成败中调整过来，学习最新的经验并灵活运用到后并购阶段的整合过程中，或者说前并购绩效是否会影响后并购绩效，也考验着董事会的组织学习和迁移能力。

表5-8　模型（5-3）回归结果

变量名	（1）模型3-1	（2）模型3-2	（3）模型3-3	（4）稳健性1-1	（5）稳健性1-2	（6）稳健性1-3	（7）稳健性2-1	（8）稳健性2-2	（9）稳健性2-3
MPD	0.068**（0.034）				0.064（0.039）		0.064*（0.035）		
MPD_IN		0.298*（0.163）			0.272（0.183）			0.250（0.153）	
MPD_EX			0.001（0.002）			0.000（0.002）			0.002（0.003）
Distgdp	−0.007*（0.004）	−0.006（0.004）	−0.007*（0.004）	−0.006（0.004）	−0.005（0.004）	−0.006（0.004）	−0.008（0.005）	−0.007（0.005）	−0.008（0.005）
Lang									
Corruption	−0.004（0.051）	−0.002（0.051）	−0.007（0.050）	0.005（0.057）	0.007（0.057）	0.003（0.056）	0.006（0.057）	0.011（0.055）	0.002（0.057）
Relatedin	0.001（0.002）	0.001（0.002）	0.001（0.003）	−0.001（0.003）	−0.001（0.003）	−0.001（0.003）	0.000（0.003）	0.000（0.003）	0.000（0.003）
Taghightech	−0.008（0.019）	−0.006（0.019）	−0.009（0.019）	−0.000（0.019）	0.001（0.019）	0.000（0.019）	−0.016（0.020）	−0.013（0.020）	−0.016（0.020）
Acqguwen	0.004（0.013）	0.004（0.013）	0.002（0.013）	0.007（0.014）	0.008（0.014）	0.006（0.014）	−0.020（0.013）	−0.019（0.013）	−0.021（0.013）
Tagpublic	0.010（0.014）	0.007（0.014）	0.012（0.014）	0.008（0.014）	0.006（0.014）	0.010（0.015）	0.017（0.014）	0.013（0.013）	0.017（0.014）
Attitude	−0.001（0.005）	−0.001（0.005）	−0.001（0.005）	0.001（0.005）	0.001（0.005）	0.001（0.005）	0.008**（0.004）	0.008**（0.004）	0.008*（0.004）
Allcash	−0.003（0.011）	−0.005（0.011）	−0.005（0.011）	−0.001（0.011）	−0.003（0.011）	−0.003（0.011）	−0.007（0.011）	−0.009（0.011）	−0.007（0.011）
Tenderoffer	−0.003（0.024）	0.002（0.023）	0.004（0.022）	−0.014（0.031）	−0.006（0.031）	−0.008（0.029）	0.004（0.035）	0.009（0.034）	0.011（0.033）
ROA	0.068（0.106）	0.069（0.106）	0.068（0.107）	0.076（0.108）	0.076（0.109）	0.077（0.110）	0.022（0.081）	0.021（0.081）	0.013（0.083）

续表

变量名	（1）模型3-1	（2）模型3-2	（3）模型3-3	（4）稳健性1-1	（5）稳健性1-2	（6）稳健性1-3	（7）稳健性2-1	（8）稳健性2-2	（9）稳健性2-3
Leverage	0.048	0.049	0.049	0.050	0.050	0.051	0.013	0.012	0.006
	(0.080)	(0.080)	(0.081)	(0.082)	(0.082)	(0.083)	(0.059)	(0.059)	(0.061)
Lnassets	0.001	0.001	0.000	0.000	0.001	0.000	0.005	0.005	0.005
	(0.002)	(0.003)	(0.002)	(0.003)	(0.003)	(0.003)	(0.005)	(0.005)	(0.005)
Tangible	0.235	0.233	0.240	0.274	0.273	0.276	0.082	0.081	0.091
	(0.173)	(0.174)	(0.178)	(0.179)	(0.180)	(0.183)	(0.145)	(0.146)	(0.149)
Cashratio	0.001	0.001	0.001	0.001	0.001	0.001	0.001	0.001	0.001
	(0.001)	(0.001)	(0.001)	(0.001)	(0.001)	(0.001)	(0.001)	(0.001)	(0.001)
Instshare	0.018	0.020	0.025	0.080	0.079	0.085	−0.042	−0.040	−0.031
	(0.093)	(0.093)	(0.094)	(0.098)	(0.098)	(0.100)	(0.102)	(0.102)	(0.103)
Exper_five	−0.000	−0.000	−0.000	0.000	0.000	0.000	−0.002	−0.002	−0.002
	(0.002)	(0.002)	(0.002)	(0.002)	(0.002)	(0.002)	(0.003)	(0.003)	(0.003)
Listage	0.002	0.002	0.002	0.002	0.002	0.002	0.003	0.004*	0.004*
	(0.002)	(0.002)	(0.002)	(0.002)	(0.002)	(0.002)	(0.002)	(0.002)	(0.002)
SOE	−0.011	−0.006	−0.008	−0.016	−0.012	−0.014	−0.037*	−0.031	−0.034
	(0.025)	(0.026)	(0.024)	(0.026)	(0.026)	(0.026)	(0.021)	(0.022)	(0.021)
Dual	0.053	0.060	0.061	0.045	0.053	0.053	0.055	0.060	0.060*
	(0.039)	(0.039)	(0.038)	(0.036)	(0.035)	(0.035)	(0.037)	(0.037)	(0.036)
GDDW_Dual	0.003	0.017	0.015	0.006	0.019	0.018	−0.004	0.010	0.006
	(0.013)	(0.014)	(0.014)	(0.013)	(0.014)	(0.014)	(0.013)	(0.013)	(0.013)
Inlock	0.184	0.224*	0.215*	0.178	0.212*	0.217*	−0.010	0.029	−0.007
	(0.116)	(0.118)	(0.122)	(0.124)	(0.125)	(0.128)	(0.086)	(0.086)	(0.091)
Exper_Inlock	−0.002	−0.002	−0.001	−0.003	−0.002	−0.001	−0.003	−0.002	−0.001
	(0.003)	(0.003)	(0.003)	(0.003)	(0.003)	(0.003)	(0.003)	(0.003)	(0.003)
_cons	−0.278	−0.290	−0.255	−0.341	−0.350	−0.314	−0.247	−0.257	−0.226
	(0.234)	(0.240)	(0.231)	(0.254)	(0.260)	(0.247)	(0.185)	(0.189)	(0.178)
Obs.	804	804	804	743	743	743	636	636	636
R^2	0.380	0.379	0.374	0.413	0.412	0.408	0.459	0.458	0.455
年份固定效应	Yes	Yes	Yes	Yes	Yes	Yes	Yes	Yes	Yes
行业固定效应	Yes	Yes	Yes	Yes	Yes	Yes	Yes	Yes	Yes
国家固定效应	Yes	Yes	Yes	Yes	Yes	Yes	Yes	Yes	Yes
省份固定效应	Yes	Yes	Yes	Yes	Yes	Yes	Yes	Yes	Yes
聚类标准误	Yes	Yes	Yes	Yes	Yes	Yes	Yes	Yes	Yes

四、进一步地分析

表5-9列示了模型（5-4）的回归结果，在模型（5-3）的基础上将前并购绩效作为了控制变量。董事多重职位与后并购绩效的关系基本与模型（5-3）一致，不同的是，董事内部多重职位也通过了稳健性检验2-2（列（8））。此外，前并购绩效对后并购绩效具有正向影响，但不显著。这一定程度上说明，前并购阶段成功确实为后并购阶段打下了良好的基础，董事内部多重职位充分发挥了其信息优势，推动了组织学习，使得董事会能将即时学到的经验匹配到海外并购后的新环境中，从而使后并购阶段也取得成功。

表5-9　模型（5-4）回归结果

变量名 Succ_Post_ΔROE	（1）模型4-1	（2）模型4-2	（3）模型4-3	（4）稳健性1-1	（5）稳健性1-2	（6）稳健性1-3	（7）稳健性2-1	（8）稳健性2-2	（9）稳健性2-3
Succ_Pre	0.012 (0.010)	0.012 (0.010)	0.011 (0.010)	0.011 (0.011)	0.011 (0.011)	0.011 (0.011)	0.007 (0.012)	0.009 (0.012)	0.007 (0.013)
MPD	0.069** (0.034)			0.065 (0.040)			0.064* (0.035)		
MPD_IN		0.303* (0.164)			0.277 (0.184)			0.257* (0.153)	
MPD_EX			0.001 (0.002)			0.000 (0.002)			0.002 (0.003)
Distgdp	−0.007 (0.004)	−0.006 (0.004)	−0.006 (0.004)	−0.006 (0.004)	−0.005 (0.004)	−0.006 (0.004)	−0.007 (0.005)	−0.006 (0.005)	−0.008 (0.005)
Lang									
Corruption	−0.008 (0.051)	−0.005 (0.051)	−0.010 (0.051)	0.002 (0.057)	0.004 (0.057)	−0.000 (0.056)	0.006 (0.057)	0.011 (0.054)	0.002 (0.057)
Relatedin	0.001 (0.002)	0.001 (0.002)	0.001 (0.003)	−0.001 (0.003)	−0.000 (0.003)	−0.001 (0.003)	0.000 (0.003)	0.000 (0.003)	0.000 (0.003)
Taghightech	−0.010 (0.020)	−0.008 (0.020)	−0.010 (0.020)	−0.002 (0.020)	−0.001 (0.020)	−0.001 (0.019)	−0.017 (0.021)	−0.014 (0.021)	−0.017 (0.021)
Acqguwen	−0.001 (0.014)	−0.001 (0.014)	−0.002 (0.014)	0.003 (0.015)	0.004 (0.015)	0.002 (0.015)	−0.023 (0.015)	−0.022 (0.015)	−0.024 (0.015)

变量名 Succ_Post_ΔROE	（1） 模型 4-1	（2） 模型 4-2	（3） 模型 4-3	（4） 稳健性 1-1	（5） 稳健性 1-2	（6） 稳健性 1-3	（7） 稳健性 2-1	（8） 稳健性 2-2	（9） 稳健性 2-3
Tagpublic	0.009 （0.014）	0.006 （0.014）	0.011 （0.014）	0.008 （0.015）	0.006 （0.014）	0.010 （0.015）	0.016 （0.014）	0.012 （0.014）	0.016 （0.014）
Attitude	−0.002 （0.005）	−0.002 （0.005）	−0.002 （0.005）	−0.000 （0.005）	−0.000 （0.005）	−0.000 （0.005）	0.008^* （0.004）	0.007^* （0.004）	0.007 （0.004）
Allcash	−0.004 （0.011）	−0.006 （0.011）	−0.005 （0.011）	−0.001 （0.011）	−0.004 （0.011）	−0.004 （0.011）	−0.007 （0.012）	−0.009 （0.011）	−0.008 （0.012）
Tenderoffer	−0.003 （0.023）	0.001 （0.022）	0.004 （0.022）	−0.015 （0.030）	−0.007 （0.030）	−0.008 （0.029）	0.005 （0.035）	0.010 （0.034）	0.012 （0.034）
ROA	0.067 （0.106）	0.068 （0.107）	0.068 （0.108）	0.075 （0.109）	0.076 （0.109）	0.077 （0.110）	0.021 （0.081）	0.019 （0.081）	0.011 （0.083）
Leverage	0.048 （0.080）	0.049 （0.081）	0.048 （0.082）	0.050 （0.082）	0.050 （0.083）	0.051 （0.084）	0.012 （0.059）	0.011 （0.059）	0.005 （0.061）
Lnassets	0.001 （0.002）	0.001 （0.003）	0.001 （0.002）	0.000 （0.003）	0.001 （0.003）	0.000 （0.003）	0.005 （0.005）	0.005 （0.005）	0.005 （0.005）
Tangible	0.235 （0.175）	0.233 （0.176）	0.239 （0.179）	0.274 （0.180）	0.273 （0.182）	0.275 （0.185）	0.082 （0.145）	0.081 （0.146）	0.091 （0.149）
Cashratio	0.001 （0.001）	0.001 （0.001）	0.001 （0.001）	0.001 （0.001）	0.001 （0.001）	0.001 （0.001）	0.001 （0.001）	0.001 （0.001）	0.001 （0.001）
Instshare	0.016 （0.093）	0.017 （0.093）	0.023 （0.094）	0.077 （0.098）	0.076 （0.098）	0.082 （0.100）	−0.043 （0.102）	−0.041 （0.102）	−0.031 （0.103）
Exper_five	−0.000 （0.002）	−0.000 （0.002）	−0.000 （0.002）	0.000 （0.002）	0.000 （0.002）	0.000 （0.002）	−0.002 （0.003）	−0.002 （0.003）	−0.002 （0.003）
Listage	0.002 （0.002）	0.002 （0.002）	0.002 （0.002）	0.002 （0.002）	0.002 （0.002）	0.002 （0.002）	0.003^* （0.002）	0.004^* （0.002）	0.004^* （0.002）
SOE	−0.012 （0.026）	−0.007 （0.026）	−0.009 （0.025）	−0.017 （0.027）	−0.013 （0.027）	−0.015 （0.026）	$−0.038^*$ （0.021）	−0.032 （0.022）	−0.035 （0.021）
Dual	0.051 （0.039）	0.059 （0.039）	0.060 （0.038）	0.044 （0.036）	0.051 （0.036）	0.051 （0.035）	0.055 （0.037）	0.060 （0.037）	0.060^* （0.036）
GDDW_Dual	0.003 （0.013）	0.017 （0.014）	0.015 （0.014）	0.006 （0.013）	0.018 （0.014）	0.018 （0.014）	−0.004 （0.013）	0.010 （0.013）	0.006 （0.013）

续表

变量名 Succ_Post_ΔROE	（1） 模型 4-1	（2） 模型 4-2	（3） 模型 4-3	（4） 稳健性 1-1	（5） 稳健性 1-2	（6） 稳健性 1-3	（7） 稳健性 2-1	（8） 稳健性 2-2	（9） 稳健性 2-3
Inlock	0.183	0.224*	0.215*	0.178	0.212*	0.217*	-0.010	0.029	-0.007
	（0.116）	（0.118）	（0.122）	（0.123）	（0.125）	（0.127）	（0.086）	（0.087）	（0.092）
Exper_Inlock	-0.002	-0.002	-0.001	-0.003	-0.002	-0.001	-0.003	-0.002	-0.001
	（0.003）	（0.003）	（0.003）	（0.003）	（0.003）	（0.003）	（0.003）	（0.003）	（0.003）
_cons	-0.278	-0.291	-0.256	-0.340	-0.349	-0.312	-0.248	-0.260	-0.227
	（0.235）	（0.241）	（0.232）	（0.256）	（0.262）	（0.249）	（0.185）	（0.189）	（0.178）
Obs.	804	804	804	743	743	743	636	636	636
R^2	0.381	0.380	0.375	0.414	0.413	0.409	0.459	0.459	0.455
年份固定效应	Yes	Yes	Yes	Yes	Yes	Yes	Yes	Yes	Yes
行业固定效应	Yes	Yes	Yes	Yes	Yes	Yes	Yes	Yes	Yes
国家固定效应	Yes	Yes	Yes	Yes	Yes	Yes	Yes	Yes	Yes
省份固定效应	Yes	Yes	Yes	Yes	Yes	Yes	Yes	Yes	Yes
聚类标准误	Yes	Yes	Yes	Yes	Yes	Yes	Yes	Yes	Yes

表5-10　模型（5-3）的稳健性检验结果

变量名 Succ_Post_ΔROE	（1） 稳健性 4-1-1	（2） 稳健性 4-1-2	（3） 稳健性 4-1-3	（4） 稳健性 4-2-1	（5） 稳健性 4-2-2	（6） 稳健性 4-2-3	（7） 模型 5-1	（8） 模型 5-2	（9） 模型 5-3
MPD	1.194***			0.948			2.296		
	（0.076）			（0.149）			（1.836）		
MPD_IN		1.950**			0.608			1 845.052**	
		（0.513）			（0.412）			（6 338.771）	
MPD_EX			1.002			1.026**			0.952
			（0.003）			（0.012）			（0.071）
Distgdp	0.991	0.993	0.991	1.055***	1.053***	1.051***	0.911	0.935	0.920
	（0.007）	（0.007）	（0.007）	（0.020）	（0.020）	（0.019）	（0.070）	（0.071）	（0.069）
Lang							0.288	0.457	0.277
							（0.505）	（0.782）	（0.483）
Corruption	0.993	0.998	0.985	1.059	1.051	1.053	3.003	2.779	2.744
	（0.075）	（0.075）	（0.073）	（0.255）	（0.253）	（0.259）	（4.772）	（4.439）	（4.336）
Relatedin	0.998	0.998	0.998	1.018	1.018	1.017	0.930	0.936	0.927
	（0.004）	（0.004）	（0.004）	（0.014）	（0.015）	（0.015）	（0.049）	（0.051）	（0.049）

变量名 Succ_Post_ΔROE	（1） 稳健性 4-1-1	（2） 稳健性 4-1-2	（3） 稳健性 4-1-3	（4） 稳健性 4-2-1	（5） 稳健性 4-2-2	（6） 稳健性 4-2-3	（7） 模型 5-1	（8） 模型 5-2	（9） 模型 5-3
Taghightech	0.969 （0.042）	0.974 （0.041）	0.969 （0.042）	1.221** （0.112）	1.217** （0.111）	1.208** （0.113）	1.178 （0.434）	1.175 （0.440）	1.203 （0.432）
Acqguwen	1.008 （0.026）	1.009 （0.026）	1.004 （0.027）	1.022 （0.039）	1.020 （0.038）	1.024 （0.040）	1.189 （0.454）	1.192 （0.457）	1.126 （0.419）
Tagpublic	1.034 （0.028）	1.028 （0.028）	1.038 （0.028）	0.887* （0.063）	0.892* （0.061）	0.892* （0.061）	0.879 （0.327）	0.828 （0.327）	0.905 （0.337）
Attitude	1.006 （0.007）	1.006 （0.008）	1.005 （0.008）	1.012 （0.024）	1.012 （0.024）	1.010 （0.023）	0.890 （0.112）	0.891 （0.113）	0.893 （0.110）
Allcash	1.001 （0.021）	0.995 （0.021）	0.996 （0.021）	0.911 （0.058）	0.913 （0.060）	0.922 （0.059）	0.965 （0.356）	0.960 （0.345）	0.915 （0.347）
Tenderoffer	1.001 （0.037）	1.015 （0.039）	1.019 （0.038）	1.278* （0.174）	1.276* （0.175）	1.260* （0.172）	1.531 （1.078）	1.547 （1.133）	1.728 （1.233）
ROA	1.199 （0.211）	1.203 （0.216）	1.201 （0.219）	0.706 （0.257）	0.705 （0.257）	0.679 （0.249）	0.211 （0.254）	0.210 （0.259）	0.232 （0.274）
Leverage	1.141 （0.152）	1.144 （0.155）	1.143 （0.158）	0.772 （0.216）	0.772 （0.217）	0.750 （0.211）	0.272 （0.250）	0.271 （0.254）	0.291 （0.263）
Lnassets	1.004 （0.003）	1.004 （0.004）	1.003 （0.003）	0.992 （0.006）	0.992 （0.006）	0.991 （0.006）	0.939 （0.037）	0.943 （0.038）	0.941 （0.037）
Tangible	1.581 （0.473）	1.576 （0.477）	1.598 （0.497）	1.515 （0.811）	1.523 （0.815）	1.591 （0.862）	2.424 （4.654）	2.244 （4.266）	2.676 （5.069）
Cashratio	1.001 （0.001）	1.001 （0.001）	1.001 （0.002）	0.999 （0.003）	1.000 （0.003）	1.000 （0.003）	0.988 （0.010）	0.986 （0.011）	0.987 （0.010）
Instshare	1.043 （0.145）	1.049 （0.147）	1.062 （0.150）	0.814 （0.222）	0.818 （0.221）	0.798 （0.216）	1.116 （1.894）	1.179 （2.063）	1.386 （2.259）
Exper_five	1.001 （0.004）	1.001 （0.004）	1.002 （0.004）	1.006 （0.010）	1.006 （0.010）	1.006 （0.010）	0.786*** （0.061）	0.785*** （0.062）	0.788*** （0.058）
Listage	0.998 （0.003）	0.999 （0.003）	0.998 （0.003）	0.984* （0.008）	0.983* （0.009）	0.983** （0.008）	1.124*** （0.042）	1.131*** （0.044）	1.122*** （0.042）
SOE	0.991 （0.030）	1.004 （0.031）	0.998 （0.029）	1.059 （0.100）	1.053 （0.099）	1.059 （0.101）	1.052 （0.739）	1.226 （0.887）	1.098 （0.765）

续表

变量名 Succ_Post_ΔROE	（1） 稳健性 4-1-1	（2） 稳健性 4-1-2	（3） 稳健性 4-1-3	（4） 稳健性 4-2-1	（5） 稳健性 4-2-2	（6） 稳健性 4-2-3	（7） 模型 5-1	（8） 模型 5-2	（9） 模型 5-3
Dual	1.097 （0.068）	1.120* （0.070）	1.122* （0.068）	1.018 （0.149）	1.013 （0.148）	1.012 （0.150）	2.704 （2.177）	3.320 （2.692）	3.138 （2.499）
GDDW_Dual	0.995 （0.021）	1.031 （0.023）	1.027 （0.023）	1.088 （0.065）	1.076 （0.057）	1.053 （0.055）	0.761 （0.297）	0.909 （0.338）	0.931 （0.348）
Inlock	1.357* （0.216）	1.508** （0.255）	1.479** （0.250）	0.997 （0.961）	0.969 （0.889）	0.700 （0.653）	17.449 （51.316）	26.623 （76.864）	46.377 （132.218）
Exper_Inlock	0.996 （0.005）	0.998 （0.004）	0.999 （0.004）	1.033** （0.016）	1.033** （0.017）	1.033** （0.017）	0.905 （0.082）	0.912 （0.082）	0.910 （0.081）
_cons	0.533 （0.207）	0.523 （0.208）	0.565 （0.217）	0.554 （0.479）	0.576 （0.488）	0.567 （0.487）	0.034 （0.110）	0.024 （0.077）	0.027 （0.085）
Obs.	804	804	804	804	804	804	600	600	600
Pseudo R^2	.z	.z	.z	.z	.z	.z	0.324	0.329	0.323
年份固定效应	Yes	Yes	Yes	Yes	Yes	Yes	Yes	Yes	Yes
行业固定效应	Yes	Yes	Yes	Yes	Yes	Yes	Yes	Yes	Yes
国家固定效应	Yes	Yes	Yes	Yes	Yes	Yes	Yes	Yes	Yes
省份固定效应	Yes	Yes	Yes	Yes	Yes	Yes	Yes	Yes	Yes
聚类标准误	Yes	Yes	Yes	Yes	Yes	Yes	Yes	Yes	Yes

注：列（7）至列（9）的系数为奇比（odds ratio）

　　表 5-11 列示了模型（5-4）的稳健性检验结果，其中董事多重职位与后并购绩效的关系与表 5-10 中的结果一致，但将后并购绩效设为虚拟变量之后，列（7）至列（9）的系数（奇比）都小于 1，即前并购绩效与后并购绩效的关系由正转负，尽管仍不显著。这可能跟模型设定不当有关，因为此时的前、后并购绩效均为二值变量且由模型（5-1）和（5-5）分别决定，可能更适用 Biprobit 模型。表 5-12 中列（4）至列（7）报告了 Biprobit 模型的回归结果，但董事外部多重职位的系数未能列入其中，原因是回归结果不收敛。沃尔德检验（Wald test of rho=0）结果显示，p 值分别为 0.047 1 和 0.049 7，均小于 0.05，因此使用 Biprobit 模型是可行的，也表明前并购绩效确实会影响后并购绩效。董事多重职位和董事内部多重职位均与前并购绩效呈现负相关关系，但不显著；董事多重职位与后并购绩效呈现不显著的正相关关系，而董事内部多重职位与后并购绩效在 5%的水平上显著正相关；可以发现，与前面的结论基本一致。在估计出模型的各项系数后，式（5-7）中的 p_{11} 均约等于 21.5%，即中国沪深上市公司在实施海外并购之后既能在前并购

阶段取得成功又能在后并购阶段取得成功的概率约为 21.5%，这也从侧面印证了中国沪深上市公司实施海外并购存在较高的失败率。

表5-11　模型（5-4）的稳健性检验结果

变量名 Succ_Post_ΔROE	（1） 稳健性 4-1-1	（2） 稳健性 4-1-2	（3） 稳健性 4-1-3	（4） 稳健性 4-2-1	（5） 稳健性 4-2-2	（6） 稳健性 4-2-3	（7） 稳健性 6-1	（8） 稳健性 6-2	（9） 稳健性 6-3
Succ_Pre	1.006 （0.017）	1.007 （0.017）	1.005 （0.017）	0.953 （0.064）	0.952 （0.064）	0.952 （0.063）	0.671 （0.211）	0.690 （0.218）	0.664 （0.207）
MPD	1.194*** （0.076）			0.947 （0.148）			2.214 （1.761）		
MPD_IN		1.956** （0.515）			0.596 （0.408）			1 449.868** （5 001.947）	
MPD_EX			1.002 （0.003）			1.026** （0.012）			0.953 （0.072）
Distgdp	0.991 （0.007）	0.993 （0.007）	0.991 （0.007）	1.053*** （0.020）	1.051*** （0.020）	1.050*** （0.019）	0.892 （0.070）	0.915 （0.071）	0.899 （0.068）
Lang							0.221 （0.397）	0.354 （0.621）	0.212 （0.378）
Corruption	0.991 （0.075）	0.996 （0.075）	0.984 （0.073）	1.073 （0.259）	1.066 （0.257）	1.067 （0.263）	3.289 （5.261）	3.062 （4.927）	3.018 （4.793）
Relatedin	0.998 （0.004）	0.998 （0.004）	0.998 （0.004）	1.017 （0.014）	1.017 （0.014）	1.016 （0.014）	0.924 （0.048）	0.931 （0.050）	0.922 （0.048）
Taghightech	0.968 （0.042）	0.973 （0.042）	0.968 （0.043）	1.230** （0.113）	1.226** （0.113）	1.217** （0.115）	1.286 （0.483）	1.269 （0.482）	1.315 （0.485）
Acqguwen	1.006 （0.028）	1.006 （0.028）	1.002 （0.029）	1.042 （0.053）	1.040 （0.052）	1.044 （0.054）	1.378 （0.490）	1.369 （0.487）	1.312 （0.453）
Tagpublic	1.034 （0.028）	1.027 （0.028）	1.038 （0.028）	0.889* （0.061）	0.895* （0.059）	0.894* （0.060）	0.921 （0.345）	0.867 （0.343）	0.947 （0.355）
Attitude	1.005 （0.008）	1.005 （0.008）	1.005 （0.008）	1.016 （0.026）	1.016 （0.027）	1.014 （0.026）	0.924 （0.125）	0.921 （0.127）	0.927 （0.125）
Allcash	1.000 （0.021）	0.995 （0.021）	0.996 （0.021）	0.913 （0.058）	0.915 （0.059）	0.925 （0.058）	0.955 （0.344）	0.950 （0.335）	0.909 （0.336）
Tenderoffer	1.001 （0.037）	1.014 （0.039）	1.019 （0.038）	1.282* （0.177）	1.280* （0.178）	1.265* （0.175）	1.670 （1.190）	1.682 （1.252）	1.882 （1.362）
ROA	1.199 （0.212）	1.202 （0.216）	1.201 （0.220）	0.707 （0.261）	0.707 （0.262）	0.681 （0.253）	0.192 （0.232）	0.193 （0.238）	0.212 （0.252）

续表

变量名 Succ_Post_ΔROE	（1） 稳健性 4-1-1	（2） 稳健性 4-1-2	（3） 稳健性 4-1-3	（4） 稳健性 4-2-1	（5） 稳健性 4-2-2	（6） 稳健性 4-2-3	（7） 稳健性 6-1	（8） 稳健性 6-2	（9） 稳健性 6-3
Leverage	1.141 （0.152）	1.144 （0.156）	1.143 （0.158）	0.774 （0.220）	0.774 （0.221）	0.751 （0.215）	0.253 （0.233）	0.254 （0.238）	0.272 （0.246）
Lnassets	1.004 （0.003）	1.004 （0.004）	1.003 （0.003）	0.992 （0.006）	0.991 （0.006）	0.991 （0.006）	0.935* （0.037）	0.939 （0.038）	0.937* （0.037）
Tangible	1.581 （0.475）	1.576 （0.479）	1.598 （0.499）	1.517 （0.820）	1.526 （0.824）	1.594 （0.872）	2.316 （4.539）	2.118 （4.107）	2.540 （4.913）
Cashratio	1.001 （0.001）	1.001 （0.001）	1.001 （0.002）	1.000 （0.003）	1.000 （0.003）	1.000 （0.003）	0.989 （0.010）	0.987 （0.010）	0.988 （0.010）
Instshare	1.041 （0.146）	1.047 （0.148）	1.061 （0.152）	0.823 （0.224）	0.827 （0.224）	0.807 （0.219）	1.308 （2.245）	1.352 （2.396）	1.592 （2.630）
Exper_five	1.001 （0.004）	1.001 （0.004）	1.002 （0.004）	1.006 （0.010）	1.006 （0.010）	1.006 （0.010）	0.780*** （0.061）	0.780*** （0.062）	0.782*** （0.058）
Listage	0.998 （0.003）	0.999 （0.003）	0.998 （0.003）	0.983** （0.008）	0.983** （0.008）	0.983** （0.008）	1.125*** （0.042）	1.131*** （0.044）	1.123*** （0.042）
SOE	0.991 （0.030）	1.003 （0.032）	0.998 （0.030）	1.065 （0.103）	1.059 （0.102）	1.065 （0.104）	1.110 （0.778）	1.276 （0.913）	1.160 （0.806）
Dual	1.096 （0.069）	1.119* （0.070）	1.121* （0.068）	1.026 （0.149）	1.020 （0.149）	1.019 （0.151）	3.043 （2.431）	3.654 （2.951）	3.506 （2.796）
GDDW_Dual	0.995 （0.021）	1.031 （0.022）	1.027 （0.023）	1.088 （0.065）	1.076 （0.056）	1.053 （0.054）	0.767 （0.300）	0.909 （0.338）	0.931 （0.350）
Inlock	1.357* （0.215）	1.507** （0.255）	1.479** （0.250）	1.001 （0.969）	0.972 （0.895）	0.700 （0.657）	19.866 （58.233）	29.217 （83.914）	52.509 （148.214）
Exper_Inlock	0.996 （0.005）	0.998 （0.004）	0.999 （0.004）	1.033** （0.016）	1.033** （0.016）	1.033** （0.017）	0.901 （0.083）	0.909 （0.083）	0.907 （0.082）
_cons	0.533 （0.208）	0.523 （0.208）	0.565 （0.218）	0.556 （0.479）	0.579 （0.488）	0.569 （0.487）	0.047 （0.154）	0.033 （0.108）	0.038 （0.121）
Obs.	804	804	804	804	804	804	600	600	600
Pseudo R^2	.z	.z	.z	.z	.z	.z	0.326	0.331	0.325
年份固定效应	Yes	Yes	Yes	Yes	Yes	Yes	Yes	Yes	Yes
行业固定效应	Yes	Yes	Yes	Yes	Yes	Yes	Yes	Yes	Yes
国家固定效应	Yes	Yes	Yes	Yes	Yes	Yes	Yes	Yes	Yes
省份固定效应	Yes	Yes	Yes	Yes	Yes	Yes	Yes	Yes	Yes
聚类标准误	Yes	Yes	Yes	Yes	Yes	Yes	Yes	Yes	Yes

注：列（7）至列（9）的系数为奇比（odds ratio）

表5-12　稳健性检验5和Biprobit模型的回归结果

变量名 Succ_Post	(1) 稳健性 5-1	(2) 稳健性 5-2	(3) 稳健性 5-3	(4) Succ_Pre	(5) Succ_Post	(6) Succ_Pre	(7) Succ_Post
MPD	0.115* (0.067)			−0.370 (0.445)	0.481 (0.422)		
MPD_IN		0.488 (0.395)				−1.122 (1.912)	4.073** (1.806)
MPD_EX			0.004 (0.005)				
Distgdp	−0.004 (0.006)	−0.002 (0.006)	−0.003 (0.006)	−0.163** (0.075)	−0.063 (0.045)	−0.163** (0.074)	−0.048 (0.044)
Lang				−1.747 (1.474)	−0.858 (1.021)	−1.714 (1.461)	−0.643 (0.992)
Corruption	−0.071 (0.095)	−0.048 (0.093)	−0.084 (0.098)	1.536** (0.692)	0.454 (0.811)	1.516** (0.695)	0.422 (0.807)
Relatedin	−0.003 (0.004)	−0.002 (0.004)	−0.003 (0.004)	−0.048* (0.029)	−0.042 (0.028)	−0.048 (0.029)	−0.037 (0.029)
Taghightech	0.006 (0.026)	0.010 (0.027)	0.013 (0.026)	0.670*** (0.222)	0.149 (0.187)	0.671*** (0.222)	0.152 (0.190)
Acqguwen	−0.019 (0.020)	−0.021 (0.020)	−0.022 (0.022)	1.898*** (0.173)	0.074 (0.204)	1.896*** (0.174)	0.079 (0.204)
Tagpublic	−0.027 (0.023)	−0.034 (0.024)	−0.027 (0.022)	0.318 (0.218)	−0.090 (0.200)	0.321 (0.220)	−0.119 (0.206)
Attitude	−0.012 (0.021)	−0.014 (0.020)	−0.014 (0.020)	0.509*** (0.114)	−0.068 (0.066)	0.512*** (0.115)	−0.067 (0.066)
Allcash	0.015 (0.012)	0.012 (0.012)	0.013 (0.013)	0.231 (0.215)	0.000 (0.203)	0.242 (0.212)	−0.004 (0.198)
Tenderoffer	0.006 (0.030)	0.010 (0.030)	0.012 (0.032)	0.520 (0.475)	0.280 (0.364)	0.467 (0.463)	0.291 (0.379)
ROA	−0.256 (0.284)	−0.234 (0.277)	−0.256 (0.281)	−0.302 (0.686)	−0.987 (0.643)	−0.305 (0.688)	−0.981 (0.645)
Leverage	−0.050 (0.082)	−0.054 (0.084)	−0.055 (0.090)	−0.254 (0.520)	−0.817* (0.491)	−0.255 (0.521)	−0.814* (0.492)
Lnassets	0.008 (0.013)	0.010 (0.014)	0.008 (0.015)	−0.061** (0.028)	−0.039 (0.024)	−0.061** (0.028)	−0.037 (0.025)

续表

变量名 Succ_Post	（1）稳健性 5-1	（2）稳健性 5-2	（3）稳健性 5-3	（4）Succ_Pre	（5）Succ_Post	（6）Succ_Pre	（7）Succ_Post
Tangible	0.120 (0.284)	0.146 (0.304)	0.118 (0.297)	−0.749 (1.395)	0.473 (1.082)	−0.776 (1.405)	0.431 (1.070)
Cashratio	0.001 (0.001)	0.001 (0.001)	0.001 (0.001)	0.005 (0.007)	−0.007 (0.006)	0.005 (0.007)	−0.008 (0.006)
Instshare	0.017 (0.117)	0.028 (0.123)	0.031 (0.129)	0.879 (0.853)	0.150 (0.890)	0.853 (0.849)	0.189 (0.897)
Exper_five	−0.003 (0.005)	−0.005 (0.005)	−0.003 (0.005)	−0.017 (0.039)	−0.147*** (0.041)	−0.017 (0.039)	−0.147*** (0.041)
Listage	0.002 (0.002)	0.003 (0.002)	0.003 (0.002)	−0.024 (0.018)	0.070*** (0.019)	−0.024 (0.018)	0.073*** (0.020)
SOE	0.017 (0.033)	0.015 (0.032)	0.015 (0.034)	0.652* (0.363)	0.016 (0.352)	0.626* (0.368)	0.087 (0.355)
Dual	0.013 (0.055)	0.036 (0.057)	0.036 (0.056)	0.844 (0.645)	0.669 (0.441)	0.794 (0.630)	0.775* (0.449)
GDDW_Dual	−0.011 (0.023)	0.013 (0.024)	0.006 (0.025)	0.064 (0.227)	−0.151 (0.209)	−0.009 (0.200)	−0.050 (0.194)
Inlock	0.088 (0.109)	0.138 (0.103)	0.130 (0.092)	0.577 (1.411)	1.772 (1.599)	0.379 (1.423)	1.965 (1.561)
Exper_Inlock	−0.005 (0.004)	−0.004 (0.004)	−0.003 (0.003)	−0.016 (0.051)	−0.063 (0.052)	−0.021 (0.050)	−0.059 (0.051)
_cons	−0.149 (0.525)	−0.248 (0.584)	−0.103 (0.538)	−6.806	5.274	−6.713 (116.214)	4.805 (3.539)
Obs.	338	338	338	917	917	917	917
Pseudo R^2	.z	.z	.z	.z	.z	.z	.z
Wald test Prob > chi2				0.047 1	0.047 1	0.049 7	0.049 7
p_{11}				0.215 123 9	0.215 123 9	0.214 898 2	0.214 898 2
年份固定效应	Yes	Yes	Yes	Yes	Yes	Yes	Yes
行业固定效应	Yes	Yes	Yes	Yes	Yes	Yes	Yes
国家固定效应	Yes	Yes	Yes	Yes	Yes	Yes	Yes
省份固定效应	Yes	Yes	Yes	Yes	Yes	Yes	Yes
聚类标准误	Yes	Yes	Yes	Yes	Yes	Yes	Yes

五、稳健性检验

（一）考虑 2008 年全球金融危机的影响

本书所选样本包含 2007 年 12 月至 2009 年 6 月全球金融危机期间宣告的海外并购样本，因此回归结果可能受特定经济衰退期间特定公司行为的影响而存在一定偏差。事实上，已有研究发现金融危机对市场的负向冲击影响了公司的并购行为，包括目标公司低价出售、收购方公司并购意愿加强且并购动机改变等，进而影响并购绩效（徐晓慧和李杰，2016）。为此，剔除了在全球金融危机期间宣告的62 起海外并购样本，该期间为美国国家经济研究局给出的定义。此外，未考虑 1997年的亚洲金融危机，原因是 1997 亚洲金融危机不及 2008 年全球金融危机影响广泛和深刻。该稳健性检验结果已汇报在正文表格中，以表 5-5 稳健性检验 1-1、1-2、1-3 表示。

（二）考虑不同的事件窗口

对于模型（5-2）的稳健性检验，除了采用前两种方法，还对 CAR 采用不同的事件窗口进行计算：（0，1），（-2，2）和（-3，3），相关回归结果以表 5-6、表 5-7 稳健性检验 1、2、3 呈现在正文表格中。

（三）考虑后并购绩效的不同衡量方法

对于模型（5-3）的稳健性检验，除了采用最先的两种方法，还采用不同的方法衡量后并购绩效：一是使用双重差分，包括以并购宣告当年 ROE 为中心的双重差分和以并购宣告后一年 ROE 为中心的双重差分，相关回归结果分别以稳健性4-1 和稳健性 4-2 表示；二是设置虚拟变量，模型（5-3）中的后并购绩效大于 0则设为 1，否则设为 0，相关回归结果以模型 5-5 表示；三是以海外并购完成后一年与完成当年的 ROE 之差衡量，相关回归结果以稳健性 5 表示。

（四）考虑内生性问题

一方面，本章的解释变量为三个董事多重职位指数，由于现有文献中常见的两职合一和连锁董事是董事兼任的特殊情况，两者可能严重影响董事多重职位指数。为消除这一影响，将两职合一和连锁董事均作为控制变量，应用在所有回归模型中。此外，表 5-4 的系数也表明，两者与董事多重职位指数不存在很高的相关性。

另一方面，在构建董事多重职位指数的过程中发现，收购方公司董事在股东单位也有可能兼任董事长、总经理或两者兼任，这可能是一种隐性的权力层级，能够带来特殊的资源；此外，收购方公司董事在外部单位兼任职务为董事的上市公司也有发起过海外并购，这可能是一种特殊的董事联结关系和海外并购经验。为解决可能存在的遗漏变量问题，将这两者（股东单位兼任两职和联结海外并购经验）作为控制变量加入各项回归模型。此外，也尽可能纳入了更多的财务特征变量，以进一步缓解遗漏变量问题。

第五节　本章结论与相应政策建议

一、本章研究结论

本章整合了高阶梯队理论、学习迁移理论和组织学习理论，以 1993~2016 年由 508 家沪深上市公司宣告的 917 起海外并购事件为研究样本，使用多维固定效应的 Logit 模型和多元回归模型实证检验了不同阶段董事多重职位对海外并购成败的差异影响，得出以下结论。

第一，董事多重职位，包括董事内部多重职位和外部多重职位，都会降低沪深上市公司海外并购前期的成功率（交易完成率），而且董事内部多重职位的降低作用更大，但结果并不显著。这表明董事多重职位也会给董事会带来沟通与协调问题，拖延并购决策程序，延误最佳并购时机，未能及时出手完成收购，而且董事内部多重职位还可能带来额外的代理成本，最终使并购绩效不如预期。

第二，董事多重职位与海外并购宣告日前后的短期绩效呈显著负相关关系，而董事内部和外部多重职位仅与短期绩效负相关，且前者回归系数的绝对值大于后者。这表明董事多重职位带来的沟通协调成本加上内部多重职位导致的额外代理成本，最终抵消了董事多重职位所带来的经验、知识、技能、资源、信息等优势，降低了短期绩效。

第三，董事多重职位和董事内部多重职位都与后并购绩效显著正相关，而董事外部多重职位仅与后并购绩效正相关，但未有足够的证据表明显著。这说明，董事内部多重职位可以降低董事会和经理层的信息不对称，提高公司内部信息传递和沟通效率，同时通过组织学习，能够将董事多重职位带来的公司发展所需的资源加以整合，并迁移运用到后并购阶段以完善整合计划，进而获得后并购阶段的成功。董事外部多重职位可能受限于自身所处的权力层级，无法将其附带的资源充分输送到董事会，因而没有显著影响。

第四，进一步分析发现，前并购绩效确实会影响后并购绩效，这也进一步支持了董事多重职位对后并购绩效显著的正向影响。董事会通过对前并购阶段成败的分析总结、汲取经验，并及时推动组织学习，更有利于提高经验、知识、技能、资源、信息等迁移到后并购阶段的匹配适应能力，进而提高后并购绩效。然而，样本中沪深上市公司在海外并购前、后阶段都取得成功的概率仅为 21.5%，这就要求不同权力层级的董事加强组织学习、加速并购团队融合，提高经验等的快速迁移运用能力。

二、相应政策建议

基于上述研究结论，提出以下政策建议以提高海外并购成功率。

一是要充分认识到海外并购的复杂性，针对不同的海外并购阶段，根据海外并购能力需求和决策参与者胜任能力的匹配度赋予相应的公司权力，根据董事多重职位的相关性与影响力等来安排其参与海外并购，发挥董事不同的角色作用，做到"人尽其才、才尽其用"，并充分考虑并购决策的效率和效果。

二是要认识到董事会与经理层兼任在不同并购阶段因过度重合或集权倾向所隐藏的弊端，加大对董事会在海外并购前、后阶段的考核力度，加强权责统一，完善相应的海外并购奖惩制度和激励机制，并利用会计师事务所（海外并购审计）、咨询公司（战略审计）等中介机构的力量进行监督。同时，也要充分利用董事多重职位所附带的社会网络资源为海外并购全程服务，做足尽职调查，严选并购标的，加强内部公司战略审计。

三是要注重积累海外并购经验与教训，尤其是在同一海外并购过程中对海外并购前期经验与教训的分析和总结，进一步完善公司组织文化，加强董事会和经理层之间的组织学习，降低公司决策层内部的信息不对称，提高海外并购团队的快速学习迁移能力。

三、不足及展望

首先，中国企业海外并购数量已经有了很大的增长和积累，但通过沪深上市公司发起的海外并购数量所占比例仍然不高，如果仅考虑完成的海外并购，样本数量就更少。本章已尽可能将更多的沪深上市公司海外并购样本纳入实证分析中，但仍难以避免样本选择性偏误。

其次，本章在构造董事多重职位指数及分析中都有考虑董事的不同权力层级，如董事长、副董事长、独立董事和其他董事，将两职合一、连锁董事都作为了控制变量，但并未专门提出对董事不同权力层级的衡量方法。因此，董事多重职位指数也需考虑加入权力层级权重以进一步改进。或者，在董事内、外部多重职位指数的基础上进一步划分四类董事的多重职位指数，并分别进行回归分析。

最后，在中国情境下，董事会成员也可能同时担任党组织的职务。2017 年 5 月，《国务院办公厅关于进一步完善国有企业法人治理结构的指导意见》发布，党组织在董事会和经理层的嵌入及其治理作用也值得关注。

第六章 海外并购推进技术联合创新的传导机制与政策路径研究

第一节 引 言

党的十九届六中全会中多次强调创新在我国现代化建设总局中的核心地位。具有核心竞争力的企业是打造高标准创新体系的微观基础，但新冠疫情、逆全球化等突发性外部威胁破坏了企业赖以生存的商业模式和发展道路（单宇等，2021），本就"大而不强"的中国企业暴露出市场竞争力弱、创新升级引领能力不足等问题（刘鹤，2021）。加快攻克重要领域"卡脖子"技术，掌握更多"撒手锏"式技术是提升企业创新能力的关键，但中国企业的技术创新活动似乎面临自主创新"一边倒"的政策倾向：国内经济矛盾要求尽可能提高自主创新水平来推进中国经济高质量发展，VUCA 特征（volatile、uncertain、complex、ambiguous，易变性、不确定性、复杂性和模糊性）常态化的市场环境也严重阻碍了中国企业"走出去"引进技术的步伐。2021 年政府工作报告强调中国要"实施更大范围、更宽领域、更深层次对外开放，更好参与国际经济合作"，这对同时用好国际国内两种资源，深化自主创新具有重要意义。VUCA 常态下，能否在突变式转型情景下联合外部组织掌握多领域自主创新能力，成为企业生存发展的关键。因此，研究突变式转型情境下，推进自主技术联合创新的过程、机制及其背后创新能力的演化逻辑是实务界和理论界共同关心的问题。

从工业经济时代，研究战略转型和相关技术引进背景下，自主创新能力演化路径、驱动因素（许庆瑞等，2013）和技术追赶过程（吴先明和苏志文，2014），到数字经济时代，思考 VUCA 形势和非相关技术引进背景下，突变式转型技术资源配置路径（赫连志巍，2021）、战略变革趋势（魏江等，2020；肖静华等，2021）和跨国/界并购整合（魏江和杨洋，2018；黄嫚丽等，2019；杜健等，2020；曹兴和王燕红，2022；王宛秋和张潇天，2022），自主创新的研究背景随着转型方式变化而改变，资源整合的研究视角也由各自展开向联合攻关转变。尽管当前学界对于自主技术联合创新范式的内涵和机制并未做出明确定义，但不能否认，由内外部组织双向整合形成的联合攻关模式，会促使组织间资源更快地向创新能力强和创新效率高的企业倾斜，缓冲 VUCA 特征与组织能力不匹配引致的生存风险。较为一致的是，学者们开始重视跨界网络治理（李东红等，2021）、不相关技术多样化（郑江淮和冉征，2021）、技术多元化（徐蕾等，2022）等跨界要素对于跨越技术"鸿沟"（Moore and McKenna，1999）的重要作用。已有研究通过理论推演、路径分析和绩效分析关注自主创新能力如何形成，但多以企业"无技术基础"作为研究起点。对于资源内化后"有技术基础"背景下，企业联合外部组织实现多领域创新的路径、机制仍未明确，且较少讨论创新能力演进的底层逻辑。

　　将海外并购引进的技术资源高质量整合嵌入企业，有利于支撑新发展格局下内外经济的良性循环，也是赋能自主创新的关键机制。这就要求企业依照自主可控的原则，将一部分技术掌握在自己手里，另一部分联合可信赖、有潜力的合作者共同整合，盘活从资源到企业乃至产业的自主创新活力。然而，现有理论在解释海外并购整合策略上存在以下问题：第一，组织间资源相关性（相似性、互补性）被认为是影响企业选择并购整合策略的关键依据（Zaheer et al.，2013；Steigenberger，2017），但已有研究对于相关性的内涵认知和测度方法存在差异（黄嫚丽等，2019），这使得资源视角的整合策略影响因素尚未统一。第二，"自治"和"协调"被看作是划分并购整合策略的关键维度（魏江和杨洋，2018），但在以获取技术为目的的海外并购活动中，并购方对技术资源的组织间依赖较强（Thompson，1967），这意味着有针对性地调节对被并购方的"经营依赖"程度是维持"协调"这一整合维度的关键，但鲜有文献追踪"自主治理程度—经营依赖程度"的整合结果。

　　针对现有研究缺口，本章选取美的集团股份有限公司为案例分析对象，基于美的由传统家电巨头转型为国际科技集团的突变转型实践，重点研究以下三个问题：第一，突变式转型情境下如何推进自主技术联合创新；第二，连续海外并购整合对于自主技术联合创新的影响；第三，自主技术联合创新背后创新能力演化逻辑。本章立足企业"有技术基础"背景，创新性地提出突变式转型情景下的自主技术联合创新范式，扩展了动态资源基础观的研究情景；将"自主治理程度—经营依赖程度"构成的并购整合策略纳入创新能力研究范畴，为能力重构提供微观解释机制。此外，本章基于连续海外并购整合赋能创新过程所提炼出的创新能力划分依据——资源嵌入场景，明确了海外并购整合的研究起点，同时为创新能力提供了新的辨析视角，联结了能力重构与动态资源基础理论。

第二节　理论背景与研究现状

一、组织外资源特征与自主创新

赫连志巍（2021）把企业在环境影响下将技术资源投入非相关行业，进而在新的市场领域构建竞争优势实现创新的经营方式定义为突变式转型，这一转型方式是 VUCA 常态化冲击下撬动企业未来发展的关键（单宇等，2021）。企业研发创新活动依赖于现有资源基础及其特征（Wernerfelt，1984），资源相关性（相似性和互补性）是影响并购整合策略选择和并购绩效的关键因素（Zaheer et al.，2013；Steigenberger，2017），然而现有文献存在资源相关性概念界定和划分模糊的问题（黄嫚丽等，2019），不适用于探究涉及多领域资源的突变式转型情景。资源特征包含了对资源内部到外部所存在的各种特征的全面探索，从组织外资源特征这一视角研究企业创新更具包容性。

从内部特征来看，并购双方初始技术差距造成的技术缺口是制约自主创新的关键，也是促使企业海外并购寻求创造性资源的主要原因（吴先明和苏志文，2014）。技术差距会引发组织间技术逆向溢出，溢出的技术被并购方完全吸收后才能进一步驱动创新（Findlay，1978；Cohen and Levinthal，1990），提高吸收能力的关键在于增强组织内技术知识存量与外溢知识的交互作用（王昌林，2007），需要通过技术引进、专利信息交流、模仿学习、技术合作、反向工程等研发互动活动才能实现（吴先明和苏志文，2014）。第一，研发互动过程提高了技术人员在组织外技术上的专业性，技术人员理解吸收外部知识的过程提高了组织整体的吸收能力；第二，技术知识具有明显的路径依赖性和自主积累性（Cohen and Levinthal，1990），技术存量的增加会提高组织成员对溢出技术的理解和学习能力，缩小组织间技术差距；第三，研发互动过程能够改善技术学习环境，本土配套技术环节会在研发试错过程中逐步完善，提升进步的空间和创新的潜力（Findlay，1978），技术引进的成本随之降低，增加企业吸收更多外部技术溢出的动机。除此之外，吸收能力还取决于自主研发投入、知识存量关联度和组织成员关注度（王昌林，2007）。

从外部特征来看，界内资源之间的领域相关性较高，并购方的界内资源存量和技术经验也更丰富，通常会以合作者或战略伙伴的身份进入较熟悉的领域展开合作，界内相关的资源存量和丰富的技术经验减少了组织间的信息不对称，使并购方的组织身份更易被认同（魏江和杨洋，2018），给予被并购方较大的管理自由能够促进双方基于相关的技术、共同的认知结构和互通的语言深入学习（谢伟等，2011），促进企业创新；但 Palich 等（2000）认为如果并购双方在技术、产品等方面越相似，并购后越能通过资源和活动的共享，实现运营过程协调，从规模经济、范围经济、减少冗余等方面达成协同效应推动企业创新（黄嫚丽等，2019），被并购方不需要很高的组织自治性；已有研究并没有明确高领域相关性与自治性之间的关系（Zaheer et al.，2013）。跨界资源之间的领域相关性较低，并购方会以进入者的身份进入与原有产业不同的新领域（Urbinati et al.，2022），界内技术经验难以指导新领域的创新活动，不相关技术资源之间的应用惯性和资源锁定（王宛秋和张潇天，2022）会稀释被并购方的企业价值，短时间内较难取得被并购方的身份认同，需要尽可能减少对被并购方的治理约束。

二、连续海外并购整合模式：资源依赖理论

关于海外并购整合策略的选择问题，已有研究从后发国家企业的并购实践中总结出对应的模式，提出建立双元共生的框架考察整合策略的选择（魏江和杨洋，2018），并从"独立—依赖"（杜健等，2020）、"治理共享—协调运营"、"组织自治—战略依赖"（黄嫚丽等，2019）等维度对整合策略进行划分。其中，对于自主治理这一整合维度的划分较为统一，包括对被并购企业原有管理团队、组织身份的保留或替换情况。具体来看，较高的自主治理程度能够减轻身份差距、文化距离、组织壁垒等对利益相关者的负面影响（Koleša et al.，2022），减少对被并购方的价值稀释（杜健等，2020；Soundararajan et al.，2021）；较低的自主治理程度意味着被并购方被完全整合进并购方进行统一管理，更有利于发挥并购后的协同效应（魏江和杨洋，2018）。

关于整合策略另一维度的划分尚未统一，从突变式转型这一特殊情境来看，海外并购的初衷就是为了获取提升创新能力的组织外资源，对关键资源的拥有者有强烈的单向依赖性（Thompson，1967；黄嫚丽等，2019），而这种依赖在并购完成后可能依然存在，甚至产生新的依赖（Hillman et al.，2009；杜健等，2020），因此增强组织间"经营依赖程度"应当被当作整合策略的另一重要维度。Thompson（1967）将组织间资源依赖划分为结构依赖和过程依赖，前者凭借资源嵌入的逻辑发挥作用，后者通过资源交易过程影响组织间依赖（Madhok and Tallman，1998）。从资源嵌入的逻辑看，互补性资源是产生结构依赖的根本原因，组织间资源交换、

替代能够增加企业利用互补性资源克服或降低原有弱势的可能（Ireland et al.，2001；黄嫚丽等，2019），提高互惠信任关系（Oliveira et al.，2022），更易产生新的创新增长点；从资源交易的过程看，并购双方良好的交流互动会促进更多知识、资源、能力、情感跨组织投入，增加获取稀缺、不可替代资源的可能性，同时缓和整合过程中资源过度集中引发权力"一边倒"的失衡状况。因此，可以从降低结构依赖（提高资源互补）和提高过程依赖（经营活动联合行动和技术活动双向交流）两个方面增强组织间"经营依赖程度"。

至此，本书认为组织外资源特征影响了突变式转型情景下整合策略的选择，技术差距引发的技术溢出会影响并购方对组织外资源的适应性吸收过程（吴先明和苏志文，2014）；组织外资源来源决定的领域相关性会影响对并购方的组织身份认同，进而引发双方组织和人员互动困境（魏江和杨洋，2018），最终影响海外并购整合策略的选择；而针对性调节自主治理程度和经营依赖程度能够协调组织间互动过程，缓解互动困境，促进资源向创新领域流入。杜健等（2020）的研究中有关整合策略的划分依据与本章较为相似。所不同的是，本章将"经营依赖"这一维度按照组织外资源来源细分为界内经营依赖和跨界经营依赖，而以往的研究忽略了跨领域技术壁垒对整合策略的影响。"界内经营依赖、跨界经营依赖与自主治理"交叉组成的整合框架可能更适用突变式转型情景下的连续海外并购整合。

三、自主技术联合创新与创新能力：动态资源基础观与能力重构理论

动态资源基础观认为企业会突破原有资源路径依赖或组织结构惯性（张璐等，2021），面向外部组织持续搜索匹配市场需求的技术资源，在重新配置资源的过程中获得持续竞争优势（Helfat and Peteraf，2003），能够用于解释突变式转型情景下企业的创新路径。从突变式转型的前提条件来看，企业在转型前的技术资源应当能够为形成新的创新特质提供强力支持（赫连志巍，2021），不仅要求企业在研发投入、研发团队、配套硬件等支撑要素上形成存量规模，还要求企业已经在核心产业领域形成竞争优势，为跨领域发展提供创新环境。根据技术资源来源，突变式转型过程被划分为界内资源驱动的核心产业创新和界外资源驱动的核心产业跨领域创新两个关键阶段，构成了突变式转型情景下特有的自主技术联合创新过程。其中，核心产业创新导向阶段，企业围绕核心产品及其相关领域展开界内资源搜索，分别从强化核心技术知识（潘清泉和唐刘钊，2015）和扩大技术覆

盖范围（Katila and Ahuja，2002）两方面实现核心产业创新，该阶段的创新绩效多体现在产品专业性提高、产品价格降低等方面（周洋和张庆普，2019）；核心产业跨领域创新导向阶段，企业围绕核心产业展开界外资源搜索，同时投入核心产业相关技术、人才、知识等支持界外技术研发活动（Steininger et al.，2022），不同领域资源的碰撞更有益于实现整体价值溢出（Vial，2019），该阶段创新绩效多体现在技术模式颠覆、跨界技术主导的新产品、新的核心业务出现等方面。因此，通过对比不同转型阶段的创新绩效，能够揭示出自主技术联合创新模式的创新路径。

　　能力重构理论从动态的角度解释了企业如何适应变化的环境（魏江和杨洋，2018），包含替代、转换和进化三种主要的重构方式（Lavie，2006）。突变式转型情景下的连续海外并购整合正是企业对外部环境的动态适应过程，其对创新的赋能机制体现在对创新能力的重构上。许庆瑞等（2013）从"能力的本质是知识"的角度出发，认为"无技术基础"企业中的自主创新能力依赖于嵌入创新过程中的核心技术知识来源。但突变式转型情景下，技术资源存量与内化后的组织外资源正是企业构建竞争力和实现阶段性创新所需的核心技术知识，是"有技术基础"背景下的进一步自主创新。本章从"知识来自实践"的角度出发，认为突变式转型情景下创新能力的本质差异在于核心技术知识嵌入场景。通过对比不同转型阶段"嵌入—整合—掌握"效果，能够归纳出自主技术联合创新模式背后的能力演化逻辑。

四、研究评述

　　综上所述，现有关于自主创新与海外并购整合的研究忽略了突变式转型这一重要研究情景，存在一些不足：首先，突变式转型情景下的自主技术联合创新路径模糊，大多数研究将突变式转型情景的"有技术基础"背景作为黑箱，回避了企业有核心技术知识后的创新路径研究。其次，突变式转型情景下企业面临的组织外资源来源和组织间技术差距具有特殊性，不同组织外资源特征对应的整合策略选择与常规情景下不完全相同。最后，"有技术基础"背景下自主创新能力界定模糊，研究不足。综上，本章希望能够对以下问题做出回答：①突变式转型情景下，中国企业实现自主技术联合创新的路径是什么？②连续海外并购整合对自主技术联合创新的赋能机制是什么？③"有技术基础"背景下自主创新能力的划分依据和演化逻辑是什么？

第三节　研究方法

一、方法选择

本章意在研究突变式转型情境下，连续海外并购整合影响自主技术联合创新的机制和路径，以及创新能力演化升级的底层逻辑。采用纵向单案例的研究方法，原因如下。一方面，本章研究的问题"突变式转型背景下，连续海外并购的企业如何整合实现自主技术联合创新、自主技术联合创新过程中创新能力演化逻辑"具有归纳特征和解释特征，案例研究适合解决"how"和"why"的问题（Eisenhardt，1989；Yin et al.，2014）。另一方面，连续海外并购整合赋能自主技术联合创新、实现创新能力升级是一个复杂的动态过程，纵向单案例能够基于时间顺序和突变转型需求构建因果证据链，挖掘复杂整合事件背后隐藏的各构念之间的相互关系和理论逻辑（肖静华等，2021），同时也满足了 Yin 等（2014）提出的单案例代表性原则。

二、案例选择

本章选择家电制造行业的领军企业美的集团作为案例研究企业。为了保证案例研究对象与研究问题相匹配，案例企业的选择遵循以下原则：①典型性原则（Pettigrew，1990）。美的自创立伊始就专注于创新实践，是通过连续海外并购整合逐渐实现全面综合创新的典型企业，其自主技术联合创新路径和机制基本上能够代表中国家电企业实现自主创新和创新能力演化过程中面临的问题和采取的整合策略（肖静华等，2021）。②极化原则（Eisenhardt，1989）。美的借助四次较有成果的海外并购完成突变式转型，针对突变转型动机和组织外资源特征的相互联结不同采取针对性整合策略，各阶段整合策略之间的差异可以增加研究结果的普适性。③数据充足原则。美的多年入围世界 500 强排名，且已于 2013 年在深交所上市，公开信息充足、信息来源渠道广泛。

2021 年，美的升级战略主轴为"科技领先、用户直达、数智驱动、全球突破"，强调大时代转折点面前突变转型的重要性，"重新定义自己，以加速的步伐重构自己"是美的董事长方洪波面对行业巨变的审慎和判断。图 6-1 是美的成立后海外布局历程，本章分析的关键是突变式转型过程中海外并购整合策略影响自主技术联合创新的路径、机制及创新能力演化过程，为了厘清这种关系，本章根据高管访谈中提及的阶段性转型动机，将突变式转型过程划分为三个重要阶段（表6-1）。

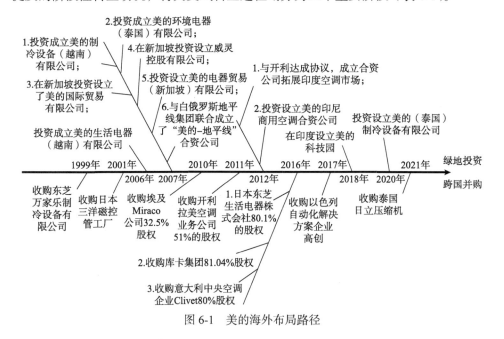

图 6-1　美的海外布局路径

表6-1　美的突变式转型过程阶段划分

阶段	第一阶段	第二阶段	第三阶段
时间区间	1998~2012 年	2013~2016 年	2017 年至今
重要事件	海外并购东芝万家乐	海外并购东芝白电 海外并购德国库卡	海外并购以色列高创
突变转型动机	纵向集成	横向集成	突破

三、数据收集

多种数据来源能够提高研究的信度和效度（Yin et al.，2014）。本章的数据来源主要有三种：①美的官网的公开信息、巨潮资讯网美的公开公告、关键人物公开演讲、访谈资料；②权威新闻媒体披露的报道和权威数据库获取的公司及相关行业财务、股价等数据，基于权威数据库计算后的数据信息；③与美的管理层及技术团队的问卷与访谈。但由于访谈可能会产生印象管理和回溯性释义带来的误差（Eisenhardt and Graebner，2007），将高管访谈作为辅助的获取数据方式验证研究结论。

四、数据分析

对研究现象进行系统性概念化编码有助于单案例"讲好中国故事"（毛基业和苏芳，2019；单宇等，2021）。本章将基于官方公开信息、权威媒体报道和访谈等内容定义一阶概念，提炼出延伸核心业务产业链等 25 个一阶概念，同时对其进行分类。基于已有研究理论和研究现状在一阶概念基础上再分类形成二阶主题，提炼出引进、消化等 11 个二阶主题。厘清各一阶概念和二阶主题之间关系后，形成深耕、积累等 9 个聚合构念（图 6-2）。解决的核心问题包括：自主技术联合创新路径、连续海外并购整合赋能机制和自主技术联合创新背后创新能力演化逻辑。

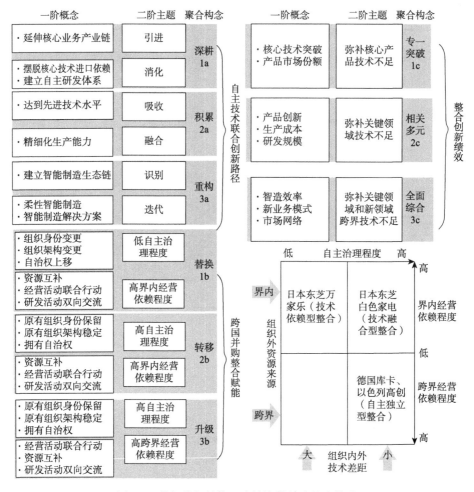

图 6-2　数据分析结构、连续海外并购整合策略

第四节　案例发现

遵循案例企业突变转型实践，本章从三个阶段展开分析：第一个阶段是纵向集成阶段（1998~2012 年）；第二个阶段是横向集成阶段（2013~2016 年）；第三个阶段是突破阶段（2017 年至今）。突变式转型过程中，案例企业在家电生产制造领域已经位于国内行业前列，与优势企业持续展开技术合作，跨过了从无到有的原始创新能力成长期，整个自主技术联合创新过程是有技术基础下的针对性整合结果。案例发现部分，锚定不同阶段如何创新应对突变转型，尝试解开转型过程中连续海外并购整合赋能机制黑箱。根据研究问题，分析突变式转型情景下推进自主技术联合创新的路径（1a-2a-3a）、连续海外并购整合对于阶段性整合创新绩效（1c-2c-3c）的影响（1b-2b-3b），归纳提炼出理论框架。

本章将美的连续海外并购后的整合策略划分为"自主治理"和"经营依赖"两个维度，最终形成技术依赖型整合、技术融合型整合和自主独立型整合三类代表性整合策略（请参照图 6-2）。其中，按照被并购方技术资源来源，"经营依赖"细分为界内经营依赖和跨界经营依赖。"自主治理"维度主要聚焦被并购方原有组织架构稳定性、经营团队自主治理权和原有组织身份去留（魏江和杨洋，2018）的对比上，"经营依赖"维度主要是指并购双方基于资源互补、研发活动双向交流、经营活动联合行动（杜健等，2020）的频繁程度。

一、纵向集成阶段：1998~2012 年

（一）深耕（1a）

纵向集成阶段海外并购的目的在于深耕，即尽可能深耕暖通空调核心产品配套技术与生产能力，通过并购后的整合打开核心产品技术"黑匣子"。具体来说，纵向集成阶段并购了东芝万家乐，引进了空调压缩机全套的制造技术和生产设备。与东芝联合研发压缩机矢量控制技术，实现变频芯片模块的自主开发与生产，彻底摆脱变频元件对进口供应商的依赖，在压缩机和电机方面建立起完善的自主研发体系和产品制造体系，并同时向全国输出尖端变频技术。这一阶段的典型证据援引请参照表 6-2。

表6-2　突变式转型的纵向集成创新阶段典型证据

聚合构念	二阶主题	一阶概念	典型证据援引
深耕（1a）	引进	延伸核心业务产业链	美的集团正在实施纵向整合及资本扩张战略,强化主业空调业务的核心配套生产能力。①
			1998年对东芝万家乐进行资产重组及经营体制变更,进入空调压缩机领域,构建一条纵深发展的空调产业链。③
	消化	摆脱核心技术进口依赖	实现变频芯片模块的自主开发与生产。②
		建立自主研发体系	"彻底摆脱变频元件对进口供应商的依赖"②
替换（1b）	低自主治理程度	组织身份变更	连续亏损使东芝万家乐大多数员工对公司的发展前景失去信心。④
		组织架构变更	新领导班子对东芝万家乐进行彻底改造。⑤
			"使员工企业结成命运共同体"。②
		自治权上移	把经营权让给美的,重要决策留在美的总部。⑤
	高界内经营依赖程度	资源互补	在掌握微波炉核心部件磁控管生产方面取得进展。⑤
			东芝开利向合资公司转让现有的产品,并提供技术支持。⑤
			"提供从产品研发、制造到品质管理一整套完整的技术保障体系"②
			派遣部分人员进入美的空调的质量、技术、制造部门。①
		经营活动联合行动	2002年成立美的空调-东芝联合实验室。③
			2008年与东芝开利合资成立安徽美芝制冷设备有限公司。③
			2011年设立美的-东芝开利变频技术联合研发中心。③
		研发活动双向交流	"美的与东芝开利将完全共享压缩机矢量算法等核心技术,双方联合研发的变频核心技术也将向全球输出。"②
专一突破（1c）	弥补核心产品技术不足	核心技术突破	在空调领域拿到国内第一张3C认证证书。④
			空调相关技术经专家一致鉴定达到国际领先水平。④
		产品市场份额	制冷产品市场占有率逐年递增,子行业市场排名多年保持第一。⑥
			空调业务的市场占有率增速较行业内其他企业快。⑥

注:①、②、③、④、⑤、⑥分别代表证据来源,①为访谈或问卷资料,②为企业关键人物公开演讲,③为企业官方网站公布的资料,④为已公开发表的案例有关内容,⑤为新闻媒体的报道内容,⑥为根据公开数据手工计算得出,下同

（二）技术依赖型整合赋能:替换（1b）

纵向集成阶段,美的对东芝万家乐采用了技术依赖型整合策略,利用低自主治理程度和高界内经营依赖程度相结合的整合方式,重点强调"自上而下"的控制能力,使作为生产力主体的人的作用充分发挥,同时提高与被并购方技术活动和日常经营活动之间的依赖协调程度,加快技术替换效率,帮助积极投身制冷设备制造的美的在跨国并购中高效深耕专有产品核心技术。

从低自主治理特征来看,首先,原有组织身份变更。东芝万家乐虽然掌握压缩机核心技术,但过重的债务负担和市场价格下行严重早已引发多数员工对公司

前景的担忧。被美的并购后，东芝万家乐正式进入下属压缩机事业部（现工业技术事业部），被赋予了新的组织身份和发展使命。信任危机情景下的身份认同体现了对被并购方的重视程度，能够激发被并购方企业员工的斗志。其次，原有组织架构变更。美的将一名总经理和一名财务负责人派至东芝万家乐，新的领导班子开始进行大规模改造整合。较少的介入人数体现出对被并购方的信任，有经验管理团队的介入更有助于被并购方摆脱经营颓势，重塑组织竞争力。最后，原有经营团队自主权上移。自主权上移意味着美的会参与到被并购方的日常管理活动。"美的模式"中的责权利匹配原则被移植到被并购方，计件工资制和按劳分配的薪资原则充分释放被并购方员工生产潜力，职责、权限明晰的激励与约束机制平衡了各部门基于利益的纠葛，集团战略、投资、资本经营、资金财务和人力资源等决策权保留在美的总部，强化了集团上下目标的一致性。

从高界内经营依赖程度来看，首先，经营活动联合行动。在协调与合作中联合推进经营活动是提升组织间依赖的重要方式（杜健等，2020），美的和东芝万家乐有三项核心联合行动。第一，2002 年与东芝联合成立美的空调-东芝联合实验室；第二，2008 年与东芝开利合资成立安徽美芝制冷设备有限公司（简称美芝），成功进入冰箱压缩机领域；第三，2011 年与东芝开利成立美的-东芝开利变频技术联合研发中心，联合专攻空调技术压缩机和控制器两项核心难题。美的空调事业部负责人向媒体表示，"双方均没有预留技术后台，以全开放的姿态展开合作""联合研发的变频核心技术也将向全球输出"。经营活动联合行动不但会增进双方对共性问题的深耕，还能为其余整合活动的展开提供稳定保障。其次，资源互补。核心零件技术、技术人员和配套技术保障体系是东芝万家乐为美的提供的重要资源。第一，并购前的美的在主营产品的核心部件、技术上一直受限于进口，东芝方直接带着测试仪器设备、向美的转让现有产品技术，才有了空调与空调压缩机、冰箱与冰箱压缩机等核心产品及关键部件的产能布局；第二，为了提高合资公司在技术研发和产品生产上的水平，东芝直接派遣人员进入合资公司技术、制造、质量管理等提高创新能力的关键部门，进行技术研发和产品质量等方面的专业指导；第三，东芝向美的输送的不仅是技术，而是从研发、制造到品质管理的一整套技术保障体系，这才有了当时世界先进的新一代 R410A 环保冷媒高能效直流变频技术，直接推动美的中央空调核心技术升级和世界领先新冷媒高能效直流变频技术的中国应用。最后，研发活动双向交流。频繁的信息交换和相互学习有利于提高相互依赖程度（杜健等，2020），而有目的、有针对性的双向交流更能激发共性活动的创新潜能。美的的一位高管向媒体表示，"联合研发中心的前景就是打造以中国为核心的变频技术创新中心"，双向共享、交流的强强联合研发过程加快了美的对原有技术的淘汰与替换，较短时间内创新性掌握变频核心技术，成为当时全国唯一一家全面掌握变频空调全部核心技术的企业，也使得中国向变频技术创新大国转变升级。

（三）整合创新绩效：专一突破（1c）

（1）弥补核心产品技术不足。纵向集成阶段的整合创新绩效聚焦核心技术空缺弥补后，在制冷产品上的专一突破效果，即技术依赖型整合对核心产品技术突破和核心产品市场份额的影响。

（2）核心产品技术突破。在空调产品上，美的全球第一条联合国多边基金R290新冷媒示范线顺利通过验收，成为拿到国内第一张3C认证证书的企业。"房间空调器高效节能关键技术的研究及应用"项目荣获科技进步奖一等奖，"一晚低至1度电"的节能技术深入人心。在与东芝密切合作的基础上，美的"基于移动空调智控式双水轮雾化关键技术研究与应用""智能匹配光伏空调高效节能关键技术研究与应用""变频空调器超高温制冷关键技术研究及应用""变频除湿机节能关键技术研究与产业化"经专家一致鉴定达到国际领先水平。

（3）核心产品市场份额。参照图6-3，并购整合东芝万家乐后，美的家用空调的市场占有率大致呈现逐年递增的趋势，甚至在2021年上半年其线下份额超过连居首位的格力，排名第一。此外，美芝也成为近年来压缩机市场中的龙头企业（图6-4），与东芝的合作研发加快了美的在空调市场的追赶步伐，市场占有率增速较行业内其他企业快，呈现明显递增趋势。

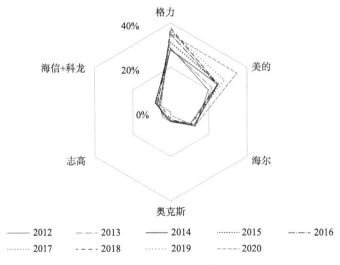

图6-3　2012~2020年空调业务按零售额市场占有率情况

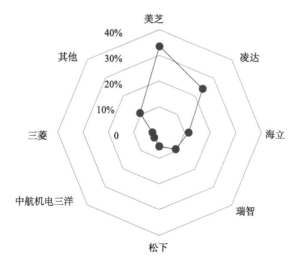

图6-4 美芝（美的系）占压缩机市场份额

二、横向集成阶段：2013~2016 年

（一）积累（2a）

横向集成阶段，海外并购的目的在于积累，即尽可能多元化积累白色家电领域关键技术，通过并购整合降低美的作为某些领域新进入者身份的进入壁垒，具备不落后被并购方的研发、制造能力，多样化提升综合实力。具体来说，横向集成阶段并购了东芝家电，获得白色家电领域相关技术、专利超 5 000 件，引进先进的制造、采购体系与事业部全面对接，充分挖掘双方在技术、产业链及成本方面的协同点。该阶段并购整合完成，美的迅速弥补了自身高端线品牌、产品和技术的不足，同时将东芝精细化生产、制造、采购体系融合嵌入事业部，与自有数字化平台对接。在以互补和协同为目标的整合过程中，逐渐实现先进技术水平和精细化生产、制造。这一阶段的典型证据援引见表6-3。

表6-3 突变式转型的横向集成创新阶段典型证据

聚合构念	二阶主题	一阶概念	典型证据援引
积累（2a）	吸收	达到先进技术水平	"我期待着与东芝紧密合作，进一步实现家电业务的增长，将美的发展为专注于创新的全球家电龙头。"③
	融合	精细化生产能力	学习东芝在制造上精细化的经验。① 推动美的中国生产工厂的精益化水平和能力提升。⑤

续表

聚合构念	二阶主题	一阶概念	典型证据援引
转移 （2b）	高自主治理程度	原有组织身份保留	致力于保持东芝家电可信赖的品牌形象、最佳实践、一流客户服务和高质量标准。③
		原有组织架构稳定	"美的将最大程度维持东芝家电现有的运作方式"② "如果我们还沿用国内的一套人力资源标准，在日本是招不到人的。"②
		拥有自治权	"用更多权力下放和更大激励力度激发组织活力。"⑤
	高界内经营依赖程度	经营活动联合行动	2016年与东芝家电联合开发电熨斗产品。③ 2017年推进整体结构性调整。③ 2018年事业部与东芝制造、采购体系全面对接。③
		资源互补	"在品牌、技术、渠道及生产制造等方面有力提升美的的全球影响力与综合竞争实力。"① "东芝家电带来了家喻户晓的品牌、优秀的团队和先进的技术，这将会显著增强我们在日本、东南亚及全球市场的竞争力。"②
		研发活动双向交流	共享知识产权和研发成果，加强科技协同。④ 东芝家电自创立就建立了一支业内资深的研发团队。④
相关多元 （2c）	弥补关键领域技术不足	产品创新	全球研发中心数量和累计专利授权量上升。③ 在并购第二年与东芝协同项目已突破75个。③
		生产成本	家用电器单位成本开始下降，单位毛利持续上升，成本费用率从2017年开始平稳上升。⑥
		研发规模	研发投入增长率较高，整体研发投入金额保持逐年递增。 累计总授权专利数量和专利申请总量递增。⑥

（二）技术融合型整合赋能：转移（2b）

横向集成阶段，美的对东芝家电采用了技术融合型整合策略，利用高自主治理程度和高界内经营依赖程度相结合的整合方式，强调放权技术经验丰富的东芝自主治理，充分发挥先进技术能动优势。同时提高界内经营依赖，尽可能转移东芝精细化生产、管理经验，补充传统业务模式不足。帮助亟须从工业制造向精细化智造升级的美的完成转型，实现原来单一产品品牌向涵盖数十种产品的白色家电综合品牌突围。

从高自主治理程度来看，首先，原有组织身份保留。美的并购东芝家电后，实施"双品牌"战略，尽可能将东芝品牌与原有品牌做出区分，继续维持东芝全球高标准品牌定位、产品品质和客户画像，并在技术、品牌、人员和营销等方面给予充分支持，落实家族化工业设计，避免稀释东芝家电品牌价值，充分挖掘家电业务潜力。其次，原有组织架构稳定。美的仅派出会长和副社长两名高管进入东芝，特别强调注重原有组织架构的稳定。组建成立日本用户创新中心，针对日本市场改任期制用人标准为终身制，为孵化创新产品、培养创新人才提供直接支持，降低原有员工抵触情绪带来的负面效应，有利于缓解人才流失引发的整合冲突。最后，拥有自治权。美的并购东芝家电后，并未改变东芝内部原有高管职位，放权让其自主经营。不仅支持东芝在本土市场布局电商、电视购物等新的增量渠道，还帮助开拓面向中国、东盟、北美等的海外市场，重新激活东芝员工参与市场竞争的斗志，提升终端销售能力。"深耕日本，聚焦海外"是该阶段的重要战略布局之一。

从高界内经营依赖程度来看，首先，经营活动联合行动。美的和东芝家电有三项核心联合活动。第一，2016 年与东芝家电在充分融合沟通后，就电熨斗产品展开联合研发；第二，2017 年推进整体结构性调整，与东芝家电完成品牌及技术交叉授权、内外部供应链梳理、渠道授权和法人管理等整合活动；第三，2018 年联动家电产品事业部与东芝家电各地工厂完成制造平台整合。东芝总裁兼首席执行官室町正志公开表示，"很高兴能见证东芝与美的的战略伙伴关系通过本次交易开花结果"。其次，资源互补。多元化产品组合及其专利技术、市场渠道、经营效率是东芝家电为美的提供的重要资源。第一，美的获得了东芝品牌 40 年的全球许可，此外还获得超五千项家电专利及由东芝持有的其他家电相关专利，弥补了美的在白电领域关键技术存量的不足，增加了海外专利布局厚度；第二，借助东芝前期积累的营销网络和渠道优势，美的能够直接打通遍布日本的零售商渠道和合同渠道，同时借助东芝布局海外市场的战略举措，提高产品的海外市场占有率。第三，美的拥有完备的供应链，东芝则在配套设施、生产制造、工艺水平和管理模式上走在前端，双向对接有助于提高整体的精细化生产水平，再加上在数字化平台的推动下，整体业务流程运营效率大大提升。最后，研发活动双向交流。在技术层面，东芝自创立起就建立了一支拥有首创型技术、产品的专业研发团队，为日后的技术转移和研发活动打下基础；在体系层面，知识产权与研发成果能够通过一体化制造平台在并购双方互动转移，提高技术研发效率；在研发层面，美的与东芝研发部门长期保持沟通交流，在技术知识的融合优化中，最终研发出适合日本市场的手持式电熨斗。

（三）整合创新绩效：相关多元（2c）

弥补关键领域技术不足。横向集成阶段的整合创新绩效聚焦界内技术、渠道和生产能力跨组织转移，弥补核心家电产业关键领域技术不足，关注多元化整合效果，即技术融合型整合对生产成本、研发规模及产品创新的影响。

生产成本。参照图 6-5、图 6-6，学习东芝的精细化生产经验后，美的加大了生产、销售降本力度，优化产品结构提升毛利，刚性管控支出，大幅改善营利能力。从成本方面看，美的家用电器的单位成本从 2017 年开始保持下降趋势，由于铜、铁等主要原材料价格的上升，在 2018 年有较小的上升，而由成本管控带来的成效反映在单位毛利的变化上为持续上升，由于疫情等其他环境因素的影响，单位毛利在 2020 年有所下降。从总的营业费用方面看，美的的成本费用率从 2017 年开始平稳上升，说明单位成本费用所创造的利润持续上升，技术融合型整合提升了企业的成本竞争优势，从而进一步带动毛利润的上升。综合两方面来看，并购整合东芝白电技术后，美的产品的技术含量增加，提高了企业的获利能力。

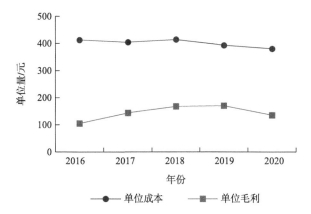

图 6-5　2016~2020 年单位成本研发规模

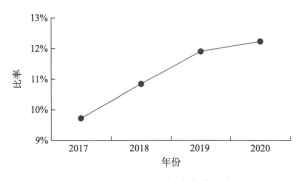

图 6-6　2017~2020 年成本费用率

从研发投入情况来看，美的 2016~2017 年研发投入增长率高达 40.59%，几乎是前一年投入增长率（14.88%）的 3 倍。后续年度研发投入增速虽回归并购前水平，但整体的研发投入金额依旧保持逐渐递增（图 6-7）。从研发成果来看，并购整合东芝白电当年是美的研发成果激增的一年（图 6-8），累计总授权专利数量几乎呈直线递增，专利申请总量也出现明显变动。2017~2019 年，美的分别有 16 项、14 项、25 项科技成果，通过权威机构及院士、教授等技术专家的专业评审，被认定为"国际领先"，整体研发优势显著。

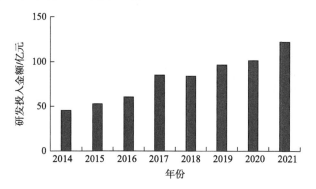

图 6-7　2014~2021 年研发投入情况

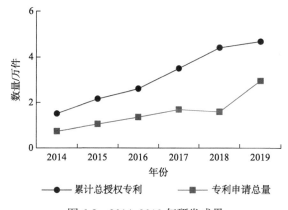

图 6-8　2014~2019 年研发成果

产品创新。并购整合强化了美的在空调和白电领域的国内市场领先优势，技术的创新最终被落实于产品层面。如图 6-9 所示，从营业收入来看，暖通空调和消费电器始终是美的盈利的增长点，二者是美的营业收入的主要来源。如图 6-10 所示，美的在并购东芝白电后，其研发全球布局又上一个台阶，在并购后的第二年（2017 年）立即设立美的日本研发中心，随着并购东芝白电所带来的海外市场的扩大，美的于 2019 年又将研发布局延伸至德国，全球研发中心数量也从 17 个（2016 年）上升至 28 个（2020 年）。此外，美的累计专利授权量更是直线上升，至 2021 年上半年已突破 6.6 万件。美的对东芝家电项目的协同整合促进了美的集团整体的产品创新，据美的年报披露，其在并购第二年与东芝协同项目已突破 75 个。

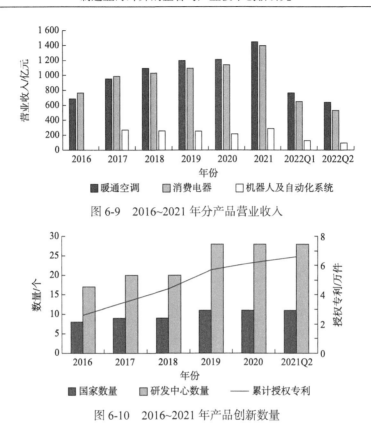

图 6-9　2016~2021 年分产品营业收入

图 6-10　2016~2021 年产品创新数量

三、突破阶段：2017 年至今

（一）重构（3a）

突破阶段，海外并购的目的在于重构，即在数智浪潮中尽可能重构现有技术体系，推动现有技术模式智能化、数字化升级，同时适应性构建新领域竞争力。具体来说，突破阶段并购了德国库卡和以色列高创，获得支撑核心产业领域智能制造发展的跨界技术（机器人技术和自动化技术），同时将智能制造技术与数字化信息系统整合对接，跨领域延伸创新活动。该阶段并购整合完成后，跨界取得的智能制造技术重构了产品、制造流程，提升了制造端智能化水平；智能制造解决方案同时被嵌入数字化创新业务平台，为客户提供从产品到服务的全价值链解决方案。这一阶段的典型证据援引见表 6-4。

表6-4　突变式转型的突破性创新阶段典型证据

聚合构念	二阶主题	一阶概念	典型证据援引
重构（3a）	识别	建立智能制造生态链	美的可凭借库卡在工业机器人和自动化生产领域的技术优势，提升公司生产效率，推动公司制造升级。③
			"对高创在运动控制领域的技术实力和创新潜力充满信心"。②
	迭代	柔性智能制造	促进C2M（customer-to-manufactory，顾客对工厂）柔性制造的突破性变革。③
		智能制造解决方案	实施"全面数字化、全面智能化"战略，"互联网服务平台"和"先进制造"两手抓。②
升级（3b）	高自主治理程度	原有组织身份保留	美的不会主动寻求库卡申请退市，反而强调尊重库卡品牌和知识产权。③
		原有组织架构稳定	仅派出一名监事进驻来反映集团持股比例。②
			不会改变库卡现有全球员工人数、关闭或搬迁基地。③
		拥有自治权	支持库卡集团监事会及执行管理委员独立性，保持库卡集团融资策略独立性，维持其独立上市地位。③
			公司的董事会也自动保留下去，特别是技术知识和商业数据都将得到保护。③
	高跨界经营依赖程度	经营活动联合行动	2018年与库卡子公司共设合资公司，业务覆盖高科技领域。③
			2018年与库卡共同成立智能制造产业基地。③
			2019年成立库卡中国事业部。③
		资源互补	"美的视库卡为进一步提升自动化产业产品和服务的首选合作伙伴，而美的则是库卡开发、生产、推广机器人业务的理想合作伙伴"。②
			"将极大推动高创全球业务拓展，尤其在前景巨大的中国市场，有助公司在全球机器人、运动控制及自动化领域取得领先地位"。②
		研发活动双向交流	从双方抽员工组建战略整合小组，不仅包含研发、技术、财务人员和管理层，还包括一线员工。④
			共同开发工业4.0环境下新的商业模式。③
全面综合（3c）	弥补关键领域和新领域跨界技术不足	智造效率	为美的各事业部完成50多个自动化项目。③
			截至2020年底，美的机器人使用密度已接近240台/万人。③
		新业务模式	向客户提供从产品到服务的一整套解决方案。③
		市场网络	市场进入渠道和销售网络增加，国外市场销售收入占比逐年提高。⑥

（二）自主独立型整合赋能：升级（3b）

突破阶段，美的对德国库卡和以色列高创采用了自主独立型整合策略，利用高自主治理程度和高跨界经营依赖程度相结合的整合方式。美的集团董事会秘书表示，适当放权，退居幕后，"从拓展市场资源和获取产业政策支持等方面帮助库卡减少运营成本。而同时美的将以库卡为主体，在机器人本体生产、工业自动化方案、系统集成及智能物流等领域进行全面布局"。

从高自主治理程度来看，首先，原有组织身份保留。在并购初期美的就表示"本次收购不以库卡退市为目标"，"双品牌"战略双向打通东南亚市场和欧美市场，双方在客户群体和渠道市场上充分转移、共享。通过保留原有组织身份，库卡能够继续发挥其德国老牌企业价值，减轻身份变更导致的利益相关者冲突和客户流失，也为美的创造海外利润增量。其次，原有组织架构稳定。美的对库卡近50年的工业机器人制造经验给予充分信任，整合过程中几乎保留了其全部管理团队，保证不参与库卡运营决策。为了尽可能减少库卡员工对于组织变动带来的心理负担，美的公开声称，"不会改变库卡现有全球员工人数、关闭或搬迁基地"，同时创新改革股权激励制度并推出持股人合伙计划。稳定的经营管理团队可以消除外界对新进入股东经营理念和价值观的质疑，激励制度能够有效吸引并留住关键技术人员，提高工作积极性。最后，拥有自治权。中国人会带走库卡的技术吗、德国制造业的核心技术流入中国是明智的吗，这些是美的并购库卡时德国政府最大的担忧。针对这一点，美的主动与库卡集团签订《投资协议》，做出多项保证库卡独立性的承诺，并且完全不涉及技术转让事项，还特别提出对库卡技术知识和商业数据的保护事项。

从高跨界经营依赖程度来看，首先，经营活动联合行动。美的与德国库卡、以色列高创有三项核心联合活动。第一，2018年美的与库卡子公司瑞仕格成立合资公司；第二，2018年与库卡共同成立智能制造产业基地；第三，2019年成立库卡中国事业部。高创则在运动控制和伺服电机等专业领域上为经营联合活动提供技术储备和产品储备。经营活动上的联合行动有助于营造协同升级的整合氛围，为资源共享互补提供平台，加快跨界技术迭代升级步伐。其次，资源互补。智能制造相关跨界技术、市场渠道是德国库卡和以色列高创为美的提供的重要资源。第一，工业机器人技术、自动化技术和运动控制、伺服电机领域的技术设备被扩散应用到生产制造各个环节，打通从工业机器人、自动化生产、自动化物流到工业服务的智能制造产业链。同时，这些智能制造技术也被整合进入包含生产线、物流和服务等环节的工业互联网平台，为B端（企业或商家）提供全价值链智能制造解决方案。第二，美的与库卡针对差异化市场和渠道专门签订合同，提升美的在欧美等发达国家市场的知名度，也帮助库卡扩大面向中国市场的销售渠道。最后，研发活动双向交流。在组织层面，美的与库卡分别派出研发、技术、财务、一线人员等共同成立战略整合小组，高创也扩充了驱动器技术开发团队，加强了对中国团队的建设。在员工层面，就本土驱动市场的技术研发、产品定位、需求理解、产品营销策略制定等，高创专门建立完善的交流机制，开展员工的双向沟通。在技术研发层面，美的与库卡在发展智能机器人、人机协调等关键业务专门设立智能制造产业基地，技术资源的双向流动衍生出面向中国市场开发的平台化商业模式。

（三）整合创新绩效：全面综合（3c）

弥补关键领域和新领域跨界技术不足。突破阶段的整合创新绩效聚焦界外技术跨组织移植，弥补关键领域和新领域跨界技术不足后，在整个组织内全面综合地整合效果，即自主独立型整合对智造效率、服务端智能化水平和市场销售网络的影响。

智造效率。机器人本体、柔性系统、一般工业自动化、智能物流自动化及智能医疗自动化等是库卡中国事业部的主要业务模块，完成 17 款软件产品、6 款新应用及新产品 KR 4 AGILUS、KR SCARA、KR DELTA 和移动机器人 KMP 600-S 的发布。KUKA Robot LBS、KMS、Martec 及微信 24 小时在线客服的上线应用，在研发、销售、售后各环节，通过数字化的管控手段，进一步提升业务运营效率。与高创跨国团队协同研发的多项伺服驱动器被应用于工业自动化平台，覆盖生产工艺自动化、物流自动化和机器人服务，为美的各事业部完成 50 多个自动化项目，广泛应用于焊接、搬运、码垛、视觉检测等方面，应用主流系统达 20 余种，有效提升了美的集团智能制造效率。截至 2021 年 7 月，美的机器人使用密度已超过 320 台/万人，并计划在 2023 年实现 530 台/万人的目标。

2020 年开始，美的致力于打造全球产品平台，从单品开发转向平台的开发，形成支撑 C2M 定制的产品能力，完成研发数字化平台的自主化建设，发布全新国产化 PLM（product lifecycle management）工业软件平台，当年便实现开发效率提升 27% 和测试周期缩短 32%。2021 年美的持续发力，如在供应链与生产环节，开始试点智能采购并引入智能算法，以提升采购的执行效率和响应能力；此外，美的还推出美的公有云平台，助力上游供应商数字化转型，优化供方库存管理。

服务端智能化水平。2018 年，库卡的机器人技术和高创的自动化技术正式被嵌入工业互联网服务平台美擎、M.IoT 生态平台和美云智数，布局规划以智能化技术、产品和场景为核心的全新产品、服务和业务模式。凭借核心部件、机器人本体、机器人单元、完全自动化的系统，促进 C2M 柔性制造、研发平台模块化、数字营销等业务模块的突破性变革，美的开始向各个行业的客户提供从产品到服务的一整套解决方案。目前，美擎已对美的内部产生可观成效，对外服务超 200 家公司，服务对象涵盖多个行业和领域，逐渐形成产品、服务形态丰富的数字化创新生态系统雏形。

市场销售网络。除了获取技术资源，美的还在海外并购整合过程中取得了标的企业的销售网络和市场资源。不仅节约了新建国外销售网络的成本，还降低了企业进入国外市场的进入壁垒和时间。如图 6-11 所示，随着海外并购数量的增多，企业拥有的市场进入渠道和销售网络也在连续海外并购整合过程中不断积累，2017 年以后来自国外市场的销售收入在营业收入中的占比明显高于 2016 年以前。

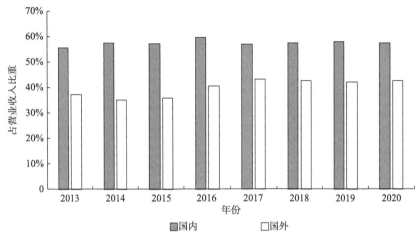

图 6-11　销售收入占营业收入的比例

第五节　本 章 结 论

本章根据案例分析提炼出突变式转型情景下自主技术联合创新理论框架（图 6-12），包含结论与讨论部分的全部内容。纵向集成、横向集成和突破是美的集团实现突变式转型的三个关键阶段，第一阶段主要利用技术依赖型整合策略将组织外成熟技术替换（1b）到组织内部，深耕（1a）核心产品，实现核心产品技术上的专一突破（1c）；第二阶段主要利用技术融合型整合策略转移（2b）组织外资源到组织内部，积累（2a）关键领域技术，围绕核心产业开展相关多元（2c）创新；第三阶段主要利用自主独立型海外并购整合策略升级（3b）核心产业技术模式，重构（3a）原生技术体系，实现核心产业领域内外的全面综合（3c）创新。其中，VUCA 环境倒逼企业联合外部组织进行突变式转型，组织外资源特征（组织外资源来源、初始技术差距）和突变转型动机（纵向集成、横向集成、突破）影响了被并购方的自主治理程度和经营依赖程度，二者共同决定海外并购整合策略的赋能效果（替换 1b、转移 2b、升级 3b）。组织外资源被针对性地嵌入组织内不同场景，弥补技术空缺，形成核心产品创新能力—关键领域创新能力—核心产业跨领域创新能力的演化路径，推动自主创新能力持续升级。

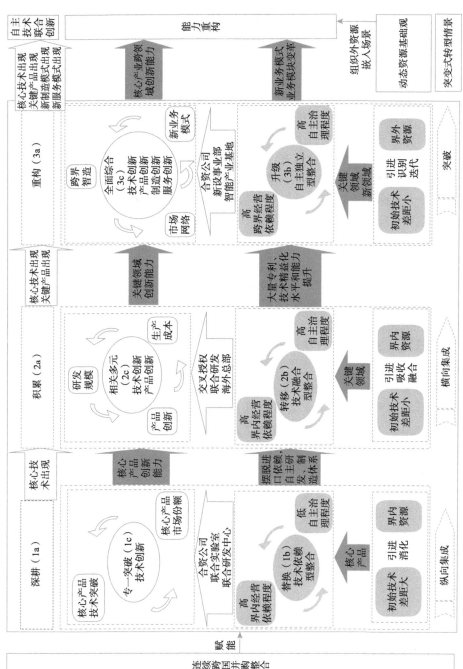

图6-12 突变式转型情景下自主技术联合创新理论框架

一、突变式转型情景下自主技术联合创新形成过程

突变式转型是VUCA特征常态化作用下企业在新的市场领域构建竞争优势的有效方式，组织外资源差异化特征会影响不同转型阶段的资源配置路径（赫连志巍，2021），进而影响阶段性创新形成。通过案例分析，本书发现自主技术联合创新是在不确定和易变环境干扰下，动态整合组织内外资源，向研发、生产、制造等环节针对性配置共享的创新模式。突变式转型情景下，自主技术联合创新形成过程涉及深耕（1a）、积累（2a）和重构（3a）三个关键要素，在三个要素的动态演进中，企业突破自有技术轨道向更高价值技术组合转型，还在转型过程中联合外部组织实现从技术到服务的全面创新升级。

纵向集成阶段。早在1993年，美的集团就与东芝就压缩机开发技术、中央空调等制冷技术展开合作，但始终没有将核心产品技术牢牢把握在自己手里，自主技术联合创新第一阶段主要围绕攻克核心产品技术展开。从整体上看，该阶段通过成立联合实验室、设立合资公司、设立核心技术联合研发中心等方式，沿着引进、消化的传统路线彻底内化被并购方成熟技术（压缩机技术、电机技术、磁控管技术等）为自有核心产品（家用暖通空调、微波炉等）所用。从该阶段整合创新效果来看，主要体现在核心产品技术的专一突破上，通过加速消化被并购企业技术研发经验，跟踪技术发展趋势，建立起核心制冷产品（空调、冰箱）及其关键核心部件（空调压缩机、冰箱压缩机）完善的自主研发体系和产品制造体系，实现市场份额的局部领先，将被并购方优势彻底转化为核心产品竞争力。

横向集成阶段。单一化深耕制冷产品及其配套技术无法满足多样化的市场需求，与美的充分建立互信、认同关系，且掌握大量家电产品关键技术的东芝家电成为该阶段的并购目标。由于该阶段内化的产品、技术、专利是多样的、大量的，许多产品都是美的未曾涉足的领域，短时期内不易展开针对性深耕，自主技术联合创新第二阶段主要围绕尽可能多地积累领域内关键技术展开。从整体上看，横向集成阶段美的通过产品联合研发、品牌技术交叉授权、新设海外总部等方式，沿着引进、吸收、融合的路线将被并购方优势转移到组织内部，与已有技术融合推动本土化研发。从该阶段的整合创新效果来看，主要体现在技术和产品的相关多元创新上，通过融合改良被并购企业技术、专利，自有知识产权新产品增速放快，整体技术水平和研发规模显著提升。再加上精细化、规模化生产带来成本优势，技术层面的量化积累协同二者共同推动产品层面创新升级。

突破阶段。由于该阶段内化的机器人技术及自动化技术专业化程度高、专一

性强，仅依靠自身研发、管理团队难以独立运营，短时间较难实现针对性深耕和多样性积累，自主技术联合创新第三阶段主要围绕重构原生技术模式以适应突变的外部需求展开。从整体上看，突破阶段美的通过成立合资公司、成立事业部、成立智能制造产业基地，采用"按需索取"的方式，沿着引进、识别、迭代的路线驱动原生技术模式跨越或原生技术再集成。从该阶段的整合创新效果来看，主要体现在技术、产品、制造和服务的全面综合创新上，从以跨界技术辅助升级传统生产、制造体系，到以跨界技术为核心逐渐形成智能制造、数字化创新业务体系，彻底激活了企业从技术到服务的关键数据，将智能化优势由制造端向用户端渗透。升级后的业务模式（智能家电产品和智能家居生活服务）满足了客户端更挑剔的个性化需求，自主搭建的工业互联网平台也开始为自身和各个行业的客户提供科技平台支持。

二、连续海外并购整合对自主技术联合创新的赋能机制

突变式转型情景下，企业能够适应性生存的关键在于强化获取组织外必需资源的能力（吕文晶等，2017）。这种能力来源于对资源的需求、交易紧密程度、交易深度等各项经营活动，因此整个整合过程中都会在经营活动中与被并购方维持较高的依赖程度。基于案例分析探究整合背后的影响因素，组织外资源特征（组织内外技术逆差、组织外技术来源）决定了自主自治程度和增强经营依赖的可能，而突变转型动机（纵向集成、横向集成、突破）决定了自主治理程度和增强经营依赖的需求，在两方面因素共同驱动下，并购方会采取不同的整合策略对组织内外技术资源进行管理，或替换（1b），或转移（2b），或升级（3b），进而影响整合策略的选择，推动后续的能力形成。

纵向集成阶段。当组织外资源来自界内、组织内外技术逆差较大、突变转型动机在于纵向集成时，企业会选择技术依赖型整合策略，强调提高经营活动依赖程度，完成对已有核心产品及配套技术进行渐进式替换（1b）。纵向集成的突变转型动机意味着组织内已有适配的核心产品和基础技术，经营依赖行为（联合实验、联合研发、技术交流等）有利于利用核心知识溢出完善自我积累，专业化延伸产品特性。再加上并购双方技术逆差较大，较高的组织间经营依赖主要是为了提高组织外资源向组织内流通的效率（Fai，2003），能够消化、应用技术所需的机构和人才，加快了企业吸纳研发要素和模仿改善的过程（苏汝劼和李玲，2021），最终跨越技术吸收门槛（Acemoglu et al.，2006），通过自主研发站在新一轮技术溢

出起点。考虑到整合过程中涉及更多的界内相关性资源融入经营协调过程（魏江和杨洋，2018），因而更倾向将被并购方身份合并起来统一管理。将决策权掌握在自己手中，也有利于做出加快组织外资源内化的经营决策。

横向集成阶段。当组织外资源来自界内、组织内外技术逆差较小、突变转型动机在于横向集成时，企业会选择技术融合型整合策略，满足对自主治理和界内经营依赖的双元需求，完成关键领域技术的跨组织转移（2b）。横向集成的突变转型动机意味着组织外资源包含的技术知识领域更新更广泛，经营依赖行为（双向授权、联合开发、本土化研发交流等）有利于加深对异质性资源的理解（徐蕾和李明贝，2019）。由于有前一阶段针对核心产品技术的纵向过程，企业处于技术领先地位，组织内配套的基础设施水平、劳动技能水平和研发投入强度都会与之匹配提升（苏汝劼和李玲，2021），此时并购双方技术差距较小，较高的组织间依赖主要是为了进一步提高对组织外资源的吸收能力，促进领域内相关技术交叉融合，重新整合为新的技术知识，形成技术上的协同效应（徐蕾和李明贝，2019；曹兴和王燕红，2022）。要保证多元技术资源跨组织转移质量，就要优先保留被并购方"优秀"身份和架构，同时给予适当宽松的自治权，避免被并购方员工因组织身份、结构变动产生排斥、怠工的心理，稀释技术、品牌价值（杜健等，2020）。

突破阶段。当组织外资源来自界外、组织内外技术逆差较小，突变转型动机在于突破时，尽管对于经营活动的依赖需求相对较大，但是突破领域边界引发的技术隔离也"迫使"并购方给予被并购方较大的自主权，企业会选择自主独立型整合策略，完成原生技术体系升级（3b）。突破的突变转型动机意味着组织内原有的技术轨道会被打破，经营依赖行为（共设合资公司、共立产业基地、设立中国事业部等）有助于尽快识别、分解界外技术的独特部分，整合配置到自身技术上，克服组织外资源的"本地搜索"局限（Schildt et al.，2012），实现跨技术边界的交叉创新（徐蕾和李明贝，2019）。该阶段，组织内部拥有丰富的技术资源和较强的研发基础，能够对保留下来的界外技术的独特部分专门培育，实现技术轨道跃迁（Suzuki and Kodama，2004）。对于处于新领域的被并购方，依靠企业原有的管理团队很难施以援手，放权自治能够避免冲突、降低协调成本（魏江和杨洋，2018），激活技术升级潜力。

三、创新能力演化逻辑

值得注意的是，与关注核心技术知识来源，培养原始创新能力、渐进式内化组织外资源的自主创新模式不同，VUCA 常态化背景要求企业对突变的环境迅速做出反应，自主技术联合创新模式更加注重有限时间内整体创新能力的全面升级。海外并购直接将完成原始创新所需的核心技术知识嵌入组织内部，跨越了原始创新能力成长期，这种情况下就需要从组织外资源内化后嵌入场景的角度出发，辨析有技术基础背景下的能力演化逻辑。

纵向集成阶段。组织创新所需的界内技术知识被嵌入核心产品这一应用场景，要完成核心产品创新过程，需要将整合重点放在核心产品技术的研发、合作上。要求企业充分消化引进的组织外技术，一方面，强调引进的技术资源是针对性适配核心产品技术的，另一方面，强调在与外部组织的技术合作、互动中，充分分析、处理、解释和理解外部知识（Zahra and George，2002），将组织外资源彻底内化为核心产品技术。进而根据市场需求，围绕核心产品进行大规模改进、改造，完成核心产品的原始创新。核心产品创新能力在企业中一般表现为摆脱核心产品进口依赖、拥有核心产品技术自主研发体系等，实现核心产品"做精"的创新过程。

横向集成阶段。组织创新所需的界内技术知识被嵌入核心产业的关键领域。与核心产品创新能力不同，关键领域创新能力除了表现为与外部组织进行技术交流，更重要的是将引进的资源融合对接到组织内其他生产经营环节，产生协同价值。该阶段组织外资源与企业核心产业相关性较高，引进、吸收的资源会扩大企业领域内知识存量和知识结构，不同知识基交互融合后能够建立起新的知识集群，一旦技术基之间存在耦合关系，企业就拥有完成技术创新或产品创新所需的架构关系，以熊彼特提出的组合创新的方式，开发出与新的知识集群所对应的领域内设计概念（吴先明和苏志文，2014），实现关键领域内的原始创新。关键领域创新能力在企业中一般表现为专利和研发品类多样化、生产和制造能力提高等，实现关键领域"做大"的创新过程。

突破阶段。组织创新所需要的跨界技术知识被嵌入全新应用场景——关键领域、新领域。核心产业跨领域创新能力表现为跨界技术嵌入原生技术体系，完成核心产业领域内更高级的创新过程，同时形成以跨界技术为主导的新领域原始创新能力。引进的组织外资源与核心产业领域相关性较低，因此需要识别出引进资源中能够对现有技术进行领域内扩展的部分，将这部分资源用于改进现有技术、产品功能和性能。企业也会在技术转化升级过程中识别出新的机会（Zahra and George，2002），迅速切入被并购方技术领域，围绕核心产业展开跨领域创新。核心产业跨领域创新能力在企业中一般表现为业务模块变革、生成新业务模式等，实现关键领域、跨领域"做强"的创新过程。

第六节　本章贡献、局限与展望

一、理论贡献

本章的理论贡献主要包括三个方面。

（一）从突变式转型情景扩展了动态资源基础观的研究

无论是基于战略执行视角的动态开发、联盟、决策流程（Eisenhardt and Martin，2000），还是基于抽象管理视角的动态感知、学习、布局过程（Teece，2007），动态资源基础观的研究重点都集中在异质性资源促进企业能力升级的动态配置过程（张璐等，2021），且假定企业缺乏核心技术知识，但情境的特殊性会影响初始研究时点的资源存量和组织外资源寻求特征，进而影响后续的配置过程和能力形成。一方面，与转型经济下自主创新能力动态演进的研究相比（许庆瑞等，2013），处于突变式转型情景有超越追赶需求的后发企业具备创新的基础资源和基本能力（彭新敏等，2022），新一轮创新所需的核心技术知识也通过海外并购进入组织内部，自主技术联合创新是在"有技术基础"下动态配置形成的。另一方面，为了巩固核心产业领域竞争力同时形成新领域创新特质（赫连志巍，2021），有突变转型需求的后发企业前期会专注界内资源搜索，围绕深耕（1a）核心产品技术和积累（2a）关键领域技术实现核心产业自主创新；后期会展开跨界资源寻求，通过重构（3a）原生技术模式建立新领域创新动能，这一创新路径与彭新敏等（2022）对后发企业的"补偿-整合"逆序赶超结论一致。突变式转型情景扩宽了动态资源基础观的适用前提和资源边界，本章是对解开 VUCA 常态化背景下创新模式黑箱的初步尝试，也是对自主创新路径的后续探索。

（二）从组织间依赖视角丰富了能力重构的研究

现有关于能力重构的研究开始关注管理者认知（包括认知结构及认知焦点）这一影响能力重构的微观基础（彭新敏和刘电光，2021），但忽略了认知取向明确后，管理者资源整合偏好对能力重构的重要影响。实际上，中国企业的海外并购整合范式尚未形成统一逻辑结构，存在资源应用效率低下的状况（张璐等，2021），已有研究注意到管理者认知与组织间依赖的协同整合效果，提出"独立—依赖"（杜健等，2020）、"组织自治—战略依赖"（黄嫚丽等，2019）的整合框架，但尚未明确整合策略与能力重构的联系。本书基于资源依赖理论与动态资源基础观交叉的能力重构视角，抓住"自主治理—经营依赖"这两个解决资源管理弊端的重要维度，从组织外资源特征和突变转型动机的角度识别影响整合策略选择的本质因素，剖析能力重构的微观机制。突变式转型情景下，并购方针对性调节对被并购方的自主治理程度与经营依赖程度，以实现组织外资源特征与突变转型动机的动态耦合匹配，涌现出替换（1b）—转移（2b）—升级（3b）的能力重构演化过程。本章从组织间依赖视角为能力重构提供新的微观解释机制，也补充回应了深入并购整合过程（Graebner et al.，2017）、优化资源整合效率（张璐等，2021）的中国情景研究。

（三）从资源嵌入场景角度联结动态资源基础观与能力重构

许庆瑞等（2013）从核心技术知识源的角度出发，首次打开由二次创新能力、集成创新能力和原始创新能力构成的自主创新能力黑箱，为转型经济背景下的创新研究奠定基础。与转型经济背景的创新能力研究相比，处于突变转型情景的中国企业面临技术突破和市场变革的双重压力（赫连志巍，2021；彭新敏等，2022），内含"有技术基础"的前提假设。从"资源—能力"的纵向形成逻辑来看，整合赋能的阶段性创新本质上是对跨组织核心技术知识的针对性配置，从组织外资源嵌入的实践视角辨析配置后形成的能力更具因果效力；从能力升级的横向创新过程来看，"核心产品创新能力—关键领域创新能力—核心产业跨领域创新能力"的演进过程并非随机，而是由组织内个体创新向部分创新动态突破，最终跨越壁垒，跨领域培育更高级、更全面创新能力的关键路径。本章创新性地提出组织外资源嵌入这一角度，明确了能力重构机制的研究起点，也为动态资源基础观下的创新能力演化研究提供了新的辨析视角。

二、管理实践启示

本章研究结论对中国企业的自主创新探索和海外并购整合实践也具有一定的管理启示。

第一，中国企业要对 VUCA 常态化市场环境做出及时响应。"有技术基础"下的创新起点较为"成熟"，有突变转型需求的中国企业应当对 VUCA 市场环境做出及时响应，遵循自主技术联合创新的路径规律，采取特定的资源行动（如引进、消化、吸收、融合、识别、迭代等）摆脱核心技术依赖和关键技术单一，在核心产业领域内培育技术的深度和广度；在实现领域内技术、产品创新后，将竞争优势重新定位到有良好发展前景的新领域，并以跨界技术为主导开展新一轮的突破与重构，推动企业可持续创新。

第二，中国企业要充分发挥海外并购整合的能力重构优势并针对性制定整合策略。新技术范式带来了技术赶超的机会窗口（彭新敏等，2022），围绕新技术展开特定的能力重构机制有利于构建下一阶段的竞争优势，涉及知识、技术、人才等关键创新要素双向共享的海外并购整合过程能够大大提高能力重构效率。海外并购前，中国企业要充分考虑并购双方资源特征，重视整合过程中组织身份认同和资源吸收过程两个重要环节，以此为依据灵活调整对被并购方的自主治理程度与经营依赖程度，选择适合当前并购的整合策略，赋能新的创新增长点。

三、研究局限与未来展望

本章对于自主技术联合创新形成与整合机制的探讨，是将研究放在突变式转型这一特殊情境下，更关注以传统技术为主的组织外资源特征动态变化过程中，核心产业领域内/跨领域创新能力是如何形成的，并未对如何深化跨领域创新过程和能力做出回应。事实上，拥有连续并购经验的企业很大程度上会选择继续并购（陈仕华和王雅茹，2022），而数字技术和智能技术是驱动中国制造业高质量发展的核心动能，也是未来海外并购寻求创新要素的重点方向（蒋殿春和唐浩丹，2021），可以从以下几方面延续核心产业跨领域创新的研究。

首先，关注数智技术使能的创新过程研究。数字技术和智能技术很大程度上重构了创新的过程、活动与协调机制（Urbinati et al.，2018），未来的研究亟须探索数智技术使能的创新理论框架（魏江等，2021）和获益机制（Helfat and Raubitschek，2018；Teece，2018）；其次，关注创新资源变迁的整合策略研究。数智资源天然的流动性、共享性特征，会打破传统资源依赖理论关于资源可控、稀缺、不可替代、难以模仿的基本假设，改变组织任务分配模式和协调整合机制（魏江等，2021），未来研究可以针对以数智资源为目标的海外并购整合策略进一步做出讨论。最后，关注数智技术驱动的创新能力形成机制。数智技术促进了知识显性化和参与者身份共享，进而扩宽了知识的嵌入范围和交流路径（Tang et al.，2020；Bouncken and Barwinski，2021），影响知识的掌握程度。未来研究可进一步探究数智创新能力的内涵特征及形成机制。

第七章 制造业海外并购与产业技术创新的多案例研究

第一节 海外并购技术路径案例

一、引言

　　全球经济复苏乏力，各国同行业企业间的相互竞争也越来越激烈，海外并购成为企业的战略选择。在全球兴起工业 4.0 的背景下，中国制造业企业也在借助"走出去"和"一带一路"倡议加紧进行海外并购。根据普华永道《2016 年上半年中国企业并购市场中期回顾与前瞻》，2016 年前 6 个月，中国并购活动创新纪录，交易金额增长至 4 125 亿美元；交易数量及金额与 2015 年下半年相比分别上升 13%及 8%，与上年同期相比，分别增加了 21%和 27%。新纪录主要由海外并购交易带动，2016 年上半年海外并购交易金额增长了近三倍至 1 340 亿美元，超过前两年中企海外并购交易金额的总和。

　　相比前人对技术寻求型海外并购动因的研究（Buckley et al., 2007；吴先明和苏志文，2014；喻红阳和赵婷婷，2015；吴先明和纪玉惠，2016），本章更关心海外并购后的技术整合。动因研究视角关注的是技术获取阶段，并未涉及技术获取后的消化吸收整合，乃至形成自主创新能力。换句话说，中国制造业企业获取技术的目的在于加入全球价值链，从"微笑曲线"的低端向两端移动，从而在国际分工中占据比较优势。

　　然而，随着中国经济进入新常态，在基于全球价值链的制造业增长模式下，中国产业乃至制造业企业发展动力衰减，必须从加入全球价值链转向嵌入全球创新链，主动参与新的国际分工和产业结构调整、培育新的比较优势，重振中国制造业，由"中国制造"转为"中国智造"（刘志彪，2015）。

本节其余部分安排如下：第二部分对海外并购技术整合进行文献综述，并提出了案例研究框架；第三部分分别对四个案例进行描述和分析，并总结成功的经验和失败的教训；第四部分为研究结论与建议。

二、文献综述与研究框架

（一）海外并购技术整合

国内外研究表明，大多数海外并购并没有取得预期效果。原因正如 Haspeslagh 和 Jemison（1991）所明确指出的：并购价值的创造全部产生于并购后的整合。国内外学者对并购整合从三个方面进行了大量研究：整合速度、整合程度和整合内容（李善民和刘永新，2010）。由于技术也是并购整合内容中的重要组成部分，因此本章主要回顾并购整合速度和整合程度。

根据李善民和刘永新（2010）的定义，整合程度是指并购整合后两家公司在市场和运作中系统、结构、活动和程序的相似程度；整合速度是指达到预期整合目标所需的时间，而 Bauer 和 Matzler（2014）将整合程度定义为并购双方相互作用及合作的范围。就整合速度而言，主要采用前人的定义，并将其区分为快速整合和慢速整合；而对于整合程度，结合全球创新链理论，当并购双方原有的生产、组织、人事等变动不大，仅以获取目标公司技术等资源为目的，仅局限于并购双方现有的生产或服务领域，则将其定义为浅度整合；当并购双方在并购后频繁地交流与沟通，在获取技术等资源的基础上，进一步消化、吸收、整合，以实现自主创新，提升服务能力，则将其定义为深度整合。

技术整合的概念最早由 Iansiti（1993）在哈佛商业评论上提出。国内学者程源和傅家骥（2003）提出要研究中国企业技术整合的问题。现有国内外文献对技术整合的概念和理解有两种，一种是面向产品的技术整合，另一种是面向工业生产的技术整合。Narasimhan 等（2010）认为产业链整合与面向生产流程的技术整合具有互补性，即有效的产业链整合能够促进技术整合的绩效。Schweizer 和 Patzelt（2012）从整合速度和领导风格两个方面研究了如何留住海外并购后的关键员工，认为快速整合能够促使员工留在新公司。Bauer 和 Matzler（2014）研究了整合速度和整合程度对海外并购成功的影响，发现两者对海外并购成功具有正效应，但也指出战略互补性、文化匹配度对两者的影响。陈珧（2016）认为，为实现并购后技术创新能力的提升，并购整合策略的选择至关重要，且其具体选择依赖于并购双方的资源相似性与互补性特征。

（二）研究框架

基于以上理论分析，构建如下模型对选取的海外并购案例进行分析（图 7-1）。

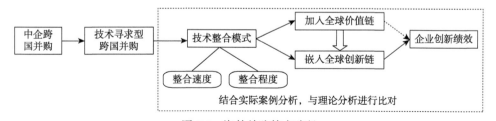

图 7-1　海外并购技术路径

图中 ┅➤ 表示，加入全球价值链并不必然导致企业创新绩效

三、案例描述与分析

（一）案例选取

根据研究目标，选取万向集团、吉利汽车、联想集团、上汽集团这四个并购案例作为研究对象，主要是因为：首先，海外并购整合工作在两年及以上，有助于总结技术整合模式及识别创新绩效；其次，四家企业同属于制造业、上市公司，在全球战略等方面存在较大的相似之处；最后，能够明显区分出两家并购成功的企业和两家并购失败的企业，美的并购库卡这个案例为本书的研究提供了较强的现实指导意义。

（二）案例描述

1. 万向集团并购 A123 系统公司

万向集团始创于 1969 年，是目前世界上万向节专利最多、规模最大的专业制造企业，在美国制造的汽车中，每三辆就有一辆使用万向制造的零部件。美国 A123 公司是一家专业开发和生产锂离子电池和能量存储系统的公司。2012 年 3 月，美国 A123 公司因电池召回事件经营陷入困顿，万向提出投资动议。美国政界反对声四起。经过一番周折，万向最终于 2013 年 1 月 28 日以 2.57 亿美元成功并购美国 A123 系统公司。

2. 吉利汽车并购沃尔沃

吉利汽车成立于 1986 年，于 1997 年进入汽车领域，主要生产低价位汽车，主打低端市场。30 年来，吉利汽车专注实业，专注技术创新和人才培养，取得了快速发展。相比之下，创立于 1927 年的沃尔沃汽车公司则是拥有八十多年历史的世界知名品牌汽车公司，是北欧最大的汽车企业，世界二十大汽车公司之一，主要生产豪华汽车和专用型汽车。该公司先于 1999 年被美国福特公司以 64.5 亿美元的价格收购，后因经营不善，于 2008 年被福特出售。通过对沃尔沃多年的研究，2010 年吉利汽车决定收购沃尔沃 100%的股权，由此完成了中国民营制造业企业迄今为止最大手笔的海外并购。

3. 联想集团并购摩托罗拉

联想集团创办于 1984 年，从 1996 年开始，联想电脑销量一直位居中国国内市场首位；2013 年，联想电脑销售量升居世界第一，成为全球最大的 PC 生产厂商。2014 年 1 月 30 日，联想宣布将以 29 亿美元从谷歌公司收购摩托罗拉移动业务；4 月 1 日起，成立 PC 业务、移动业务、企业级业务和云服务业务四个新的相对独立的业务集团；10 月，宣布完成收购。联想将从此次并购中获得摩托罗拉的品牌、商标、3 500 名员工、2 000 多项专利、1.5 万项专利的非排他性使用权、多项智能手机产品组合和全球 50 多家运营商的合作关系。完成收购后，联想将以此进入智能手机市场。

4. 上汽集团并购双龙

上汽集团是国内 A 股市场最大的汽车上市公司，而韩国双龙是韩国第四大汽车生产商，其主要定位于生产大型 SUV 及高端豪华轿车市场。2003 年，因经营不善、濒临破产，韩国双龙邀请海外数家知名汽车公司前来投标；上汽集团于 2004 年 7 月被选中，并以将近 5 亿美元的价格收购了韩国双龙 48.92%的股权；2005 年 1 月，上汽继续增持双龙股份至 51.33%，成为其绝对控股股东。2005 年，双龙汽车销量没有达到预期目标，甚至出现亏损现象；又由于双龙汽车工会强势，上汽运营双龙汽车艰难。2008 年，上汽选择对双龙汽车采取破产保护程序；2009 年 2 月，韩国法院宣布双龙汽车进入破产重组程序，上汽并购双龙汽车失败。

（三）案例分析

1. 万向集团的技术整合模式：由浅度整合向深度整合转移

万向集团对并购后的整合采取步步为营的策略。强调并购成功后不对 A123 裁员，不转移其厂房与科研成果，即万向集团不会将 A123 相关锂电池技术与生产基金转移到中国，并保留 A123 所有员工岗位，由此看来，万向采取的是慢速整合模式。在收购完成后，万向积极采取本土化经营，在不影响研发的前提下不断削减开支。另外，在业务上，万向在 A123 公司已有基础上进一步增强了其工程和制造能力，促使其继续保持核心业务的增长。可以看出，万向一开始采取的是浅度整合的模式。

但到 2015 年，A123 系统公司在中国年产能达 330 万包，约合 1.2 亿安时，正好赶上中国新能源汽车井喷年，动力电池供不应求；到 2016 年，当不少动力电池公司担心无生产资质时，A123 系统公司拿到了动力电池生产资质。随着收购菲斯科电动汽车等后续并购动作，万向集团已经建立了国际化的电动汽车产业体系，万向集团的动力电池已居于国际领先水平。但同时也应看到，万向集团的先进技术水平很大一部分是通过海外并购获得的，其自主创新能力还有待进一步观察。因此，万向正处于跨越浅度整合、向深度整合靠拢的阶段。

2. 吉利汽车的技术整合模式：本土化与国际化结合的梯度转移

由于吉利和沃尔沃在轿车制造领域的技术水平存在明显的差距，吉利直接导入沃尔沃的技术难度大。在整合之初，双方在技术和人员管理方面还是保持相对独立性。沃尔沃继续保持原有的国际化特色，研发中心不变，工厂不裁员。同时，吉利专注于自有品牌的发展，注重全方位的产品研发。在并购后相当长的时间里，双方就产品研发的理念和技术方向进行不断的探讨磨合。直到 2012 年，双方才在技术转让方面达成协议；2013 年，吉利才宣布在瑞典哥德堡设立欧洲研发中心，整合旗下沃尔沃汽车和吉利汽车的优势资源。由此，吉利采用的是慢速的技术整合模式。

在整合之初，吉利派技术和管理人员以小学生的身份到瑞典去学习和交流，获取先进技术与经营管理能力。2012 年吉利汽车与沃尔沃签署了技术合作协议，吉利逐步融合沃尔沃的技术元素。2013 年，双方在瑞典哥德堡设立欧洲研发中心，这对吉利来说，可以更好地向沃尔沃学习。借助于沃尔沃的技术，在 2014 年 4 月，吉利多款改款车型上市。2014 年 12 月，由吉利与沃尔沃共同合作全新开发的首款车型——吉利博瑞在全球发布。2015 年 11 月，帝豪 EV 正式上市，这是与沃尔沃技术融合的一款车。目前，吉利还处在吸收和消化沃尔沃核心技术的阶段，其整合模式同样处于由浅度向深度过渡的阶段。

3. 联想集团的技术整合模式：快速整合模式

联想的技术整合速度很快，采用的是快速整合模式。2014 年 1 月 30 日宣布消息，4 月就推出了相对独立的移动业务部。快速整合促使员工继续留在新公司，联想得到的摩托罗拉 3 500 名员工中有 2 000 人是工程师，他们将成为联想取得技术突破的重要力量。

在整合程度上，联想保留了原摩托罗拉公司的员工，组织架构上没有发生大的变化。联想买下摩托罗拉的专利，并非为了继续创新，只是为了方便进入国际市场及降低成本。

4. 上汽集团的技术整合模式：盲目扩张的快速整合模式

上汽集团并购双龙汽车后，韩国双龙的不配合之外，上汽集团本身也存在问题。其在收购之初就计划了许多技术整合方案，其中大多是将双龙的技术转移到中国或者是将其生产和设计基地搬来中国。这种简单粗暴的拿来主义不但没有嵌入韩国本地网络，反倒有夺取技术的倾向，势必引起韩方的反感，从而影响技术整合的质量。上汽集团采用的浅度、慢速的技术整合模式，未能有效促进其自主创新能力发展，对其嵌入全球创新链带来不利影响。四家企业并购当年前后研发投入强度如图 7-2 所示。

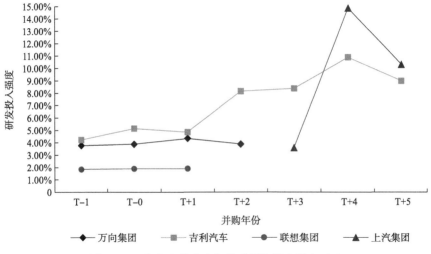

图 7-2　四家企业并购当年前后研发投入强度对比

T-0 表示并购当年，T+1 表示并购后第一年，以此类推；图中未显示数据表示缺乏相关数据；以下同

（四）创新绩效分析

1. 研发投入强度对比

从图 7-2 中可以看出，万向集团、吉利汽车、联想集团、上汽集团相比并购当年，研发投入强度均有一定上升，但万向集团和联想集团波动较为平缓，吉利汽车上升幅度较大，上汽集团则振幅较大，而吉利汽车研发投入强度又要高于万向集团和联想集团。

2. 无形资产净额增长率对比

四家企业无形资产净额增长率如图 7-3 所示。

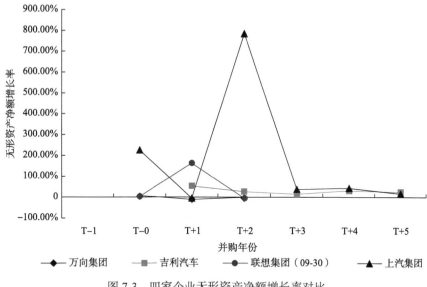

图 7-3　四家企业无形资产净额增长率对比

从图 7-3 中可以看出，联想集团和上汽集团的无形资产净额增长率在并购之后波动均较大，而以上汽集团尤甚。万向集团和吉利汽车则波动较为平缓，其中又以万向集团波动范围最小。

3. 营业利润率对比

四家企业营业利润率情况如图 7-4 所示。

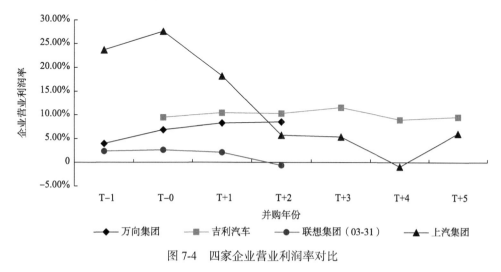

图 7-4　四家企业营业利润率对比

从图 7-4 中可以看出，万向集团和吉利汽车的营业利润率呈现上升趋势，尤以万向集团最为明显。联想集团、上汽集团则呈现下降趋势，其中上汽集团降幅最大。

综合上述三个指标来看，两家海外并购成功的案例企业的创新绩效明显好于两家海外并购失败的案例企业，并且可做出如下排序：万向集团＞吉利汽车＞上汽集团＞联想集团。

（五）制造业企业海外并购技术整合总结——基于四个案例

从上述的技术寻求型海外并购案例可以看出，中国制造业企业正因为长期处于全球价值链的低端，而不得不采取海外并购的方式，来获取海外的先进技术等创造性资源，以达到从全球价值链低端向中高端转移的目的。但要达到这一目的，从成功实施并购到并购后的技术整合都是无法逾越的鸿沟。从以上四个案例，可得到如下启示。

1. 明确并购动因，以公司发展战略为导向，兼顾短期利益和长期绩效

万向在确定布局新能源汽车产业链的战略目标之后，就认识到国内锂电池技术与国际先进水平的差距。在看到 A123 在锂电池技术方面的领先地位后，万向即锁定 A123 为并购目标企业，以此获得 A123 领先的锂电池技术。在移动端方面落后的联想，虽也考虑了公司发展战略，但其以"资源整合"为特征的发展战略不够长远（何腊柏，2016），不利于其嵌入全球创新链。

2. 实施并购前，要充分做好尽职调查等事前准备

吉利的董事长李书福早在 2002 年就动了收购沃尔沃的念头，但是企业实力和发展能力在当时不可能完成并购。在他的带领下，吉利对沃尔沃进行了多年的研究，直至 2008 年福特宣布考虑出售沃尔沃后才发布收购邀约。相反，上汽集团并购双龙就没有做足准备。在上汽并购双龙之前，上汽对其只进行了为期 3 周的尽职调查。由此导致上汽并没有注意到双龙主打品牌 SUV 是一种耗油量很大的车型，并不能适应如今汽车市场"小排量，低耗油"的消费趋势（马建威，2011），这也是并购双龙汽车后的销量达不到预期目标的原因之一。另外，在签订并购协议时，保留了双龙原有的管理层和工会。这是上汽对韩国强势工会文化缺乏清楚认识的表现，进而导致并购后整合受到工会的各种阻挠。

3. 并购过程中适时采取相关并购技巧，规避政治等潜在风险

万向在收购 A123 过程中遭到美国政界的强烈反对，主要原因是 A123 有供美国军方使用的技术，万向收购 A123 将危害美国国家安全。万向随即对并购标的进行裁剪，去除不需要的、留下核心的，并剥离了相关的敏感技术和产品，最终

成功避开了安全审查，顺利实现收购。

并购完成后要立即着手并购后的整合，注重本土化经营。万向开拓美国市场由来已久，在长期的连续并购活动中，万向逐步积累起步步为营、本土化经营的海外并购经验，在收购 A123 的过程中也不例外。自 2012 年 8 月与 A123 签订投资协议到 2013 年 1 月成功收购 A123 期间，万向先后遭遇美国江森自控等竞争对手的挑战、美国政界的负面舆论，但万向始终没有退缩，借助万向美国打下的坚实基础，步步为营，最终使对手的挑战、政界的反对逐步消去，摘得最后的硕果。在并购成功后，万向又特别注重并购后的整合，承诺不裁员、不转移，还聘请贾森·福西尔管理 A123，同时借助在美国长期积累的人脉、声誉，坚定地推行本土化经营。上汽就没有注意到这一点，在收购后对各项技术获得采取的措施太过生硬和"不接地气"，反倒有种"强取豪夺"的感觉，而且没有采取积极融入本地网络的措施，这必然会引起被并购方的反感和排斥。

4. 制订全面的技术整合方案，同时考虑其他方面的整合问题

制订全面的技术整合方案，需要充分考虑双方的利益、文化差异和了解企业间的差距。吉利是一家非常本土化的国内企业，而沃尔沃的西方文化的开放性和先进性是吉利前所未有的，因此二者在经营理念和运营模式方面差异非常大。如果吉利没有一个合理的整合方案，就可能会引起与沃尔沃的冲突，从而导致技术人员的流散。因此在进行技术整合前要充分评估二者的文化差异，在最大限度上维护员工的利益，需要整合哪些技术、如何进行整合等都需要与对方进行协商，从而制订出可行的整合方案。上汽就没有考虑全面，忽视了韩国强势的工会文化，而且在实施技术整合过程中，没有考虑到其国产化计划和共享平台计划的实施可能导致韩方员工失去就业机会及双龙汽车担心造成技术外泄，从而引起了双龙工会的不满和抗议，使得计划难以实施。

在考虑并购整合速度和程度之后，本书也进一步发现，当前我国制造业企业并购整合后仍停留在加入全球价值链阶段，逐步获得技术、产品、市场、品牌等方面的优势，并获得一定创新绩效，但离嵌入全球创新链还有一些差距。图 7-5 总结了四个案例的技术整合模式及所处价值链阶段。

四、结论与建议

本节从全球创新链视角对四家中国制造业企业海外并购案例进行再分析，总结了四种海外并购技术整合模式，从中发现一条中国制造业企业由加入全球价

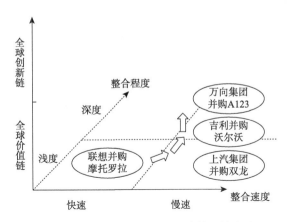

图 7-5　四案例技术整合模式及价值链转向路径

值链转向嵌入全球创新链的发展路径，即中国制造业企业实施海外并购后，要以适度的慢速整合和较大的深度整合为主，消化吸收整合全球的先进技术，并内化为自主创新能力，培育新的比较优势，从而在全球竞争中占据主导地位。针对美的并购库卡这一案例，美的在完成并购库卡后，应采取适度慢速、较大深度的技术整合模式，消化、吸收、整合库卡先进的机器人技术，对技术人才实施恰当的激励机制，同时除单纯的技术整合外，还要注重人力、财务等资源的整合，积极培育自身的自主创新能力，提升全球服务能力和竞争能力。

第二节　案例一：制造业海外连续并购是否改变公司绩效与技术创新问题研究

一、导论

2016 年，由于国内外经济环境都更加复杂，在经济新常态下，中国政府推进供给侧结构性改革和产业转型升级，中国制造业企业海外并购发生转变。无论是国企还是民企，都开始变得更加注重对科技资产的收购，同时受益于并购方面的政策松绑和激励措施进一步落地，传统行业企业的行业内和跨行业的兼并重组更加活跃，同时互联网、IT 等新兴产业的整合依旧火热。2016 年一季度进行中的海外并购案例有 69 起，其中披露拟并购金额的案例数 58 起，涉及交易金额高达

4 609.85 亿元，平均每起并购案例金额达 78.13 亿元[1]，继续呈现快速上涨态势。海外并购的主要原因在于：人民币的外汇汇率的调整，2015 年全年人民币平均汇率为 1 美元兑 6.228 4 元人民币，比上年贬值 1.4%，未来短期内预计仍将承压，同时国内经济下行，使得部分企业加强对海外优质资产的配置，抵御风险；国内经济结构从低附加值产业向高附加值产业转移，国际竞争日益激烈，中国企业需要通过海外并购实现核心技术和品牌的积累，这一因素将加速推进供给侧结构性改革及为中国制造业企业实施海外并购和"走出去"战略提供更多机遇；全球经济尚处于复苏期，海外存在着大量优质低估值的企业。2015 年下半年人民币加速贬值及相关政策落地实施，驱动了更多的公司在 2016 年前后开始海外并购，相比于国内并购，海外并购由于存在不同法规下的审核及商业环境等的差异，耗时更长，这也导致了目前进行中的海外并购在金额和数量上都要超过已完成的海外并购。

制造业海外并购整合关系到我国产业技术创新、产业转型升级问题。通过对制造业海外并购整合模式的分析，为"一带一路"倡议和《中国制造 2025》战略提供决策参考。然而，当前我国关于企业海外并购整合的理论研究远远滞后于海外并购的实际发展趋势，理论基础比较薄弱，并且对中国制造业海外并购的引导、培育和发展的政策建议相对缺乏，因此，研究国内制造业海外并购整合具有丰富的理论意义和实践价值。

本节的其他结构安排如下：第二部分是文献综述与理论回顾；第三部分是案例描述与案例分析；第四部分为研究结论与政策建议。

二、文献综述与理论回顾

20 世纪 80 年代中期以来，发展中国家的 FDI 快速增长，这一现象是传统的跨国公司理论所不能解释的。因为传统的跨国公司理论以企业拥有垄断优势为前提，这比较符合发达国家 FDI 的情形，对于缺乏垄断优势的发展中国家则不适用。为了更好地解释发展中国家的 FDI，以英国雷丁大学教授 Dunning 为代表的一批学者提出了创造性资产寻求理论来解释发展中国家的跨国公司 FDI 的动因。根据 Dunning 和 Lundan（2008）的理论，跨国公司 FDI 是为了获得战略性资产，包括自然资产和创造性资产，而在 FDI 中比重不断提升的跨国并购是对这种创造性资产寻求的最好证明。我国学者吴先明（2007）发展了这一理论，认为寻求创造性资产意味着必须以动态的观点来看待跨国公司的竞争优势。跨国公司的对外直接投资不仅是利用优势的过程，而且也是构筑新的竞争优势的过程。吴先明通过对中国企业 FDI 的研究，指出中国企业对发达

---

[1] 资料来源：https://www.sohu.com/a/81168899_384993.

国家的逆向投资是以寻求创造性资产为目的的战略性投资，目的是获取竞争优势。

　　学界对连续并购的研究集中于连续并购是否提高公司绩效这个问题上。对于问题的答案，各方众说纷纭。早期的研究表明，连续并购能够提高公司绩效带来财富效应（Asquith et al.，1983；Schipper and Thompson，1985）。但这些早期的研究存在样本数较少和样本时间过早的不足，因而不具有太强的说服力。近十年来对连续并购的研究逐渐增多，不少学者发现连续并购不仅没有提高公司绩效，反而导致公司绩效依次下降（Billett and Qian，2008；Aktas et al.，2009）。这些学者主要从管理者过度自信理论和管理者代理理论去探讨绩效下降的原因。另外也有一些学者认为连续并购的绩效变化应视情况而定。Fuller 等（2002）的研究表明，连续并购的绩效取决于目标公司的性质，当目标公司是私营企业和子公司时，连续并购能够给收购方股东带来财富效应；Gadiesh 等（2003）则考虑了组织学习效应，发现并购次数超过 20 次的公司绩效优于并购次数小于 4 次的公司，从而得出随着并购次数的增加，收购方的绩效先降后升的结论。我国学者吴超鹏等（2008）则综合考虑了管理者过度自信和学习行为的影响，通过对国内上市公司连续并购行为的研究，发现进行连续并购的公司，如果其管理者能够学习以往并购经验，则并购绩效将逐次提高；如果其管理者过度自信而不学习，则并购绩效将逐次下降。

　　国外学者 Schipper 和 Thompson（1985）开了研究连续并购的先河，他们及 Asquith 等（1983）的研究表明，连续并购能够提高企业绩效，带来正向回报。Fuller 等（2002）的研究结果发现，连续并购企业的并购财富效应递减。之后 Billett 和 Qian（2008）通过构建模型研究了管理层和组织学习效应对连续并购绩效的影响。

　　与国外学者相比，国内学者对连续并购研究起步较晚。朱宝宪和王怡凯（2002）研究了 1998 年沪深两市的 67 家并购企业发现，以整合上下游企业、借壳上市为动因的并购，其后三年获得较高的 ROE。陈元燚（2004）对国外并购绩效相关文献进行了综述。韩立岩和陈庆勇（2007）通过实证研究发现，上市公司的并购绩效与当次并购前五年内的并购次数之间并非存在线性关系。李哲和何佳（2007）研究了我国 199 起上市国企的连续并购活动，发现改制型和投资型并购对提高公司经营绩效都有正效应，但行政主导型并购会导致公司经营绩效持续下滑。吴超鹏等（2008）通过实证研究探讨了管理者过度自信和组织学习效应与并购绩效之间的关系。冯根福和吴林江（2001）研究发现第一大股东持股比例与并购绩效之间存在显著的正相关关系，李善民等（2004）也赞同这一观点；但潘颖等（2010）持相反观点，他们认为第一大股东持股比例与并购绩效之间存在负相关关系，原因在于第一大股东持股比例越高，其越有可能通过并购行为掏空上市公司。王凤荣和高飞（2012）引入产业周期理论研究分析并购动因对并购绩效的影响。李田香（2012）以 2008 年 556 家并购上市公司为样本，统计分析发现，企业所属行业的不同会引起并购绩效的差别。

纵观连续并购的先前研究，国内学者主要以国内上市公司的境内并购为研究对象，而国外的研究则集中于欧美发达国家公司的境内外并购。因此，有关中国企业海外连续并购的研究，国内外尚属罕见。中国企业的海外连续并购，与中国企业的境内连续并购和欧美企业的海外连续并购相比，在并购动因、并购对象的特点、所处市场环境等很多方面差异很大。这种差异直观地反映在并购带来的绩效上，产生了现有理论尚无法解释的"悖论"。换句话说，尽管先前的连续并购研究普遍认为连续并购会导致绩效下降，以万向为代表的一批中国企业通过海外连续并购提升了绩效并迅速成长为国际知名的跨国公司，同时又有越来越多的中国企业正在尝试通过海外连续并购来提升国际化水平，这显然是值得深入研究的问题。此外，先前研究主要考察并购的短期绩效，即并购的财富效应，而鲜有对长期绩效的研究。然而，中国企业海外并购主要是为获得企业成长所需资源的战略性资源并购，而非财务并购（余鹏翼和李善民，2013）。因此，有必要对企业连续并购的长期绩效进行考察。

三、案例描述与案例分析

（一）案例描述

始创于 1969 年的万向集团是一家位于浙江的民营企业。经过四十多年的发展，万向集团从一个乡镇农机修配厂成长为中国营业收入超过千亿元的汽车零部件生产商，是目前世界上万向节专利最多、规模最大的专业制造企业。从 1999 年开始为了获取创造性资产以提升国际竞争力，万向在美国进行了一系列并购活动。本章通过对万向集团海外连续的案例研究，探讨和分析中国制造业企业在海外进行创造性资产寻求型连续并购的动因，并通过总结万向集团连续并购的成功经验，探寻中国制造业企业通过连续并购是否提升技术创新和改善并购绩效？万向集团在 1999~2015 年的连续并购活动，如表 7-1 所示。

表7-1　1999~2015年万向集团投资并购活动

年份	万向集团投资并购简要说明	年份	万向集团投资并购简要说明
1999	1999 年万向美国公司收购了 QA1 公司的股份	2003	成功收购全球最大的一级供应商——洛克福特公司33.5%的股权，并成为第一大股东
2000	万向整体收购舍勒公司这家第一次将万向领向国际市场的公司	2005	收购美国方向连杆企业——PS 公司，拥有其60%股权。成为在北美制造并直接供货美国三大汽车厂的一级供应商
2001	万向收购美国一家纳达克上市公司——UAI 公司，开创了中国民营企业收购海外上市公司的先河	2010	万向美国公司完成对 T-D 公司的收购，新增年产 200 万支传动轴、450 万支等速驱动轴产能

续表

年份	万向集团投资并购简要说明	年份	万向集团投资并购简要说明
2012	投资 1 亿美元与美国史密斯电动车公司成立合资公司	2014	以 1.492 亿美元收购菲斯科；6 个月后从莱顿能源公司手中购买了新的电池技术
2013	以 2.566 亿美元的价格收购美国最大新能源锂电池制造企业 A123 系统公司	2015	旗下 Karma 汽车公司宣布与宝马公司达成重要合作伙伴关系

资料来源：Wind 资讯金融终端_中国并购库，节能环保网等网络资源，笔者整理

（二）案例分析

研究表明，企业进行创造性资产寻求型的连续并购，是为了提升国际竞争中的战略地位和技术水平，同时发挥自身整合资源的优势，实现生产经营的协同效应，为企业创造价值。

1. 万向集团通过海外连续并购实现了颠覆性的技术创新

1）通过海外连续并购创造性资产，提升技术水平和国际竞争力

企业的战略地位决定于其所处市场的特点和所具有的创造性资产。当企业处于高度竞争的国际市场或者在缺乏先进技术和市场经验的条件下参与全球竞争时，企业就处于弱势战略地位（Conner，1994）。在国际市场上，中国制造业企业普遍跟国际同行存在较大的差距，处于弱势战略地位。据商务部的数据，从衡量劳动生产率的人均营业收入和人均利润指标看，2006 年中国企业 500 强的人均营业收入、人均利润指标，分别相当于世界企业 500 强的 20.5% 与 16.7%。更严重的问题是，受制于国内较弱的研发体系，中国企业普遍缺乏专利技术和研发能力。根据 OECD 的数据，2007 年中国的研发支出落后美国、日本、英国、法国、德国等发达国家，甚至只有美国的八分之一。中国企业专利技术的缺乏已经成为其提高国际竞争力的瓶颈。根据 Dunning 的创造性资产寻求理论，在一个产业中处于明显劣势的企业将通过对处于明显优势的同业企业进行投资，以获取创造性资产来弥补差距，还可以实现规模经济，改进生产技术，提高自身的全球竞争地位。万向在美国进行的连续并购以提升国际竞争力为目的。在并购第一家公司舍勒时，万向凭借十多年来出口商品的经验，在国际上已经小有名气。与国际同行相比，万向在成本上具有优势，但在技术、品牌、营销渠道上处于劣势。这些创造性资产的缺乏制约着万向国际竞争力的提升，通过连续并购同行业的优质企业以获得创造性资产，万向可以较快地弥补劣势，从而提升国际竞争力。

2）通过海外连续并购提升万向国内公司的生产技术水平

根据资源基础观的逻辑，无法在国内获得所需知识和竞争力的企业将会在海外寻找这些资产（Frost et al.，2001）。企业可以通过投资设立海外研发基地，利

用东道国的区位优势来弥补本国的区位劣势（Frost et al., 2001）。随着全球经济治理结构的改变，越来越多具有技术优势的外国企业进入中国市场，与本土企业进行竞争。对于大部分本土企业而言，技术劣势是其与外国企业竞争的短板。为了在短期内弥补技术劣势，本土企业可以通过进行创造性资产寻求型海外连续并购，从海外获取专利技术和管理经验，提高自身竞争力，更好地在国内市场参与竞争。国内市场是万向的根基，以国内生产的产品来统计，约有三分之二的产品内销。随着中国汽车市场的兴起，国际知名汽车零部件厂商纷纷抢占中国市场，万向国内公司面临的外国同行的竞争日益激烈。为此，万向通过连续并购国际知名汽配公司，既化解了这些公司在国内市场对万向造成的威胁，又能利用这些公司的先进技术和研发团队来提升万向的国内相关子公司[如万向钱潮股份有限公司（简称万向钱潮）]的竞争力。万向通过独创的反向 OEM（original equipment manufacturer，原始设备制造商）模式，即将所收购公司的原有产品放到中国来生产，不仅能够发挥成本优势，而且可以提升国内工厂的生产技术水平。

3）通过连续并购，发挥资源整合优势，实现协同效应

一方面，万向具有资源整合的成功经验，展现了资源整合优势。在美国进行连续并购之前，万向完成对武汉国营 9603 厂的并购，并在短时间内扭亏为盈，展现了其在资源整合方面的特长。另一方面，万向具有寻求海外优质资源的能力。万向出口产品到美国已有十多年的时间，对美国市场和竞争对手也有较为深入的了解，能够找到合适的并购目标。因此，万向能够将资源整合优势延伸到海外并购交易中。通过海外并购，万向可以与目标公司一起重新整合产业链。将自身的成本优势、规模优势和目标公司的技术优势互补，以实现生产协同效应；将收购的品牌与自有品牌互补以产生品牌协同效应；通过收购目标公司的营销网络以扩充自身全球化的营销网络，实现营销协同效应。在收购 A123 系统公司后，万向获得了我国的专用电动车生产资格，正式由零部件产业跨入了整车生产行列；收购菲斯科，两者实现了双赢：万向在整车技术和经验方面更上层楼，而对菲斯科来说，则可以尽快重启生产。通过连续并购，万向在美国已经建立起一条完整的电动汽车生产产业链。

2. 万向集团创造性资产寻求型海外连续并购，提升了企业海外并购绩效和长期财富效应

本小节从财务分析的视角，选取衡量企业成长能力的财务指标来研究万向连续并购的长期财富效应。依据如下：由于万向在美国的连续并购是以获取创造性资产为目的的战略并购，并非为了获取短期收益的财务并购，因此考察并购的长期财富效应更加科学；万向所获得的创造性资产将用于提升万向的核心竞争力，并最终促进企业成长，因而选取成长能力指标来研究。研究所选成长能力指标包括营业收入增长率、营业利润增长率、利润总额增长率、总资产增长率。通过计

算这些指标的年平均增长率，来反映连续并购的长期绩效。为了获得公开数据，研究对象选取万向集团的汽车零部件生产企业在 A 股上市的万向钱潮（000559）。相关数据来源于锐思（RESSET）金融研究数据库。

图 7-6 描绘了万向在美国进行连续并购以来，旗下上市公司万向钱潮的主要成长性指标的变化趋势。

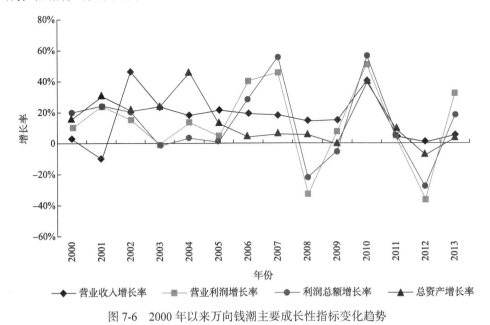

图 7-6　2000 年以来万向钱潮主要成长性指标变化趋势

可见各成长性指标在大多数年份为正值，且不少年份增长率达到 20% 以上，表现出较快的增长态势。2008 年和 2012 年不少指标显著为负值，这主要受到金融危机和行业萧条等宏观环境因素的影响。2009 年和 2013 年随着行业的复苏，相关绩效指标又恢复稳健的增长。其中，营业收入的年平均增长率为 15.55%，营业利润的年平均增长率为 12.87%，利润总额的年平均增长率为 12.75%，总资产的年平均增长率为 14.95%。这说明，自万向开始在美国实施连续并购以来，其国内上市公司万向钱潮在营业收入、营业利润、利润总额和总资产等方面保持较快的增长，连续并购促进了万向的成长。通过财务分析，可以得出连续并购给万向带来了以下三个方面的绩效提升：首先，连续并购加快了万向的业务拓展速度，提升了市场占有能力，增强了经营能力；其次，连续并购提升了万向的营利能力，增强了竞争力；最后，连续并购实现了万向资产的增值，为企业创造了价值。具体财务分析如下。

1）从偿债能力看，短期内万向集团海外连续并购对偿债能力没有影响，长期内略有上升

如图 7-7 所示，流动比率、速动比率、保守速动比率三条曲线近似平行，以

2012 年四季度为分水岭，前后几年的曲线几乎对称。仔细观察发现，在发生并购的季度，曲线有升有降，现金比率曲线也有同样的现象。短期来看，连续并购对万向集团短期偿债能力未有显著影响，但长期来看，短期偿债能力有小幅上升。资产负债率曲线在 2012 年二季度以前维持在 50%左右，之后在 60%上下波动，这说明万向在连续并购过程中动用了长期负债，以弥补并购资金缺口。

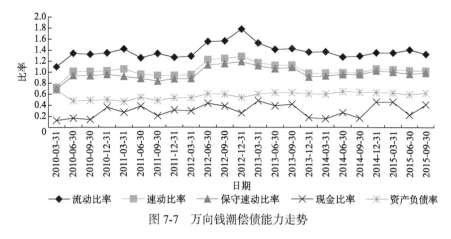

图 7-7　万向钱潮偿债能力走势

2）通过海外连续并购整合，万向集团的长短期经营能力得以显著提升

根据图 7-8，万向的经营能力走势有着非常强的周期性，但以单个季度同期比则会发现，以 2012 年为分界，流动资产周转率、总资产周转率先下降而后小幅回升，应收账款周转率、存货周转率则呈小幅下降趋势。实际上，连续并购活动并未对其经营能力造成实质性损害，很可能经历一个小弧度的"U"形转变。要实现这一转变，关键在于实现财务协同效应，进一步扩展其国内和国际的经营能力，为客户、投资者和两个公司的其他股东创造长期价值。

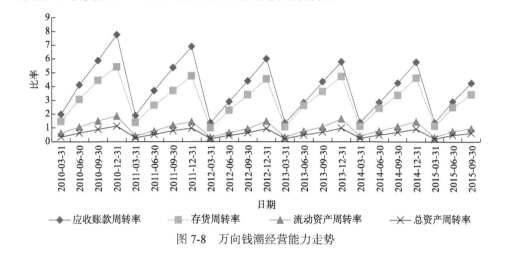

图 7-8　万向钱潮经营能力走势

3）通过海外连续并购，万向集团的资产报酬率和净资产收益率均呈现下降后上升的"U"形变化趋势

如图 7-9 所示，资产报酬率和净资产收益率都呈现出一定的周期性，以单个季度同比发现，以 2012 年为分界，经历了一个"U"形变化。2013 年、2014 年营业利润率和成本费用利润率均在一季度出现年度高点，原因在于万向分别收购了 A123 系统公司和菲斯科，连续两年整体提升了公司的营利能力。

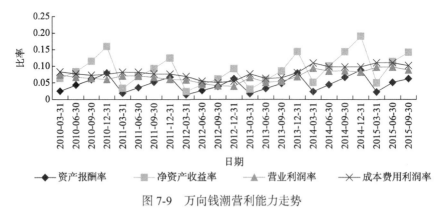

图 7-9　万向钱潮营利能力走势

4）通过海外连续并购，万向集团的净利润增长率和净资产收益率增长率均出现大幅度变化，影响公司整体绩效

图 7-10 中，2011 年二季度以前，净利润增长率和净资产收益率增长率反向变化，且落差大，之后趋于同步，先是跌落低谷，而后一路攀升，从 2014 年开始，双双回落；而总资产增长率和营业总收入增长率则在较大幅度波动之后趋于稳定，但从 2012 年开始，总资产增长率波动幅度仍要大于营业总收入增长率。

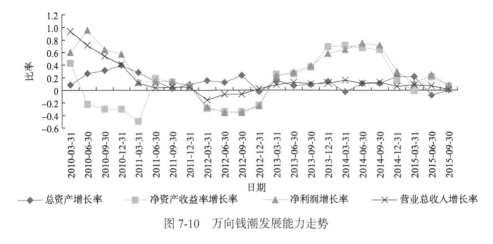

图 7-10　万向钱潮发展能力走势

总体来看，万向集团连续并购绩效在大多数情况下能够反映到万向钱潮的财

务表现上。2010~2015 年，万向的连续并购活动具有明显的阶段性，这也反映到了财务指标走势图上。但长期来看，万向集团控股的万向钱潮是否会一直保持良好的财务表现，以及万向新能源汽车能否成功面世，有待市场持续关注。

四、结论与建议

本节通过研究万向集团的案例，探讨了中国企业在海外进行创造性资产寻求型连续并购的动因和提升连续并购绩效的方法。本节结论如下。

中国企业在海外进行创造性资产寻求型连续并购，获取技术、品牌、营销渠道等创造性资产，以求较快提升国际竞争中的战略地位和技术水平，同时发挥自身整合资源的优势，实现生产经营的协同效应，为企业创造价值。

万向连续并购的成功经验，有助于解决"连续并购对企业有害，但越来越多企业在进行连续并购"的悖论。进行连续并购的企业，如果并购动机与核心利益相符合，并购目标与主业相关，同时采取循序渐进的并购策略，利用小规模并购积累经验，在并购中加强学习，则有助于提升连续并购的绩效。

在研究结论的基础上，提出以下相关政策建议。

以获取创造性资产为动机，海外连续并购活动要契合公司整体发展战略，管理层做出并购决策的动机影响并购的绩效。万向集团的连续海外并购以获取技术、营销渠道和品牌等创造性资产为目的，服从于集团的国际化战略，符合集团的核心利益。在确定连续并购战略时应明确自身资源约束下的核心竞争力和发展战略，万向管理层对海外并购做了充足的准备，对目标公司有较为深入的了解，交易价格有明确的底线，对交易表现出了极强的耐心和克制。以万向并购舍勒为例，一开始舍勒的所有人提出 1 936 万美元的售价，万向管理层经过评估后认为对方要价过高，果断放弃并另寻机会，结果后来仅用 42 万美元购得舍勒的创造性资产。万向对并购表现出审慎严谨的态度，体现了管理层并购的战略动机和对集团核心利益的维护，这种战略动机也有助于并购的成功。

紧扣主业进行海外连续并购，实现并购后的整合协同效应。并购公司和目标公司处于同一行业或者处于关联度高的行业，可以产生协同效应。双方具有的共同点有助于化解管理冲突，促进生产合理化，实现规模经济和范围经济，并有利于技术扩散（Bertrand and Zitouna，2008）。如果并购方和目标公司分别处于关联度不高甚至毫无关联的行业，则不仅没有这种协同效应，还会增加并购后的整合难度，加大并购失败的风险。因此，行业相关的并购比行业无关的并购更能提升绩效（Akbulut and Matsusaka，2010）。万向在美国的连续并购都是围绕汽车零部件这个主业进行，与目标企业同处一个行业或处于相近行业，具有较高的行业相关度。这使得万向能够在并购中利用自己在汽车零部件行业积累的经营经验，提高对目标公司价值评估的准确性，减少信息不对称给估值带来的不利影响。在并购后的整合过程中，行业的相关性不仅降低了整合的难度、加快了整合的进程，而且有助于万向充分发挥同行业资源整合优势，从而确保实现协同效应，提升并购绩效。采取循序渐进的海外连续并购策略，利用小规模并购积累行业经验。组织学习理论认为，组织通过学习以往生产经营的经验可以提高组织的绩效（Huber，1991）。同样地，并购方通过不断学习以往的并购经验，积累并购知识，改进并购技能，有助于提升并购绩效（Haleblian et al.，2006）。这种学习行为使并购方在并购标的选取、并购定价和交易内容设计等并购关键环节上更加科学合理，从而提升将来并购成功的可能性。纵观万向在美国的连续并购，在交易规模上是从数百万美元起步，逐渐提升到数千万美元乃至数亿美元，体现了循序渐进的并购策略。万向为了实现国际化战略，仅仅在百万美元级别的并购中取得成功是不够的，随着企业发展壮大和国际化战略的不断推进，万向需要在千万甚至是上亿级别的并购中取得成功。为了实现这个目标，万向以数百万美元的小规模并购起步，不断积累和学习并购经验，优化并购技巧，从而提升进行大规模并购的成功率。

中国企业进行海外并购的动因是多方面的，而本节仅从创新性资产的角度研究最重要的动因。不少海外并购是以获取自然资源为目的，这类并购的动机是什么？仅凭本节的结论不能给出令人满意的答案，有待以后对此类并购进行深入研究。此外，本节仅以案例研究的形式，探讨连续并购对公司绩效的影响，万向的成功经验有多大的普遍适用性还不得而知，未来仍需通过实证研究进行证明。上述不足有待以后的研究加以改进。

第三节　案例二：医药企业海外并购风险管理研究——以复星医药并购 Gland Pharma 为例

一、引言

医药业是我国发展规划中所确定的朝阳型战略性新兴产业。国务院 2015年提出的《中国制造 2025》中明确指出了要将医药行业中的生物医药及高性能医疗器械作为我国重点发展领域。在《中华人民共和国国民经济和社会发展第

十二个五年规划纲要》（简称"十二五"规划）的推动下，医药行业的规模效益
增长迅速，而在进一步提出的《中华人民共和国国民经济和社会发展第十三个
五年规划纲要》（简称"十三五"规划）中明确指出要全面深化医药卫生体制改
革，实行医疗、医保、医药联动，推进医药分开，建立健全覆盖城乡居民的基
本医疗卫生制度。医药业的行业地位大幅度提升。

我国是人口大国，近年来，随着我国人口老龄化日益加重，医药行业的市场
需求逐年增长，而人们对于生活质量要求及对健康的重视程度的提高也进一步拉
动了整个医药行业市场规模的增长。研究显示，人类疾病谱已经逐渐开始从传染
性疾病向慢性疾病过渡，这也成为药品需求量居高不下的原因之一。由此看来，
医药行业的市场规模未来将出现进一步增长。

然而，虽然市场需求拉动了医药高速的发展，但整个医药行业也面临着巨大
的压力。一方面，医药行业属于技术密集型和资金密集型行业，进入市场的门槛
较高。另一方面，由于新药研发周期长、高投入高风险等特征，与发达国家的医
药企业相比，我国医药企业普遍存在研发投入不足、创新能力不足的情况，这也
使得我国医药市场主要以仿制药为主，市场上药品同质化程度严重，这限制了我
国医药业的进一步提升。再加上近年来，一致性评价、"两票制"等国家政策的出
台提高了对医药行业的监管力度，这使得整个医药行业的集中程度不断提高。因
此，目前医药企业纷纷选择转战海外市场，嫁接国外先进研发创新技术，提升药
品生产能力，提升自身竞争力，实施布局全球化战略。由此，海外并购逐渐成为
我国医药企业实现发展的重要途径。

虽然海外并购能够帮助医药企业实现飞跃式发展，缓解外部压力，但海外并
购中存在着许多风险，并购的最终效果不佳导致企业走向没落的案例比比皆是。
医药企业如何有效对海外并购的风险进行管理便成为值得研究的问题。海外并购
是否能最终达到企业的预期设想取决于企业能否对并购中存在的风险进行有效控
制。因此，本节选取医药行业内具有代表性的海外并购案例——复星医药收购为
研究对象，主要针对医药企业海外并购的风险管理进行研究。本节在对前人研究
成果与理论知识进行充分学习后，将风险分为总体、实施和整合三个部分，再对
这几个部分所出现的风险进行细分，同时结合医药行业海外并购的发展现状与动
因，更具体和透彻地分析医药企业如何进行有效的海外并购风险管理，并提出优
化建议。

希望通过对具体案例的研究，可以帮助我国药企有效地进行海外并购风险
管理，规避或降低某些风险，更好地实现并购的协同效应，加速医药企业国际
化进程。

二、文献综述与理论回顾

（一）国外研究现状

国外学者对于医药企业海外并购的动机、并购中存在的风险等方面都有着相应的研究。

1. 海外并购的动机

Tripathi 和 Lamba（2015）通过对众多企业并购案例的研究，将海外并购的动机总结为：创造价值、提高经营效率、获取市场、市场营销和战略动机及协同收益。研究结果还表明，并购企业期望降低成本，提高财务效率，获取更多的利益及员工福利岗位等。对于以科研创新为重点的医药行业，Fiagbedzi 和 Tkachenko（2002）根据对医药企业并购绩效的研究总结出，医药公司之间的合并最主要的目的是要提高经济绩效。通过合并提高企业整体的销售营利能力，并以此来应对整合需求带来的管理挑战，创造更多股东价值和规模经济效益，充分发挥协同效应，以抢占更多的市场份额。

Banerjee 和 Nayak（2015）对比了医药企业国内并购和海外并购得出，从短期来看，国内医药企业间的并购增加了药品批准的数量，但在三年内效果会减弱。然而，海外并购对新药批准具有长期的积极影响。因此那些进行更多研发但没有足够数量的药品批准的公司选择与外国公司合并，能够获得更多的财力和研发资源，更容易进入国际市场。

2. 海外并购中存在的风险

Conner（2001）认为可以对海外并购的风险进行分阶段识别，将整个过程分成并购前、并购实施中、并购后，同时他根据对这些风险的分析制订出一套科学完整的风险管理计划。BenDaniel 等（1998）则直接将海外并购的风险分成五大类，包括政治风险、法律风险、谈判风险、整合风险及项目融资风险，他们认为对风险进行详细的识别并进行分类可以帮助企业进行风险评估，从而制定相应的防范措施。Cassiman 等（2009）重点研究了医药企业并购后的资源整合风险，他们认为在并购后，并购药企应该对被并购药企的研发与生产技术进行有效整合，促使其产生最大化的协同效应，提高企业整体的行业地位。Heracleous 和 Murray（2001）着重研究了文化整合风险，他们认为制药公司合并后的企业的规模会增大，合并公司就可以将财务资源和人力资源集中起来，以应对药物销售和促销的需求。但合并后需要结合两种不同的企业文化，使大型研究团队完美融合并不容易。文化融合将会对并购最终的效果产生影响。Healy等（1992）着重研究了海外并购中的财务风险，他们认为海外并购会产生消极影响。一方面，企业在并购后选择的融资方式会给企业带来财务风险；另一方面，并购后出现的运营成本上升、所有者利润下降等问题也会使企业出现财务风险，因此企业需要慎重选择融资方式。

（二）国内研究现状

国内的学者对于海外并购的动因、海外并购风险的识别及应对方面进行了相关研究。

1. 海外并购的动因

张文佳（2015）认为海外并购与规模经济理论、多元化经营理论、交易费用理论有关，通过对这些理论的研究，归纳出目前海外并购的动因主要包括：获取海外优质的资源、先进的研发与生产技术、国际化品牌和市场资源。但海外并购的动因会随着时间和并购对象的不同而发生变化。黄朝阳等（2017）将海外并购的常见动因分为内外两个部分，政府鼓励、科技进步、投资环境宽松、外汇储备充足等属于外部动因，避免海外销售的壁垒、获取海外企业的核心技术、获取销售渠道和品牌、获取战略性资源、多元化经营属于内部动因。内外部原因共同作用下引起了企业海外并购的发生。针对医药行业的特殊性，颜士梅和兰美艺（2009）对医药企业海外并购进行了研究，他们认为医药企业进行海外并购首要的动机是为了获取海外企业的核心制药技术与药物的研发能力。通过技术嫁接的方式，国内的企业可以快速进行产品线的升级，提升核心竞争力。

2. 海外并购风险的识别及应对

邓锡阳（2015）对我国海外并购现状进行分析发现，现金支付为主要支付方式，横向并购数量较多，早期以国有企业居多，后期民营企业增加。他认为我国企业海外并购的风险主要包括法律风险、人文环境风险和财务风险，从而提出加快民营企业境外并购步伐、实现并购目标多元化等建议。杜璇（2017）也总结了我国企业海外并购的现状，并将并购的整个进程分为策划阶段、谈判和实施阶段及整合阶段，将风险进行细化再进行分析，这样来制定控制措施更具针对性。杨波和魏馨（2013）认为虽然海外并购数量激增，但中国企业普遍缺少海外并购的经验，缺乏对国际市场的了解，在并购时容易受到国外政府干预，并购后整合难度大。

在对海外并购研究的基础上，结合医药行业的特点，许多国内学者对医药行业海外并购存在的风险及应对手段进行了研究。黄清华（2012）指出药物研发的周期较长，所需投入巨大，但研制成功后商业价值巨大。药物的注册涉及专利风险，因此，医药企业要在并购决策前对专利风险进行评估，可以采用进行知识产权尽职调查的方法来降低风险，主要包括明确并购的目的、剖析交易的结构、审查专利的有效性、分析专利权归属权、熟悉当地法律法规等内容。企业利用尽职调查能够为收购战略的制定和目标企业的估值提供依据，避免并购的盲目性。

刘凡桢（2017）将医药流通企业的并购类型分成获取人才、规模扩张、市场占有三大类型。在并购时，医药流通企业会普遍采用多样化支付方式，运用过渡期、合理设置产品定价、实施科学化企业整合方案等方法来控制风险。苏丽娟和白娴（2018）将中国药企海外并购中存在的风险分成财务风险、安全审查干扰风险、产品国际市场认可风险及经营管理风险，分析出这些风险的成因是由于并购的盲目性、准备的不充分性、国内外审核标准差大等，由此提出相应的风险防范措施：做好前期调查、提高自主研发能力、组建药企发展联盟等。钟大强（2015）重点研究了医药企业并购中的财务风险，他认为可以将并购风险分为并购定价、融资支付、财务整合等方面，提出了要高度关注医药行业安全环保、药品质量、经营资质、知识产权等方面的问题。何佩芸（2017）通过对上海医药横向并购后的协同效应的分析，指出从长远考虑，并购后的整合风险会影响并购的最终效果。医药企业在并购后要正确制定整合策略，及时整合双方资源，在管理、财务、经营等方面产生协同效应，完善医药产业链。金璇（2017）则重点针对医药企业并购中存在的财务整合风险提出了医药企业在并购中进行财务整合的必要性，并指出医药企业应该坚持仔细论证财务整合的方案，建立完善的并购财务整合制度。

通过对国内外研究动态的分析可以归纳出，企业进行海外并购的主要原因是要获得海外优质的资源，占据海外市场，获得更高的收益，其中医药企业所关注的重点则是海外优质资源的研发创新能力和药物注册能力。企业海外并购中主要要面对法律风险、财务风险、整合风险等，医药企业则需要重点关注专利风险和药物审批风险。在识别风险时可以分阶段进行识别，这样能够更有针对性地提出风险管理方法。因此，本书将在结合医药企业特征的情况下，分阶段对医药企业海外并购中存在的风险及风险管理方法进行研究。

三、医药业海外并购的现状与特点

（一）医药行业发展现状

1. 医药行业概述

医药行业是攸关国民经济发展和社会稳定的民生行业，是所有国家关注的重点。医药行业大致可以分成医药制造业、医药流通业和医疗服务业。医药制造业主要包含对原料药、生物药、化学药、中药等一系列药物的研发与生产，医药流通业处于医药制造业的下游，主要是通过各种途径将药品销售给消费者的产业，而医疗服务业也是医药行业不可分割的重要部分，是为以医院为重点的医疗机构提供治疗、卫生保健等服务的产业。国家政策推动下的"三医联动"式加速整合对医药行业产生了深刻影响。

国家出台的行业政策主要显示出对医药行业的大力支持，推进了医药行业的结构调整，促进了医药行业的产业升级。医药行业的政策主要分为四个部分：制药、药物流通、医疗和医保四个方面。在制药方面，国家完善了对于仿制药相关的政策法规，重点关注药物安全；大力支持药物的研发与创新；简化审批门槛与流程。在药物流通方面，国家减少药品的流通环节，提高了药物流通收费的透明化；扶持大型的医药流通企业，提升行业集中度。在医疗方面，国家建立分级诊疗制度，完善医疗服务体系，贯通全国的医疗资源。在医保方面，国家统一城乡医疗保险制度，建立健全医保制度，根据医疗服务内容和医疗机构的不同实施差别化报销制度，对于医疗费用的合理性进行把控。

随着医改政策的进一步细化，我国医药行业已经基本形成医药、医疗和医保"三医联动"的医改模式，这种三位一体的模式加速行业整合，引导我国医药企业逐渐走向精细化、效率化发展阶段。"三医联动"改革方案利用医保费用的杠杆调节作用，推动医疗费用的标准化，优化医疗资源的配置，驱动医药企业研发创新，引导医药行业进入新的政策周期。

1）行业增速降低趋于平稳

自 2001 年以来，我国医药行业的规模保持了高速的增长，目前中国已经成为全球最大的新兴医药市场。国家对医药业的投入加大，健全了医保体系，医药出口稳健增长，整个资本市场的迅猛发展促进国家出台了大量与扶持医药创新发展有关的政策。在各项有利因素的促进下，医药行业的发展呈现出良好的态势，医药制造业的整体利润水平平稳增长，国内医药制造企业经营状况良好。但由于一致性评价全面推进，化学药品注册分类方案改革、药物临床试验数据审核等，行业增速逐渐放缓。根据 2012~2017 年中国医药制造业利润水平（图 7-11），我国医药制造业的利润一直处于逐渐上升中，但是近年来增速逐渐放缓，在 2017 年主营业务收入 27 116.57 亿元，增速首次放缓。

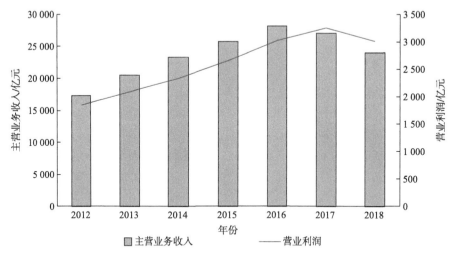

图 7-11　2012~2018 年中国医药制造业利润水平

资料来源：CEIC 数据库

2）药物研发力度不够

医药研发是一个周期较长的过程，主要分为三个部分：临床前研究、临床试验、新药上市审批。一种新的药物从研发到上市销售需要 10~15 年的时间。在此期间企业需要投入大量的资金以支持整个新药的开发过程顺利进行。然而，新药研发的结果存在不确定性，高投入最终可能因为研发失败而无法收回，据统计新药从研发到审批上市的成功率不超过 10%。但一旦新药研发成功，企业就能够占据市场，甚至是垄断市场，获得高额的收益回报。我国医药企业以制造仿制药居多，研发创新药较少，仿制药占我国已有药品的 95% 以上。我国新药创新力度不足主要是由于医药企业研发投入不够、新药审批时间过长等。整个医药行业研发投入不足，研发费用占营业收入的比重较低。在 2017 年 A 股医药市场披露研发费用的 153 家医药企业中，研发费用超过 1 亿元的企业有 51 家，研发费用超过 10 亿元的公司仅有三家，而仅恒瑞医药一家研发费用占营业收入比超过 10%。

根据各国或地区临床研究审批时间的对比（图 7-12）可知，我国对临床研究审批的实际时间相对较长，审批存在严重的滞后现象。药物审批的时长限制了药物研究的发展。

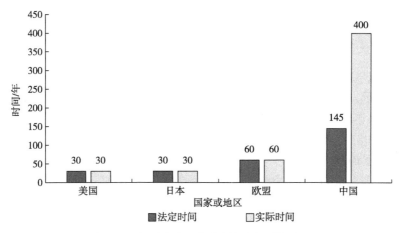

图 7-12 各国或地区临床研究审批时间对比

（二）医药行业海外并购

1. 医药行业海外并购的历程

根据海外并购的特点及国家政策的出台等因素，我国医药行业海外并购的历程可以分成四个阶段。

第一阶段：刚进入 21 世纪时期，医药行业发展速度逐步加快，但大多数企业规模较小，竞争力度不够，并购集中在国内市场，而海外并购案例较少，至 2008 年仅发生 6 起海外并购案例，其中以三九集团并购日本东亚制药、天士力并购神州医药中心有限公司为代表案例。

第二阶段：2008~2011 年，医药行业发展迅速。我国医药企业规模逐渐壮大，此时进行海外并购的主要原因是寻求技术支持，国内大型医药企业纷纷通过海外并购获得国外企业先进的技术，学习研发创新能力，力争实现全球化战略。

第三阶段：2011~2015 年，国家的"十二五"规划促进了医药行业的蓬勃发展。国内大型医药企业海外并购的原因呈现出多样化，主要目的是进军海外市场，获得更广阔的海外市场。此时的海外并购不仅局限于制药企业，还包括医疗器械等。其中交易金额较大的项目有复星医药收购以色列医用激光企业 Alma Lasers 公司等。

第四阶段：2016 年至今，进入"十三五"规划时期后，国家给予医药行业更多的政策支持，医药行业的海外并购进入成熟阶段。行业市场逐渐细分，国内市场集中化程度日益提高。国内企业掌握了更丰富的海外并购经验，能够更好地开拓海外市场。海外并购案例的数量与金额逐步提升，仅 2016 年发生海外并购 35 件涉及金额 26.63 亿美元，2017 年发生 21 件，涉及金额 8.88 亿美元。其中交易金额较大的项目有人福医药收购美国 Epic 制药。

2. 中国医药企业海外并购现状

1）并购金额逐年提高

数据显示，随着时间的推移，我国医药企业并购超过 1 亿美元的案例逐年增加。从 2016 年至今，我国医药企业海外并购 1 亿元以上案例超过 66 起，总涉及金额高达 1 081 亿元。本书对 2013~2017 年医药企业海外并购金额超过 2 亿美元的案例进行了简单梳理（表 7-2），由表 7-2 可知，并购金额超过 5 亿美元的案例数量越来越多，至 2017 年出现了三起并购金额超过 10 亿美元的案例，其中复星医药并购就是近年来医药企业海外并购金额中较高的。

表7-2 2013~2017年医药行业超过2亿美元的海外并购事件

并购时间	并购方	被并购方	金额/亿美元	主营业务
2013 年	复星医药	Alma Lasers	2.22	医疗美容器械
2014 年	微创	Wright Medical	2.90	关节重建
2014 年	海普瑞	SPL Acquisition Corp	2.23	肝素原料
2014 年	复星医药	Espirito Santo Saude	5.00	医疗服务
2015 年	合生元	Swisse	10.8	保健药
2016 年	绿叶医疗	Healthe Care	6.88	医院
2016 年	三诺生物	尼普洛诊断	2.73	血糖仪
2016 年	人福医药	Epic Pharma	5.50	麻醉药
2016 年	三诺生物	PTS 诊断	2.90	血糖仪
2016 年	绿叶制药	Acino	2.69	透皮释药
2017 年	复星医药	Gland Pharma	10.91	注射剂
2017 年	科瑞集团	Biotest	13.00	医药研究与试验
2017 年	南京新街口百货	世鼎生物科技	10.51	生物科技
2017 年	上海医药	康德乐中国	5.76	制药
2017 年	三胞集团	Dendreon	8.20	生物科技

资料来源：根据网络数据及 Wind 数据库整理

2）横向并购占多数，以医疗器械和生物医药为主

数据显示，目前我国医药企业海外并购多集中于横向并购，纵向并购和混合并购较少。横向并购中医疗器械部分份额逐年上升。截至 2017 年末，医疗器械市场的海外并购份额占到了 35.50%，位居首位（图 7-13）。我国的"十三五"规划中明确提出要加强对医疗器械市场的开发。自从国家政策开始鼓励该行业发展后，医疗器械行业的海外并购迅速增多。国外的医疗器械制造生产都处于先进水平，

通过嫁接海外优质资源，国内企业可以迅速成长。

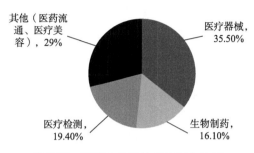

图 7-13 医药企业海外并购行业分布

近年来，生物医药业快速发展，成为目前医药行业中最有价值的子行业。生物医药业帮助治疗癌症和糖尿病等重要疾病，因此该行业发展需要结合分子生物学和遗传学等高科技学科，这让技术创新的力度成为其发展的关键。但中国医药企业主要是依靠生产仿制药，创新药所占比例较小。因此，我国的生物医药行业缺少科研人才，面临着研发技术水平较低的困境，国内医药企业希望通过海外并购获取先进的生物医药技术和最新产品。

3）并购地区主要集中于欧美地区和亚洲地区

欧美国家的科学技术较发达，医药企业的研发创新能力较强，能够推出大量创新药，且通过美国食品药品监督管理局（Food and Drug Administration，FDA）审核的速度较快，因此，我国医药企业海外并购的主要目标市场集中在欧美市场。亚洲地区劳动力较低廉，仿制药水平比较高，可以提供较低廉的原料药，或是拥有一定的政策支持，并购成本较低。

四、复星医药海外并购的案例描述

1. 复星医药公司介绍

上海复星医药股份有限公司是我国第一家生物医药领域的民营上市企业，本名上海复星实业有限公司，该公司成立于 1994 年，1998 年在上交所上市，2004年正式确立以医药业为发展重心的战略目标后更名，经过多年的并购整合后 2012年复星医药在香港交易所上市。

复星医药主营业务有医药研发、医疗器械销售、医疗服务等，在血液系统、抗肿瘤、抗疟、糖尿病等领域均处于领先地位。复星医药立足于自主药物研发和创新，拓宽药物分销渠道，在全国建立起自己的营销团队、药房和品牌，同时，复星医药积极发展临床诊断、专科治疗等服务，将业务领域延伸到医药业各方面，最终形成了药物研发、药品分销、器械制造、医疗服务多方面发展的经营模式。复星医药的高速发展不仅得力于其自身的创新发展能力，还得力于其有目的性的战略并购活动。复星医药将自己的发展战略定位为：内生式增长、外延式扩张、整合式发展。近年来，复星医药通过连续并购，实现了企业的迅速扩张，虽然这种发展战略受到了许多来自外界的质疑，但复星医药的每一次并购均在事前进行了大量的研究与调查。复星医药在并购前会根据市场的形势判断未来医药业发展的大方向，选择有潜力的企业有目的性地进行并购。通过整合优质的并购对象，复星医药能够获得支撑企业未来发展的技术、研发、分销渠道等资源。复星医药在 2010~2017 年进行了大量的并购活动，根据复星医药并购类型的不同，将其分为横向并购和纵向并购（表 7-3）。横向并购主要包括医药制造、医疗器械制造企业，如奥鸿药业和 Alma 等；纵向并购主要包括医疗服务、医药销售企业，如禅城医院和北京金象大药房等。

表7-3　复星医药并购概况

并购类型	主营业务	被并购方	交易金额
横向并购	医药制造	奥鸿药业	133 183.63 万元
		二叶药业	84 500 万元
	医疗器械	Alma Lasers Ltd	138 041.16 万元
		Goldcup	9 000 万美元
纵向并购	医疗服务	禅城医院	72 450 万元
		深圳恒生医院	90 900 万元
	医药销售	北京金象大药房	12 222.22 万元
		茸芝金象大药房	76.06 万元

资料来源：根据网络数据整理

对于医药行业来说研发和创新是核心发展要素，因此，复星医药多年来始终坚持完善其"仿创结合"的药品研发体系，通过并购与整合进军海外，逐步建立起中国、美国、印度等地互动一体化的研发体系来提高自身产品研发能力，加大国际化布局。到目前为止，复星医药已经构建了属于自己的"4+3"研发平台，并在不断完善。

2. Gland Pharma

Gland Pharma 是一家位于印度的注射剂生产制造企业，成立于 1978 年，其主要生产各种注射剂，包括小瓶、安瓿、预充注射器、冻干小瓶、干粉、输液和眼科溶液。Gland Pharma 是印度第一家在海得拉巴建立最先进的预充注射器设施的公司，也是印度第一家被美国 FDA 接受的液体注射设施。Gland Pharma 在印度首创肝素技术，并且 Gland Pharma 是糖胺聚糖分子范围的世界领先者。Gland Pharma

世界一流的生产设施得到了美国 FDA、英国 MHRA（Medicines and Healthcare Products Regulatory Agency，药品和健康产品管理局）、澳大利亚 TGA（Therapeutic Goods Administration，药物管理局）、世界卫生组织等全球监管机构的认可。长期以来 Gland Pharma 通过强大的内部研发专长开发利基产品，满足全球不同市场的制药需求，其不仅在印度市场上处于领先地位，在欧美市场上也占有一定地位。

3．双方并购动因

1）借助注册平台，推进药物生产

在 2017 年，国家为了提高药品质量，保障医药业的稳定发展，针对医药业推出了多项关于药品审评审批管理、药品安全、药品技术转让等相关的政策，加强对医药业的监管，对于药品申报注册的要求愈发严格。Gland Pharma 作为印度仿制药注射剂的领军企业，是印度第一家获得美国 FDA 批准的注射剂药品生产制造企业，其拥有符合全球各大法规市场 GMP（Good Manufacturing Practice of Medical Products）认证的生产线，在美国、欧洲市场拥有丰富的海外注册申报经验和药物销售能力，并且拥有专人团队进行药物的注册审批。同时，印度的"专利强制许可"制度帮助 Gland Pharma 在仿制药领域抢占先机，缩短药物申报时间。通过此次并购，复星医药能够充分利用 Gland Pharma 的注册平台，加速药物申报上市，从而推动药物的生产，加上印度低廉的人工成本与 Gland Pharma 高效标准化的生产线，药物的提前上市能为复星医药抢占更多的市场份额。

2）吸收研发技术，提高创新能力

医药企业的核心资产是药物的研发创新能力，药物研发和制药设备的进步能够促进医疗水平的进步，但药物和设备的研发往往需要投入大量的资金，配备相当多的科研人员辅助。我国是仿制药大国，每年国产仿制药的数量占批准上市国产药的绝大部分，但是国产仿制药的质量良莠不齐，同质化程度高，无法满足患者的实际需求。印度则是国际上的仿制药大国。复星医药通过对 Gland Pharma 的并购，可以进一步了解心脑血管、麻醉等子领域的核心技术，吸收 Gland Pharma 在仿制药领域先进的经验与技术，促进两者的研发资源与技术共享，提升双方的研发创新能力，升级产品线，降低研发成本。

3）形成规模经济，提升市场占有率

Gland Pharma 在印度的医药行业中一直处于领先地位，其自身具有良好的研发能力、科研团队、生产线、销售渠道等，复星医药的此次并购为 Gland Pharma 和复星医药实现了优势互补，带来了财务和经营协同效应，经过对 Gland Pharma 研发能力、营销网络等的合理整合，所形成的规模经济能够帮助复星医药降低药品的生产成本，有利于扩大生产规模，提升在国内外市场上的占有率。

4）开拓国际市场，实现全球化战略

在国内市场有限的情况下，复星医药一直致力于药物产品的国际化发展，此次并购可以利用 Gland Pharma 更好更迅速地进军海外市场，Gland Pharma 的国际营销网络能够帮助复星医药扩大海外销售渠道，尽快实现复星医药全球化的战略目标。

4. 并购过程

2016 年 7 月 28 日，复星医药发布公告收购 Gland Pharma，复星医药及其全资子公司 Fosun Pharma Industrial Pte.Ltd.等联合并购方根据对 Gland Pharma 现有企业价值等多方面因素的考虑，拟出资不超过 105 028 万美元从 Gland Pharma 的现有股东 KKRF loorline Investments Pte.Ltd. 及创始人股东手中收购共计 10 841 954 股股份，约占 Gland Pharma 已发行股份的 69.97%，每股价格不超过 96.872 美元。同时，联合并购方拟出资不超过 10 026 万美元收购 Gland Pharma 股东 Vetter 家族手中 10.25%的股份。Gland Pharma 回购并注销股东 BRR 家族 6.083%的股份，该份额将在股份交割时由联合并购方出资不超过 6 083 万美元所认购的可转换优先股转换占有。该次并购后联合并购方拟持有 Gland Pharma 共计 86.08%的股份。此外，联合并购方与 Gland Pharma 约定以 Gland Pharma 的依诺肝素产品获得美国FDA 审批，并且以在美国市场上市或销售的时间为界设置或有对价：审批时间在2018 年 12 月 31 日前，收购方将于依诺肝素市场化之日起 2 年之内或至 2019 年12 月 31 日前（截至以较早的日期为准），根据依诺肝素产品每季度毛利的 50%支付或有对价；若审批在 2016 年 12 月 31 日前，或有对价至多为 5 000 万美元；2018年 12 月 31 日前，或有对价至多为 2 500 万美元。

该方案虽然已经经过了国家发展和改革委员会和商务部的备案并通过了股东大会同意，但在 2017 年初又遇到了阻滞。2017 年 4 月 27 日，复星医药公告称，由于此次并购涉及金额较大，在经过印度外国投资促进委员会（Foreign Investment Promotion Board，FIPB）审议后还需要进一步通过印度内阁经济事务委员会（Cabinet Committee on Economic Affairs，CCEA）的审批，因此此次并购将推迟至当年 7 月。但在 2017 年 7 月复星医药再一次发出公告将并购推迟至当年 9 月。

最终在 2017 年 9 月，复星医药发出公告将并购中对 KKR 及其创始人股东拟收购的股份调整为 57.891%，对价改为不超过 90 521 万美元，其余认购安排不变。该次并购后联合并购方拟持有 Gland Pharma 共计 74%的股份。

变更前后的方案中 Gland Pharma 的股东所持股份变化如表 7-4 所示。

表7-4　并购方案前后Gland Pharma股权变更情况

股东名称	2016 年 7 月	2017 年 9 月
联合并购方	86.08%	74%
KKR	—	—
创始人股东	10%	22.08%
Vetter 家族	—	—
BRR 家族	3.872%	3.872%
Dr.sagiN	0.048%	0.048%
合计	100%	100%

资料来源：复星医药对外公告

五、复星医药海外并购 Gland Pharma 风险分析

（一）政治风险

海外并购中的政治风险是指由于被并购方所在国家的政局、政策的变化、国家间外交关系变化等而产生的风险。这些政治性变化可能会导致外商投资政策变化、市场汇率波动等风险因素出现，从而引起并购方投入资本的金额、方式受到限制，投资所获利润流转回国困难，影响投入资本的增值能力。在复星医药并购 Gland Pharma 的过程中，复星医药就面临着巨大的政治危机，导致并购时间一推再推的原因主要是中印关系紧张给收购进程的进行带来了阻滞。

对于海外并购来说，政治风险是无可避免的。中国近年来发展的"一带一路"倡议中，南亚国家与印度是"一带一路"上重要的地区。中印两国之间关系紧张，也使得复星医药对 Gland Pharma 的收购战线拉长，印度 CCEA 对于该并购方案的审批从 2017 年 4 月就开始了，但由于中印两国关系紧张，复星医药本计划应该 7 月开始实施的并购向后推迟了两个月，直到 9 月，中印两国关系有所缓和后，CCEA 才通过了复星医药新的并购方案。

对于并购中产生的政治风险，复星医药采取了以下措施进行控制：复星医药在之前收购以色列公司 Alma 等海外并购过程中吸取了经验教训，为了尽量减少政治局势不稳定带来的政治风险，在并购前对印度的政治局势、与我国的政治关系进行充分的调查与研究，对印度的政治风险进行事前评估。一般将政治风险的评估指标分成：政府执政时间、质量与稳定性、民主问责、政府外部行为等几方面，根据我国海外投资国家风险评级报告，印度 2016 年排名 34 位，风险评级为

BBB，属于中等风险级别。

在此次并购 Gland Pharma 的过程中，复星医药虽然并购前做足了准备，但也遭遇了突发的政治事件。在并购方案受阻期间，复星医药一直与印度政府相关部门保持沟通，掌握政局变化，尽可能地降低政治风险。2017 年 2 月联席董事长姚方亲自赴印度与中国驻印度大使罗照辉会面，对有关并购的事项进行协商，希望通过友好协商将并购继续推行下去。在并购完成后，印度方依旧对该并购案密切关注，因此复星医药总裁吴以芳等也在 2018 年与中国驻印度大使会面，对并购后的整合、药品对外输出等问题进行了深入探讨。

在海外并购中政治风险无可避免，复星医药在并购过程中尽量降低与外国政府之间的摩擦，利用中国驻外大使与印度政府进行友好沟通，并购后也要及时将整合情况向外反馈，争取与外国政府之间保持良好的合作关系。

（二）法律风险

海外并购中的法律风险主要是指由于被并购方所在国家的法律法规与国内的法律存在较大的差异、并购方对于被并购方所在国家法律法规的了解程度不够等带来的风险。海外并购所涉及的法律法规数量较多，其中主要包括反垄断法、知识产权法、外汇管制法、劳工保护法等。并且，各个国家之间的法律法规存在差异，许多国家为了保护本国企业的安全，防止本国企业所属行业受到别国企业垄断，都会对来自其他国家的资本设置不同的规定与限制。

法律风险贯穿于整个海外并购过程中。法律风险可能随时直接导致并购的失败，并购方提出的并购方案如果违反了被并购方所在国家的法律法规，被并购方所在国家可能直接否决并购方案或者阻止方案通过。整个并购过程会受到被并购方所在国家的相关组织的审查，一旦出现违反法律法规的行为，并购就可能被叫停。并购方因此将承担并购失败的风险，前期投入成本无法收回，企业资金流受到影响，可能直接导致企业持续经营困难。同时，并购方还可能由于其他因素面临被诉讼的风险，如果并购方需要承担相应司法责任，则需要面对高额诉讼赔偿问题。在并购完成后整合过程中，法律风险同样需要引起重视。并购方对于被并购公司人员的整合会受到劳工法的影响，资产整合时产权归属、纳税等活动也可能会带来法律风险。

根据规定，海外并购的方案需要经历一系列国内外的审查。复星医药制订的并购方案先后通过了国家发展和改革委员会的批准、商务部的审核，完成了美国与印度两国的反垄断申报。接着，复星医药的收购方案又经过了印度竞争委员会（Competition Commission of India，CCI）和印度 FIPB 的批准。但并购方案最后还是受到了来自印度 CCEA 的阻碍。虽然印度一直以吸引外资为发展目标，但除去中印局势紧张的原因外，由于复星医药在中国属于龙头企业，其在收购印度制药巨头 Gland Pharma 后可能强强联合利用 Gland Pharma 对印度注射剂市场造成垄断现象，而 Gland Pharma 所生产的肝素钠在美国市场上销量巨大，并购后 Gland Pharma 大部分利润将归属于复星医药，因此 CCEA 对于是否通过复星医药的并购方案仍然有所保留。面对印度方迟迟不下决定的审查，复星医药屡次推迟并购的进行，市场上也出现了大量不利的收购失败的传闻，这对复星医药的股价产生了重大影响。

对于并购中产生的法律风险，复星医药采取了以下措施进行控制：复星医药在并购 Gland Pharma 前，组织了专人团队对印度、美国的反垄断法进行了深入了解，在并购前与相关部门进行了沟通与交流，明确印度审批机构的态度，针对并购过程中可能涉及法律的重点环节进行补充与修改。因此，相关团队所制订的并购方案先后顺利通过了国内外一系列的审查。

但是最终，由于 CCEA 的保留态度造成了并购方案短时间内无法通过。复星医药出于对审批结果的担忧，考虑到如果并购失败将带来的重大损失，重新对并购方案进行了考量，做出了适量的调整与让步。复星医药的并购团队仔细分析了印度相关法律制度最终提出了调整方案。根据印度相关法律，印度 CCEA 在 2016 年对于印度医药企业的外商投资设置了新的审批规定，该项规定指出，如果外商投资企业对印度企业的控股不超过 74%，则并购方案可以走自动审批通道，直接省去了 CCI、FIPB、CCEA 的审查。经过复星医药高层研讨后，复星医药的新收购方案直接将收购比例由 86% 降至 74%，这就推动了并购的顺利进行。

面对海外并购中的法律风险，复星医药采用了事前积极调查，事中及时做出调整与让步的方法来降低风险。通过事前调查复星医药掌握了印度相关的法律政策，顺利通过国内外审查，也正是专业团队对印度法律法规的熟悉才让复星医药在面对国外政府阻挠时找到了另一条出路，根据法律法规对并购方案进行调整，重新考量并购的比例，确保了并购顺利进行。

（三）估值风险

在明确并购对象后，企业要对目标企业进行估值，确定并购所需要的资金。常见的并购估值方法主要有三种，三种方法都有不同的优缺点（表 7-5）。选择的估值方法影响企业未来将要支付的金额，也会影响后续的整合工作。估值不合理会导致并购方投入过多的资金无法收到相应的收益，被并购方溢价严重。近年来医药企业海外并购案例并不少见，但很多医药企业在并购估值上都存在高溢价的现象。对于医药企业而言，专利技术的比例在资产中占比较重，而企业未来的发展也依赖于研发创新能力。成本法仅仅简单考虑了被并购企业的资产相加进行估值，无法完整体现医药企业的真实价值，没有考虑企业研发创新等能力能够带来的未来收益。市场法和收益法的应用范围较为广泛。

表7-5　不同估值方法对比

方法	原理	常用方法	优点	缺点
成本法	以被并购企业评估基准日的资产负债为基础进行评估,从而确定被并购企业的价值	净资产账面价值法、重置价值法、清算价值法	简单便捷	忽略被并购方未来的获利能力,无法反映被并购企业整体真实的价值
收益法	在一定年限内,利用折现率将被并购企业的预期收益进行折现	经济利润折现法、股利折现法、现金流量折现法	考虑了时间价值和风险,能够真实体现被并购企业未来的获利能力	折现率的确定较为复杂,对未来的估计可能不够准确
市场法	以市场上与被并购企业可比较的企业为参照物,选择合适的乘数进行计算得出被并购企业的价值	可比公司法、市盈率估值法、市净率估值法	计算简便,结果较为准确	需要具有可比性的参照物,适用范围受限制

　　在估值方法的选择上,市盈率估值法和市净率估值法在我国并购中较为常见,而企业价值倍数法多用于国际并购市场。复星医药选择这种方法的原因是海外并购时国家间会计准则的不同和税率的不同会影响估值的有效性,选择企业价值倍数法则能够剔除税率、利息等因素的影响,在此次海外并购中可以更准确地评估Gland Pharma 的价值。另外,市盈率估值法和市净率估值法较多地关注了企业的权益部分,而企业价值倍数法则不仅仅考虑了企业的股权,也考虑了企业的债权,从而从企业整体对企业价值进行估计。在企业价值倍数的选择上,复星医药以印度及全球的类似注射剂企业并购的案例为参照,结合行业实际,同时考虑 Gland Pharma 目前的经营情况及未来所能带来的收益。根据 Gland Pharma 2015~2017 财年的部分财务数据可知(表 7-6),Gland Pharma 总资产逐渐增加,2017 财年总资产较 2015 财年增长 71.56 亿元,增长率为 40.70%,而总负债较少。Gland Pharma 的收入也呈现逐年增长的趋势,2017 财年营业收入较 2015 财年增长了 49 亿元,增长率为 48.92%;2017 财年净利润较 2015 财年增长了 20.44 亿元,增长率高达97.66%。

表7-6　Gland Pharma 2015~2017财年财务数据　　　　单位:亿元

项目	2015 财年(2014 年 4 月 1 日至 2015 年 3 月 31)	2016 财年(2015 年 4 月 1 日至 2016 年 3 月 31)	2017 财年(2016 年 4 月 1 日至 2017 年 3 月 31)
总资产	175.81	208.63	247.37
总负债	36.39	40.92	38.39
营业收入	100.16	135.75	149.16
税前利润	27.24	45.91	57.80
净利润	20.93	31.36	41.37

注:根据 Gland Pharma 依据印度公认会计准则编制的经审计财务报告得出,已经过折算,10 卢比=1 元人民币
资料来源:复星医药对外公告

从偿债能力来看，Gland Pharma 的资产负债率呈现逐年下降趋势，2015 财年资产负债率为 20.70%，2016 财年资产负债率为 19.61%，2017 财年则为 15.51%，这说明企业的经营能力良好，偿债能力强，外债的压力较小，风险低。

从营利能力来看，Gland Pharma 的销售净利率 2015 财年为 20.90%，2016 财年为 23.10%，2017 财年则为 27.74%（图 7-14），说明 Gland Pharma 的营利能力较强，财务状况良好。

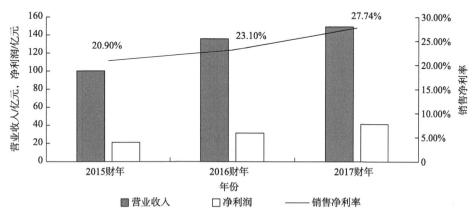

图 7-14　Gland Pharma 营利能力分析

资料来源：Wind 数据库

根据 Gland Pharma 2015~2017 财年的数据（表 7-7），我们可以看出 Gland Pharma 的市盈率由 2015 年的约 45 倍下降到 2017 年的约 22 倍，这表明 Gland Pharma 发展迅速，公司价值大大增加。

表7-7　Gland Pharma 2015~2017财年市盈率与市净率

项目	2015 财年	2016 财年	2017 财年
市盈率	45.19	30.16	22.86
市净率	6.78	5.64	4.53

从整体来看，Gland Pharma 整个公司的发展趋势非常好，并购后有望为复星医药贡献正向的利润增长。

（四）支付风险

海外并购中主要支付方式有现金支付、股权支付和混合支付，见表 7-8。

表7-8　不同支付方式对比

支付方式	特点	优点	缺点
现金支付	直接以现金购买被并购方	快速便捷完成并购目的	并购方需要大量现金,影响现金流动性,增加企业的财务风险
股权支付	以增发股票或者换股的方式换取被并购方的股份	不会引起现金流短缺	稀释股权,分散股东权益
混合支付	利用现金、股权、债券、可转换债券等多种支付方式混合支付	方案灵活,可以根据实际情况合理搭配	支付方式的选择受到多种因素的影响

三种主要的并购支付方式会产生不同的风险。支付方式不合理会导致企业出现现金流短缺、股权结构不合理、经营状况出现问题。复星医药收购 Gland Pharma 时采用现金支付的方式,这主要是由于以下几点。

避免控制权分散。复星医药的控股股东为上海复星高科技(集团)有限公司(简称复星高科)。复星高科在 2017 年所持复星医药的股份占 37.94%,处于中等持股规模,并购采用现金支付的方式可以避免分散复星高科对复星医药的控制权,摊薄每股收益。

企业信誉良好,融资能力强。复星医药多次并购均采用了现金支付方式,与国内外许多银行都建立了良好的合作关系,复星医药的实力较为雄厚,银行根据其实际情况可以提供的授信额度较高,同时,复星医药还能通过发行债券等方式募集资金,融资方式多样。

此次,复星医药向金融机构申请金额 7 亿美元贷款用于支付并购费用,向外举债较多会导致企业需要负担大量的利息费用,增加企业的经营风险,为此,复星医药启动流动负债的长期融资替换方案,在 2018 年 8 月签订三年期 7 亿美元再融资银团贷款替换于 2018 年 9 月到期的并购 Gland Pharma 签订的银团过桥贷款。对此,从复星医药现金流量、债务结构、偿债能力、营利能力几个方面进行分析。

1. 现金流量分析

近年来,复星医药的经营效益良好,现金流稳定且充足,选择现金支付方式是在考虑其经营态势的基础上做出的合理安排。根据复星医药 2014~2018 年现金流量分析表(表 7-9),复星医药的货币资金量足以覆盖并购所需的部分对价。并购完成后,复星医药的货币资金总量增加,能够支持企业的日常运转。同时,2017 年末,为了支付大额的并购价款,复星医药筹集了大量的资金,筹资活动产生的现金流量较 2016 年增长 585.27%,而投资活动产生的现金流量净额较 2016 年下降了 329.26%。2018 年末,这两者均出现了回升。目前,复星医药的现金流状况良好,现金支付方式并未对企业的日常资金运营带来较大的不利影响,通过对外借款的方式及时获得了 7 亿美元贷款,从而保证了此次并购现金支付的资金来源。

表7-9 复星医药2014~2018年现金流量分析　　　　　　单位：亿元

报告日期	2014/12/31	2015/12/31	2016/12/31	2017/12/31	2018/12/31
经营活动产生的现金流量净额	12.00	16.21	21.10	25.80	29.50
投资活动产生的现金流量净额	−24.78	−18.70	−24.47	−105.04	−52.45
筹资活动产生的现金流量净额	18.63	5.51	14.46	99.09	31.38
现金及现金等价物的净增加额	5.94	3.38	11.89	18.12	8.25
货币资金	36.96	40.29	59.96	72.49	85.47

资料来源：Wind数据库

2. 债务结构分析

复星医药2014~2018年短期借款、一年内到期的非流动负债、长期借款等财务数据见表7-10。

表7-10 复星医药2014~2018年债务结构分析　　　　　　单位：亿元

报告日期	2014/12/31	2015/12/31	2016/12/31	2017/12/31	2018/12/31
短期借款	28.41	54.72	38.26	97.15	56.07
一年内到期的非流动负债	11.10	18.62	18.24	7.63	49.30
流动负债合计	95.37	109.39	101.09	166.00	179.23
长期借款	7.71	16.76	21.83	55.80	86.31
负债合计	162.33	175.32	185.17	322.30	369.59

根据图7-15，从复星医药2014~2018年的债务结构可以看出，短期负债在并购当年出现大幅度的增长。2017年短期借款占总负债比率为30.14%，2018年则为15.17%。

图7-15 复星医药债务结构分析

复星医药为了优化债务结构启动了流动负债的长期融资替换方案。根据图 7-15，2014~2018 年复星医药的长期借款所占总负债比率逐年上升。与短期负债相比，长期负债较为稳定，利用长期负债可以降低企业流动性不足的风险，但采用该方法也会提高企业的资本化程度，增加企业长期偿债的压力。

3. 偿债能力分析

根据复星医药 2016 年 3 月 31 日—2018 年 12 月 31 日的资产负债率和流动比率的变化可以看出，由于向金融机构贷款 7 亿美元用于支付并购对价，复星医药的资产负债率上升 10% 左右，而流动比率则下降近 50%（图 7-16）。但复星医药实力雄厚，并且在完成整合后 Gland Pharma 能够带来的收益相当可观，在 2018 年末资产负债率已经出现下降趋势，而流动比率也有所上升。可见，利用现金支付带来的风险虽然在较短时间内使得相关数据出现波动，但复星医药资本结构较为稳定，此次支付并未对复星医药的短期偿债能力产生较大影响。

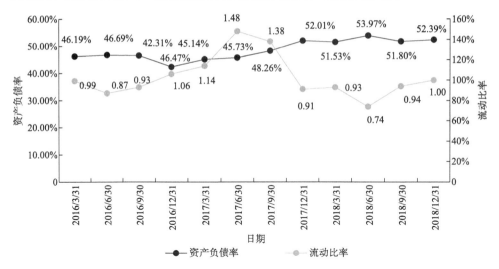

图 7-16 复星医药并购前后资产负债率及流动比率变化

根据图 7-17 计算得出，复星医药的财务费用在 2016~2018 年持续增长，增长比例约为 80.55%，主要是并购 Gland Pharma 产生的搭桥贷款。虽然此次并购意义重大，但复星医药未能借助到国家开发银行等较为优惠的并购贷款，导致并购财务费用偏高，这也说明了复星医药需要进一步提高信用水平，提高融资水平。

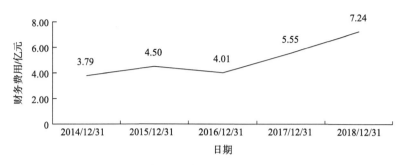

图7-17　复星医药近五年财务费用变化

根据复星医药近五年的利息保障倍数（图7-18）可见，在并购当期由于新增贷款带来的利息费用，复兴医药的利息保障倍数出现下滑，这说明利息费用的突增的确给复星医药长期偿债能力造成了一定的影响。

图7-18　复星医药并购前后利息保障倍数变化

4. 营利能力分析

根据复星医药2014~2018年的收入相关数据，复星医药的主营业务收入逐渐增长，2018年较2017年增长34.44%，利润总额与净利润在2018年略有下滑（表7-11）。

表7-11　复星医药2014~2018年营利能力分析　　单位：亿元

报告日期	2014/12/31	2015/12/31	2016/12/31	2017/12/31	2018/12/31
营业收入	120.26	126.09	146.29	185.34	249.18
利润总额	27.18	33.72	35.72	40.62	35.80
净利润	21.13	24.60	28.06	31.25	27.08

根据复星医药2014~2018年的营业利润与总资产净利润图（图7-19），复星医药2018年的营业利润率与总资产利润率均出现了下滑。复星医药盈利的下滑主要是由于新并购的Gland Pharma虽然贡献了大部分收入，但同时复星医药需要对

部分产品销售模式进行调整，对于新市场的开拓及整合需要大量投入，这使得费用相应地也增长了。同时，复星医药在 2018 年的研发投入为 14.80 亿元，较 2017 年增长 44.11%，在 2018 年复星医药加大了对生物类似药及生物创新药、小分子创新药的研发投入，同时，针对国家政策的严格，复星医药也加大了对一致性评价的集中投入。

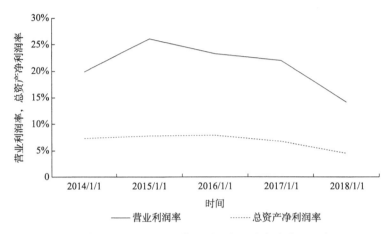

图 7-19　复星医药并购前后营业利润率及总资产净利润率变化

　　综合来看，复星医药的现金流量未受到较大的影响，偿债能力较为稳定，通过长期融资替换方案有效地改善了企业的资本结构，同时也有效地缓解了高额贷款带来的短期偿债压力。复星医药营利能力有所下滑，主要是由于市场监管严格，医药行业趋于稳定，短时间内整合与研发费用的投入加大所致。

（五）资源整合风险

　　海外并购中的资源整合主要分为文化整合、人力资源整合、技术整合、市场资源整合。整合不当可能会造成企业间文化冲突，核心人才流失，管理层主动丧失控制权，资源整合不当会引起产品与市场结构混乱等问题。医药企业并购市场逐渐细分，应该以缓和的方式进行整合，避免整合中企业间的冲突，以提升核心竞争力为目标，确定并购后资源集中的目标市场，实现资源的互补，充分发挥协同效应。

1. 文化整合方面

　　中国和印度的文化存在较大的差异，宗教信仰、风俗习惯都不一样。原有印度员工很难接受与自己国家不同的文化，因此，在并购完成后，复星医药尊重印度员工本地文化与 Gland Pharma 原有创始人对于企业的管理文化，在对于 Gland

Pharma 已有的企业文化进行理解的同时逐渐加入了中国本土文化传播,拉近中印员工之间的距离。

2. 人力资源整合方面

人力资源是整个公司发展的根基,人力资源整合不当可能会导致被并购企业内部人心涣散,对于母公司向心力差,外国员工忠诚度降低,在与并购方公司沟通时出现阻碍,无法完整地传递公司间的信息。复星医药在海外并购后的人力资源整合时坚持"以人为本"的本土化管理原则。并购时,复星医药尊重原有创始人的要求保留较多的股份。在并购完成后复星医药对于 Gland Pharma 内部的董事会进行调整,共设置不超过 9 名董事,其中创始人有权提名 2 名董事,任命 Dr.Ravi 为首席执行官。Dr.Ravi 自 1992 年起加入 Gland Pharma 担任执行董事,1999 年起担任副董事长兼总经理。他对 Gland Pharma 更为了解,能够帮助复星医药更好地管理公司,同时还能保持 Gland Pharma 核心管理团队稳定,也能让整个公司员工保持对并购后的工作稳定性的信任。

3. 技术整合方面

Gland Pharma 先进的创新研发技术是吸引复星医药的一大原因。在并购后,复星医药保留了 Gland Pharma 原有的研发团队,同时,复星医药加强国内研发团队与印度团队之间的沟通,建立起人才培养机制,通过将国外先进的医药研发技术引入国内,带动国内医药研发技术的发展。复星医药引进 Gland Pharma 注射剂制造技术及仿制药技术,Gland Pharma 嫁接复星医药的生物制药技术,两者强强结合,通过技术整合,能够帮助两者在国际市场上占据更多的份额。

4. 市场资源整合

在合并后,Gland Pharma 所生产的肝素钠等主要产品可以进入中国市场。并购后复星医药能够为 Gland Pharma 生产肝素钠提供主要原材料,复星医药子公司山东万邦赛诺康生化制药股份有限公司及苏州二叶制药有限公司等公司主要业务就是生产肝素钠原料药,这将降低肝素钠的成本,而肝素钠也能够为复星医药提供高额的利润。复星医药的国产药品也能够借助 Gland Pharma 进入欧美市场,如复星医药所生产的胰岛素就能够借助 Gland Pharma 出口到海外市场。

(六)商誉减值风险

在蓬勃发展的海外并购市场上,高商誉现象屡见不鲜,在并购时形成的高商誉往往最后因为后续经营期间业绩未达标,甚至出现大额亏损情况而造成并购方需要计提大额商誉减值。中国证券监督管理委员会在 2018 年 11 月发布了《会计监管风险提示第 8 号——商誉减值》，该文件针对商誉减值的会计处理、评估、对商誉减值的审计等方面提出了重点的风险提示，有助于进一步规范企业对于商誉减值的处理。可见，商誉减值问题受到了更多的关注。

对于医药行业而言，无形资产的占比较大，企业的研发创新能力、药物审批注册能力、药品生产销售能力很大程度上会影响企业价值，因此，医药企业的商誉一直处于偏高水平，目前，医药行业的商誉总额仅次于传媒行业，在整个市场上排名第二。从医药行业整体来说，我国医药企业数量较多，并购数量逐年增加，行业整体商誉增速较快，2017 年整个医药行业的商誉总额达到了 13 025 亿元。随着市场的监管愈加严格，医药行业计提商誉减值的金额猛然出现了增长。特别是根据 2010~2017 年医药行业商誉减值情况，2017 年医药行业商誉减值高达 22.4 亿元，与 2016 年相比增长了 499%（图 7-20）。近五倍的增长量表明医药企业应更加关注对商誉的管理，加大对被并购企业的资源的整合力度，谨慎进行商誉减值测试，避免高额的商誉减值情况出现。

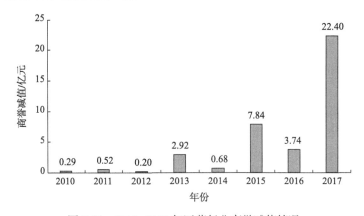

图 7-20　2010~2017 年医药行业商誉减值情况

医药行业的龙头企业之一人福医药 2018 年出现了大额的亏损，主要原因是大额计提商誉减值。人福医药的海外子公司 Epic Pharma 的主要产品熊去氧胆酸胶囊的价格大幅下降，公司经营业绩严重下滑，同时，Epic Pharma 的重要产品羟考酮缓释片仍未获得 FDA 审批，人福医药计提商誉减值损失高达 30 亿元。这给整个医药行业起到了警示作用。因此，同为医药行业中领头企业的复星医药要引以为戒，就其自身情况而言，2018 年复星医药的商誉占总资产的比例达到 12.55%，高额的商誉很可能会对企业未来的发展带来影响。

Gland Pharma 自 2017 年 9 月年开始纳入复星医药的合并范围内，根据复星医药 2014~2018 年的商誉数据，2017 年起复星医药的商誉明显增长，2017 年总资产较 2016 年增长 182.03 亿元，而商誉则增长了 49.91 亿元（图 7-21），这表明 2017

年复星医药增长的大部分资产是由并购中的商誉贡献的。其中 Gland Pharma 产生了约 38 亿元的商誉，占整个增长商誉的 77%。

图 7-21　复星医药并购前后商誉情况

根据复星医药的财务制度，复星医药可以先在对于商誉进行风险测试评估后决定是否计提，如果合并公司的资产经营状况没有明显恶化则不需要计提商誉减值准备。复星医药采用每年进行商誉减值测试的方式，将每个收购的子公司分为一个资产组，将合并形成的商誉分别分配至各个资产组进行测试。减值测试以包含商誉的资产组的可收回金额为基础。就复星医药目前的商誉减值测试制度及规范而言，复星医药对于商誉减值的计提较为严格，如 2018 年子公司 BREAS 因政府审批导致产品的销量与开发不理想，复星医药根据减值测试计提了 8 000 万元的商誉减值准备。

对商誉产生影响的主要是并购后被并购方的经营业绩。复星医药共耗资 71 亿元收购 Gland Pharma，产生的高额商誉主要是基于对 Gland Pharma 未来业绩的看好，如果 Gland Pharma 业绩无法达到预期，很可能要面临大量减值。前面已经对 Gland Pharma 并购前的情况进行了分析，下面将对其在并购后的情况进行分析。

在并购后，复星医药充分利用了协同效应加大整合力度，这就大大降低了商誉减值的风险。就目前而言，Gland Pharma 为复星医药带来的利润十分可观。根据复星医药 2018 年的年报可知 Gland Pharma 在 2018 年实现营业收入较 2017 年同期增长 26.62%，净利润较 2017 年增长 39.92%，利润主要来源于肝素钠、万古霉素及新上市的酮咯酸氨丁三醇等产品。复星医药 2018 年归母净利润为 27.08 亿元，Gland Pharma 实现净利润 2.8 亿元，向复星医药贡献约 10% 的净利润。复星医药心血管系统疾病治疗领域的营业收入较 2017 年同期增长 19.56%，在剔除 Gland Pharma 之后，同口径营业收入同比增长 11.80%，即 Gland Pharma 在该领域为复星医药贡献了 7%左右的收入。在 2018 年，Gland Pharma 共计 5 个仿制药产品获得了美国 FDA 的上市批准；Gland Pharma 的 4 个制剂生产场地，3 个原料药生产场地接受了美国、欧洲、巴西等药品法规审计/认证，且均顺利通过。从业绩来看，Gland Pharma 发展势头良好，能够提高复星医药整体的盈利水平。

在对 Gland Pharma 的商誉减值处理上，复星医药根据 9 年期的财务预算基础上的现金流量预测来确定 Gland Pharma 的可收回金额。2018 年末，Gland Pharma 商誉的账面价为 39.10 亿元，资产组组合账面金额为 93.19 亿元，Gland Pharma 营业收入主要来源于药品销售收入，经过复星医药对 Gland Pharma 的品牌、药品品种、价格、销售网络等因素影响的考虑，预测该期间内 Gland Pharma 营业收入增长率为 9%~33%，Gland Pharma 资产组现金流量预测所用的折现率是 16.9%，用于推断 9 年以后的 Gland Pharma 资产组组合的现金流量的增长率是 3%。经测算预计未来现金流量的现值高于 Gland Pharma 资产组组合账面价值，因此复星医药并未对 Gland Pharma 形成的商誉进行减值。

六、结论与建议

（一）建立风险预警机制，加强与国外政府沟通

海外并购由于需要在两个国家进行，因此首要面对的风险就是国家政治因素带来的风险。医药企业主要面临着两方面的政治风险。一方面，并购方与被并购方所处不同国家之间的政治关系如果紧张，战略无法协同，两国在贸易、文化等协定上存在难以解决的矛盾，将给并购带来巨大的威胁。另一方面，被并购方所在国家复杂的政治环境和可能发生的政治动荡将会产生风险。对于政治风险，医药企业首先可以建立风险预警机制，在并购前加强对并购所属地区的政治环境的调查与分析，结合我国与东道国之间关系的好坏，评估在当地进行投资可能面临的政治风险，制订出相应的紧急预警方案。另外，很多国家的政府都担心并购导致本国的制药技术、科研知识、专业人才等资源外流，从而会从多方面阻挠海外并购活动的开展，因此医药企业应该尽量避免涉及政治敏感的并购，在整个并购中都要始终保持与被并购方所在国家政府的沟通与交流，积极配合政府进行审查，在东道国政府面前树立良好的企业形象，表现出富有诚意的态度，在并购方案中加入对东道国利益的保障条款，尽量以缓和的方式解决问题。

法律风险贯穿于整个海外并购过程中。对于外国法律法规的掌握程度会对并购结果产生重要影响。并购方需要从国内和国外法律法规两方面入手。首先，我

国医药企业可以在并购前聘请专业的律师团队，针对我国相关法律法规及被并购企业所在国家的法律法规进行仔细调查，主要着重于反收购法、反市场管理法、反垄断法等，了解被并购方所在国家法律对并购的金额、并购行为是否有所限制，在并购时严格遵守相关法律，避免违反所在市场的规定，积极防范法律风险。其次，在并购后，知识产权法和劳动法等可能带来的法律风险也不容忽视。一般来说，国外的发达国家十分重视保护知识产权。药品的研发需要大量的投入，成本较高，风险较大，而药品的知识产权保障了研发者的利益，推动医药行业研发创新能力的发展。发达国家的研发创新能力强，新药的注册、上市量都较高，而我国医药企业则主要是生产仿制药，因此，国外较为重视对于药品的专利权的保护。医药企业在并购后在引进国外研发技术的同时也要避免侵害国外药物的知识产权，在企业内部加强知识产权相关的学习，建立健全药物研发、专利申请的管理机制，在能力范围内对于并购国所在药品专利建立检索库。在并购后的人力资源整合时可能会涉及劳动法，特别是欧美国家重视员工的利益，强调要保护劳工权利，医药企业在整合时可以采取本土化管理原则，不轻易变动劳工管理方式，或者在制定劳务合同时重点关注试用期、聘任、辞退相关条款，避免侵害国外员工的权利。

（二）设立目标企业选择标准，合理选择并购对象

企业选择并购对象时最主要的是要明确海外并购的目标。医药企业海外并购主要是为获取海外先进的科研技术、拓宽销售渠道、加快药物审批注册进程等，而企业的战略目标能够进行细分，如企业是以研发创新为导向还是以获取生产和审批能力、扩大仿制药生产销售为导向。因此，医药企业实施并购的第一步是要根据总战略计划选择海外并购的方向。医药企业选择横向并购制药企业、医疗器械制造企业能够帮助企业增强自身的业务能力，提升核心竞争力，加强市场集中度；选择纵向并购医疗服务机构、医药销售企业则能够帮助企业整合产业链，降低销售成本，提升营业利润；选择混合并购则能够实现多元化经营，扩大市场份额。在明确并购的大方向后，医药企业自身要建立团队设立合适的选择机制对于目标市场范围内的优质并购资源进行选择。医药企业可以根据并购对象的不同，以营业利润、成长能力、研发能力、药物审批通过率、科研人员等定性和定量两个方面的指标设定评估标准，筛选出既定目标后，对目标企业的商业模式、市场地位、发展历程等进行了解，综合考量选择出适合并购的对象。最后，聘请专业的团队对目标企业进行详细的尽职调查和审计工作，保障企业真正选择到适合自己的优质并购目标。

（三）根据行业特点选取目标企业估值方法

企业价值评估方法较多，各种方法的适用范围不尽相同，医药企业需要根据细分市场的特点、被并购方自身的综合能力等因素选择合适的估值方式。医药行业有其特殊性，医药企业最重要的是研发创新的能力，企业有相当一部分资产主要是药物研发的专利权等无形资产。因此，忽略无形资产价值的成本法不适用医药企业的并购。医药企业应该在并购前先对目标企业所在市场进行了解，提前与目标企业洽谈，争取进行实地考察。医药企业应该通过中介机构专业的审查掌握目标企业的详细信息，根据对目标企业历史数据的分析，判断其未来发展能力，全面考量被并购方的实际情况，确保所选择的估值方式真实反映被并购方的价值，避免高估被并购方的价值，造成高额的溢价，带来风险。

（四）选择合理的支付方式，拓宽融资渠道

企业应该根据自身财务状况灵活选择合适的支付方式。每一种支付方式都有利有弊。全部采用现金支付可能造成企业现金流短缺，背负巨额的利息费用，面临偿债风险，而全部采用股权支付很可能使企业股东的股份稀释，分散甚至是丧失股东对企业的控制权，因此企业在支付时可以考虑股份与现金支付相结合的方式。就目前医药企业并购案例而言，大多数企业会采用现金支付的方式，快速获得被并购方。那么融资方式的选择也是企业需要考虑的问题。企业可以选择向外部借款或使用内部自有资金来支付并购款。在进行融资时，医药企业要树立风险控制意识，应充分考虑自身的资金情况和资本结构，决策出最优的融资方式，同时考虑汇率变动可能产生的风险，采取多种货币支付，通过风险对冲来降低支付时的汇率风险。在融资完成后，企业可以结合自身资本结构，灵活地采用替换方案合理设置流动负债与长期负债之间的比例。

（五）制订翔实整合方案，推动资源加速整合

合理的整合能够帮助并购方与被并购方实现优势互补，产生协同效应。医药企业在并购后进行整合时应该要根据实际情况制订明确的整合方案，积极推动整合的完成。

在文化整合方面，医药企业要清楚海外并购整合过程往往难以避免国家间文化、宗教信仰、价值观念的冲突，而不同国家企业间的文化整合需要经过长期的磨合，企业要以"以人为本"为整合原则，寻求文化融合的切入点，加强企业间的沟通交流，将企业自身的文化逐步灌输给被并购企业的员工，促使不同文化相

互融合，避免员工间的文化冲突，形成一致性。

在人力资源整合方面，原企业的员工会对未来的不确定性产生恐慌，对于新领导出现质疑和不满的情绪。对此，企业可以学习复星医药采取"本土化战略"，审核原管理团队的专业能力，在保留有能力的核心人员的同时选派国内人才加入团队中，同时企业要逐步建立起人才培养机制，完善薪资体系，采取合适的激励机制，减少员工的负面情绪。

在技术整合方面，医药企业要以研发团队、药品注册审批、专利技术、生产线等为整合重点，重视研发团队与注册审批团队的整合，促进两国团队间的交流，学习和吸收被并购企业先进的经验和研发创新能力，利用国外药物审批注册的优势，推进药品上市进程。

在市场资源整合方面，医药企业要根据被并购方所在国家的市场情况，结合并购双方企业间的生产水平，充分利用被并购方已经在其国家建立的销售渠道，将本企业的产品逐步引入该销售渠道中，同时，也要将国外的产品逐步加入国内的销售线中，同步整合销售流通渠道，加快产品的流通速度，实现双赢。

医药行业总体处于蓬勃发展的状态中。近年来，在我国医药市场集中程度提高、监管力度日益加大的情况下，许多医药企业企图通过海外并购药企迅速进入国外市场，嫁接国外先进的技术，增加核心竞争力，实现全球化战略。虽然我国药企海外并购表现积极，并购数量与金额也逐年增加，但并不是所有海外并购均能达到理想的效果，海外并购的风险不容忽视。

结合我国医药行业政策及我国医药企业海外并购的目的、特点，选取了至今为止医药行业并购金额最高的案例——复星医药并购 Gland Pharma 的例子，从并购整体、并购实施、并购整合三个部分出发，列举其中出现的可能性较大的风险，结合复星医药应对各种风险的应对经验及不足之处，对医药企业海外并购提出相应的建议。从并购整体来看，医药企业在面对政治风险时可以在并购前提前建立风险预警机制，在整个并购过程中积极与国外政府沟通；面对法律风险时可以聘请专业团队来全面了解国外法律法规。

从并购实施阶段来看，医药企业在面对目标企业选择风险时可以通过中介机构获取可靠的信息，根据细分市场设立目标企业的选择标准，合理选择并购对象；面对估值风险时可以根据医药行业的特点选取正确的目标企业估值方法；面对支付风险时企业应该选择合理的支付方式，用拓宽融资渠道等措施来降低风险。从并购整合阶段来看，医药企业在面对资源整合风险时可以根据被并购企业的实际情况制订翔实整合方案，推动资源加速整合；面对商誉减值风险时企业应该谨慎估计目标企业所能创造的价值，定期进行减值测试。

第四节　案例三：企业连续海外并购绩效研究
——以均胜电子为例

一、引言

近些年，随着中国经济全球化的不断发展和"走出去"战略的加快落实，并购逐渐成为企业扩张市场份额和推动产业发展的一种常用战略。政府鼓励和支持一些经济技术较强且具有一定竞争力的企业向外拓展，从而使我国企业的国际竞争力得以加强，海外并购也逐渐成为企业实现对外投资和扩张的主要途径。并且随着我国对"一带一路"的积极倡导，近年来我国企业进行海外并购的次数与交易规模都得到了显著增加。为了抓住机遇，增强企业实力以实现企业的战略，一些企业选择了进行连续的海外并购。

根据普华永道在 2018 年对于中国市场企业并购的数据分析，可知在中国大陆进行了 627 次的海外并购交易，而这一数据从 2016 年开始连降三年。究其根本，我们发现其中的原因有：出台的有关政策对于并购造成了一定的影响；无论是外汇管制还是并购所需的融资都有一定的困难；对金额较大的跨国交易进行多重监管；海外并购市场发展趋势不明朗。在 2018 年的海外投资活动中，国有企业不像前几年那么积极，其交易量甚至回到了几年前的水平，它们把更多的精力放在了国内市场。大放光彩的却是民营企业，其投资金额高达国有企业的 2.5 倍。在中国市场企业海外并购按行业分类中，由于国家积极倡导对于高新科技、创新品牌及产品的引进，在这几个行业的并购案件一直吸引着国内企业的关注与参与。基于此出发点，欧美甚至有些亚洲发达国家如日本，已然成为中国买家的主要针对国家。海外并购则早已成为中国企业对于海外资源获取、提高生产效率及拓展国际化道路的途径，海外并购的次数日益增多，使得之后的并购呈现连续性特点。目前，连续海外并购已然成为我国上市公司获取品牌和资源的一种有效途径，并且在一定程度上提高了自身的竞争力，越来越多的企业跻身于海外并购的行列中试图通过实施有效的海外并购为自身带来一定的利益。本节选择宁波均胜电子股份有限公司（简称均胜电子）的案例为研究对象，回顾其 2012~2018 年经历的 8 起海外并购，对于其连续海外并购的成功经验、整合措施进行总结，也提出相关建议。

二、文献综述与理论回顾

（一）关于连续并购界定的相关研究

在 Fuller 等（2002）研究中，如果公司在三年内收购了五家公司，那么可将其并购行为定义为连续并购。Croci 和 Petmezas（2015）则将企业在五年内进行了至少五次并购的行为称为连续并购。Doukas 和 Petmezas（2007）将企业在三年内进行了五次以上的收购活动称为连续并购，进而研究了连续并购与管理层过度自信之间的关系。韩立岩和陈庆勇（2007）将在五年内进行两次以上的并购的企业定义为连续并购企业，并研究了连续并购的绩效。Billett 和 Qian（2008）的实证研究中，将在五年内进行两次以上并购的公司作为连续并购的样本。吴超鹏等（2008）将一个企业在 1997~2005 年进行了至少两次并购的行为称为连续并购。周爱香（2008）在研究连续并购时，以连续三年或五年内，每年都进行并购的行为称为连续并购。陈瑜（2009）在研究连续并购的动因时，将三年内至少进行三次并购的行为称为连续并购。杨君慧（2012）在仔细研究国内外相关文献的基础上，结合自己的专业知识和独到见解提出，从宏观意义上来说，上市企业在较短的时间内多次发生有着存在关联关系的并购交易行为即为连续并购。龙立惠（2014）在研究中表明，认定上市公司存在连续并购的频率为每年并购两次以上，每五年五次以上。李森（2015）在他的研究表明，一家公司在很长一段时间内（大约 8 年）每年至少进行一次并购交易，这家公司的并购行为可定义为持续兼并和收购。郭一博（2015）将学术界关于连续并购的研究划分为两个时期。一是 20 世纪 80 年代，西方学者侧重对公告发布后的某个较短时期内市场投资者反应及对于公司股票走势的影响分析。二是 21 世纪初至今，频繁的并购活动对公司绩效的影响逐渐成为学者们的新关注点。侯力赫（2018）和张岚等（2018）则在他们进行的研究中将研究时段内并购次数大于等于 2 次以上的并购行为定义为连续并购。

（二）关于连续并购动因的相关研究

Anand 和 Delios（2002）提出技术的变革、政策的调整等行业环境变化会产生并购集中发生的现象。Shleifer 和 Vishny（2003）首次提出了出现并购潮的主要动因是利用市场的非效率来增加并购方股票的市场价值。Haleblian 等（2006）研究了美国银行业的并购，研究得出了并购发生的可能性与企业并购的经验呈现显著正相关的关系。张龙等（2006）通过实证研究发现管理层的薪酬水平和并购的频率呈现正相关关系。刘淑莲等（2014）在张龙等的基础上扩充，提出管理者除了收入，其他所得也会影响并购。张岚（2007）从行业冲击理论出发，以我国并购活动的波动性为研究对象，通过实证研究发现，特定行业的并购活动会在一段时间内出现簇群的现象。Brown 等（2007）以上市公司的并购活动数据为样本，通过实证研究，得出了过度自信的管理层会加大企业进行连续并购的概率。Savor和 Lu（2009）通过实证研究得出市场高估是并购的驱动因素之一，支持了并购潮的动因是获取股票市场价值的观点。唐蓓（2010）通过研究发现，当公司拥有充足资金时，发生并购的可能性更大。毛雅娟（2011）研究发现连续并购的发生和市场机会有着紧密的联系。苏卫东和谢玲红（2011）认为公司中一股独大的情况会导致并购之间的时间缩短，出现连续并购的现象，然而独立董事在企业董事会中的比例越大，将会导致连续并购的可能性越小。毛雅娟和李善民（2013）以委托代理理论为出发点，认为由于管理者持股对企业的并购会产生积极的促进作用，我国目前连续并购的现象普遍存在。翟育明等（2013）以以技术为导向的连续并购为研究对象，研究发现连续并购是获得外部技术资源的重要途径。施继坤等（2014）通过研究发现，相比管理层过度自信，连续并购的驱动因素更可能是管理层自身的利益。Rani 等（2015）选取 1993~2008 年的 105 件并购案例进行研究，发现企业并购动因多种多样，但是一般来说，任何企业都希望在并购中获得协同效应。刘宇华（2017）主要对国有企业并购进行研究，他认为国有企业有其特殊性，既受到政府干预，又要进行市场竞争，从这一角度出发梳理和分析了国有企业并购的动因，探讨了国有企业并购的路径。对国有控股公司，要考虑政府和市场的关系。在这种关系的影响下，企业并购也将不可避免地受到政府影响。张双鹏和周建（2018）对于企业并购决策的动因进行了系统分析，认为企业并购存在如下目标导向动因：企业价值增加和管理层利益增加。刘运国等（2018）发现企业并购活动服务于企业的整体战略，在对相关案例的研究中发现，并购使得并购企业"全球布局、跨国经营"战略得以实现，同时也获取了战略资产，满足了产品线升级需求。唐晓华和高鹏（2019）认为以多元化经营为动机的并购提高了企业竞争力。

（三）关于连续并购绩效的相关研究

Fuller 等（2002）以 1990~2000 年 10 年间发生的并购案例为样本，研究发现企业的并购财富效应随着并购次数的增加而减少，上市公司并购的市场反应随着并购次数的增加而减少。Rovit 和 Lemire（2003）通过研究得出，前一次并购的成败影响着连续并购的绩效，前一次并购的成功会导致后续的并购绩效更好。贾昌杰（2003）通过研究发现，由于并购经验会对并购绩效产生影响，在短期内，企业的并购绩效有所提高,但是从长期来看,企业的并购绩效下降。Croci 和 Petmezas (2015)研究发现连续并购所产生的财富效应并没有随着并购的次数增加而降低,但就中短期绩效来看,财富效应的波动并不大。Doukas 和 Petmezas(2007)通过研究发现上市公司连续并购的财富效应比较低。韩立岩和陈庆勇(2007)运用实证的方法,以中国上市公司进行并购的有关数据作为样本,对并购绩效和并购频次的关系进行研究,发现并购绩效随着并购次数的增加而下降,主要原因是委托代理问题。吴超鹏等(2008)对连续并购公告日前后的累计超额收益率及经营业绩进行了研究,得出了管理者过度自信会使连续并购绩效下降的结论,同时,学习行为会使绩效上升。谢玲红等(2011)与他们有同样的看法。汪建成和刘晓龙(2008)以某集团的连续并购为研究对象,研究发现,通过连续并购,并购方通过对原有内部知识及新的技术资源进行整合,可以提升企业的技术能力。陈瑜(2009)构建了综合业绩评价体系,将进行连续并购的公司和进行单次并购的公司的绩效进行比较分析,得出频繁的并购使得公司的业绩逐年下降的结论。杨君慧(2012)运用 DHS 市场反应模型来研究连续并购的市场绩效,研究发现市场对连续并购行为具有一定的记忆,对并购交易的反应会受到前几次交易的影响。欧思嘉和郑勇(2014)在前人研究基础上指出,管理者过度自信诱使了公司开展收购活动,它对并购绩效有着直接影响。门久久(2016)将研究对象设定为华电国际,得出结论:时间越长,管理者从连续并购中获取的经验越多,越能给后续的并购带来绩效。朱红波(2016)利用回归分析方法得到结论:管理层越自信,其通过并购累积的经验越容易形成学习曲线,从而增加并购绩效,并且失败的并购实例可以让管理层获得更多的经验。Kandilov 等(2017)通过研究发现:在外部环境不利的情况下完成的并购事件反而具有很高的营利能力。刘莹(2017)通过实证分析发现,并购绩效随着并购次序的上升呈下降趋势。侯力赫(2018)认为随着并购次序的累计增加,绩效逐渐上升。Cho 和 Arthurs(2018)考察了连续并购对并购绩效的影响。该研究表明,连续并购可以帮助收购者发展组织知识和能力,从而影响收购结果。

(四)关于连续并购与价值创造的相关研究

对于连续并购的研究并不多,在这些研究中,施继坤等(2014)研究认为在连续并购中,致使企业的价值遭受损伤的原因有两个,一个为管理层的过度自信,另一个为委托代理行为。Tate 和 Linn(2005)也对管理层的过度自信表示担忧,认为企业以往的成就会致使企业高管对自己的管理手段过于自信,过分地看好标的的能力和协同效应,这就可能进一步导致对于价值的收购造成损失。对于上述观点 Basuil 和 Datta(2015)表示赞同,尤其是以之前的并购经验作为依据,将其错误地运用于之后的并购中，这会使得转移效应在并购整合中产生负面影响。Smit 和 Moraitis（2010）认为之所以会导致负面影响，主要是因为高管的过于自信，依赖于经验、行业标准及形成体系的知识结构，再加上公司对于高管的约束，才会导致这一系列负面影响。Jensen（1986）支持的委托代理论的看法与管理层的过度自信不一样，该理论认为连续并购本身就是管理层的一种故意行为，直接对公司价值造成损伤。管理层的目标并不是股东财富最大化，而是想巩固和提升自己的管理地位，所以利用股东的资金进行连续并购。

虽然如上述所说，但是由于管理层积累了并购经验以及长期的收购计划，还是能够避免对公司价值造成损失。Laamanen 和 Keil（2008）觉得连续并购之间有一定的关联性，而不单单是一个个的孤立并购，于是可能会制定一个长期的战略规划来实现股东财富最大化的企业目标。李捷瑜和徐艺洁（2017）发现在并购中经验的积累可能会提升能力和惯例的培养，而这些能力和惯例在之后的并购活动中能够很好地运用。Ellis 等（2011）所推崇的学习转移理论认为，学习转移所导致的结果可以是积极的也可以是消极的，当与之前的行为相似时，更有可能产生积极的结果，从而更容易将学习转移到焦点事件。这种转移通常被称为"近转移"（Perkins and Salomon，1992）。Basuil 和 Datta（2015）也同意上述观点，管理者要想更准确地评定标的企业，相似的能力与惯例能够提供很大的帮助，且能够降低"赢家诅咒"影响交易的可能性。Cho 和 Ahn（2017）认为股票支付的方式能够调和委托代理中的信息不对称性，从而影响价值创造。吴超鹏等（2008）也通过相应的实证研究发现，避免后续并购绩效下降的方法之一是管理者充分学习并购经验。Chao（2018）发现积极的、预先计划的收购路径能提升收购方的绩效。

（五）国内外文献评述

综上所述，首先，在连续并购的概念界定方面，国内外学者们尚未统一标准，大多数学者以自己的认识与经验为基础进行判断，并且由于学者们所处的环境与时期并不相同，对连续并购的定义有所差别。其次，在连续并购动因的研究方面，学者们从管理者过度自信、行业冲突及委托代理理论等研究角度进行了分析，这些观点很好地解释了连续并购现象的发生，相信今后必然会有新的观点被不断地提出。再次，在连续并购绩效的研究方面，多数学者通过研究得出连续并购不能使企业的财务绩效增加，部分学者通过研究发现并购的财富效应随着并购的次数的增加而减少。最后，现有的关于企业海外并购的文献主要关注单次海外并购的前因、过程和后果，把每次海外并购作为一个独立事件展开分析，而很少有文献探讨连续海外并购事件，探讨不同并购背后的关联对于从全局层面理解连续并购对企业价值创造的作用至关重要。

三、案例描述

考虑到业绩评价数据收集的难易程度及选取案例的代表性这两方面因素，选择均胜电子这家民营上市公司作为案例进行研究。均胜电子从一家名不见经传的年轻公司迅速成长为国内汽车零部件行业的领头羊，兼有代表性与启发性。并且均胜集团作为一家典型的民营企业，在海外并购中面临所有权劣势，且相比于国有企业还缺乏政府政策的有力支持。在这一背景下，均胜电子的营收规模从 2006 年的 2 亿元快速增长到 2018 年的 560 多亿元，百倍的增长离不开持续的海外并购。并且该并购事件是近年来我国海外并购势头快速增长的高新技术产业中规模最大的汽车零部件并购案，可以为该行业中处于发展瓶颈的企业提供相应参考与借鉴。

（一）均胜电子基本情况

均胜电子于 2004 年成立，总部位于中国宁波，是一家全球化的汽车零部件供应商，主要致力于智能驾驶系统、汽车安全系统、新能源汽车动力管理系统、车联网及高端汽车功能件总成等的研发与制造。在 2008 年前后中国主要的汽车配件供应商，尤其是江浙一带的汽车零配件供应商，在产品上大同小异，没有实质性的差异，众多企业在低附加值的产品上竞争激烈。这就是中国汽车零部件行业绝大多数企业的现状。均胜的竞争对手非常多，周边的民营企业紧跟均胜的产品，而真正的核心技术则一直都控制在全球 500 强手里。受到国内外竞争环境的影响，均胜面临转型的抉择，企业希望能够突破技术天花板，往汽车电子的发展方向走，所以均胜于 2011 年选择收购德国普瑞——卓越的汽车零部件企业，以突破技术壁垒，利于公司的长远战略规划。但在收购德国普瑞之前，均胜电子借壳辽源得亨股份有限公司在上海证交所上市，股票代码：600699，这就为企业之后收购的顺利进行打下了基础。从此均胜电子开始了全球化的进程，展开了一系列的海外并购，将国内的业务推向美、欧、亚三大洲，所涉及的领域也拓宽到功能件、汽车电子、汽车安全与自动化，从一个普普通通的民营制造的角色蜕变为国内汽车零部件行业的领路人，其大胆的战略调整及转变之快给国内的企业带来一定的启发。均胜电子的八次海外并购具体情况如图 7-22 所示。

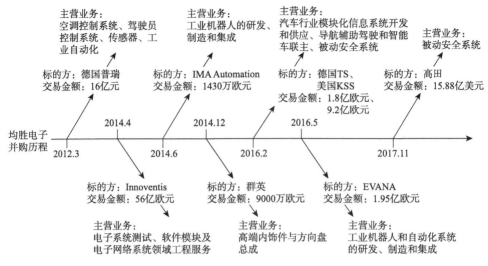

图 7-22　均胜电子并购历程图

（二）历次并购的动因分析

均胜电子自 2012 年以来进行的八次海外并购存在一定的关联性，既是相辅相成的，但又各有千秋。为了更清楚地表达历次海外并购的动机，我们对均胜电子的八次海外并购的动因进行了整理，将其不同之处与相同之处分别列示出来，如表 7-12 所示。

1. 历次并购动因的不同之处

表7-12　均胜电子历次海外并购动因的不同之处

并购标的	不同点
德国普瑞	1. 突破汽车零部件行业技术的天花板，进入汽车电子领域 2. 通过德国普瑞建立桥头堡，为以后的海外并购建立桥梁 3. 产品线的升级以及开始国际化战略
德国 Innoventis	1. 使得均胜的研发和量产成本在保证同等质量的前提下低于同行 2. 为普瑞在全球的软件发展提供新的支持
IMA Automation	1. 为均胜电子在细分领域做到技术和市场全球双领先提供重要帮助 2. 工业机器人领域持续保持全球领先的地位
德国群英 （Quin GmbH）	1. 可以初步实现公司功能件事业部欧洲市场的战略布局 2. 使均胜的产品能够覆盖人车交互的各个方面，为未来打造完整的人机交互生态系统做准备

续表

并购标的	不同点
美国 KSS 和德国 TS	1. 进一步完善在自动驾驶领域的产品布局 2. 提供更完整的自动驾驶解决方案和创新性技术平台,为未来智能车联服务的开展提供基础 3. 是公司贯彻执行内生和外延并重发展,积极推进"高端化"的产品战略和"全球化"的市场战略的重要步骤
EVANA	1. 使得均胜的工业机器人及自动化业务进入美国市场 2. 在工业机器人领域持续保持全球领先的地位
高田（TAKATA）	1. 收购高田除 PSAN[1) 业务以外的主要资产 2. 使得均胜电子进入日本市场和日系整车厂商供应体系

1）PSAN, Phase Stabilized Ammonium Nitrate, 硝酸铵气体发生器

2. 历次并购动因的相同之处

1) 寻求国际销售渠道

目前,汽车行业的竞争十分激烈,我国民企整车厂家逐步下调汽车的出厂价格,这样上游汽车零部件的利润不断被减少、压缩。通过并购进入国外市场,有助于增强核心竞争力,产生较大的规模效应。发达国家正在强化区域经济一体化,且不良的贸易保护主义有所抬头,因此企业有效的途径是选择海外并购的方法打入当地市场。通过六次海外并购,均胜电子进入了汽车电子、汽车娱乐、汽车安全、高端方向盘等市场,更重要的是获取了被并购公司的客户资源,扩大了国内外市场。

2) 获取专利和技术

现如今,在争取自主创新潜力与掌握核心技术方面,我国民企与德国、美国、日本的公司相比还存在着相当大的差距。在过去与国外公司的合作过程中,引进资金是主要的方式,这样的合作方式有不少弊端,通常会导致国内企业依赖海外企业,致使多数核心部件缺乏自主知识产权。通过并购,均胜电子可以获得被并购公司的专利及核心技术,使产品档次大幅度提高,产品线更加丰富。通过使用被并购公司的研发优势及先进技术,可以提升公司的核心竞争力,提高整体营利能力,获取更多汽车电子的市场份额。

3) 获取并购协同效应

并购之后,充分发挥协同效应,可使均胜电子寻求规模经济,以降低生产成本,扩大生产规模。同时也能推动产业结构升级及优化,加速资源的配置。作为行业领先的企业,德国普瑞持续从事高端汽车电子的相关业务,取得了良好的经营业绩。同时,积累了行业的管理经验,并在全球范围内进行运营。这一宝贵的无形资产,将深深地植根于全体员工的心中,沉淀在公司的各个环节里,有助于企业学习其先进的管理经验,抛弃并改进其管理缺陷。

（三）并购后的整合措施

在海外并购中，并购后的有效整合是并购方与被并购方实现协同效应的合理保证，能够充分发挥并购标的企业的特点及优势，并将同公司原有业务进行有机结合，从而产生良性的协同效应。均胜电子始终注重对其子公司进行积极有效的整合，其并购后的整合措施主要表现为以下几个方面。

1. 优化供应链

均胜电子在并购之后，优化了供应链，进行了整合。实际上，普瑞公司在并购前，其采购成本较高，主要是因为，在亚洲公司缺乏对供应链的有效管理。并购之后，由于对国内的采购渠道非常熟悉，均胜电子优化了普瑞在亚洲的采购渠道，降低了采购成本。同时，利用普瑞公司在供应商审核、甄选和管理方面的经验，均胜电子重建并有效地管理了以亚洲供应商为主体的供应体系，并在成本方面一直保持竞争优势。

2. 合理配置研发资源

在并购后，均胜电子从海外子公司抽调得力人才，在国内组建研发团队，以便更好地完成技术研发任务。《中国制造 2025》中有对新能源和智能汽车领域重点支持的有关政策，这是一个巨大的历史性机遇，需要紧紧抓住。公司将在亚洲、欧洲、北美建立多个研发机构，以充分吸收利用全球先进的技术，借鉴全球成熟的管理模式和运营经验，实现重大的跨越式突破，打造世界级的中国智能驾驶中心。

3. 适度控制和管理

在并购之后，均胜电子基本保留了所收购海外子公司的组织架构，并根据新形式及要求加以适当的调整。一方面，公司在日常管理中给海外子公司的自主权较大，以便激发海外子公司各级员工的主观能动性。另一方面，对子公司已经确定了战略方针和目标，公司会定期评审管理层的业绩，进行周期性的监督及考核。公司将在每个会计年度聘请专业机构，对国外子公司的年度财务状况等进行全面审核，并作出相应评价。另外，为保证公司运营管理的有效性、及时性和准确性，ERP 系统的使用将在公司全面推广。

4. 重视文化整合

在并购之后，均胜电子为提升公司员工的交流与决策，具备全球化视角，提倡尊重与理解不同的传统与文化，从而形成互相信任、互相理解的企业文化。此外，均胜电子制订了培训计划，建立了公司层面的沟通机制，以便消除各国员工间文化差异可能带来的误解。同时，为了保证顺畅地传递各类信息，并进行有效沟通，均胜电子还制订了有关的激励计划，以便减少被并购公司的人才流失，保持公司的核心竞争力。

四、案例分析

对于均胜电子的绩效研究，本书结合短期与长期的绩效研究，采用事件研究法评价均胜电子海外并购短期市场的股东财富效应，并且运用平衡计分卡对战略层面的长期绩效进行综合评价，更全面地探讨均胜电子连续海外并购绩效的总体情况。

（一）基于事件研究法的短期绩效分析

本书以均胜电子首次并购披露日为事件发生日，由于均胜电子同时披露了并购美国 KSS 和德国 TS 公司，所以并为一起公告事件，因此共八起事件。均胜电子并购公告日前后的股票收盘价及 A 股指数等数据均来源于 Wind 数据库。

1. 模型构建

考察并购事件对上市公司股票价格影响的首要工作是确立一个事件期。事件期包括事前估计期与事件窗口期。

事前估计期，又称清洁期，其作用在于估计正常收益率，本书所选用的清洁期为[-30，-10]，即公告前的前 30 到前 10 个交易日。事件窗口期，用于研究事件发生后股价的异常变化。探讨并购重组绩效的变化，确定事件窗口的目的是获得并购重组事件对股票价格的全部影响，事件窗口的长短可以根据研究需要自行设定，本书采用的窗口期为[-10，10]，即从事件宣布日起的前 10 个到后 10 个交易日，共 21 个交易日。如图 7-23 所示。

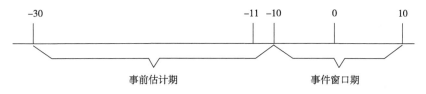

图 7-23　选取事件期

计算事件窗口期内公司股票的实际收益率及市场收益率，其公式如下：

$$R_{it}=(P_{it}-P_{it-1})/P_{it-1} \tag{7-1}$$

$$R_{mt}=(I_t-I_{t-1})/I_{t-1} \qquad (7\text{-}2)$$

其中，R_{it} 表示股票在 t 日的公司实际收益率，P_{it} 表示公司股票在 t 日的收盘价。R_{mt} 表示 t 日的公司市场收益率，I_t 表示 t 日的上证指数。

然后继续运用上述公式计算出估计期即 $[-30, -10]$ 内的股票日收益率及市场收益率，并进行回归，求出个股收益率与市场收益率的关系，即求出市场调整法公式中的 α_i 与 β_i。采用市场调整法来计算预期正常收益率，公式如下：

$$R_{it}=\alpha_i+\beta_i R_{mt}+\varepsilon_i \qquad (7\text{-}3)$$

接着，将事件窗口期的市场收益率代入式（7-3），算出窗口期内的预期正常收益率，用实际个股收益率减去预期正常收益率即为日超额收益率，公式如下：

$$AR_{it}= R_{it}-(\alpha_i+\beta_i R_{mt}) \qquad (7\text{-}4)$$

其中，AR_{it} 为超额收益率，R_{it} 为个股在 t 日的实际收益率，$(\alpha_i+\beta_i R_{mt})$ 为根据市场调整法算出的预期正常收益率。

最后计算出累计超额收益率，即 CAR 值，计算公式为

$$CAR(t_1,t_2)=\sum_{t_2}^{t_1} AR_{it} \qquad (7\text{-}5)$$

2. 事件研究法结果

根据七个事件估计期内的股票收盘价及上证指数运用上述公式得出股票日收益率与市场收益率，并进行回归，得出其回归结果，如表 7-13 所示。

表7-13　历次并购回归结果统计

首次披露日	并购标的	α_i	β_i
2012-03-29	德国普瑞	−0.001 331 3	1.024 642 1
2014-04-22	Innoventis	0.006 680 5	1.294 483 4
2014-06-19	IMA Automation	−0.000 014 3	1.902 429 8
2014-12-16	群英（QG）	−0.004 693 1	0.953 392 3
2016-03-10	德国 TS、美国 KSS	−0.000 289 4	0.016 403 9
2016-05-05	EVANA	0.002 998 2	0.221 499 8
2017-11-22	日本高田	0.001 689 5	1.976 630 3

根据表7-13所得的回归结果加上事件窗口期计算出的实际收益率及市场收益率代入式（7-4）中，进而计算得出事件窗口期超额收益率 AR 及累计超额收益率 CAR 值，结果如表 7-14 所示。

表7-14　历次并购窗口期CAR值统计

首次披露日	并购标的	窗口期 CAR 值
2012-03-29	德国普瑞	0.370 817 5
2014-04-22	Innoventis	−0.088 421 8
2014-06-19	IMA Automation	0.235 046 5
2014-12-16	群英（QG）	−0.167 951 8
2016-03-10	德国 TS、美国 KSS	0.146 433 2
2016-05-05	EVANA	−0.189 227 6
2017-11-22	日本高田	−0.075 370 8

3. 均胜电子并购事件短期绩效超额收益率总体分析

根据上述计算得出的 CAR 值，我们发现在这七次并购事件中（德国 TS 和美国 KSS 并为一例），均胜电子海外并购的累计超额收益率三次为正、四次为负，从整体上来看均胜电子的连续并购短期绩效结果还算理想。2012 年 3 月并购德国普瑞、2014 年 6 月并购 IMA Automation 以及 2016 年 3 月并购德国 TS、美国 KSS 这三次并购行为的累计超额收益率均为正值，这说明并购在短期内提升了均胜电子市场价值，在一定程度上提高了公司的总体影响，且并购普瑞、KSS 和 TS 的金额也是巨大的，为均胜电子的股东带来了丰厚的正向财富效应。

另外的四次并购行为的累计超额收益为负，并没有获得正向的收益，这几次并购在短期内并没有提高均胜电子市场价值，反而在一定程度上引起其市场价值的下降。均胜电子的投资者在这四次并购事件中股东财富并没有增加反而有所下降。

从总体趋势来看，均胜电子历次并购的累计超额收益率趋于一个稳定的状态，表明均胜电子已经有稳定的投资市场，同时股东因连续并购而获得的正向收益正在逐步下降（图 7-24）。

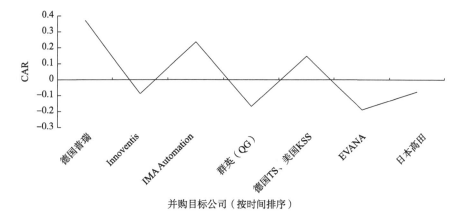

图 7-24　历次并购的累计超额收益率变动情况

4. 均胜电子连续并购各窗口期短期绩效分析

1）均胜电子并购德国普瑞的市场反应

以并购德国普瑞的首次披露日 2012 年 3 月 29 日为事件发生日，选取事件窗口期（-10，10），趋势图如图 7-25 所示。

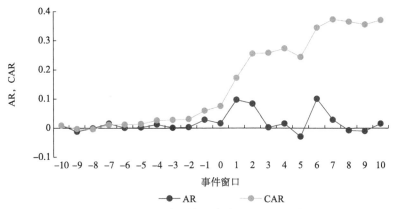

图 7-25　均胜电子并购德国普瑞 AR、CAR 趋势图

根据趋势图，在事件日前十天其日超额收益率在零附近波动，而后开始正向增长，说明了并购行为带来了短暂的良好市场反应。但是在之后的窗口期内日超额收益率一直下降，且再次转正数为负数，说明公司并购后产生的收益增长不多。总体来看，宣告日以后累计超额收益率先短暂上升后急速下降且波动剧烈，说明此次海外并购事件使得股东收益先短暂增加后持续减少，同时也能看出投资者对此次并购行为并不是十分看好，部分投资者对均胜电子的未来发展情况存有疑虑。

2）均胜电子并购 Innoventis 的市场反应

以并购 Innoventis 的首次披露日 2014 年 4 月 22 日为事件发生日，选取事件窗口期（-10，10），趋势图如图 7-26 所示。

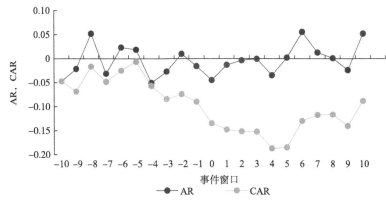

图 7-26　均胜电子并购 Innoventis AR、CAR 趋势图

根据趋势图，虽说窗口期内日超额收益率一直在零的上下波动，但是观察累计超额收益率会发现，原本还处于上升的趋势，可在 $t=-5$ 时急剧下降，说明这次并购并没有带来好的市场效应，而后 $t=5$ 时又呈现上升的趋势，说明投资者对均胜电子的未来市场发展又抱有一定期望。

3）均胜电子并购 IMA Automation 的市场反应

以并购 IMA Automation 的首次披露日 2014 年 6 月 19 日为事件发生日，选取事件窗口期（-10，10），趋势图如图 7-27 所示。

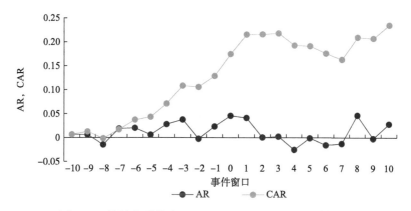

图 7-27　均胜电子并购 IMA Automation AR、CAR 趋势图

根据 CAR 波动的趋势，我们可以看出并购事件的发生，使得均胜电子的股票市场的收益相比事件发生日之前有了较大幅度的增长，说明均胜电子的并购事件能够引起一定的市场反应。但是经过一段时间后，特别是在公告日之后，日超额收益呈现下降趋势，累计超额收益率也较平稳，这表明投资者对此次海外并购仍然在观望之中，需要并购后均胜电子的业绩来进一步做出投资决策。但是总体来说，投资者对该市场持看好的态度。均胜电子的市场价格与上海股市大盘的价格的收益差距趋于稳定的走向，表明均胜电子已经有稳定的投资市场。

4）均胜电子并购群英（QG）的市场反应

以并购群英（QG）的首次披露日 2014 年 12 月 16 日为事件发生日，选取事件窗口期（-10，10），如图 7-28 所示。

根据趋势图，我们发现均胜电子此次并购群英（QG）的累计超额收益率波动较大。在事件发生后，累计超额收益率处于剧烈下降的趋势，低于市场收益水平。在短短几年内的多次并购大动作，给投资者造成了一定的压力，对均胜电子的未来市场发展呈现担忧状态。均胜电子需要用未来的市场成绩证明自身的实力，为企业创造价值，才能给投资者足够的信心。

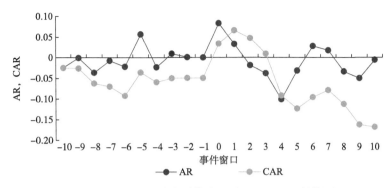

图 7-28　均胜电子并购群英（QG）AR、CAR 趋势图

5）均胜电子并购德国 TS、美国 KSS 的市场反应

以并购德国 TS、美国 KSS 的首次披露日 2016 年 3 月 10 日为事件发生日，选取事件窗口期（-10，10），如图 7-29 所示。

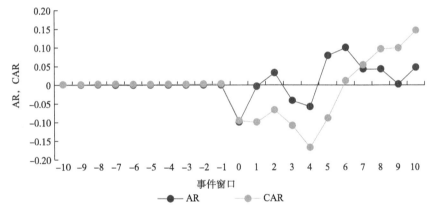

图 7-29　均胜电子并购德国 TS、美国 KSS AR、CAR 趋势图

根据趋势图我们发现这次并购的累计超额收益率一开始是下降的，可能是由于停牌时间过长的因素，而后急剧上升，因此，这次海外并购事件给股东带来了丰厚的超额收益，传递了企业良好发展态势的信号。投资者看好这次海外并购事件产生的协同效应，认为有利于企业发展，市场反应比较积极，投资者纷纷投入均胜电子的资本市场中。

6）均胜电子并购 EVANA 的市场反应

以并购 EVANA 的首次披露日 2016 年 5 月 5 日为事件发生日，选取事件窗口期（-10，10），如图 7-30 所示。

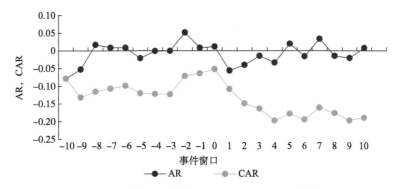

图 7-30　均胜电子并购 EVANA AR、CAR 趋势图

通过 CAR 趋势图我们发现，此次的并购给股东带来的效益并不理想，累计超额收益率一直处于负值，可能是由于与上一次的并购相隔时间太短又或许是大盘正好在这个时间段表现不理想，投资者并不看好此次并购，没有给股东带来正向的超额收益。

7）均胜电子并购日本高田的市场反应

以并购日本高田的首次披露日 2017 年 11 月 22 日为事件发生日，选取事件窗口期（-10，10），如图 7-31 所示。

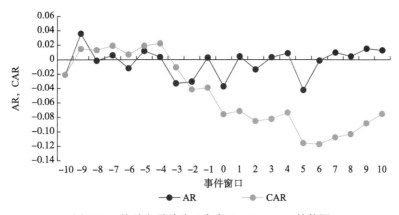

图 7-31　均胜电子并购日本高田 AR、CAR 趋势图

从该趋势图可以看出，原本处于平稳的累计超额收益率骤然下降，可见投资者对于这次并购的担忧，一是"蛇吞象"，二是并购标的本身安全气囊负面新闻，导致本次并购给股东带来的财务效应为负，而后下降趋势趋于平稳，均胜电子应充分发挥本次并购的协同效应，给予市场积极的回应。

8）均胜电子历次并购的整体市场反应

我们继续对均胜电子这七次并购事件的短期绩效加以研究，来研究其整体对于市场有着怎样的反应。我们把这七次并购事件的窗口期的日超额收益加以平均（AAR），把累计超额收益加以总计（CAR），结果如图 7-32 所示。

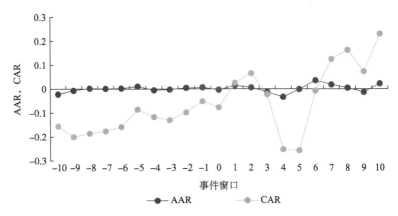

图 7-32　均胜电子窗口期日平均超额收益、累计超额收益趋势图

如图 7-32 所示，日平均超额收益在零的上下波动，通过对窗口期内的日平均超额收益计算发现，在窗口期内的 21 个交易日中，有 12 个交易日的 AAR 大于零，占总天数半数以上。从窗口期内的累计超额收益来看，其波动的趋势是从负值向上攀升转为正值，处于不断增长的趋势（排除 2~5 这段时间点）。但是我们发现，在第二个至第五个交易日内，累计超额收益有着显著的下降，但之后又急剧回升，且突破了高点创造新高。回顾上述历次并购情况，可以看出，在这段时间内各次的累计超额收益都有所下降甚至有多次急剧下降，而之后又开始出现上升的趋势。

通过对各个阶段的海外并购的短期资本市场走势进行描述之后发现：短短几年内的多次并购大动作，确实给投资者造成了一定的压力，对于均胜电子是否存在资金去支撑连续的并购行为、是否有能力和实力去整合并购后的国外企业、是否能够拓展国外市场等产生诸多疑虑，因而有几次的并购行为没能得到市场良好的反馈，但我们可以从中看到投资者从开始对其并购行为的观望甚至不看好转变为看好。由此推断，随着并购次数的上升，均胜电子在海外并购中获得更加充分的反馈信息，积累了并购经验，在每次并购期间企业取得了技术、销售渠道、产业布局等方面的成绩，使得投资者对企业未来的发展信心倍增，于是在股票市场上获得了良好的市场反应。总的来说，投资者对其态度的转变，正是由于均胜电子连续海外并购期间，每次成功的海外并购为其积累了在并购前中后各方面的经验，使得其下一次的海外并购活动合理地展开，促进企业的发展转型升级，让投资者们看到持续的海外并购行为能够给均胜电子创造价值。

（二）基于平衡记分卡的长期绩效分析

财务指标法是传统并购绩效的评价方法，但仅仅从财务层面衡量并购绩效是较为片面的，并购作为实施企业战略的一种方式，应以财务指标结合非财务指标分析其绩效，才能更加全面地衡量并购的长期战略绩效。因此，选择平衡计分卡作为分析框架，分别从财务层面、客户与市场层面、内部运营层面出发，来评价均胜电子的海外并购绩效。

1. 财务层面

对于企业财务层面的评价从纵向和横向两个角度进行分析，对均胜电子2011~2016年的财务报表指标变化趋势进行分析，并分别与汽车零部件行业平均进行比较。对财务层面的分析将从营利能力、短期偿债能力、长期偿债能力、营运能力及成长能力五个方面进行。

1）营利能力

选取均胜电子2012~2018年的营业收入、净利润、归属于母公司所有者的净利润、毛利率等指标，分析其营利能力的变化情况，如表7-15所示。

表7-15　均胜电子营利能力分析表　　　　　　单位：万元

项目	2012年	2013年	2014年	2015年	2016年	2017年	2018年
营业收入	535 845.86	610 382.65	707 709.11	808 253.42	1 855 240.92	2 660 560.03	5 618 093.00
净利润	24 885.27	29 999.38	34 960.07	41 717.71	67 535.58	74 262.90	212 673.83
归母净利润	20 684.94	28 900.86	34 688.35	39 985.79	45 369.38	39 587.03	131 798.98
毛利率	17.68%	19.09%	19.57%	21.65%	18.85%	16.39%	17.00%
总资产净利率	7.62%	5.50%	5.82%	4.72%	2.78%	2.05%	4.49%
总资产报酬率	11.07%	8.25%	8.66%	7.58%	5.37%	4.11%	7.86%
净资产收益率	18.45%	14.58%	14.74%	12.87%	5.50%	3.12%	10.49%

资料来源：Wind数据库

根据表7-15我们做出均胜电子2012~2018年营利能力对比趋势图，营业收入和净利润分别见图7-33和图7-34。

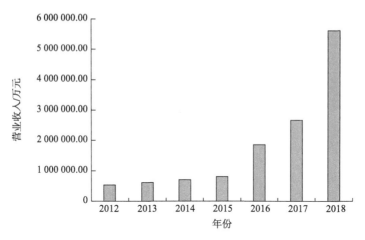

图 7-33　均胜电子营业收入情况

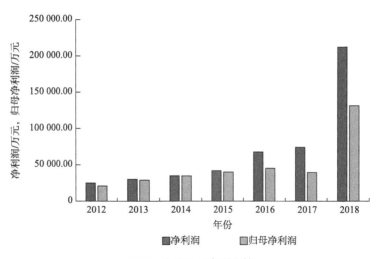

图 7-34　均胜电子净利润情况

　　均胜电子在经过一系列海外并购后，其营业收入和净利润都得了显著增长。从营业收入来看，2012~2015 年的增长速度缓慢，而到了 2016 年同比增长 129.54%，之后便开始了急剧的上涨，2018 年同样是翻倍增长。净利润的增长速度较为平稳，但 2018 年的净利润竟是 2017 年的 2.86 倍。至于归母净利润 2018 年之前增速放缓，甚至 2017 年出现了负增长，但同样在 2018 年其数值翻了一番。

　　均胜电子虽然营业收入和净利润都在逐年上升且增长显著，但是从图 7-35 可以得知，除毛利率较平稳，总资产净利率、总资产报酬率及净资产收益率都是逐渐下降的，2017 年降到了谷底，到 2018 年有所好转。由此，我们可以明白均胜电子主要通过定向增发的方式筹集并购所需资金，并通过与子公司并表，伴随着并购，可使公司总资产和净资产迅速增长。虽然营业收入和净利润迅速增长，协同效应在一定程度上克服了巨大的并购费用及整合费用对净利润的不良影响，但净利润的增幅低于投资成本的增幅，使得企业的营利能力并没有显著提高。

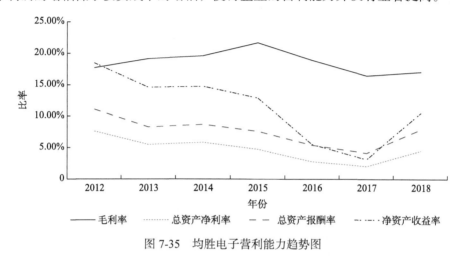

图 7-35　均胜电子营利能力趋势图

从表 7-16 的均胜电子产品营收明细可以看出，自 2012 年收购德国普瑞开始，均胜电子开始进军汽车电子领域，从 2012 年到 2018 年内外饰功能件增长了一倍多，而汽车电子类的产品增长近两倍。随着并购的不断进行，又增加了车载互联系统及汽车安全系统，这两个产品都是属于智能汽车电子类的，所以我们发现均胜电子的产品在 2012 年开始着重于汽车电子领域，之后又在汽车安全系统电子方面开创一片新天地。2016 年以来汽车安全系统业务增长速度迅猛，且在 2018 年的营业收入中占了 76.99%（由表 7-16 计算得出），已经成为均胜电子的主要营业收入来源。

表7-16　均胜电子产品营收明细表　　　单位：亿元

项目	2012 年	2013 年	2014 年	2015 年	2016 年	2017 年	2018 年
汽车电子	33.88	39.25	46.08	47.68	55.45	59.97	92.31
车载互联系统					22.48	33.29	
汽车安全系统					72.70	137.95	428.80
内外饰功能件	15.14	17.24	17.95	24.89	24.46	26.59	35.87
工业自动化设备制造	1.88	2.36	3.62	5.57	7.57	4.48	

资料来源：Wind 数据库

2）短期偿债能力

我们选择流动比率、速动比率、现金比率来分析均胜电子 2012~2018 年的短期偿债能力的变化趋势。具体数据如表 7-17 所示。

表7-17　　均胜电子短期偿债能力分析表

项目	2012 年	2013 年	2014 年	2015 年	2016 年	2017 年	2018 年
流动比率	0.85	1.04	1.06	1.25	1.57	1.16	1.28
速动比率	0.56	0.68	0.73	1.04	1.32	0.87	0.95
现金比率	0.24	0.27	0.25	0.63	0.83	0.35	0.38

资料来源：Wind 数据库

根据表格数据绘制出均胜电子流动比率、速动比率、现金比率趋势图，如图 7-36 所示。

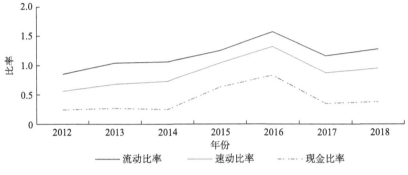

图 7-36　均胜电子短期偿债能力趋势图

我们发现，在 2012~2016 年，均胜电子的流动比率、速动比率及现金比率都在不断增长，而到了 2017 年却突然下降，翻阅均胜电子 2017 年年报我们发现其货币资金较上期下降了 54.47%，而公司在第四季度筹集资金是为了用于并购活动。2018 年，均胜电子的短期偿债能力又有所提高，这主要是由于公司的大额并购贷款增加了利息支出，同时又完成收购了高田优质资产。总体来看，均胜电子的短期偿债能力相对较强，公司经营状况较为稳定，但是由于公司对并购项目的后续资本投入还将增加，均胜电子未来可能会面临较大的资金压力。

3）长期偿债能力

选择均胜电子的资产负债率、产权比率、利息保障倍数等指标评价企业的长期偿债能力。长期偿债能力的指标数据如表 7-18 所示。

表7-18　　均胜电子长期偿债能力分析表

项目	2012 年	2013 年	2014 年	2015 年	2016 年	2017 年	2018 年
资产负债率	65.14%	59.29%	60.54%	65.15%	62.82%	61.24%	69.35%
长期资本负债率	34.31%	31.04%	32.10%	31.86%	45.25%	38.55%	50.15%
权益乘数	2.87	2.46	2.53	2.87	2.69	2.58	3.26
产权比率	1.87	1.46	1.53	1.87	1.69	1.58	2.26
利息保障倍数	7.25	6.98	8.53	6.04	2.63	2.83	3.81

资料来源：Wind 数据库

根据表格数据绘制出均胜电子长期偿债能力趋势图，如图 7-37 所示。

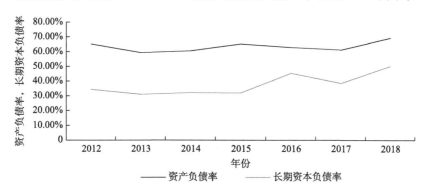

图 7-37 均胜电子长期偿债能力趋势图（一）

通过观察均胜电子的资产负债率的变动情况，我们发现企业一直处于高负债的情况，翻阅 2011 年均胜电子的资产负债表，当年的资产负债率为 51.52%，而并购德国普瑞之后 2012 年立马上升到 65.14%。其实德国普瑞是采用的较高的财务杠杆，资产负债率指标有所上升，究其原因，这是与企业的经营环境及模式相匹配的，而这之后均胜电子的资产负债率一直保持着稳定的状态。此外，长期资本负债率在 2016 年及 2018 年有过两次上涨，主要是业务需求和并购贷款所致，均胜电子这两年分别并购了美国 KSS、德国 TS 及日本高田，且交易金额巨大。

均胜电子的产权比率及权益乘数，2012~2018 年并未发生较大变化，一直处于平稳的状态。公司的利息保障倍数，原本在 2014 年有所上涨，却在 2015 年及 2016 年急剧下降（图 7-38），我们探究其中的原因发现，一方面是由于被并购企业的高财务杠杆所致，另一方面则是因为公司 2015 年度发行公司债券，并为筹集并购资金而贷款，使得其偿还的利息大幅提升。

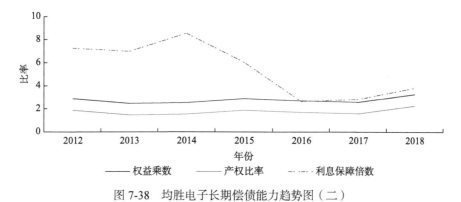

图 7-38 均胜电子长期偿债能力趋势图（二）

因此，通过上述分析，我们发现均胜电子的短期偿债能力较强，但随着并购次数的增加，长期资本投入的增加，企业的长期偿债能力并不强。

4）营运能力

选择应收账款周转率、存货周转率及总资产周转率等指标，分析均胜电子营运能力的变化情况。其营运能力指标数据如表 7-19 所示。

表7-19　均胜电子营运能力分析表

项目	2012 年	2013 年	2014 年	2015 年	2016 年	2017 年	2018 年
应收账款周转率	10.2	8.03	7.65	7.58	6.73	6.07	7.78
存货周转率	10.46	6.46	6.61	6.19	7.22	6.55	8.21
流动资产周转率	3.79	2.72	2.71	1.65	1.44	1.57	2.53
总资产周转率	1.64	1.12	1.18	0.91	0.76	0.73	1.19

资料来源：Wind 数据库

根据表格数据绘制出均胜电子应收账款周转率、存货周转率等趋势图，如图 7-39 所示。

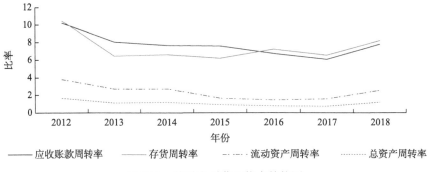

图 7-39　均胜电子营运能力趋势图

均胜电子的应收账款、流动资产及总资产周转率在 2012~2017 有下降趋势但趋于平稳。这是因为并购导致企业的资产规模迅速增大，而在资产规模增大的同时，企业的资产周转率维持基本稳定。存货周转率在 2013 年的下降趋势明显，从 10.46 降至 6.46，但之后一直处于平稳状态，而各大周转率在 2018 年都有所上升，主要原因是并购了高田的优质资产。总体而言，均胜电子的营运能力较强。

5）成长能力

选择营业收入增长率、净利润增长率、总资产增长率等指标来分析均胜电子的成长能力。其成长能力指标数据如表 7-20 所示。

表7-20　均胜电子成长能力分析表

项目	2012 年	2013 年	2014 年	2015 年	2016 年	2017 年	2018 年
营业收入增长率	58.11%	13.91%	15.95%	14.21%	129.54%	43.41%	111.16%

续表

项目	2012 年	2013 年	2014 年	2015 年	2016 年	2017 年	2018 年
净利润增长率	40.68%	20.55%	16.54%	19.33%	61.89%	9.96%	186.38%
净资产增长率	169.83%	29.91%	5.59%	60.99%	248.17%	−1.02%	32.70%
总资产增长率	277.40%	11.22%	8.93%	82.28%	226.33%	−5.04%	67.78%

资料来源：Wind 数据库

根据表格数据绘制出均胜电子各个增长率趋势图，如图 7-40 所示。

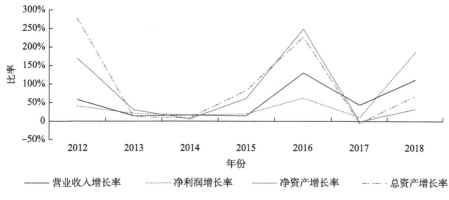

图 7-40　均胜电子成长能力趋势图

随着均胜电子并购的不断进行，均胜电子的营业收入、净利润、总资产及净资产均保持持续增长趋势。其中，在 2015 年及 2016 年，公司的总资产与净资产出现了大幅增长，而其营业收入及净利润在 2016 年也涨幅较高。但在 2017 年的涨幅大幅回落，尤其是总资产，甚至出现了负增长，主要原因是归还借款导致总资产下降。之后的 2018 年涨幅显著，其中净利润增长了 186.37%，原因是公司业务持续发展、对高田公司优质资产收购完成后该资产对应产能释放产生效益和整合顺利推进使利润有较大增长。

因此，我们可以看出，均胜电子的海外并购行为使得企业规模和销售收入都获得了大幅提升，从而表明公司取得了良好的发展，其成长能力较强。

由于公司在业务模式、经营特性等方面存在一定的相似性，且同一行业（汽车零部件）内公司的财务特征具有共性，行业平均与公司的财务数据作比较，有助于发现均胜电子相对于行业平均存在的问题。因此在纵向分析的基础上，又将均胜电子与其所在行业的均值进行了横向对比。其主要财务分析指标的相关数据整理如表 7-21 所示。

表7-21 均胜电子与行业平均对比分析表

项目	公司	2012年	2013年	2014年	2015年	2016年	2017年	2018年
净利润/万元	均胜电子	24 885.27	29 999.38	34 960.07	41 717.71	67 535.58	74 262.90	212 673.83
	行业平均	17 603.45	20 812.00	23 007.30	23 835.33	29 765.57	33 679.67	29 931.82
净资产收益率	均胜电子	18.45%	14.58%	14.74%	12.87%	5.50%	3.12%	10.49%
	行业平均	15.94%	16.02%	15.20%	14.23%	13.35%	11.87%	7.33%
速动比率	均胜电子	0.56	0.68	0.73	1.04	1.32	0.87	0.95
	行业平均	1.62	1.44	1.47	1.66	1.64	1.95	1.89
资产负债率	均胜电子	65.14%	59.29%	60.54%	65.15%	62.82%	61.24%	69.35%
	行业平均	45.75%	45.21%	44.18%	41.28%	40.44%	38.02%	38.92%
存货周转率	均胜电子	10.46	6.46	6.61	6.19	7.22	6.55	8.21
	行业平均	4.77	4.83	4.56	4.33	4.52	4.62	4.46
应收账款周转率	均胜电子	10.2	8.03	7.65	7.58	6.73	6.07	7.78
	行业平均	5.03	4.76	4.56	3.97	3.85	3.63	3.52
总资产周转率	均胜电子	1.64	1.12	1.18	0.91	0.76	0.73	1.19
	行业平均	0.85	0.87	0.82	0.75	0.74	0.72	0.66
净利润增长率	均胜电子	40.68%	20.55%	16.54%	19.33%	61.89%	9.96%	186.38%
	行业平均	−4.16%	24.22%	12.39%	27.91%	40.32%	339.24%	−82.63%

资料来源：Wind数据库

根据表格数据绘制出均胜电子与行业平均营利能力对比图，具体见图7-41和图7-42。

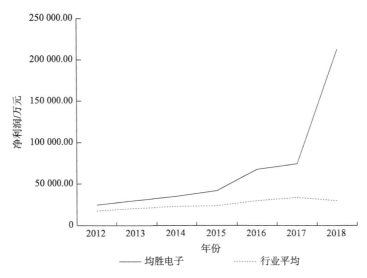

图 7-41 均胜电子与行业平均净利润对比

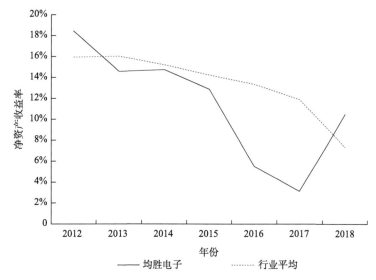

图 7-42　均胜电子与行业平均净资产收益率对比图

从 2012 年至 2018 年均胜电子的净利润一直高于行业平均水平且一直处于增长的趋势，而增速更是远高于行业平均水平。尤其是 2018 年均胜电子的净利润为 212 673.83 万元而行业平均净利润为 29 931.82 万元，均胜电子是行业平均水平的 7.1 倍。

原本在 2012 年均胜电子的净资产收益率高于行业平均水平，可 2012 年至 2017 年这几年一直处于下降趋势，且都低于行业平均水平，尤其是 2016 年下降幅度更为明显。主要原因是，并购使得公司的产品结构发生了很大变化，毛利率下降，同时并购的费用也使得企业的净资产收益率有所下降。因此，均胜电子若要提升营利能力，还需依靠并购后的有效整合及协同效应。但在 2018 年行业平均水平下降明显时，均胜电子的净资产收益率却猛然增长，超越了行业平均水平。原因是公司业务持续发展、对高田公司优质资产收购完成后，该资产对应产能释放产生效益和整合顺利推进使有利润产生较大增长。

如图 7-43 所示，均胜电子的海外并购使得其流动负债增加，速动比率低于行业平均值，但海外并购使得其流动负债增加，使得速动比率在 2016 年接近行业的平均水平。如图 7-44 所示，由于并购的公司的资产负债率约为 80%，所以均胜电子的资产负债率一直高于行业平均水平，为 60% 以上，且这一差距也在慢慢地扩大。总体而言，海外并购使得均胜电子的短期偿债能力有所提升，而长期偿债能力则无明显变化。

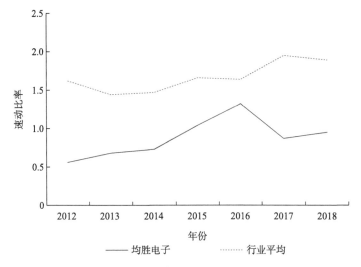

图 7-43　均胜电子与行业平均速动比率对比

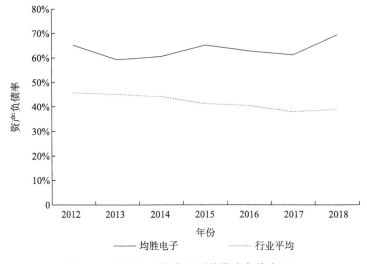

图 7-44　均胜电子与行业平均资产负债率对比

　　如图 7-45 和图 7-46 所示，从营运能力来看，均胜电子的存货周转率在 2013 年下降显著，之后便保持稳定且有所上升的趋势，但一直高于行业平均水平。对于总资产周转率来说，原本一直高于行业平均水平，但经过连续并购，均胜电子的总资产周转率在 2012 年至 2017 年处于下降趋势，于 2016 年及 2017 年与行业平均水平大致相同，但 2018 年又猛然上升。总体来看，与同行业的平均水平相比，均胜电子拥有较强的营运能力。

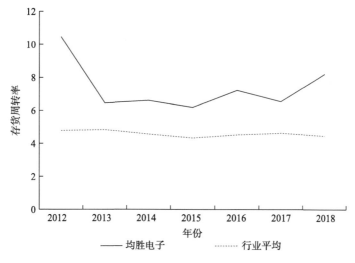

图 7-45　均胜电子与行业平均存货周转率对比

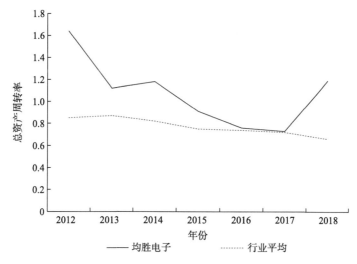

图 7-46　均胜电子与行业平均总资产周转率对比图

如图 7-47 所示，在 2012~2016 年，均胜电子的净利润增长率大致等同于行业平均水平，而到了 2017 年出现了"分水岭"，行业平均净利润增长率大幅增长，均胜电子却有所下降。到了 2018 年又出现了反转，行业平均净利润增长率下降显著甚至出现了负增长，而均胜电子却增长显著反超行业平均水平，究其原因，是因为并购日本高田引起的。总之，并购增强了公司的竞争能力，且未来拥有良好的成长空间。

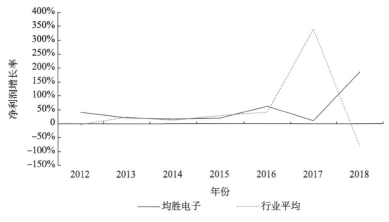

图 7-47 均胜电子与行业平均净利润增长率对比

2. 客户与市场层面

1）优质客户的增加

与并购之前相比，均胜电子经多年创新发展、经营及海外并购，与优质客户的关系越来越稳固。客户主要包括宝马、奥迪、大众、通用及福特等全球一线品牌。在工业自动化领域，公司为众多国际化客户提供服务，包括宝洁、博世等。在专业市场上，也有较高认知度，其优质客户的获取和维护，是与企业的并购及整合密切相关的。

在 2012 年，均胜电子收购了德国普瑞，得到其在美国、德国、葡萄牙、罗马尼亚等地的生产及销售基地，同时也获得了奔驰、大众等重要客户。在 2013 年，公司汽车电子事业部为了加强与重要客户的合作，向宝马和大众等客户提供了新一代的控制系统，主要涉及驾驶与空调系统两个方面。在 2014 年，企业对群英及伊马公司进行收购，进而进军人机交互产品体系，公司继续保持高速增长，并在亚洲及北美市场赢得了大量订单。在 2015 年，公司在汽车功能件方面，从中国地区级的供应商升为全球供应商，并为奔驰、宝马及奥迪等公司供应高级功能件。在 2016 年，公司完成对美国 KSS 和 TS 的并购，产品覆盖与驾驶有关的四大领域，即：行车安全，人机交互，影音娱乐及车载互联。在 2016 年，公司的营业收入超 100 亿元，全球职工 2 万余名，成为世界前列的汽车供应商，且在业界拥有较强的影响力。2017 年均胜实现又一次巨大扩张和突破，实现总营收 266 亿元，同比增长 43.41%，较 2016 年有较大幅度增长。2017 年新获得订单约 380 亿元，为长期发展奠定良好基础。除原有业务，公司在报告期与各方达成协议，宣布购买高田及其各区域子公司除 PSAN 业务以外的主要资产，获取客户集团提供的约 210 亿美金订单。2018 年均胜电子已将高田优良资产与 KSS 公司整合为均胜安全系统有限公司，以均胜安全为主体开展汽车安全业务。在完成合并后，均胜安全营收规模已跻身全球汽车零配件前三十强，成为全球第二大的汽车安全产品供应商。

由此可见，经过连续的海外并购，均胜电子具备了世界领先技术，其服务覆盖国内外众多厂商，是全球优秀的汽车零部件生产企业，是可信赖的合作伙伴。与此同时，企业还拥有世界领先的工业机器人集成技术，且在工业自动化方面，具有超前的技术水平和丰富的实践经验，这些不但服务于企业自身，还服务于全球制造型企业。

2）市场占有率的提升

均胜电子市场占有率分析表，如表7-22所示。

表7-22　均胜电子市场占有率分析表　　　　　单位：亿元

项目	2012年	2013年	2014年	2015年	2016年	2017年	2018年
行业营业收入合计	2 917.74	3 458.47	3 731.24	4 034.58	5 063.15	6 075.29	6 795.33
均胜电子营业收入	53.58	61.04	70.77	80.83	185.5	266.06	561.81
市场占有率	1.84%	1.76%	1.90%	2.00%	3.66%	4.38%	8.27%

资料来源：Wind数据库

根据表格数据绘制出均胜电子2012~2018年市场占有率变化图，如图7-48所示。

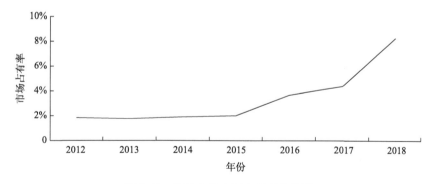

图7-48　均胜电子市场占有率趋势图

从图7-48可以看出，均胜电子连续海外并购之后，其市场占有率从2012年的1.84%保持四年稳定之后，开始大幅度增长，到2018年已经达到了8.27%。可以看出，海外并购使得均胜电子的市场份额得到了大幅提升，增强了企业的市场竞争力。

均胜电子国内外营业收入情况如表7-23所示。

表7-23　均胜电子国内外营业收入情况　　　　　　单位：万元

项目	2012 年	2013 年	2014 年	2015 年	2016 年	2017 年	2018 年
国内	121 425.22	164 056.99	175 716.91	224 966.27	582 609.13	913 816.44	1 322 069.65
国外	387 599.98	424 434.36	500 817.06	556 464.42	1 244 005.18	1 708 942.07	4 247 683.86

资料来源：Wind 数据库

根据表格数据绘制出均胜电子国内外营业收入趋势图，如图 7-49 所示。

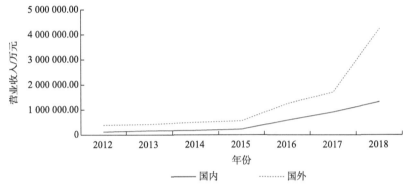

图 7-49　均胜电子国内外营业收入趋势图

如果追溯到 2011 年（在海外并购之前），我们会发现企业的营业收入主要是来自国内。在 2012 年之后，由于连续的海外并购，均胜电子国外的营业收入占大头，是国内的好几倍。通过并购，企业获得了欧洲、北美、亚洲的销售基地，整合了销售渠道，使得营业收入尤其是国外的营业收入显著增长。同时，通过整合，在国内的销售渠道也得以改善，销售收入稳步上升。

3）品牌影响力的扩大

随着均胜电子的连续海外并购、不断扩张，市场份额不断扩大，同时，企业的品牌影响力也在逐步扩大。我们从财务中文网的年度中国 500 强排行榜整理出均胜电子的各年排名，情况如表 7-24 所示。

表7-24　均胜电子历年排名情况

项目	2016 年	2017 年	2018 年	2019 年
均胜电子排名	无	329	276	164

资料来源：财富中文网

如表 7-24 所示，均胜电子自 2017 年起正式进入中国 500 强榜单，并且在 2019 年企业排名跃升至 164 名，可见其发展速度之快，企业价值不断上升。

同时 2018 年对于均胜电子来说是辉煌的一年，根据 2018 年的营业收入，《美国汽车新闻》整理出了 2019 年全球汽车零部件的排行榜，均胜电子首次以 561.81 亿元进入该排行榜，排名 39。并且在 5 月 11 日，"2019 宁波品牌百强榜"正式揭晓，其中，均胜电子品牌以 68.5 亿元的品牌价值位列汽车零部件第 1 位，总榜第 15 位。此外，均胜电子还多次参加美国 CES（Consumer Electronics Show）展、美国 SAE（Society of Automotive Engineers）博览会、德国商用车展等系列专业展会。种种事项都表明，均胜电子的品牌影响力不断扩大，这家原本名不见经传的小企业已成长为驰名中外的跨国企业。

3. 内部运营层面

本书选择成本费用与营业收入之比来分析均胜电子连续并购的成本费用管理效率，其主要数据如表 7-25 所示。

表7-25 均胜电子内部流程分析表 单位：万元

项目	2012 年	2013 年	2014 年	2015 年	2016 年	2017 年	2018 年
销售费用	18 728.56	21 434.29	24 263.26	37 829.61	46 804.36	77 095.98	143 294.86
管理费用	38 792.12	47 785.94	63 454.82	78 401.5	173 695.74	254 009.07	310 259.86
财务费用	5 866.5	7 646.8	6 293.1	11 507.51	51 035.2	50 899.98	107 236.46
营业总成本	505 872.35	572 514.7	665 448.8	764 006	1781 123.31	2 628 035.88	5 547 876.21
销售费用/营业收入	3.50%	3.51%	3.43%	4.68%	2.52%	2.90%	2.55%
管理费用/营业收入	7.24%	7.83%	8.97%	9.70%	9.36%	9.55%	5.52%
财务费用/营业收入	1.09%	1.25%	0.89%	1.42%	2.75%	1.91%	1.91%
营业总成本/营业收入	94.41%	93.80%	94.03%	94.53%	96.00%	98.78%	98.75%

资料来源：Wind 数据库

如表 7-25 所示，随着连续并购的进行，均胜电子的管理、销售及财务费用大幅增加。一方面，是由于子公司本身的经营特点，使得合并报表之后，成本费用随企业规模的增长而大幅增加；另一方面，是由于并购产生的费用，如并购对价借入的银行贷款，为降低核心员工离职而增加的薪酬，以及为高效整合而产生的各种费用等。

如图 7-50 和图 7-51 所示，随着连续并购的进行，均胜电子的管理费用占比增长幅度较大，而销售费用及财务费用占比较为稳定，但在 2018 年时，企业的管理费用占比骤降。总体来说，均胜电子拥有较强的费用管控能力。均胜电子的营业成本与营业收入的比率从 2012 年的 94.41% 增长到 2018 年的 98.75%。与此同时，并购也使得公司的产品结构产生较大变化，产品毛利率下降。因此，为加强对成本与费用的管控效率，减少营业总成本，需要公司继续加强整合海外子公司，尽快发挥协同效应的作用。

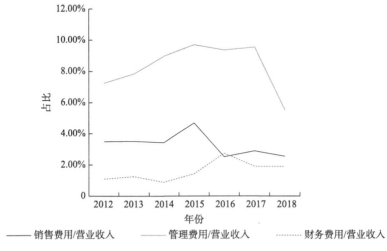

图 7-50　均胜电子各费用占比情况

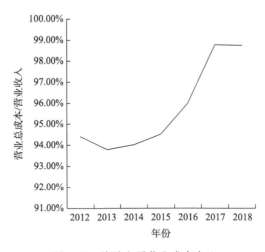

图 7-51　均胜电子营业成本占比

1）研发的投入

为了综合分析均胜电子海外并购的绩效，从平衡计分卡中的学习与成长层面出发，通过分析研发投入与员工发展情况对并购绩效进行分析评价。均胜电子研发投入的相关数据如表 7-26 所示。

表7-26 均胜电子研发支出情况 单位：万元

项目	2012 年	2013 年	2014 年	2015 年	2016 年	2017 年	2018 年
研发支出	18 722.31	25 394.94	35 720.52	53 088.41	115 962.93	198 013.52	389 953.66
研发支出增长率	103.25%	35.64%	40.66%	48.62%	118.43%	70.76%	96.93%
研发支出占营业收入比例	3.49%	4.16%	5.05%	6.57%	6.25%	7.44%	6.94%

资料来源：Wind 数据库

根据表格数据绘制出均胜电子研发支出变化及研发支出占营业收入比例变化图，如图 7-52 所示。

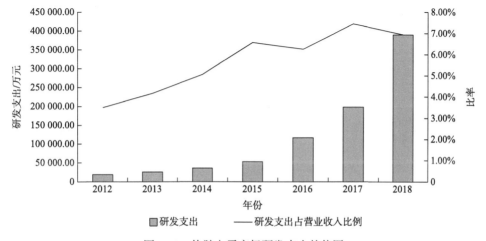

图 7-52 均胜电子市场研发支出趋势图

如图 7-52 所示，均胜电子的研发投入逐年增加，尤其是 2018 年，企业的研发支出是上年的 2 倍，且研发支出占营业收入的比率也在逐渐增加，可见均胜电子对于创新能力的重视。并购促使企业的研发创新的能力及企业整体的技术水平有很大的提高。

一方面，收购的对象拥有多项专利及核心技术。例如，2012 年，收购的德国普瑞是一家高科技公司，并拥有高素质人才的研发团队，且该企业为适应汽车行业的新方向，将研究开发新技术作为企业的核心要素。通过完善公司的研发机构，坚持独立自主地完成新产品的研发。目前已拥有多项核心技术，具备了全球领先的创新能力。

另一方面，通过与被并购公司的整合，公司的研发能力大幅度提升。2013 年公司与德国普瑞共同建立中国研发中心，开发全球项目。同时，还成立了新能源汽车研究院，重点研究发展新能源汽车的商业化，加强与高等院校的合作，设立博士后流动站，吸引国内外人才。

另外，为提升产品的性能，收购成熟的团队。例如，为加强汽车电子软件的开发，在德国公司收购了软件开发团队。此外，公司还会汇集最新的研发成就，每两年推出全新的概念设计，该设计代表了全球的最高水准，引领汽车发展的新趋势。

2）员工情况

均胜电子自 2012 年开始连续并购，其员工总数大幅度增长，企业支付的员工薪酬也是成倍增长，具体情况如表 7-27 所示。

表7-27　均胜电子员工情况

项目	2011 年	2012 年	2013 年	2014 年	2015 年	2016 年	2017 年	2018 年
员工总人数/人	2 323	5 255	5 549	6 389	9 127	24 075	28 349	59 250
本科及以上人数/人	437	782	893	1 517	1 671	4 057	6 167	10 090
本科及以上人数占比	18.81%	14.88%	16.09%	23.74%	18.31%	16.85%	21.75%	17.03%
员工薪酬/亿元	1.37	10.50	12.05	13.73	17.30	34.18	44.18	95.09
人均薪酬/万元	5.91	19.97	21.72	21.49	18.96	14.20	15.59	16.05

资料来源：Wind

根据表格数据绘制出均胜电子员工总人数变化图，如图 7-53 所示。

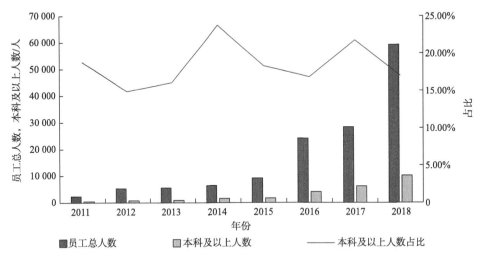

图 7-53　均胜电子员工数量变化

如图 7-53 所示，均胜电子员工总数呈倍数增长，而本科及以上员工人数占比较为稳定，说明企业注重高学历人才的引进。

企业在 2012 年、2016 年及 2018 年员工人数及员工薪酬都有着翻倍的增长，原因是在当年分别并购了德国普瑞、德国 TS 和美国 KSS 及在 2018 年并购了高田，且这几家公司的体量都很大，员工人数多。尤其是在 2012 年并购了德国普瑞，均胜电子的员工数量增长了一倍，而员工薪酬增加了九倍，因为德国普瑞的员工薪酬高，应付工资数额较大，所以当年的人均薪酬增长猛烈（图 7-54）。在之后的并购过程中，人均薪酬略有下降，之后处于平稳状态。

图 7-54　均胜电子员工薪酬变化

　　为了更快发展，均胜电子在国际化战略布局的基础上，持续加大培训力度。一方面是分析技能培训的重点内容及需求，这要咨询各岗位人员的培训意见及重点，从而进一步完善培训体系及教材，包括细化各岗位所需具备的知识点和技能要求，使员工找准学习路径，达到事半功倍的效果。另一方面是除传统培训外，还要创新发展新的培训形式，这有利于促进交流和分享，为文化融合提供更多机会。同时，开展有趣多样的培训，更有利于促进文化的整合。

　　均胜电子的有关专利与核心技术是通过并购得到的。在此基础之上，公司继续增加研发资金的投入，共同构建研发中心，进一步提升了研发能力，这样可使公司在细分市场上继续保持领先地位，从整体上促进了公司的进一步发展。

　　总之，企业通过对技术、人力、管理、销售、客户、品牌及文化等方面的整合，充分发挥了协同效应，提高了公司的整体运营效率，在学习和技术创新等方面有着非常突出的表现，引领了行业的发展，实现了均胜电子的战略目标。

第八章　跨境资本流动与制造业海外并购战略选择

　　当前世界经济、国际金融与国际贸易、国际投资发展面临经济结构失衡现象，这充分反映了全球经济治理结构存在严重的不足和缺陷。国际金融危机的影响还没有过去，发达国家宏观政策调整进一步加剧了发展环境的复杂性，国际贸易发展受到世界经济增长乏力和贸易保护主义的双重压力。全球经济复苏进程缓慢，增长动力依然不足，实现全球经济强劲、可持续、平衡增长为时尚远。与之相反，金融危机之后，中国为世界经济的复苏做出了巨大的贡献。中国的综合国力、全球影响力和国际地位进一步提升，崛起的中国被推到了全球经济治理的前台，历史性地成为全球经济治理结构转变的新焦点。中国已从被动参与过渡到主动参与全球经济治理结构转变的进程中。

　　在国际市场需求疲软、出口贸易需求持续低迷及劳动力成本大幅上升的情况下，中国制造业面临调结构、去库存的外在压力，只有在价值链高端获得国际竞争力，中国制造业才可能进入国际市场，国内经济才有可能避免"中等收入陷阱"的困境。这需要国内制造业实施海外连续并购战略，在需求端和供给侧同时提供双向支持。因此，为中国制造业寻求出路日益重要而且迫切，这不仅是因为制造业占中国 GDP 比重高达三分之一，更关键的是制造业对技术创新及提高劳动生产率尤为重要。

　　与此同时，国际金融市场也将迎来并购新热潮。同时在国内经济快速增长、调整经济结构、央企重组及鼓励和支持制造业企业参与"一带一路"的背景下，我国企业海外并购态势愈来愈强。从长期看，中国一定会有相当数量的不同规模企业实行全球化经营，成长为跨国公司。由于海外并购最直接地体现在并购战略选择上，因而通过制定中国企业海外并购战略，结合中国国情，找出影响并购战略的各种动因加以定性及定量分析，可以促进中国企业更客观理性地制定海外并购决策。因此，研究跨境资本流动与中国企业海外并购战略选择，无论是对中国企业本身还是政府决策都有重要的现实指导意义。

第一节　跨境资本流动转变与海外并购的微观机理

在全球化的迅猛发展中，全球经济结构治理转变也表现出新的发展特点和趋势。未来全球化和区域化趋势进一步增强，各国力量对比发生重大变化，全球经济中心开始向中国转移；全球发达国家、资源类国家和新兴制造类国家在全球产业链、价值链发展中的位置更替与利益博弈复杂多变，全球治理结构和全球化规则面临国际制度重构。作为国际社会的一员，中国自身经济增长与国际贸易结构发生了巨大变化，因此中国参与全球经济治理机制的态度和角色也应该有相应的调整和变化，在对待全球经济治理机制的态度上从原来的消极被动向积极主动转变，身份定位上从谨慎保守者向开放务实者转变，从被动参与者向主动引领者转变，既是对自身与国际经济结构互动关系的准确把握，也是对自我综合经济实力自信的表现。此外，对于当前的国际经济形势，中国积极主动的姿态不仅有利于提升国际形象，也为国内的经济发展与建设创造了更和谐的外部环境，同时也有助于通过国际经济合作，有效应对世界经济增长乏力和贸易保护主义的双重拖累。

与此同时，随着我国企业"一带一路"步伐的不断加快和国内产业并购重组支持政策的不断推进，越来越多的中国企业开始寻求国内产业并购重组和海外并购。制造业企业通过海外并购战略有助于改变我国现有被动接受国际资本全球配置的外贸发展模式，转向更为自动地利用世界资源、配置世界资源的发展模式，优化对外贸易商品结构，提高对外贸易效益，拓展贸易发展空间，促进我国对外贸易持续、稳定发展。

一、跨境资本流动转变与产业转型升级，是推动中国企业海外并购的内在动力

目前，国内制造业企业总体上处于工业化中期偏后阶段，产业结构升级成为消除经济增长障碍、缓解我国资源环境压力、实现经济转型的必经之路。由于全球整体经济环境恶化，部分行业产能过剩情况加剧。通过海外并购带动产业转移，

可以缓解外贸依存度过高和部分行业产能过剩问题。中国参与全球经济治理的目标，就是要在经济增长的基础上，实现一国经济协调、和谐发展，从传统增长型向协调和谐型发展转变。海外并购是国际直接投资和经济发展方式的重要组成部分，国际资本流动转变的重要路径是依靠优化结构来实现经济发展，经济结构合理与否直接关系到经济增长的速度和经济发展的质量。经济结构变化会形成新的产业链，带来新的发展格局和更好更快的增长，因而也提升了中国企业海外并购的国际竞争力。

中国是在经济全球化大背景下进入国际经济分工体系的，在开放经济条件下，海外并购是国内产业结构变动的主要的外部因素之一。海外并购的产业选择推动了国内产业结构的优化和生产要素组合的合理配置。海外并购战略转变能够促进技术创新，带来技术外溢效应实现技术进步。特别是海外并购能引入竞争机制提升企业经营效率、优化产业结构的功能。通过国际市场的转换机制对产业结构优化和质量效益提升发挥特殊的作用，改变经济发展方式高度依赖资源和资本投入，推动以技术进步来影响资源配置及使用效率。因此，推进海外并购战略方式转变，既是中国参与全球经济治理的内在要求，也是实现贸易结构转型升级、健康发展的必然趋势。

二、跨境资本流动导致的产业整合和贸易壁垒，是制造业企业海外并购的外在压力

通过海外并购可以实现国际产业整合。金融危机发生后，原材料成本风险和原材料进口的政治风险加大使行业利润分配向上游转移，中国企业为控制成本，将外部交易内部化以降低交易费用进行的海外并购明显增多。2021 年海外并购交易中，中国企业对石油天然气、电力行业、煤炭与消费燃料的并购，占当年中国海外并购交易额 2/3 以上。发达国家一方面对于向中国出口高新技术与产品实行限制，另一方面又出于贸易保护主义加剧了与中国的贸易摩擦。截至 2022 年，中国已连续 23 年成为遭遇反倾销调查最多的国家①。金融危机以来，欧美国家经济陷入衰退，它们为缓解本国就业压力，平衡国际收支，明显加大对中国出口产品的反倾销反补贴力度。在全球经济仍然不景气的情况下，为补偿出口损失，海外并购成为中国企业绕开贸易壁垒，寻求生存和发展的重要手段。

就外部经济运行来看，巨额的外汇储备，人民币升值压力加大；低价竞争，贸易条件逐步恶化，贸易摩擦急剧增加，也迫使我国必须加快海外并购的步伐。

---

① 资料来源：http://china.wto.mofcom.gov.cn/article/dh/janghua/201801/20180102703150.shtml。

要实施互利共赢的海外并购战略、进一步提高对外开放水平，优化对外贸易结构，提高利用外资水平，加快实施"走出去"战略，积极参与全球经济治理和区域合作，以开放促发展、促改革、促创新，积极创造参与国际经济合作和竞争新优势，为经济发展方式转变提供持续动力。

第二节　跨境资本流动与中国制造业海外并购战略转型的宏观政策

一、通过海外并购提升制造业研发能力与生产技术水平，利用全球价值链的分工体系降低企业生产经营成本

根据资源基础观的逻辑，无法在国内获得所需知识和竞争力的企业将会在海外寻找这些资产（Frost et al., 2001）。企业可以通过投资设立海外研发基地，利用东道国的区位优势来弥补本国的区位劣势（Frost et al., 2001）。对于大部分中国企业而言，技术劣势是其与外国企业竞争的短板。为了在短期内弥补技术劣势，国内制造业可以通过进行创造性资产寻求型连续并购，从海外获取专利技术和管理经验，提高自身竞争力，更好地在国内市场参与竞争。

当前在国内外需求疲软的同时，中国还丧失了原有的成本优势。中国制造业早期的成本优势主要来自对污染及劳动者保护的忽视，但随着资源枯竭和环境恶化，原先粗放式高消耗的生产方式已难以为继，资源成本因而大幅度上升；而中国在劳动保护方面的进步及人口老龄化，使得中国人工成本也开始迅速上升。在全球经济衰退过程中，受到影响比较大的是全球制造业需求，因为制造业产业关联度高，需求价格弹性相对大，因此，全球经济衰退大幅度地影响了中国制造业。

二、通过海外并购，制造业企业发挥国内外资源整合优势，实现全球价值链的区域协同效应

跨国公司在全球重新布局，则进一步加大了对中国制造业的压力。发达国家

在危机后纷纷推行再工业化和制造业回流。美国的制造业再振兴计划及能源价格的大幅下降推动了美国制造业的增长，与此同时，东南亚一些国家则利用劳动力成本优势来吸引在华跨国公司转移产能，在中低端制造业上与中国竞争。因此，中国制造业通过海外连续并购，可以与目标公司一起重新整合产业链。将自身的成本优势、规模优势和目标公司的技术优势互补，以实现生产协同效应；将收购的品牌与自有品牌互补以产生品牌协同效应；通过收购目标公司的营销网络以扩充自身全球化的营销网络，实现营销协同效应。

当前，国内部分制造业产能过剩，如果不能通过并购重组成为优质资产，劣质资产不能淘汰，先进制造业不能通过并购重组优化资源，那么就意味着长期累积的产业结构矛盾无法通过市场机制进行调整。在发达国家的工业化进程中迄今为止至少出现过 6 次规模较大的收购兼并，通过并购重组实现产业结构优化升级与产业重组，而中国工业化到现在已经进入了中后期，却尚未出现海外兼并收购高潮，难以将所有资源投入到产业链提升上，随着制造业参与全球市场竞争程度的不断加深，持续接受国际市场规则与挑战，意味着制造业实施海外并购策略更可能是一种基于全球产业价值链调整的跨国经营行为。

三、中国制造业具备了参与全球经济治理的实力，为通过价值链重构获取国外创新性战略性资源提供了可能

国内制造业已经具备了参与全球竞争的实力，在国内资源日益短缺、劳动力成本不断提高及经济全球化的影响下，国内制造业必须全面参与全球产业价值链分工体系构建，才能在未来的国际市场竞争中占据竞争优势地位。通过有针对性的海外并购行为将企业生产经营活动纳入全球创新价值链体系之中，为中国制造业拓宽资源获取渠道、获取先进技术和管理经验、开拓市场等，能够对中国制造业竞争力提升产生显著的促进作用。近年来，随着国际贸易保护主义、环境规制乃至政治因素等在国际经济领域的不断渗透，我国国际化战略的制造业遭受了不少挫折。全球产业价值链重构所引发的国际产业重新布局，不仅为国内制造业全面参与国际市场再分工提供了机会，同时，也为国内制造业通过价值链渠道获取国外先进技术、知识等战略性资源提供了可能，进而促进了国内制造业海外并购活动的成功。

第三节　跨境资本流动的转变与制造业企业 海外并购的模式

世界经济正逐步走出低谷，但国际资本流动复苏之路依然困难。当前中国经济发展势头良好，各项指标均处于宏观调控的预期范围之内，习近平在 G20 第八次峰会第一阶段会议上指出，"中国有条件有能力实现经济健康发展，为各国创造更广阔的市场和发展空间，为世界经济带来更多正面外溢效应"，"我们要把二十国集团建设成稳定世界经济、构建国际金融安全网、改善全球经济治理的重要力量。完善全球经济治理，使之更加公平公正"[1]。

在当今的世界政治经济格局下，中国积极参与国际体系和全球经济治理的时间不长，实践中经验积累还不足，需要从整体上布局和设计参与战略。具体体现在以下三方面。

一、国家合作的海外并购模式

新兴经济体的群体性崛起是推动世界多极化的重要力量，国际资本流动必须反映这种变化，它们在推动全球治理结构改革中有共同的意愿和诉求，中国参与全球经济治理应体现这种群体效应，运用 G20、金砖国家峰会等合作平台，提升发展中国家的话语权和代表性，增强治理的合法性和有效性。

二、区域合作海外并购模式

区域合作是全球经济治理的必要补充。发挥中国在周边和亚洲地区的影响力，在实践中不断注入具有中国特色的国际机制建构理念，充分利用中国-东盟自贸区、东盟地区论坛和东亚峰会等合作机制，推动东盟共同体顺利建成，强化中国主导或主要发起的区域合作平台，如上海合作组织、博鳌亚洲论坛等，提升中国

---

[1] 习近平在 G20 第八次峰会第一阶段会议上的发言[EB/OL]. https://www.chinanews.com.cn/gn/2013/09-06/5252277.shtml，2013-09-06.

参与全球经济治理能动性和创造性。

三、国家主导下的多元参与海外并购模式

与中国国内政治体制相适应，各国政府是参与全球经济治理的主导性行为体，但并不是唯一的。除此之外，培育鼓励次国家政府、非政府组织、跨国公司积极参与全球经济治理，培育以中国为基地的非政府组织，形成多元参与海外并购模式。

中国在全球治理中的表现和作为日益成为国际社会的重要关切，中国从被动参与过渡到主动参与全球治理，由经济治理过渡延伸到全球治理领域的进程中需要理论和政策的双重准备。坚持以发展中国家的身份参与治理改革，联合其他发展中国家，共同参与全球经济治理改革。完善加入中国变量的多边主义全球治理的理论、构建全球治理的中国理念和中国模式，进而将其经过系统化的提炼、有效的经验推广转化为全球治理的知识公共产品；通过国家合作、地区合作及国家主导下的多元参与模式，制定中国参与全球治理战略路径。

第四节　跨境资本流动转变与制造业企业海外并购的战略选择

随着国际资本流动的转变，我国企业的海外并购将迎来一个难得的战略机遇期，政府应积极构建我国企业海外并购的战略体系，以鼓励和保护我国企业海外并购的良性发展。因此，制定海外并购战略意味着企业须放眼世界市场和世界资源分布，而不是紧紧盯着某一市场和资源。海外并购战略是为了以多国为基础来优化运作，而不是将海外并购只看作多个相互独立的国别经营活动的简单组合。

一、国内制造业企业海外并购的区域选择

按照国家竞争优势理论，中国企业进行海外并购时应该以提升竞争力为导向，而不必以资源或市场为导向。因此，中国企业在进行海外并购区域选择时，应该先考虑并购企业所在国家或地区是否存在有利于企业提高生产力的外部经

营环境。从现有中国企业海外并购的情况来看，主要是从资源或市场方面来考虑并购区域，故周边地区和拉美发展中国家仍然是中国企业海外并购的主要场所。从全世界企业并购的总体情况来看，发达国家一直是国际并购的主要地区。通过并购发达国家的企业，中国企业可以获得高级的技术、高信誉的品牌、先进的管理经验等。许多国家通过并购发达国家的企业获取了先进技术，加速了本国的产业技术升级，提升了本国生产力，同时也取得了海外并购的宝贵经验。基于对竞争环境的综合考虑，发达国家或地区无疑具有更好的经营环境和支持性制度，要素能够更高效地使用和升级换代。因此，制造业企业海外并购的区域应优先选择发达国家或地区。

二、国内制造业企业海外并购的产业选择

国际产业转移的新趋势为中国企业提供了海外并购的时机。根据产业演进规律，我国由工业化时期向工业化后期过渡，应是产业结构高度化发展的重要阶段。按照国家竞争优势理论，产业集群对提高企业的国际竞争力具有重要作用。因此，中国企业进行海外并购时，除了要考虑本企业所在行业在本国的发展状况与前景，还要考虑并购对象所在国产业集群的发展状况。在发展中国家，应重点并购具有比较优势的制造业企业，有选择地并购进口替代型的资源开发企业；在发达国家应主要并购高新技术企业和金融保险等企业。考虑到世界上大多数国家产业集群的特点及我国企业自身的相对优势，我国企业在亚太地区进行海外并购时，应先考虑机械、冶金、轻纺等产业，在俄罗斯、东欧等国家则应考虑并购轻工、食品和纺织等行业；在拉美地区并购时应先考虑家电产业和资源开发型产业。

三、国内制造业企业海外并购的对象选择

根据国家竞争优势理论，国内制造业企业在进行海外并购时应该依据自身的战略、结构和竞争对手情况来选择并购对象。并购对象的资源拥有量应该是中国企业海外并购首要考虑的因素，这里的资源包括物力资源、人力资源、技术资源、组织资源和国别资源等。因此，我国国有垄断企业海外并购应更多地集中于物力资源开发方面，如矿产、石油、天然气等资源领域；而民营及其他类型企业应该更注重技术资源、国别资源等方面的海外并购，以获取先进的技术、品牌优势和打破贸易壁垒等。中国企业在并购之前应该对并购对象的品牌信誉、核心技术等有一个全面的分析，对于并购后并购对象品牌信誉的获取、核心技术的转移及并

购后的企业整合都应有完整的战略规划，这样才能选择合适的并购对象。

第五节　本章结论与相应政策建议

国内制造业企业经过 30 多年的快速发展，当前尚未摆脱制造业产业在全球价值链中的中低端地位。在全球创新价值链格局下，随着生产要素成本优势的消失，只有重构价值链，才能摆脱全球价值链低端陷阱，进而成为全球价值链的控制者，才有可能最终实现从制造业加工大国到制造业强国的产业转变。

一、积极参与全球价值链重构，通过海外并购重塑中国制造品牌形象

借助于国际资本流动和全球价值链重构，加快国内制造业的转型升级，重塑中国制造业的品牌形象。通过兼并收购对国内低端制造业实施主动退出和积极调整，使资源向先进制造业集中，通过跨国连续并购重组，调整、优化和提升产业结构，充分发挥我国比较优势，跟踪国际产业发展趋势，引导大型企业向高新技术产业和高端制造方向发展，提升产业档次和水平。只有从战略性新兴产业等高端价值链切入，中国制造才能实现对发达国家的技术经济追赶。

二、中国企业以获取海外创造性资产为动机，通过跨境资本流动和海外并购战略确保并购绩效

中国制造要彻底摆脱全球价值链廉价代工者的命运，通过海外并购尽快提升技术、产品研发创新及品牌渠道建设等能力，实现向获利丰厚的价值链高端转变。管理层做出海外并购决策的动机影响并购的绩效。以制造业为代表的国内企业连续海外并购以获取技术、营销渠道和品牌等创造性资产为目的，服从于企业的国际化战略，符合中国制造业的核心利益。企业对海外并购做了充足的准备，对目标公司有较为深入的了解，交易价格有明确的底线，体现了管理层并购的战略动机和并购绩效的财富效应，这种战略动机也有助于并购的成功。

三、国内制造业利用跨境资本流动，实施制造业海外并购战略，确保实现并购后的协同效应

由于并购协同效应的存在，行业相关的并购通常比行业无关的并购更能提升绩效。中国制造业海外并购大都围绕主业进行，与目标企业同处一个行业或处于相近行业，具有较高的行业相关度，能提高对目标公司价值评估的准确性，减少信息不对称给估值带来的不利影响。在并购后的整合过程中，行业的相关性不仅降低了整合的难度、加快了整合的进程，而且有助于充分发挥同行业资源整合优势，从而确保实现协同效应，提升并购绩效。

四、国内制造业企业应采取循序渐进的海外并购策略，积累海外并购经验

组织学习理论认为，组织通过学习以往生产经营的经验可以提高组织的绩效（Huber，1991）。同样地，并购方通过不断学习以往的并购经验，积累并购知识，改进并购技能，有助于提升并购绩效（Haleblian et al.，2006）。这种学习行为使得并购方在并购标的选取、并购定价和交易内容设计等并购关键环节上更加科学合理，从而提升将来并购成功的可能性。纵观中国企业在海外的连续并购，在交易规模上是从数百万美元起步，逐渐提升到数千万美元乃至数亿美元，体现了循序渐进的并购策略。随着企业发展壮大和国际化战略的不断推进，国内制造业需要在千万甚至是上亿级别的并购中取得成功。为了实现这个目标，以数百万美元的小规模并购起步，不断积累和学习并购经验，优化并购技巧，从而提升进行大规模并购的成功率。

综上所述，在跨境资本流动转型的背景下，国内制造业企业海外并购快速升温。实施海外并购战略有助于改变我国现有被动接受国际资本全球配置的外贸发展模式。根据现阶段中国经济发展与经济增长的转变，企业海外并购的重点应该从原有的矿产自然资源转向结构升级转型要素，通过海外并购提升技术研发能力，整合全球研发资源提高国内的研发水平，从而带动贸易结构优化升级，增加海外销售和市场份额，塑造中国企业海外投资的品牌效应，提升中国企业国际知名度。提高对外贸易效益，拓展贸易发展空间，促进我国对外贸易持续、稳定发展。同时强化被投资企业的财务状况和所在国的法律环境，避免海外并购财产损失和财务陷阱。跨国公司成长的路径与经验表明，几乎所有的跨国公

司都是先从国内市场起步与成长，通过国内外连续并购不断扩张，最终成为掌控全球价值链的跨国企业。因此，要鼓励大型中国制造业企业走出去，并购国外优势产业资源，积极参与全球竞争，提升企业海外投资经营、重构国际生产经营网络与全球价值链的能力，才能最终成为全球价值链的掌控者。

参 考 文 献

毕克龙. 2007. 我国上市公司并购绩效的研究[D]. 上海交通大学硕士学位论文.

蔡芳, 王德文, 曲悦. 2009. 中国产业升级的大国雁阵模型分析[J]. 经济研究, 44（9）: 4-14.

曹兴, 王燕红. 2022. 跨界技术并购对企业财务绩效影响实证研究[J]. 系统工程, 40（2）: 38-48.

陈爱贞, 刘志彪, 吴福象. 2008. 下游动态技术引进对装备制造业升级的市场约束——基于我国纺织缝制装备制造业的实证研究[J]. 管理世界, （2）: 72-81.

陈爱贞, 张鹏飞. 2019. 并购模式与企业创新[J]. 中国工业经济, （12）: 115-133.

陈栋. 2011. 自主创新与中国工业结构升级研究[D]. 华中科技大学博士学位论文.

陈菲琼, 陈珧, 李飞. 2015. 技术获取型海外并购中的资源相似性、互补性与创新表现: 整合程度及目标方自主性的中介作用[J]. 国际贸易问题, （7）: 137-147.

陈菲琼, 丁宁. 2009. 全球网络下区域技术锁定突破模式研究——OFDI 逆向溢出视角[J]. 科学学研究, 27（11）: 1641-1650.

陈菲琼, 傅秀美. 2010. 区域自主创新能力提升研究——基于 ODI 和内部学习网络的动态仿真[J]. 科学学研究, 28（1）: 133-140.

陈菲琼, 虞旭丹. 2009. 企业对外直接投资对自主创新的反馈机制研究: 以万向集团 OFDI 为例[J]. 财贸经济, （3）: 101-106, 137.

陈菲琼, 钟芳芳, 陈珧. 2013. 中国对外直接投资与技术创新研究[J]. 浙江大学学报（人文社会科学版）, 43（4）: 170-181.

陈海华, 陈松. 2010. 从产业集群到创新集群的演化过程及机制研究[J]. 中国软科学, （S1）: 227-232, 249.

陈仕华, 姜广省, 卢昌崇. 2013. 董事联结、目标公司选择与并购绩效——基于并购双方之间信息不对称的研究视角[J]. 管理世界, （12）: 117-132, 187-188.

陈仕华, 王雅茹. 2022. 企业并购依赖的缘由和后果: 基于知识基础理论和成长压力理论的研究[J]. 管理世界, 38（5）: 156-175.

陈守明, 冉毅, 陶兴慧. 2012. R&D 强度与企业价值——股权性质和两职合一的调节作用[J]. 科学学研究, 30（3）: 441-448.

陈岩, 郭文博. 2018. 制度风险与跨国并购成败: 大国外交和经济"软实力"的调节作用[J]. 世界经济研究, （5）: 51-64, 136.

陈珧. 2016. 技术获取型海外并购整合与技术创新——基于中国企业和韩国企业的对比研究[J]. 世界经济研究, （8）: 114-125, 137.

陈瑜. 2009. 中国上市公司频繁并购现象研究——基于管理层行为的实证解释[D]. 厦门大学硕士学位论文.

陈元燮. 2004. 跨国并购绩效理论综述[J]. 首都经济贸易大学学报, (5): 15-19.

程聪. 2020. 中国企业跨国并购后组织整合制度逻辑变革研究: 混合逻辑的视角[J]. 管理世界, 36 (12): 127-145.

程聪, 谢洪明, 池仁勇. 2017. 中国企业跨国并购的组织合法性聚焦: 内部, 外部, 还是内部+外部? [J]. 管理世界, (4): 158-173.

程惠芳, 张孔宇. 2006. 中国上市公司跨国并购的财富效应分析[J]. 世界经济, (12): 74-80.

程惠芳, 张孔宇, 余杨. 2004. 公司内贸易与跨国公司内生增长的实证研究[J]. 国际贸易问题, (9): 73-77.

程强, 武笛. 2015. 科技创新驱动传统产业转型升级发展研究[J]. 科学管理研究, 33 (4): 58-61.

程源, 傅家骥. 2003. 日本、韩国微电子产业发展模式的比较分析[J]. 工业技术经济, (6): 51-53.

邓锡阳. 2015. 我国企业跨国并购现状、风险评估及建议[J]. 对外经贸, (11): 37-38.

邓秀媛, 傅超, 傅代国. 2018. 企业社会责任对海外并购影响的实证研究[J]. 中国软科学, (1): 110-126.

蒂瓦纳 A. 2018. 平台生态系统——架构策划、治理与策略[M]. 侯赟慧, 赵驰译. 北京: 北京大学出版社.

董长胜. 2019. 企业并购中资产评估存在的问题与解决措施[J]. 现代营销 (信息版), (11): 125.

杜宏宇. 2020. 企业并购中存在的问题及对策研究[J]. 商场现代化, (18): 129-131.

杜健, 郑秋霞, 郭斌. 2020. 坚持独立或寻求依赖? "蛇吞象"式跨国并购的整合策略研究[J]. 南开管理评论, 23 (6): 16-26.

杜群阳, 徐臻. 2010. 中国企业海外并购的绩效与风险: 评价模型与实证研究[J]. 国际贸易问题, (9): 65-71.

杜晓君, 刘赫. 2010. 跨国并购战略类型、组织因素与企业成长——基于中国海外上市公司的实证研究[J]. 国际贸易问题, (6): 103-111.

杜晓君, 杨勃, 齐朝顺, 等. 2015. 外来者劣势的克服机制: 组织身份变革——基于联想和中远的探索性案例研究[J]. 中国工业经济, (12): 130-145.

杜璇. 2017. 企业跨国并购风险及其防范措施[J]. 纳税, (11): 47-48.

范黎波, 周英超, 杨震宁. 2014. "中国式婚姻": 成长型企业的"赘婿式"并购与跨国公司的"教练型"治理[J]. 管理世界, (12): 152-166.

冯根福, 吴林江. 2001. 我国上市公司并购绩效的实证研究[J]. 经济研究, (1): 54-61, 68.

高燕燕, 黄国良, 张亮亮. 2016. 政府干预与多元化并购特征、绩效——来自中央和地方国有上市公司的经验证据[J]. 华东经济管理, 30 (6): 96-103.

顾露露, Reed R. 2011. 中国企业海外并购失败了吗? [J]. 经济研究, 46 (7): 116-129.

郭冰, 吕巍, 周颖. 2011. 公司治理、经验学习与企业连续并购——基于我国上市公司并购决策的经验证据[J]. 财经研究, 37 (10): 124-134.

郭林. 2017. 董事会兼任经理层、审计需求与审计意见——从第一类代理成本角度[J]. 财经问题研究, (11): 65-72.

郭一博. 2015. 企业连续并购绩效影响因素的研究综述[J]. 商, (3): 17.

郭毅，陈凌，朱庆虎. 2018. "一带一路"国家跨国并购网络关系发展及影响因素研究[J]. 中国软科学，（7）：129-137.

韩江波，蔡兵. 2009. 技术创新与产业发展的互促机理——兼论中国经济发展方式转变的战略定位和选择[J]. 产业与科技论坛，8（9）：41-45.

韩洁，田高良，杨宁. 2014. 连锁董事与并购目标选择：基于信息传递视角[J]. 管理科学，27（2）：15-25.

韩立岩，陈庆勇. 2007. 并购的频繁程度意味着什么——来自我国上市公司并购绩效的证据[J]. 经济学（季刊），（4）：1185-1200.

何腊柏. 2016. "三大转变"给力有色企业转型突围[J]. 中国有色金属，（1）：48.

何佩芸. 2017. 新医改背景下医药业横向并购协同效应研究[J]. 企业改革与管理，（15）：47-49.

何先应. 2009. 上市公司海外并购的绩效研究——基于现金流的视角[J]. 财政监督，（22）：11-13.

何先应，吕勇斌. 2010. 中国企业海外并购长期绩效研究[J]. 统计与决策，（24）：81-84.

赫连志巍. 2021. 营销组织能力与企业转型匹配有效性研究[J]. 企业经济，40（10）：60-69.

洪银兴. 2012. 科技创新中的企业家及其创新行为——兼论企业为主体的技术创新体系[J]. 中国工业经济，（6）：83-93.

洪银兴. 2013. 论创新驱动经济发展战略[J]. 经济学家，（1）：5-11.

侯宏. 2021. 未来已来：产业空间下的生态竞争与演化[J]. 清华管理评论，（Z1）：82-91.

侯力赫. 2018. 企业并购经验对连续并购绩效影响的研究[D]. 吉林大学硕士学位论文.

黄朝阳，刘明涛，刘楠. 2017. 跨国并购的动因和风险控制的几点思考[J]. 国际商务财会，（4）：16-19.

黄嫚丽，张明，皮圣雷，等. 2019. 中国企业逆向跨国并购整合组态与并购整合绩效关系研究[J]. 管理学报，16（5）：656-664.

黄清华. 2012. 浅析药企并购中的专利风险与尽职调查要点[J]. 中国发明与专利，（8）：67-69.

黄群慧，倪红福. 2020. 基于价值链理论的产业基础能力与产业链水平提升研究[J]. 经济体制改革，（5）：11-21.

黄速建，令狐谙. 2003. 并购后整合：企业并购成败的关键因素[J]. 经济管理，（15）：6-13.

黄速建，刘建丽. 2009. 中国企业海外市场进入模式选择研究[J]. 中国工业经济，（1）：108-117.

黄中文，朱芳芳，张晓义. 2010. 影响我国货币乘数因素分析[J]. 金融理论与实践，（10）：17-20.

纪玉俊，李超. 2015. 创新驱动与产业升级——基于我国省际面板数据的空间计量检验[J]. 科学学研究，33（11）：1651-1659.

贾昌杰. 2003. 企业并购经历对并购业绩的影响[J]. 数量经济技术经济研究，（12）：133-136.

贾根良. 2018. 演化发展经济学与新结构经济学——哪一种产业政策的理论范式更适合中国国情[J]. 南方经济，（1）：5-35.

贾镜渝，李文. 2015. 经验与中国企业跨国并购成败——基于非相关经验与政府因素的调节作用[J]. 世界经济研究，（8）：48-58，128.

贾镜渝，李文. 2016. 距离、战略动机与中国企业跨国并购成败——基于制度和跳板理论[J]. 南开管理评论，19（6）：122-132.

贾镜渝，李文，郭斌. 2015. 经验是如何影响中国企业跨国并购成败的——基于地理距离与政府角色的视角[J]. 国际贸易问题，（10）：87-97.

贾玉成, 张诚. 2019. 经济周期背景下的不确定性与跨国并购: 对中国企业的实证分析[J]. 国际贸易问题, (3): 146-160.

江洪. 2008. 自主创新与我国产业结构的优化升级[D]. 华中科技大学博士学位论文.

江诗松, 龚丽敏, 魏江. 2011. 转型经济背景下后发企业的能力追赶: 一个共演模型——以吉利集团为例[J]. 管理世界, (4): 122-137.

姜红, 陆晓芳. 2010. 基于产业技术创新视角的产业分类与选择模型研究[J]. 中国工业经济, (9): 47-56.

蒋殿春, 唐浩丹. 2021. 数字型跨国并购: 特征及驱动力[J]. 财贸经济, 42 (9): 129-144.

蒋冠宏. 2017. 中国企业对"一带一路"沿线国家市场的进入策略[J]. 中国工业经济, (9): 119-136.

金璇. 2017. 我国医药行业并购财务整合问题研究[J]. 中国集体经济, (27): 92-93.

孔德议. 2017. 知识转移与跨国并购绩效——基于文化和留任的调节效应[J]. 亚太经济, (2): 121-127.

黎春秋, 熊勇清. 2011. 传统产业优化升级模式研究: 基于战略性新兴产业培育外部效应的分析[J]. 中国科技论坛, (5): 32-37.

黎平海, 祝文娟, 李瑶. 2010. 基于因子分析的我国上市公司跨国并购绩效实证[J]. 产经评论, (3): 140-148.

李长娥, 谢永珍. 2017. 董事会权力层级、创新战略与民营企业成长[J]. 外国经济与管理, 39 (12): 70-83.

李常青, 赖建清. 2004. 董事会特征影响公司绩效吗? [J]. 金融研究, (5): 64-77.

李东红, 刘晖, 周平录, 等. 2021. 模块化"集成"与"被集成": 京东的开放生态[J]. 清华管理评论, (10): 6-13.

李飞. 2017. 基于创新网络的制造业技术获取型海外并购整合与产业技术创新研究[D]. 浙江大学博士学位论文.

李枫. 2004. 公司法人治理结构与国有企业公司制改革[J]. 理论探索, (5): 66-67.

李捷瑜, 徐艺洁. 2017. 学习效应、业绩反馈与连续并购[J]. 南方经济, (9): 103-117.

李梅, 吴松. 2010. 创造性资产寻求型跨国并购的经济效应——基于雅戈尔收购美国新马集团的案例分析[J]. 经济管理, 32 (4): 56-63.

李梅, 余天骄. 2016. 东道国制度环境与海外并购企业的创新绩效[J]. 中国软科学, (11): 137-151.

李旎. 2020. 新形势下基层事业单位财务管理的对策探讨[J]. 今日财富 (中国知识产权), (4): 120-121.

李森. 2015. 复星医药连续并购绩效研究[D]. 北京交通大学硕士学位论文.

李善民, 李昶. 2013. 跨国并购还是绿地投资? ——FDI进入模式选择的影响因素研究[J]. 经济研究, 48 (12): 134-147.

李善民, 刘永新. 2010. 并购整合对并购公司绩效的影响——基于中国液化气行业的研究[J]. 南开管理评论, 13 (4): 154-160.

李善民, 曾昭灶, 王彩萍, 等. 2004. 上市公司并购绩效及其影响因素研究[J]. 世界经济, (9): 60-67.

李善民, 朱滔. 2006. 多元化并购能给股东创造价值吗? ——兼论影响多元化并购长期绩效的因素[J]. 管理世界, (3): 129-137.

李诗, 吴超鹏. 2016. 中国企业跨国并购成败影响因素实证研究——基于政治和文化视角[J]. 南开管理评论, 19 (3): 18-30.

李田香. 2012. 企业并购绩效研究述评[J]. 财经界, (12): 141-142.

李维安, 刘振杰, 顾亮. 2014. 董事会异质性、断裂带与跨国并购[J]. 管理科学, 27 (4): 1-11.

李祥艳. 2006. 我国企业跨国并购绩效及其影响因素研究[D]. 沈阳工业大学硕士学位论文.

李秀娥, 卢进勇. 2013. 中国企业跨境并购效率影响因素实证研究: 基于制度视角[J]. 世界经济研究, (5): 67-73, 89.

李元旭, 刘偲. 2016. 制度距离与我国企业跨国并购交易成败研究[J]. 财经问题研究, (3): 94-103.

李哲, 何佳. 2007. 国有上市公司的上市模式、并购类型与绩效[J]. 世界经济, (9): 64-73.

刘凡桢. 2017. 医药流通企业并购类型与风险问题研究[J]. 全国流通经济, (3): 31-32.

刘海建, 周小虎, 龙静. 2009. 组织结构惯性、战略变革与企业绩效的关系: 基于动态演化视角的实证研究[J]. 管理评论, 21 (11): 92-100.

刘鹤. 2021. 必须实现高质量发展[J]. 中国军转民, (23): 10-13.

刘健, 刘春林. 2016. 不确定性下关联股东网络的并购经验与并购绩效研究[J]. 南开管理评论, 19 (3): 4-17.

刘磊, 赵素姣, 于英川. 2006. 中国企业海外并购经营绩效实证研究[C]//中国运筹学会. 中国运筹学会第八届学术交流会论文集. Hong Kong: Global-Link Informatics Limited: 430-436.

刘明宇, 芮明杰. 2012. 价值网络重构、分工演进与产业结构优化[J]. 中国工业经济, (5): 148-160.

刘淑莲, 张芳芳, 张文珂. 2014. 融资约束、现金流波动性与并购对价方式研究[J]. 证券市场导报, (5): 40-45, 51.

刘文纲, 汪林生, 孙永波. 2007. 跨国并购中的无形资源优势转移分析——以 TCL 集团和万向集团跨国并购实践为例[J]. 中国工业经济, (3): 120-128.

刘偲, 孟勇. 2019. 制度距离与我国企业海外并购效率[J]. 经济管理, 41 (12): 22-39.

刘莹. 2017. 系列并购价值创造研究——基于企业能力视角[D]. 北京交通大学博士学位论文.

刘友金. 2002. 论集群式创新的组织模式[J]. 中国软科学, (2): 72-76.

刘宇华. 2017. 国有控股企业并购动因理论分析[J]. 现代管理科学, (12): 57-59.

刘运国, 李思琪, 刘洋. 2018. 我国酒店业海外并购动因与效果研究——以锦江股份并购卢浮酒店为例[J]. 财会通讯, (34): 3-9, 129.

刘志彪. 2015. 从全球价值链转向全球创新链: 新常态下中国产业发展新动力[J]. 学术月刊, 47 (2): 5-14.

刘志彪, 于明超. 2009. 从 GVC 走向 NVC: 长三角一体化与产业升级[J]. 学海, (5): 59-67.

刘志彪, 张杰. 2007. 全球代工体系下发展中国家俘获型网络的形成、突破与对策——基于 GVC 与 NVC 的比较视角[J]. 中国工业经济, (5): 39-47.

刘志彪, 张杰. 2009. 从融入全球价值链到构建国家价值链: 中国产业升级的战略思考[J]. 学术月刊, 41 (9): 59-68.

龙立惠. 2014. 上市公司连续并购对高管薪酬的影响分析[D]. 华东交通大学硕士学位论文.

卢昌崇，陈仕华. 2009. 断裂联结重构：连锁董事及其组织功能[J]. 管理世界，（5）：152-165.

卢锐，魏明海，黎文靖. 2008. 管理层权力、在职消费与产权效率——来自中国上市公司的证据[J]. 南开管理评论，（5）：85-92，112.

鲁若愚，周阳，丁奕文，等. 2021. 企业创新网络：溯源、演化与研究展望[J]. 管理世界，37（1）：217-233，14.

陆国庆. 2011. 战略性新兴产业支撑体系的构建[J]. 重庆社会科学，（7）：29-35.

罗天洪，吴不得，李红. 2011. 基于硬件在环的创新设计开放实验基地实现模式[J]. 重庆理工大学学报（社会科学），25（9）：116-121.

吕文晶，陈劲，汪欢吉. 2017. 组织间依赖研究述评与展望[J]. 外国经济与管理，39（2）：72-85.

马建威. 2011. 中国企业海外并购绩效研究[D]. 财政部财政科学研究所博士学位论文.

马向东. 2003. 近年来的银行跨国并购与我国银行业的国际化[J]. 新视野，（5）：75-77.

毛基业，苏芳. 2019. 质性研究的科学哲学基础与若干常见缺陷——中国企业管理案例与质性研究论坛（2018）综述[J]. 管理世界，35（2）：115-120，199.

毛雅娟. 2011. 并购方高管动机与并购贷款的特殊风险控制——来自连续并购现象的经验研究[J]. 金融理论与实践，（1）：61-65.

毛雅娟，李善民. 2013. 管理者持股能缓解代理冲突引发的公司并购行为吗[J]. 学术研究，（6）：60-68，159.

毛蕴诗，姜岳新，莫伟杰. 2009. 制度环境、企业能力与 OEM 企业升级战略——东菱凯琴与佳士科技的比较案例研究[J]. 管理世界，（6）：135-145，157.

毛蕴诗，袁静. 2005. 跨国公司对华直接投资策略：趋势与特点[J]. 管理世界，（9）：48-58.

门久久. 2016. 连续并购的绩效研究——基于华电国际的经验数据[J]. 会计之友，（12）：91-97.

欧思嘉，郑勇. 2014. 管理者过度自信与企业并购行为的实证研究[J]. 宁夏工程技术，13（3）：283-288.

潘清泉，唐刘钊. 2015. 技术关联调节下的企业知识基础与技术创新绩效的关系研究[J]. 管理学报，12（12）：1788-1796.

潘文卿，李子奈，刘强. 2011. 中国产业间的技术溢出效应：基于 35 个工业部门的经验研究[J]. 经济研究，46（7）：18-29.

潘颖，张晓明，沈卫香. 2010. 股权结构与中国上市公司并购绩效关系的实证研究[J]. 生产力研究，（11）：92-94.

彭凯，孙茂竹，胡熠. 2018. 连锁董事具有实质独立性吗？——基于投资者市场反应的视角[J]. 中国软科学，（9）：113-129.

彭新敏，刘电光. 2021. 基于技术追赶动态过程的后发企业市场认知演化机制研究[J]. 管理世界，37（4）：180-198.

彭新敏，张祺瑞，刘电光. 2022. 后发企业超越追赶的动态过程机制——基于最优区分理论视角的纵向案例研究[J]. 管理世界，38（3）：145-162.

彭正银，廖天野. 2008. 连锁董事治理效应的实证分析——基于内在机理视角的探讨[J]. 南开管理评论，（1）：99-105.

乔璐，赵广庆，吴剑峰. 2020. 距离产生美感还是隔阂？国家间距离与跨国并购绩效的元分析[J].

外国经济与管理，42（12）：119-133.

秦丽娜，李凯. 2007. 自然人控股公司的治理特征与绩效的实证研究[J]. 中国软科学，（3）：99-105.

邱伟年，欧阳静波，林家荣. 2011. 中国跨国并购的政策动因研究——基于中国上市公司外资并购与民营并购绩效比较的视角[J]. 经济经纬，（6）：77-81.

任兵，区玉辉，彭维刚. 2007. 连锁董事与公司绩效：针对中国的研究[J]. 南开管理评论，（1）：8-15.

任曙明，陈强，王倩，等. 2019. 海外并购为何降低了中国企业投资效率？[J]. 财经研究，45（6）：128-140.

单宇，许晖，周连喜，等. 2021. 数智赋能：危机情境下组织韧性如何形成？——基于林清轩转危为机的探索性案例研究[J]. 管理世界，37（3）：84-104，7.

邵新建，巫和懋，肖立晟，等. 2012. 中国企业跨国并购的战略目标与经营绩效：基于 A 股市场的评价[J]. 世界经济，35（5）：81-105.

申明浩，杨永聪. 2012. 基于全球价值链的产业升级与金融支持问题研究——以我国第二产业为例[J]. 国际贸易问题，（7）：3-11.

沈坤荣，金刚. 2018. 制度差异、"一带一路"倡议与中国大型对外投资——基于投资边际、模式与成败的三重视角[J]. 经济理论与经济管理，（8）：20-33.

盛朝迅. 2014. 创新驱动产业升级的因素分析与政策建议[J]. 全球化，（8）：74-86，132.

施继坤，刘淑莲，张广宝. 2014. 管理层缘何频繁发起并购：过度自信抑或私利[J]. 华东经济管理，28（12）：84-90.

史建三. 1998. 跨国公司对我国企业并购的发展趋势及对策思考[J]. 世界经济研究，（5）：38-43.

宋亚非. 2006. 在华跨国公司价值链本土化策略研究[J]. 经济与管理，（10）：54-58.

苏丽娟，白娴. 2018. 政府会计制度对医院预算管理的影响及对策[J]. 商业会计，（19）：85-87.

苏汝劼，李玲. 2021. 制造业对外直接投资的逆向技术溢出效应——基于技术差距的影响分析[J]. 宏观经济研究，（7）：66-78，126.

苏卫东，谢玲红. 2011. 基于时间间隔的连续并购行为分析[J]. 西北工业大学学报（社会科学版），31（1）：28-31，43.

孙光国，孙瑞琦. 2016. 董事—经理兼任影响企业投资效率了吗？[J]. 财经问题研究，（7）：39-46.

孙文远. 2006. 产品内价值链分工视角下的产业升级[J]. 管理世界，（10）：156-157.

唐蓓. 2010. 管理者过度自信对上市公司并购投资的影响[J]. 审计与经济研究，25（5）：77-83.

唐海燕，张会清. 2008. 中国崛起与东亚生产网络重构[J]. 中国工业经济，（12）：60-70.

唐晓华，高鹏. 2019. 全球价值链视角下中国制造业企业海外并购的动因与趋势分析[J]. 经济问题探索，（3）：92-98.

田高良，李留闯，齐保垒. 2011. 连锁董事、财务绩效和公司价值[J]. 管理科学，24（3）：13-24.

田娇. 2012. 技术创新视角下的产业升级影响因素研究[D]. 湖南科技大学硕士学位论文.

田祖海，王永乐. 2006. 全球跨国并购的动因——一个综合性解释框架[J]. 理论月刊，（3）：141-144.

万解秋，刘亮. 2009. 跨国并购效应研究新进展[J]. 经济学动态，（5）：109-112.

万良勇，梁婵娟，饶静. 2016. 上市公司并购决策的行业同群效应研究 [J]. 南开管理评论，19（3）：

40-50.

万良勇，郑小玲. 2014. 董事网络的结构洞特征与公司并购[J]. 会计研究，（5）：67-72，95.

汪建成，刘晓龙. 2008. 后发企业如何通过连续并购提升技术能力与加速国际化——基于中集集团的案例研究[C]//中国管理现代化研究会. 第三届（2008）中国管理学年会——市场营销分会场论文集. 湖南长沙：716-732.

王昌林. 2007. 技术溢出效应与企业自主创新[J]. 科技管理研究，（4）：21-23.

王长征. 2000. 并购整合：通过能力管理创造价值[J]. 外国经济与管理，（12）：13-19.

王昶，胡明华，周文辉. 2017. 技术寻求型跨国并购中公司总部角色演化研究——基于时代电气的纵向案例研究[J]. 科学学与科学技术管理，38（3）：56-69.

王凤荣，高飞. 2012. 政府干预、企业生命周期与并购绩效——基于我国地方国有上市公司的经验数据[J]. 金融研究，（12）：137-150.

王广凤，李征，冯荣凯. 2009. 技术突破性、外部性与企业技术并购[J]. 科技进步与对策，26（2）：71-74.

王桂军，卢潇潇. 2019. "一带一路"倡议与中国企业升级[J]. 中国工业经济，（3）：43-61.

王海. 2007. 公允价值的演进逻辑与经济后果研究[J]. 会计研究，（8）：6-12，95.

王江帆. 2005. 我国上市公司跨国并购绩效的实证研究[D]. 南京工业大学硕士学位论文.

王珏. 2006. 从 TCL 跨国并购视角看中国中小企业国际化战略[J]. 管理世界，（3）：150-151.

王立军，魏忠，朱春礼. 2011. 宏观调控、地区特征与技术进步策略选择——基于中国地区层面的证据[J]. 科学学与科学技术管理，32（10）：92-97.

王林生. 2000. 跨国并购与中国外资政策[J]. 世界经济，（7）：3-7.

王谦. 2010. 中国企业技术获取型跨国并购研究[M]. 北京：经济科学出版社.

王少平，杨继生. 2006. 联合 P 值综列单位根检验的扩展及其对中国股市的弱有效性检验[J]. 统计研究，（4）：69-72.

王生辉，孙国辉. 2009. 全球价值链体系中的代工企业组织学习与产业升级[J]. 经济管理，31（8）：39-44.

王宛秋，张潇天. 2022. 双元创新倾向对跨界技术并购绩效的影响研究[J]. 科研管理，43（6）：142-151.

王宛秋，张永安. 2009. 基于解释结构模型的企业技术并购协同效应影响因素分析[J]. 科学学与科学技术管理，30（4）：104-109，193.

王伟光，马胜利，姜博. 2015. 高技术产业创新驱动中低技术产业增长的影响因素研究[J]. 中国工业经济，（3）：70-82.

王小英. 2010. 企业并购整合的财务协同效应分析[J]. 福州大学学报（哲学社会科学版），24（2）：21-25.

王寅. 2013. 中部六省装备制造业产业承接力的评价研究[D]. 合肥工业大学硕士学位论文.

王玉，翟青，王丽霞，等. 2007. 自主创新路径及技术并购后价值链整合——上海电气集团收购日本秋山印刷机械公司案例分析[J]. 管理现代化，（3）：38-41.

王章豹，李垒. 2007. 我国制造业技术创新能力与产业竞争力的灰色关联分析[J]. 科学学与科学技术管理，（7）：38-42.

王喆，王碧珺，张明. 2019. "一带一路"沿线跨境并购的特征、影响因素及展望——基于美、英、日、中的国际比较[J]. 亚太经济，（1）：98-109，156.

韦影，宗小云. 2021. 企业适应数字化转型研究框架：一个文献综述[J]. 科技进步与对策，38（11）：152-160.

卫兴华，侯为民. 2007. 中国经济增长方式的选择与转换途径[J]. 经济研究，（7）：15-22.

魏江. 2004. 创新系统演进和集群创新系统构建[J]. 自然辩证法通讯，（1）：48-54，111.

魏江，刘嘉玲，刘洋. 2021. 新组织情境下创新战略理论新趋势和新问题[J]. 管理世界，37（7）：182-197，13.

魏江，王丁，刘洋. 2020. 来源国劣势与合法化战略——新兴经济企业跨国并购的案例研究[J]. 管理世界，36（3）：101-120.

魏江，王诗翔. 2017. 从"反应"到"前摄"：万向在美国的合法性战略演化（1994-2015）[J]. 管理世界，（8）：136-153，188.

魏江，杨洋. 2018. 跨越身份的鸿沟：组织身份不对称与整合战略选择[J]. 管理世界，34（6）：140-156，188.

魏涛. 2017. 中国企业海外并购的发展历程、趋势特征与动因分析[J]. 时代金融，（26）：21-22.

魏小仑. 2010. 我国企业跨国并购经营绩效实证研究[J]. 现代商贸工业，22（1）：102-103.

温成玉，刘志新. 2011. 技术并购对高技术上市公司创新绩效的影响[J]. 科研管理，32（5）：1-7，28.

温日光. 2015. 风险观念、并购溢价与并购完成率[J]. 金融研究，（8）：191-206.

巫强，刘志彪. 2012. 本土装备制造业市场空间障碍分析——基于下游行业全球价值链的视角[J]. 中国工业经济，（3）：43-55.

吴超鹏，吴世农，郑方镳. 2008. 管理者行为与连续并购绩效的理论与实证研究[J]. 管理世界，（7）：126-133，188.

吴丰华，刘瑞明. 2013. 产业升级与自主创新能力构建——基于中国省际面板数据的实证研究[J]. 中国工业经济，（5）：57-69.

吴静静. 2008. 跨国并购影响全要素生产率的实证研究[D]. 湖南大学硕士学位论文.

吴添祖，陈利华. 2006. 跨国并购获取核心技术——中国企业核心竞争力的培育模式[J]. 科学学与科学技术管理，（4）：139-143.

吴先明. 2007. 跨国公司理论范式之变：从垄断优势到寻求创造性资产[J]. 世界经济研究，（5）：64-68，88.

吴先明. 2011. 制度环境与我国企业海外投资进入模式[J]. 经济管理，33（4）：68-79.

吴先明，纪玉惠. 2016. 决定中国企业海外并购绩效的因素分析[J]. 科学决策，（10）：1-19.

吴先明，糜军. 2009. 我国企业对发达国家逆向投资与自主创新能力[J]. 经济管理，31（4）：57-63.

吴先明，苏志文. 2014. 将跨国并购作为技术追赶的杠杆：动态能力视角[J]. 管理世界，（4）：146-164.

吴先明，杨兴锐. 2014. 跨国并购与企业价值：资产寻求视角[J]. 经济管理，36（1）：45-55.

吴先明，张雨. 2019. 海外并购提升了产业技术创新绩效吗——制度距离的双重调节作用[J]. 南开管理评论，22（1）：4-16.

吴晓波，张馨月，沈华杰. 2021. 商业模式创新视角下我国半导体产业"突围"之路[J]. 管理世界，37（3）：123-136，9.

项保华，殷瑾. 2001. 购并后整合模式选择和对策研究[J]. 中国软科学，（4）：56-59.

肖静华，吴小龙，谢康，等. 2021. 信息技术驱动中国制造转型升级——美的智能制造跨越式战略变革纵向案例研究[J]. 管理世界，37（3）：161-179，225，11.

肖土盛，李丹，袁淳. 2018. 企业风格与政府环境匹配：基于异地并购的证据[J]. 管理世界，34（3）：124-138.

肖文，周君芝. 2014. 国家特定优势下的中国 OFDI 区位选择偏好——基于企业投资动机和能力的实证检验[J]. 浙江大学学报（人文社会科学版），44（1）：184-196.

谢洪明，张倩倩，邵乐乐. 2016. 跨国并购的效应：研究述评及展望[J]. 外国经济与管理，38（8）：59-80，112.

谢洪明，章俨. 2017. 跨国并购研究前沿及理论基础的演进——基于知识图谱的分析[J]. 华南理工大学学报（社会科学版），19（2）：1-14，77.

谢洪明，章俨，刘洋，等. 2019. 新兴经济体企业连续跨国并购中的价值创造：均胜集团的案例[J]. 管理世界，35（5）：161-178，200.

谢玲红，刘善存，邱菀华. 2011. 意见分歧与企业融资方式选择——基于并购事件[J]. 系统工程，29（8）：65-72.

谢伟，孙忠娟，李培馨. 2011. 影响技术并购绩效的关键因素研究[J]. 科学学研究，29（2）：245-251.

辛娜. 2014. 技术创新对产业升级的作用机理分析——基于空间计量经济模型[J]. 企业经济，（2）：41-44.

胥朝阳，刘睿智，唐寅. 2013. 技术并购的创值效应及影响因素分析[J]. 南方经济，（3）：48-61.

徐康宁，冯伟. 2010. 基于本土市场规模的内生化产业升级：技术创新的第三条道路[J]. 中国工业经济，（11）：58-67.

徐蕾，李明贝. 2019. 技术多元化对创新绩效的双中介作用机理研究[J]. 科研管理，40（5）：110-119.

徐蕾，李明贝，李靖华. 2022. 基于技术多元化的企业创新绩效研究：技术重构与开放度视角的剖析[J]. 商业经济与管理，（10）：51-61.

徐晓慧，李杰. 2016. 外资并购的价值效应及绩效影响因素的实证研究[J]. 国际经贸探索，32（5）：99-112.

徐振东. 2000. 跨国并购的风险及其控制的主要途径[J]. 中国工业经济，（5）：16-19.

许庆瑞，吴志岩，陈力田. 2013. 转型经济中企业自主创新能力演化路径及驱动因素分析——海尔集团 1984~2013 年的纵向案例研究[J]. 管理世界，（4）：121-134，188.

薛求知. 2004. 中国企业境外并购透视[J]. 上海国资，（5）：35-38.

阎大颖. 2011. 制度距离、国际经验与中国企业海外并购的成败问题研究[J]. 南开经济研究，（5）：75-97.

阎大颖，洪俊杰，任兵. 2009. 中国企业对外直接投资的决定因素：基于制度视角的经验分析[J]. 南开管理评论，12（6）：135-142，149.

闫雪琴，孙晓杰. 2016. 企业政治关联与跨国并购绩效——基于中国并购方数据[J]. 经济与管理研究，37（1）：119-127.

颜士梅，兰美艺. 2009. 基于技术整合战略的技术导入方式选择——以医药企业为例[J]. 科技管理研究，29（9）：223-226.

颜士梅，王重鸣. 2002. 知识型企业如何获取竞争优势———一个基于 SHRM 观的分析[J]. 科研管理，（6）：74-79.

杨波，魏馨. 2013. 中国企业海外并购的困境与对策[J]. 宏观经济研究，（6）：98-103.

杨勃，齐欣，张宁宁. 2020. 新兴市场跨国企业国际化的来源国劣势研究———基于组织身份视角[J]. 经济与管理研究，41（4）：74-87.

杨超. 2007. 外资并购动因浅析[J]. 经济研究导刊，（2）：27-28.

杨丹辉，渠慎宁. 2009. 私募基金参与跨国并购：核心动机，特定优势及其影响[J]. 中国工业经济，（3）：120-129.

杨洁，程丽霞. 2006. 我国企业并购的体制环境与策略[J]. 经济纵横，（9）：77-79.

杨君慧. 2012. 中国上市公司连续并购的市场反应研究[D]. 东华大学博士学位论文.

杨忠智. 2011. 跨国并购战略与对海外子公司内部控制[J]. 管理世界，（1）：176-177.

姚丽，孙苏，尚卫平，等. 2011. 从产业结构关联看江苏省产业结构的调整方向[J]. 工业技术经济，30（8）：21-26.

叶建木. 2008. 跨国并购：驱动、风险与规制[M]. 北京：经济管理出版社.

叶勤. 2002. 跨国并购的动因及其理论分析[J]. 国际经贸探索，（5）：24-27，35.

叶勤. 2003. 跨国并购影响因素的理论解释与述评[J]. 外国经济与管理，25（1）：26-31.

尹中升. 2014. 论以跨国购并模式实现企业技术创新战略[J]. 生产力研究，（2）：40-44.

应郭丽. 2013. 跨国并购对我国企业技术创新能力的影响[D]. 浙江工业大学硕士学位论文.

于成永，施建军. 2012. 技术并购、创新与企业绩效：机制和路径[J]. 经济问题探索，（6）：103-109.

于富生，张敏，姜付秀，等. 2008. 公司治理影响公司财务风险吗？[J]. 会计研究，（10）：52-59，97.

于开乐，王铁民. 2008. 基于并购的开放式创新对企业自主创新的影响———南汽并购罗孚经验及一般启示[J]. 管理世界，（4）：150-159，166.

余力，刘英. 2004. 中国上市公司并购绩效的实证分析[J]. 当代经济科学，（4）：68-74，110-111.

余鹏翼，李善民. 2013. 国内上市公司并购融资偏好因素研究———基于国内并购与海外并购对比分析[J]. 经济与管理研究，（11）：58-66.

余鹏翼，王满四. 2014. 基于融资偏好视角的国内并购与海外并购内部影响因素比较研究[J]. 中国软科学，（9）：92-102.

余鹏翼，王满四. 2018. 上市公司董事多重职位与企业并购绩效研究[J]. 中国软科学，（1）：100-109.

喻红阳，赵婷婷. 2015. 企业国际化速度探究[J]. 湖北工业大学学报，30（3）：51-55.

袁建国，范文林，程晨，等. 2017. CFO 兼任董事能促进公司提高投资效率吗？———来自中国上市公司的经验证据[J]. 管理评论，29（3）：62-73.

袁蓉丽，王群，夏圣洁. 2019. 董事高管责任保险与增发费用[J]. 中国软科学，（6）：107-117.

翟进步，李嘉辉，顾桢. 2019. 并购重组业绩承诺推高资产估值了吗[J]. 会计研究，（6）：35-42.

崔育明，刘海峰，刘伟. 2013. 我国企业技术寻求导向的连续并购战略研究[J]. 国际商务研究，34（6）：87-94.

张兵，李晓明. 2003. 中国股票市场的渐进有效性研究[J]. 经济研究，（1）：54-61，87-94.

张超, 陈凯华, 穆荣平. 2021. 数字创新生态系统: 理论构建与未来研究[J]. 科研管理, 42 (3): 1-11.

张弛, 余鹏翼. 2017. 制度距离对中国企业跨国并购绩效影响的差异性——基于水平与垂直并购的比较[J]. 国际经贸探索, 33 (2): 44-58.

张光曦, 方圆. 2014. 技术并购后整合对被兼并方创新能力的影响: 社会资本的视角[J]. 科技进步与对策, 31 (9): 80-86.

张海亮, 卢曼, 吴冲锋. 2015. 不同"融资铜"模式的风险识别与警示[J]. 中国管理科学, 23 (8): 10-17.

张辉. 2004. 全球价值链理论与我国产业发展研究[J]. 中国工业经济, (5): 38-46.

张建红, 卫新江, 艾伯斯 H. 2010. 决定中国企业海外收购成败的因素分析[J]. 管理世界, (3): 97-107.

张建红, 周朝鸿. 2010. 中国企业走出去的制度障碍研究——以海外收购为例[J]. 经济研究, 45 (6): 80-91, 119.

张娟. 2017. 政府在中国企业跨国并购中的作用分析: 基于"一带一路"的视角[J]. 国际贸易, (2): 49-52.

张来武. 2013. 论创新驱动发展[J]. 中国软科学, (1): 1-5.

张兰霞, 贾明媚, 薛碧云, 等. 2015. 高管过度自信对跨国并购绩效的影响——基于我国上市公司的实证研究[J]. 东北大学学报 (自然科学版), 36 (9): 1363-1368.

张岚. 2007. 行业冲击假说下的我国并购活动波动性实证研究[D]. 哈尔滨工业大学硕士学位论文.

张岚, 范黎波, 鲍驾. 2018. 为什么企业会连续并购?——来自我国制造业企业的证据[J]. 财会通讯, (30): 10-17, 129.

张丽英. 2013. 技术并购与技术创新[J]. 技术经济与管理研究, (3): 25-29.

张龙, 刘洪, 胡恩华. 2006. 高管薪酬水平对企业并购行为影响的实证分析[J]. 软科学, (5): 42-45.

张璐, 王岩, 苏敬勤, 等. 2021. 资源基础理论: 发展脉络、知识框架与展望[J/OL]. 南开管理评论: 1-22.

张明之, 梁洪基. 2015. 全球价值链重构中的产业控制力——基于世界财富分配权控制方式变迁的视角[J]. 世界经济与政治论坛, (1): 1-23.

张秋生, 周琳. 2003. 企业并购协同效应的研究与发展[J]. 会计研究, (6): 44-47.

张双鹏, 周建. 2018. 企业并购战略的决策动因述评: 从理性预期到行为研究[J]. 外国经济与管理, 40 (10): 107-121.

张文佳. 2015. 我国企业跨国并购的动因分析[J]. 金融发展研究, (3): 3-9.

张新. 2003. 并购重组是否创造价值?——中国证券市场的理论与实证研究[J]. 经济研究, (6): 20-29, 93.

张延林, 土丽, 谢康, 等. 2020. 信息技术和实体经济深度融合: 中国情境的拼创机制[J]. 中国工业经济, (11): 80-98.

张毅. 2008. 跨国公司在华直接投资的战略演进[M]. 武汉: 华中科技大学出版社.

赵海龙, 何贤杰, 王孝钰, 等. 2016. 海外并购能够改善中国企业公司治理吗? [J]. 南开管理评论，19（3）：31-39.

赵黎明，陈妍庆. 2019. 创新存量、技术互补性与跨国并购技术创新绩效[J]. 科学学与科学技术管理，40（2）：68-83.

赵楠. 2005. 跨国并购的组织结构优化动因[J]. 经济学家，（1）：109-112.

赵伟，古广东. 2005. 中国企业跨国并购现状分析与趋向预期[J]. 国际贸易问题，（1）：108-111.

郑江淮，冉征. 2021. 智能制造技术创新的产业结构与经济增长效应——基于两部门模型的实证分析[J]. 中国人民大学学报，35（6）：86-101.

钟大强. 2015. 论医药企业并购的财务风险及管控策略[J]. 商业会计，（21）：77-78.

钟宁桦，温日光，刘学悦. 2019. "五年规划"与中国企业跨境并购[J]. 经济研究，54（4）：149-164.

周爱香. 2008. 论连续并购与间隔并购样本的差异[J]. 价值工程，（6）：166-168.

周琳，冼国明，明秀南. 2018. 僵尸企业的识别与预警——来自中国上市公司的证据[J]. 财经研究，44（4）：130-142.

周静瑜. 2018. 并购与整合（一）——"一带一路"战略下的企业深度国际化系列之四[J]. 建筑设计管理，35（6）：39-43.

周小春，李善民. 2008. 并购价值创造的影响因素研究[J]. 管理世界，（5）：134-143.

周洋，张庆普. 2019. 市场导向对跨界整合式颠覆性创新的影响——基于战略选择的调节作用[J]. 科学学与科学技术管理，40（2）：99-113.

朱宝宪，王怡凯. 2002. 1998年中国上市公司并购实践的效应分析[J]. 经济研究，（11）：20-26，92.

朱红波. 2016. CEO经验学习、个性特征与企业连续并购绩效[J]. 财会通讯，（30）：82-87.

朱华. 2017. 国有制身份对中国企业海外竞购交易成败的影响研究[J]. 世界经济研究，（3）：42-55，134-135.

朱华. 2018. 外来者劣势、组织学习与中国企业跨国并购意图的实现[J]. 科研管理，39（8）：80-90.

朱勤，刘垚. 2013. 我国上市公司跨国并购财务绩效的影响因素分析[J]. 国际贸易问题，（8）：151-160，169.

朱榕榕. 2012. 技术创新与产业升级路径研究[D]. 华东政法大学硕士学位论文.

朱允卫，曹淑艳. 2005. 我国民营企业海外并购的特点及发展对策[J]. 国际贸易问题，（8）：78-83.

Acemoglu D，Aghion P，Zilibotti F. 2006. Distance to frontier，selection，and economic growth[J]. Journal of the European Economic Association，4（1）：37-74.

Aghion P，Blundell R，Griffith R，et al. 2009. The effects of entry on incumbent innovation and productivity[J].The Review of Economics and Statistics，91（1）：20-32.

Ahammad M F，Glaister K W.2011. Postacquisition management and performance of cross-border acquisitions[J]. International Studies of Management & Organization，41（3）：59-75.

Ahammad M F，Glaister K W. 2013. The pre-acquisition evaluation of target firms and cross border acquisition performance[J]. International Business Review，22（5）：894-904.

Akbulut M E，Matsusaka J G. 2010. 50+years of diversification announcements[J]. Financial Review，45（2）：231-262.

Aktas N，de Bodt E，Roll R. 2009. Learning，hubris and corporate serial acquisitions[J]. Journal of Corporate Finance，15（5）：543-561.

Alimov A, Officer M S. 2017. Intellectual property rights and cross-border mergers and acquisitions[J]. Journal of Corporate Finance, 45: 360-377.

Altunbas Y, Marques D. 2008. Mergers and acquisitions and bank performance in Europe: the role of strategic similarities[J]. Journal of Economics and Business, 60 (3): 204-222.

Alvarez I, Marin R, Fonfría A. 2009. The role of networking in the competitiveness of firms[J]. Technological Forecasting and Social Change, 76 (3): 410-421.

Anand J, Delios A. 2002. Absolute and relative resources as determinants of international acquisitions[J]. Strategic Management Journal, 23 (2): 119-134.

Anderson C, Brown C E. 2010. The functions and dysfunctions of hierarchy[J].Research in Organizational Behavior, 30: 55-89.

Angwin D. 2004.Speed in M&A integration: the first 100 days[J]. European Management Journal, 22 (4): 418-430.

Angwin D. 2007. Motive archetypes in mergers and acquisitions (M&A): the implications of a configurational approach to performance[C]//Cooper C L, Finkelstein. S. Advances in Mergers and Acquisitions. Bingley: Emerald Group Publishing Limited: 77-105.

Angwin D N, Meadows M. 2015.New integration strategies for post-acquisition management[J]. Long Range Planning, 48 (4): 235-251.

Asquith P, Bruner R F, Mullins Jr D W. 1983. The gains to bidding firms from merger[J]. Journal of Financial Economics, 11 (1-4): 121-139.

Aybar B, Ficici A. 2009. Cross-border acquisitions and firm value: an analysis of emerging-market multinationals [J]. Journal of International Business Studies, 40: 1317-1338.

Banerjee T, Nayak A. 2015. Comparing domestic and cross-border mergers and acquisitions in the pharmaceutical industry[J]. Atlantic Economic Journal, 43: 489-499.

Barkema H G, Schijven M. 2008.How do firms learn to make acquisitions? A review of past research and an agenda for the future [J]. Journal of Management, 34 (3): 594-634.

Barkema H G, Vermeulen F. 1998. International expansion through start-up or acquisition: a learning perspective[J]. Academy of Management Journal, 41 (1): 7-26.

Barney J B. 1986.Strategic factor markets: expectations, luck, and business strategy[J]. Management Science, 32 (10): 1231-1241.

Basuil D A, Datta D K. 2015. Effects of industry and region specific acquisition experience on value creation in cross-border acquisitions: the moderating role of cultural similarity[J]. Journal of Management Studies, 52 (6): 766-795.

Bauer F, Matzler K. 2014. Antecedents of M&A success: the role of strategic complementarity, cultural fit, and degree and speed of integration[J]. Strategic Management Journal, 35 (2): 269-291.

Belderbos R. 2001. Overseas innovations by Japanese firms: an analysis of patent and subsidiary data[J]. Research Policy, 30 (2): 313-332.

Beltagui A, Rosli A, Candi M. 2020. Exaptation in a digital innovation ecosystem: the disruptive impacts of 3D printing[J]. Research Policy, 49 (1): 103833.

BenDaniel D J, Rosenbloom A H, Hanks Jr J J. 1998. International M&A, Joint Ventures and Beyond: Doing the Deal [M]. New York: John Wiley&Sons, Inc.

Bernheim B D, Whinston M D. 1990. Multimarket contact and collusive behavior[J]. The RAND Journal of Economics, 21（1）: 1-26.

Berry L L. 2002.Relationship marketing of services perspectives from 1983 and 2000[J]. Journal of Relationship Marketing, 1（1）: 59-77.

Bertrand O, Zitouna H. 2008. Domestic versus cross-border acquisitions: which impact on the target firms' performance? [J]. Applied Economics, 40（17）: 2221-2238.

Bertrand O, Zuniga P. 2006. R&D and M&A: are cross-border M&A different? An investigation on OECD countries[J]. International Journal of Industrial Organization, 24（2）: 401-423.

Billett M T, Qian Y. 2008. Are overconfident CEOs born or made? Evidence of self-attribution bias from frequent acquirers[J]. Management Science, 54（6）: 1037-1051.

Birkinshaw J, Bresman H, Håkanson L. 2000. Managing the post-acquisition integration process: how the human integration and task integration processes interact to foster value creation[J]. Journal of Management Studies, 37（3）: 395-425.

Blake R R, Mouton J S. 1985. How to achieve integration on the human side o the merger[J]. Organizational Dynamics, 13（3）: 41-56.

Bley J, Madura J. 2003. Intra-industry and inter-country effects of European mergers[J]. Journal of Economics and Finance, 27（3）: 373-395.

Boateng A, Du M, Bi X G, et al. 2019. Cultural distance and value creation of cross-border M&A: the moderating role of acquirer characteristics[J]. International Review of Financial Analysis, 63: 285-295.

Boone A L, Mulherin J H. 2007. How are firms sold? [J]. The Journal of Finance, 62（2）: 847-875.

Bouncken R, Barwinski R. 2021. Shared digital identity and rich knowledge ties in global 3D printing—A drizzle in the clouds? [J]. Global Strategy Journal, 11（1）: 81-108.

Bower J L. 2001. Not all M&As are alike—and that matters[J]. Harvard Business Review, 79（3）: 92-101, 164.

Bragado J F. 1992. Setting the correct speed for postmerger integration[J]. M&A Europe, 5: 24-31.

Bresman H. 2010 External learning activities and team performance: a multimethod field study[J]. Organization Science, 21（1）: 81-96.

Brickley J A, Coles J L, Jarrell G. 1997. Leadership structure: separating the CEO and chairman of the board[J]. Journal of Corporate Finance, 3（3）: 189-220.

Bris A, Brisley N, Cabolis C. 2008. Adopting better corporate governance: evidence from cross-border mergers[J].Journal of Corporate Finance, 14（3）: 224-240.

Brouthers K D. 2013. Institutional, cultural and transaction cost influences on entry mode choice and performance[J]. Journal of International Business Studies, 44: 1-13.

Brown K W, Ryan R M, Creswell J D. 2007. Mindfulness: theoretical foundations and evidence for its salutary effects[J]. Psychological Inquiry, 18（4）: 211-237.

Buckley P J, Casson M. 1976. A long-run theory of the multinational enterprise[C]//Buckley P J, Casson M. The Future of The Multinational Enterprise. London: Palgrave Macmillan: 32-65.

Buckley P J, Clegg L J, Cross A R, et al. 2007. The determinants of Chinese outward foreign direct investment[J]. Journal of International Business Studies, 38（4）: 499-518.

Burt R S. 1980. Cooptive corporate actor networks: a reconsideration of interlocking directorates involving American manufacturing[J]. Administrative Science Quarterly, 25（4）: 557-582.

Cai Y, Sevilir M. 2012. Board connections and M&A transactions[J]. Journal of Financial Economics, 103（2）: 327-349.

Campa J, Hernando I. 2006. M&As performance in the European financial industry[J]. Journal of Banking & Finance, 30（12）: 3367-3392.

Capron L. 1999. The long-term performance of horizontal acquisitions[J]. Strategic Management Journal, 20（11）: 987-1018.

Cartwright C. 2006. You want to know how it affected me? Young adults' perceptions of the impact of parental divorce[J]. Journal of Divorce & Remarriage, 44（3/4）: 125-143.

Cartwright S, Schoenberg R. 2006. Thirty years of mergers and acquisitions research: recent advances and future opportunities[J]. British Journal of Management, 17（S1）: S1-S5.

Cassiman B, Colombo M G, Garrone P, et al. 2005.The impact of M&A on the R&D process: an empirical analysis of the role of technological-and market-relatedness[J]. Research Policy, 34（2）: 195-220.

Cassiman B, Di Guardo M C, Valentini G. 2009. Organising R&D projects to profit from innovation: insights from co-opetition[J]. Long Range Planning, 42（2）: 216-233.

Castañer X, Karim S. 2011. Acquirers' goals' influence on acquirer-target bilateral interactions[R]. Boston U. School of Management Research Paper.

Castañer X, Karim S. 2013. Implementing acquirers' synergistic intent: cost reduction, revenue enhancement and bilateral interactions with the target[C]//Castañer X, Karim S. Mergers and Acquisitions: Practices, Performance and Perspectives. New York: Etienne Perrault Nova Publishers: 75-108.

Chandler A D. 1962. Pattern in organizational analysis: a critical examination[J]. Business History Review, 36（2）: 233-235.

Chao Y C. 2018. Organizational learning and acquirer performance: how do serial acquirers learn from acquisition experience[J]. Asia Pacific Management Review, 23（3）: 161-168.

Chatterjee S. 2009.The keys to successful acquisition programmes[J]. Long Range Planning, 42（2）: 137-163.

Chatterjee S, Bourgeois L J. 2011. Type of resource interactions and acquisition success[J]. SSRN Electronic Journal.

Chatterjee S, Lubatkin M H, Schweiger D M, et al. 1992. Cultural differences and shareholder value in related mergers: linking equity and human capital[J]. Strategic Management Journal, 13（5）: 319-334.

Chatters L M, Levin J S, Taylor R J. 1992. Antecedents and dimensions of religious involvement among older black adults[J]. Journal of Gerontology, 47（6）: S269-S278.

Chen C H, Chang Y Y, Lin J. 2010. The performance impact of post-M&A interdepartmental integration: an empirical analysis[J]. Industrial Market Management, 39: 1150-1161.

Chen F, Wang Y. 2014. Integration risk in cross-border M&A based on internal and external resource: empirical evidence from China's track record in M&A[J]. Quality & Quantity, 48: 281-295.

Chen Z, Du J, Li D, et al. 2013. Does foreign institutional ownership increase return volatility? Evidence from China[J]. Journal of Banking & Finance, 37（2）: 660-669.

Chi T, Seth A. 2009. A dynamic model of the choice of mode for exploiting complementary capabilities[J]. Journal of International Business Studies, 40（3）: 365-387.

Cho H, Ahn H S. 2017. Stock payment and the effects of institutional and cultural differences: a study of shareholder value creation in cross-border M&As[J]. International Business Review, 26（3）: 461-475.

Cho S Y, Arthurs J D. 2018. The influence of alliance experience on acquisition premiums and post-acquisition performance[J]. Journal of Business Research, 88: 1-10.

Choi J P. 2008. Mergers with bundling in complementary markets [J]. The Journal of Industrial Economics, 56（3）: 553-577.

Christensen C M, Alton R, Rising C, el at. 2011. The big idea: the new M&A playbook [J]. Harvard Business Review, 89（3）: 48-57.

Cloodt M, Hagedoorn J, van Kranenburg H. 2006. Mergers and acquisitions: their effect on the innovative performance of companies in high-tech industries[J]. Research Policy, 35（5）: 642-654.

Coeurdacier N, de Santis R A, Aviat A. 2009. Cross-border mergers and acquisitions and European integration[J]. Economic Policy, 24（57）: 55-106.

Cohen J. 2002. The immunopathogenesis of sepsis[J]. Nature, 420（6917）: 885-891.

Cohen W M, Levinthal D A. 1990. Absorptive capacity: a new perspective on learning and innovation[J]. Administrative Science Quarterly, 35（1）: 128-152.

Colombo M G, Rabbiosi L. 2014. Technological similarity, post-acquisition R&D reorganization, and innovation performance in horizontal acquisitions[J]. Research Policy, 43（6）: 1039-1054.

Colombo M G, Rabbiosi L, Reichstein T. 2010. Special issue on: designing internal organization for external knowledge sourcing[J]. European Management Review, 7（1）: 74-76.

Conner K R. 1994. The resource-based challenge to the industry-structure perspective[J]. Academy of Management Proceedings, 1: 17-21.

Conner M. 2001. M&A risk management[J]. Journal of Business Strategy, 22（1）: 25.

Conn R, Connell F. 1990. International mergers: returns to US and British firms[J]. Journal of Business Finance & Accounting, 17（5）: 689-711.

Connor M J. 2001. Pupil stress and standard assessment tasks[J]. Emotional and Behavioural Difficulties, 6（2）: 103-111.

Cording M, Christmann P, King D R. 2008. Reducing causal ambiguity in integration: intermediate goals as mediators of integration decisions and acquisition performance[J]. Academy of

Management Journal, 51（4）: 744-767.

Croci E, Petmezas D. 2015. Do risk-taking incentives induce CEOs to invest? Evidence from acquisitions[J]. Journal of Corporate Finance, 32: 1-23.

Datta D K. 1991. Organizational fit and acquisition performance: effects of post-acquisition integration[J]. Strategic Management Journal, 12（4）: 281-297.

Datta D K, Grant J H. 1990. Relationships between type of acquisition, the autonomy given to the acquired firm, and acquisition success: an empirical analysis[J]. Journal of Management, 16（1）: 29-44.

Datta D K, Puia G. 1995. Cross-border acquisitions: an examination of the influence of relatedness and cultural fit on shareholder value creation in US acquiring firms[J]. Management International Review, 35（4）: 337-359.

Demirbag M, Tatoglu E, Glaister K W. 2009. Equity-based entry modes of emerging country multinationals: lessons from Turkey[J]. Journal of World Business, 44（4）: 445-462.

Deng P. 2009. Why do Chinese firms tend to acquire strategic assets in international expansion? [J]. Journal of World Business, 44（1）: 74-84.

Denicolò V, Polo M. 2018. Duplicative research, mergers and innovation[J]. Economics Letters, 166: 56-59.

DePamphilis D. 2011. Mergers, Acquisitions, and Other Restructuring Activities: an Integrated Approach to Process, Tools, Cases, and Solutions[M]. New York: Academic Press.

Desyllas P, Hughes A. 2008. Sourcing technological knowledge through corporate acquisition: evidence from an international sample of high technology firms [J].Journal of High Technology Management Research, 18（2）: 157-172.

Dickerson A P, Gibson H D, Tsakalotos E. 1997. The impact of acquisitions on company performance: evidence from a large panel of UK firms[J]. Oxford Economic Papers, 49（3）: 344-361.

di Giovanni J. 2005. What drives capital flows? The case of cross-border M&A activity and financial deepening[J]. Journal of International Economics, 65（1）: 127-149.

Dikova D, Sahib P R, van Witteloostuijn A. 2010. Cross-border acquisition abandonment and completion: the effect of institutional differences and organizational learning in the international business service industry, 1981—2001[J]. Journal of International Business Studies, 41（2）: 223-245.

Dolan C, Humphrey J. 2000. Governance and trade in fresh vegetables: the impact of UK supermarkets on the African horticulture industry[J]. Journal of Development Studies, 37（2）: 147-176.

Donaldson L. 1990. The ethereal hand: organizational economics and management theory[J]. Academy of Management Review, 15（3）: 369-381.

Dong L, Li X, McDonald F, et al. 2019. Distance and the completion of Chinese cross-border mergers and acquisitions[J]. Baltic Journal of Management, 14（3）: 500-519.

Doukas J A, Petmezas D. 2007. Acquisitions, overconfident managers and self‐attribution bias[J].

European Financial Management, 13（3）: 531-577.

Dunn J R, Schweitzer M E. 2005.Feeling and believing: the influence of emotion on trust[J]. Journal of Personality and Social Psychology, 88（5）: 736-748.

Dunning J H. 1977. Trade, location of economic activity and the MNE: a search for an eclectic approach[C]//Ohlin B, Hesselborn P, Wijkman P M. The International Allocation of Economic Activity. London: Palgrave Macmillan: 395-418.

Dunning J H. 1980. Toward an eclectic theory of international production: some empirical tests[J]. Journal of International Business Studies, 11（1）: 9-31.

Dunning J H, Lundan S M. 2008. Multinational Enterprises and the Global Economy[M]. Cheltenham: UK Edward Elgar Publishing.

Eisenhardt K M. 1989. Making fast strategic decisions in high-velocity environments[J]. Academy of Management Journal, 32（3）: 543-576.

Eisenhardt K M, Graebner M E. 2007. Theory building from cases: opportunities and challenges[J]. Academy of Management Journal, 50（1）: 25-32.

Eisenhardt K M, Martin J A. 2000. Dynamic capabilities: what are they? [J]. Strategic Management Journal, 21（10/11）: 1105-1121.

Ellis J A, Moeller S B, Schlingemann F P, et al. 2017. Portable country governance and cross-border acquisitions[J]. Journal of International Business Studies, 48（2）: 148-173.

Ellis K M, Reus T H, Lamont B T. 2009. The effects of procedural and informational justice in the integration of related acquisitions [J]. Strategic Management Journal, 30（2）: 137-161.

Ellis K M, Reus T H, Lamont B T, et al. 2011. Transfer effects in large acquisitions: how size-specific experience matters[J]. Academy of Management Journal, 54（6）: 1261-1276.

Elnahas A M, Hassan M K, Ismail G M. 2017. Religion and mergers and acquisitions contracting: the case of earnout agreements[J]. Journal of Corporate Finance, 42: 221-246.

Erel I, Jang Y, Weisbach M S. 2015. Do acquisitions relieve target firms' financial constraints? [J]. The Journal of Finance, 70（1）: 289-328.

Erel I, Liao R C, Weisbach M S. 2012. Determinants of cross-border mergers and acquisitions[J]. The Journal of Finance, 67（3）: 1045-1082.

Ernst D. 1998. Catching-up, crisis and industrial upgrading: evolutionary aspects of technological learning in Korea's electronics industry[J].Asia Pacific Journal of Management, 15(2): 247-283.

Ernst E. 1998. Harmless herbs? A review of the recent literature[J]. The American Journal of Medicine, 104（2）: 170-178.

Eun C S, Kolodny R, Scheraga C. 1996. Cross-border acquisitions and shareholder wealth: tests of the synergy and internalization hypotheses[J]. Journal of Banking & Finance, 20(9): 1559-1582.

Fai F. 2003. Corporate Technological Competence and the Evolution of Technological Diversification[M]. London: Edward Elgar Publishing.

Faleye O. 2007. Classified boards, firm value, and managerial entrenchment[J]. Journal of Financial Economics, 83（2）: 501-529.

Fama E F, Fisher L, Jensen M C, et al. 1969. The adjustment of stock prices to new information[J].

International Economic Review, 10（1）: 1-21.

Fama E F, Jensen M C. 1983. Agency problems and residual claims[J]. The Journal of Law and Economics, 26（2）: 327-349.

Faulkner D, Teerikangas S, Joseph R J. 2012. The Handbook of Mergers and Acquisitions[M]. New York: Oxford University Press.

Feenstra R C. 1998. Integration of trade and disintegration of production in the global economy[J]. Journal of Economic Perspectives, 12（4）: 31-50.

Ferris S P, Jagannathan M, Pritchard A C. 2003. Too busy to mind the business? Monitoring by directors with multiple board appointments[J]. The Journal of Finance, 58（3）: 1087-1111.

Ferrucci L, Bandinelli S, Benvenuti E, et al. 2000. Subsystems contributing to the decline in ability to walk: bridging the gap between epidemiology and geriatric practice in the CHIANTI study[J]. Journal of the American Geriatrics Society, 48（12）: 1618-1625.

Fiagbedzi S, Tkachenko L. 2002. Profit and value creation in pharmaceutical industry cross-border mergers[D]. Göteborg University Masters Thesis.

Fich E M, Shivdasani A. 2007. Financial fraud, director reputation, and shareholder wealth[J]. Journal of Financial Economics, 86（2）: 306-336.

Findlay R. 1978. Relative backwardness, direct foreign investment, and the transfer of technology: a simple dynamic model[J]. The Quarterly Journal of Economics, 92（1）: 1-16.

Finkelstein S. 1992. Power in top management teams: dimensions, measurement, and validation[J]. Academy of Management Journal, 35（3）: 505-538.

Focarelli D, Pozzolo A F. 2008. Cross-border M&As in the financial sector: is banking different from insurance? [J]. Journal of Banking & Finance, 32（1）: 15-29.

Focarelli D, Pozzolo A F, Casolaro L. 2008. The pricing effect of certification on syndicated loans[J]. Journal of Monetary Economics, 55（2）: 335-349.

Franco J. 1964. Image and experience in "La Vorágine" [J]. Bulletin of Hispanic Studies（Liverpool）, 41（2）: 101-110.

Francoeur A. 2007. The enemy within: constructions of US immigration law and policy and the homoterrorist threat[J]. Immigration and Nationality Law Review, 28: 55.

Frost B R, Barnes C G, Collins W J, et al. 2001. A geochemical classification for granitic rocks[J]. Journal of Petrology, 42（11）: 2033-2048.

Fuller K, Netter J, Stegemoller M. 2002. What do returns to acquiring firms tell us? Evidence from firms that make many acquisitions[J]. The Journal of Finance, 57（4）: 1763-1793.

Gadiesh O, Ormiston C, Rovit S. 2003. Achieving an M&A's strategic goals at maximum speed for maximum value[J]. Strategy & Leadership, 31（3）: 35-41.

Gereffi G. 1999. International trade and industrial upgrading in the apparel commodity chain[J]. Journal of International Economics, 48（1）: 37-70.

Gereffi G, Humphrey J, Sturgeon T. 2005. The governance of global value chains[J]. Review of International Political Economy, 12（1）: 78-104.

Gerpott T J. 1995. Successful integration of R&D functions after acquisitions: an exploratory empirical study[J]. R&D Management, 25（2）: 161-178.

Ghoshal S. 1987. Global strategy: an organizing framework[J]. Strategic Management Journal, 8（5）: 425-440.

Gioia C, Thomsen S. 2004. International acquisitions in Denmark 1990—1997: selection and performance[J]. Applied Economics Quarterly, 50（1）: 61-87.

Giuliani E, Pietrobelli C, Rabellotti R. 2005. Upgrading in global value chains: lessons from Latin American cluster[J]. World Development, 33（4）: 549-573.

Gowrisankaran G, Holmes T J. 2004. Mergers and the evolution of industry concentration: results from the dominant-firm model [J]. The Rand Journal of Economics, （3）: 561-582.

Graebner M E, Eisenhardt K M, Roundy P T. 2010. Success and failure in technology acquisitions: lessons for buyers and sellers[J]. Academy of Management Perspectives, 24（3）: 73-92.

Graebner M E, Heimeriks K H, Huy Q N, et al. 2017. The process of postmerger integration: a review and agenda for future research[J]. Academy of Management Annals, 11（1）: 1-32.

Grant R M. 1991. The resource-based theory of competitive advantage: implications for strategy formulation[J]. California Management Review, 33（3）: 114-135.

Guerrero S. 2008. Changes in employees' attitudes at work following an acquisition: a comparative study by acquisition type [J]. Human Resource Management Journal, 18（3）: 216-236.

Gugler K, Mueller D C, Yurtoglu B B, et al. 2003. The effects of mergers: an international comparison[J]. International Journal of Industrial Organization, 21（5）: 625-653.

Habib A, Hasan M M. 2017. Fim life cycle, corporate risk-taking and investor sentiment[J]. Accounting & Finance, 57（2）: 465-497.

Habib A, Hasan M M. 2019. Corporate life cycle research in accounting, finance and corporate governance: a survey, and directions for future research[J]. International Review of Financial Analysis, 61: 188-201.

Hagedoorn J, Duysters G. 2002. External sources of innovative capabilities: the preferences for strategic alliances or mergers and acquisitions[J]. Journal of Management Studies, 39（2）: 167-188.

Haleblian J, Finkelstein S. 1999. The influence of organizational acquisition experience on acquisition performance: a behavioral learning perspective[J]. Administrative Science Quarterly, 44（1）: 29-56.

Haleblian J, Kim J Y, Rajagopalan N. 2006. The influence of acquisition experience and performance on acquisition behavior: evidence from the US commercial banking industry[J]. Academy of Management Journal, 49（2）: 357-370.

Haleblian J, Rajagopalan N. 2006. A cognitive model of CEO dismissal: understanding the influence of board perceptions, attributions and efficacy beliefs[J]. Journal of Management Studies, 43（5）: 1009-1026.

Hambrick D C, Jr Cannella A A. 1993. Relative standing: a framework for understanding departures of acquired executives[J]. Academy of Management Journal, 36（4）: 733-762.

Hambrick D C, Mason P A. 1984. Upper echelons: the organization as a reflection of its top managers[J]. Academy of Management Review, 9 (2): 193-206.

Harzing A W. 2002. Acquisitions versus greenfield investments: international strategy and management of entry modes[J]. Strategic Management Journal, 23 (3): 211-227.

Hasan R, Siraj S, Mohamad M. 2017. Antecedents and outcome of Waqif's trust in Waqf institution[J]. Journal of Economic Cooperation and Development, 38 (4): 155-180.

Haspeslagh P C, Jemison D B. 1991. Managing Acquisitions: Creating Value through Corporate Renewal[M]. New York: Free Press.

Head K, Ries J. 2002. Offshore production and skill upgrading by Japanese manufacturing firms[J]. Journal of International Economics, 58 (1): 81-105.

Head K, Ries J. 2008. FDI as an outcome of the market for corporate control: theory and evidence[J]. Journal of International Economics, 74 (1): 2-20.

Healy P M, Palepu K G, Ruback R S. 1992. Does corporate performance improve after mergers? [J]. Journal of Financial Economics, 31 (2): 135-175.

Helfat C E, Peteraf M A. 2003. The dynamic resource-based view: capability lifecycles[J]. Strategic Management Journal, 24 (10): 997-1010.

Helfat C E, Raubitschek R S. 2018. Dynamic and integrative capabilities for profiting from innovation in digital platform-based ecosystems[J]. Research Policy, 47 (8): 1391-1399.

Helpman E, Krugman P. 1985. Market Structure and Foreign Trade [M]. Cambridge: MIT Press.

Henderson J, Dicken P, Hess M, et al. 2002. Global production networks and the analysis of economic development[J]. Review of International Political Economy, 9 (3): 436-464.

Heracleous L, Murray J. 2001. Networks, interlocking directors and strategy: toward a theoretical framework[J]. Asia Pacific Journal of Management, 18 (2): 137-160.

Hijzen A, Jean S, Mayer T. 2011.The effects at home of initiating production abroad: evidence from matched French firms[J]. Review of World Economics, 147 (3): 457-483.

Hillman A J, Withers M C, Collins B J. 2009. Resource dependence theory: a review[J]. Journal of Management, 35 (6): 1404-1427.

Hitt M A, Hoskisson R E, Johnson R A, et al. 1996. The market for corporate control and firm innovation[J]. Academy of Management Journal, 39 (5): 1084-1119.

Homburg C, Bucerius M. 2005. A marketing perspective on mergers and acquisitions: how marketing integration affects post-merger performance[J]. Journal of Marketing, 69 (1): 95-113.

Homburg C, Bucerius M. 2006. Is speed of integration really a success factor of mergers and acquisitions? An analysis of the role of internal and external relatedness[J]. Strategic Management Journal, 27 (4): 347-367.

Huang Z, Zhu H, Brass D J. 2017. Cross-border acquisitions and the asymmetric effect of power distance value difference on long-term post-acquisition performance[J]. Strategic Management Journal, 38 (4): 972-991.

Huber G P. 1991. Organizational learning: the contributing processes and the literatures[J]. Organization Science, 2 (1): 88-115.

Hymer S. 1960. The International Operations of National Firms: a Study of Direct Foreign

Investment[M]. Cambridge, Mass: M. I. T. Press.

Iansiti M. 1993. Real-world R&D: jumping the product generation gap[J]. Harvard Business Review, 71 (3): 138-147.

Inkpen A C, Sundaram A K, Rockwood K. 2000. Cross-border acquisitions of US technology assets[J]. California Management Review, 42 (3): 50-71.

Ireland R D, Hitt M A, Camp S M, et al. 2001. Integrating entrepreneurship and strategic management actions to create firm wealth[J]. Academy of Management Executive, 15 (1): 49-63.

Jemison D B, Sitkin S B. 1986. Corporate acquisitions: a process perspective[J]. Academy of Management Review, 11 (1): 145-163.

Jensen M C. 1986. Agency costs of free cash flow, corporate finance, and takeovers[J]. The American Economic Review, 76 (2): 323-329.

Jovanovic B, Rousseau P L. 2008. Mergers as reallocation[J]. The Review of Economics and Statistics , 90 (4): 765-776.

Kale P, Puranam P. 2004. Choosing equity stakes in technology-sourcing relationships: an integrative framework[J]. California Management Review, 46 (3): 77-99.

Kandilov I T, Leblebicioğlu A, Petkova N. 2017. Cross-border mergers and acquisitions: the importance of local credit and source country finance[J]. Journal of International Money and Finance, 70: 288-318.

Kang J. 1993. The international market for corporate control: mergers and acquisitions of US firms by Japanese firms[J]. Journal of Financial Economics, 34 (3): 345-371.

Kapoor R, Lim K. 2007. The impact of acquisitions on the productivity of inventors at semiconductor firms : a synthesis of knowledge-based and incentive-based perspectives[J]. Academy of Management Journal, 50 (5): 1133-1155.

Karim S. 2006. Modularity in organizational structure: the reconfiguration of internally developed and acquired business units[J]. Strategic Management Journal, 27 (9): 799-823.

Katila R, Ahuja G. 2002. Something old, something new: a longitudinal study of search behavior and new product introduction[J]. Academy of Management Journal, 45 (6): 1183-1194.

Kim J Y, Finkelstein S. 2009. The effects of strategic and market complementarity on acquisition performance: evidence from the US commercial banking industry, 1989—2001[J]. Strategic Management Journal, 30 (6): 617-646.

Kim Y, Jr Cannella A A. 2008. Toward a social capital theory of director selection[J]. Corporate Governance: An International Review, 16 (4): 282-293.

Kindleberger C P. 1981. Dominance and leadership in the international economy: exploitation, public goods, and free rides[J]. International Studies Quarterly, 25 (2): 242-254.

King D R, Covin J G, Hegarty W H. 2003. Complementary resources and the exploitation of technological innovations[J]. Journal of Management, 29 (4): 589-606.

King D R, Dalton D R, Daily C M, et al. 2004. Meta-analyses of post-acquisition performance: indications of unidentified moderators[J]. Strategic Management Journal, 25 (2): 187-200.

King D R, Slotegraaf R J, Kesner I. 2008. Performance implications of firm resource interactions in the acquisition of R&D-intensive firms[J]. Organization Science, 19（2）: 327-340.

King M, Semlyen J, Tai S S, et al. 2008. A systematic review of mental disorder, suicide, and deliberate self harm in lesbian, gay and bisexual people[J]. BMC Psychiatry, 8（1）: 1-17.

King P E, Furrow J. 2004. Religion as a resource for positive youth development: religion, social capital, and moral outcomes[J]. Developmental Psychology, 40（5）: 703-713.

Kiymaz H, Mukherjee T K. 2000. The impact of country diversification on wealth effects in cross-border mergers[J]. The Financial Review, 35（2）: 37-58.

Kogut B, Zander U. 1992. Knowledge of the firm, combinative capabilities, and the replication of technology[J]. Organization Science, 3（3）: 383-397.

Koleša I, Burger A, Dickmann M. 2022. The effects of institutions on emerging market firms' international assignment location decisions[J]. Economic and Business Review, 24（1）: 1-18.

Kuipers D R, Miller D P, Patel A. 2009. The legal environment and corporate valuation: evidence from cross-border takeovers[J]. International Review of Economics & Finance, 18(4): 552-567.

Laamanen T, Keil T. 2008. Performance of serial acquirers: toward an acquisition program perspective[J]. Strategic Management Journal, 29（6）: 663-672.

Lall S. 1983. Determinants of R&D in an LDC: the Indian engineering industry[J]. Economics Letters, 13（4）: 379-383.

Larsson R, Finkelstein S. 1999. Integrating strategic, organizational, and human resource perspectives on mergers and acquisitions: a case survey of synergy realization[J]. Organization Science, 10（1）: 1-26.

Lavie D. 2006. The competitive advantage of interconnected firms: an extension of the resource-based view[J]. Academy of Management Review, 31（3）: 638-658.

Li H, Tang M. 2010. Vertical integration and innovative performance: the effects of external knowledge sourcing modes[J]. Technovation, 30（7/8）: 401-410.

Li Q, Cheng H, Liu Y. 2013. Research for merger and acquisition of petrochemical industries based on value chain[J]. Open Journal of Applied Sciences, 3（1）: 67-70.

Liou R S, Rao-Nicholson R. 2017. Out of Africa: the role of institutional distance and host-home colonial tie in South African Firms' post-acquisition performance in developed economies[J]. International Business Review, 26（6）: 1184-1195.

Liu X, Zou H. 2008. The impact of greenfield FDI and mergers and acquisitions on innovation in Chinese high-tech industries[J]. Journal of World Business, 43（3）: 352-364.

Li-Weber M, Leible M, Schweiger M. 1989. Difference in the location in Dasycladaceae of a DNA sequence homologous to the Drosophila per locus[J]. Plant Cell Reports, 8（3）: 169-173.

Lorenzoni G, Lipparini A. 1999. The leveraging of inter-firm relationships as a distinctive organizational capability: a longitudinal study[J]. Strategic Management Journal, 20（4）: 317-338.

Loughran T, Vijh A M. 1997. Do long-term shareholders benefit from corporate acquisitions? [J]. The Journal of Finance, 52（5）: 1765-1790.

Lubatkin M, Schulze W S, Mainkar A, et al. 2001. Ecological investigation of firm effects in horizontal mergers[J]. Strategic Management Journal, 22（4）: 335-357.

Lund-Thomsen P, Nadvi K. 2010. Global value chains, local collective action and corporate social responsibility: a review of empirical evidence[J]. Business Strategy and the Environment, 19: 1-13.

Luo Y. 2002. Contract, cooperation, and performance in international joint ventures[J]. Strategic Management Journal, 23（10）: 903-919.

Luo Y, Tung R L. 2018. A general theory of springboard MNEs[J]. Journal of International Business Studies, 49（2）: 129-152.

Madhok A, Tallman S B. 1998. Resources, transactions and rents: managing value through interfirm collaborative relationships[J]. Organization Science, 9（3）: 326-339.

Magee J C, Galinsky A D. 2008. Social hierarchy: the self-reinforcing nature of power and status [J]. The Academy of Management Annals, 2（1）: 351-398.

Makri M, Hitt M A, Lane P J. 2010. Complementary technologies, knowledge relatedness, and invention outcomes in high technology mergers and acquisitions[J]. Strategic Management Journal, 31（6）: 602-628.

Marks M L, Mirvis P H, Brajkovich L F. 2001. Making mergers and acquisitions work: strategic and psychological preparation[J]. Academy of Management Perspectives, 15（2）: 80-94.

Meyer C B, Altenborg E. 2007. The disintegrating effects of equality: a study of a failed international merger[J]. British Journal of Management, 18（3）: 257-271.

Meyer K E. 2006. Asian management research needs more self-confidence[J]. Asia Pacific Journal of Management, 23（2）: 119-137.

Miles R E, Snow C C, Meyer A D, et al. 1978. Organizational strategy, structure, and process[J]. Academy of Management Review, 3（3）: 546-562.

Miles R E, Snow C C. 1978. Organizational Strategy, Structure and Process [M]. New York: McGraw-Hill.

Miozzo M, Divito L, Desyllas P. 2011. Cross-borderacquisitions of science-based firms: their effect on innovation in the acquired firm and the local science and technology system[R]. DRUID Working Paper.

Mizruchi M S, Stearns L B. 1988. A longitudinal study of the formation of interlocking directorates[J]. Administrative Science Quarterly, 33（2）: 194-210.

Moeller S B, Schlingemann F P, Stulz R M. 2005. Wealth destruction on a massive scale? A study of acquiring-firm returns in the recent merger wave[J].The Journal of Finance, 60（2）: 757-782.

Moore G A, McKenna R. 1999. Crossing the Chasm[M]. New York: Harper Business.

Muehlfeld K, Sahib P R, van Witteloostuijn A. 2007. Completion or abandonment of mergers and acquisitions: evidence from the newspaper industry, 1981—2000[J]. Journal of Media Economics, 20（2）: 107-137.

Myers B A. 1998. A brief history of human-computer interaction technology[J]. ACM Interactions, 5（2）: 44-54.

Nadvi K. 2008. Global standards, global governance and the organization of global value chains[J].

Journal of Economic Geography, 8（3）: 323-343.

Nadvi K, Thoburn J, Thang B, et al. 2004. Vietnam in the global garment and textile value chain: impacts on firms and workers[J]. Journal of International Development, 16: 111-123.

Nahavandi A, Malekzadeh A R. 1988. Acculturation in mergers and acquisitions[J]. Academy of Management Review, 13（1）: 79-90.

Narasimhan R, Swink M, Viswanathan S. 2010. On decisions for integration implementation: an examination of complementarities between product-process technology integration and supply chain integration[J]. Decision Sciences, 41（2）: 355-372.

Nardozza F. 1997. The US lodging industry at a crossroad[J]. Hotel & Motel Management, 212（10）: 13-15.

Nasri W. 2011. Factors influencing the adoption of internet banking in Tunisia[J]. International Journal of Business and Management, 6（8）: 143-160.

Navas-Alemán L. 2011. The impact of operating in multiple value chains for upgrading: the case of the Brazilian furniture and footwear industries [J]. World Development, 39（8）: 1386-1397.

Navissi F, Sridharan V G, Khedmati M, et al. 2017. Business strategy, over-（under-）investment, and managerial compensation[J]. Journal of Management Accounting Research, 29（2）: 63-86.

Neary J P. 2007. Cross-border mergers as instruments of comparative advantage[J]. Review of Economic Studies, 74（4）: 1229-1257.

Neely W P. 1987. Banking acquisitions: acquirer and target shareholder returns[J]. Financial Management, 16（4）: 66-74.

Nicholson R R, Salaber J. 2013. The motives and performance of cross-border acquirers from emerging economies: comparison between Chinese and Indian firms[J]. International Business Review, 22（6）: 963-980.

Nikandrou I, Papalexandris N. 2007. The impact of M&A experience on strategic HRM practices and organisational effectiveness: evidence from Greek firms[J]. Human Resource Management Journal, 17（2）: 155-177.

North D C. 1990. A transaction cost theory of politics[J]. Journal of Theoretical Politics, 2（4）: 355-367.

Olie R. 1994. Shades of culture and institutions-in international mergers[J]. Organization Studies, 15（3）: 381-405.

Oliveira N, Argyres N, Lumineau F. 2022. The role of communication style in adaptation to interorganizational project disruptions[J]. Journal of Operations Management, 68（4）: 353-384.

Ornaghi C. 2009. Mergers and innovation in big pharma[J]. International Journal of Industrial Organization, 27（1）: 70-79.

Ouyang A Y, Rajan R S. 2017. Impact of terrorism on cross-border mergers and acquisitions（M&As）: prevalence, frequency and intensity[J]. Open Economies Review, 28（1）: 79-106.

Pablo A L. 1994. Determinants of acquisition integration level: a decision-making perspective[J]. Academy of Management Journal, 37（4）: 803-836.

Pablo A L, Javidan M. 2004. Mergers and Acquisitions: Creating Integrative Knowledge[M]. New

York: John Wiley & Sons, Inc.

Palich L E, Cardinal L B, Miller C C. 2000. Curvilinearity in the diversification-performance linkage: an examination of over three decades of research[J]. Strategic Management Journal, 21 (2): 155-174.

Paruchuri S, Nerkar A, Hambrick D C. 2006. Acquisition integration and productivity losses in the technical core: disruption of inventors in acquired companies[J]. Organization Science, 17 (5): 545-562.

Penrose E. 1959. The Theory of the Growth of the Firm[M]. New York: Oxford University Press.

Perkins D N, Salomon G. 1992. Transfer of learning[C]//Husén T, Postlethwaite T N. The International Encyclopedia of Education. 2nd ed. Oxford: Pergamon: 425-441.

Pettigrew A M. 1990. Longitudinal field research on change: theory and practice[J]. Organization Science, 1 (3): 267-292.

Pietrobelli C, Saliola F. 2008. Power relationships along the value chain: multinational firms, global buyers and performance of local suppliers [J]. Cambridge Journal of Economics, 32 (6): 947-962.

Ponte S, Gibbon P. 2005. Quality standards, conventions and the governance of global value chains[J]. Economy and Society, 34 (1): 1-31.

Puranam P, Raveendran M. 2013. Interdependence and organization design[C]//Handbook of Economic Organization. London: Edward Elgar Publishing: 193-209.

Puranam P, Singh H, Chaudhuri S. 2009. Integrating acquired capabilities: when structural integration is (un) necessary[J]. Organization Science, 20 (2): 313-328.

Puranam P, Singh H, Zollo M. 2006. Organizing for innovation: managing the coordination-autonomy dilemma in technology acquisitions[J]. Academy of Management Journal, 49 (2): 263-280.

Puranam P, Srikanth K. 2007. What they know vs. what they do: how acquirers leverage technology acquisitions[J]. Strategic Management Journal, 28 (8): 805-825.

Ranft A L, Lord M D. 2002. Acquiring new technologies and capabilities: a grounded model of acquisition implementation[J]. Organization Science, 13 (4): 420-441.

Rani N, Yadav S S, Jain P K. 2015. Financial performance analysis of mergers and acquisitions: evidence from India[J]. International Journal of Commerce and Management, 25 (4): 402-423.

Renneboog L, Vansteenkiste C. 2019. Failure and success in mergers and acquisitions[J]. Journal of Corporate Finance, 58: 650-699.

Rhodes-Kropf M, Viswanathan S. 2004. Market valuation and merger waves[J]. The Journal of Finance, 59 (6): 2685-2718.

Roll R. 1986. The hubris hypothesis of corporate takeovers[J]. Journal of Business, 59 (2): 197-216.

Romer P. 1990. Endogenous technological change[J]. Journal of Political Economy, 98: 71-102.

Rothaermel F T, Boeker W. 2008. Old technology meets new technology: complementarities, similarities, and alliance formation[J]. Strategic Management Journal, 29 (1): 47-77.

Rovit S, Lemire C. 2003. Your best M&A strategy[J]. Harvard Business Review, 81 (3): 16-17.

Ruckman K. 2009. Technology sourcing acquisitions: what they mean for innovation potential [J]. Journal of Strategy and Management, 2（1）: 56-75.

Sakhartov A V, Folta T B. 2014. Resource relatedness, redeploy ability and firm value [J]. Strategic Management Journal, 35（12）: 1781-1797.

Sand J Y. 2009. Efficiency in complementary partnerships with competition[J]. Managerial and Decision Economics, 30（1）: 57-70.

Sarkar M, Echambadi R, Cavusgil S, et al. 2001. The influence of complementarity, compatibility, and relationship capital on alliance performance[J]. Journal of the Academy of Marketing Science, 29（4）: 358-373.

Savor P G, Lu Q. 2009. Do stock mergers create value for acquirers? [J]. The Journal of Finance, 64（3）: 1061-1097.

Schildt H, Keil T, Maula M. 2012. The temporal effects of relative and firm-level absorptive capacity on interorganizational learning[J]. Strategic Management Journal, 33（10）: 1154-1173.

Schipper K, Thompson R. 1985. The impact of merger-related regulations using exact distributions of test statistics[J]. Journal of Accounting Research, 23（1）: 408-415.

Schweiger D M, Ivancevich J M, Power F R. 1987. Executive actions for managing human resources before and after acquisition[J]. Academy of Management Perspectives, 1（2）: 127-138.

Schweiger D M, Weber Y. 1992. Strategies for managing human resources during mergers and acquisitions: an empirical investigation[C]//Schweiger D M, Papenfuß K. Human Resource Planning. Wiesbaden: Gabler Verlag: 101-118.

Schweiger M, Arridge S R, Delpy D T. 1993. Application of the finite-element method for the forward and inverse models in optical tomography[J]. Journal of Mathematical Imaging and Vision, 3（3）: 263-283.

Schweizer D, Walker T, Zhang A. 2019. Cross-border acquisitions by Chinese enterprises: the benefits and disadvantages of political connections[J]. Journal of Corporate Finance, 57: 63-85.

Schweizer L, Patzelt H. 2012. Employee commitment in the post-acquisition integration process: the effect of integration speed and leadership[J]. Scandinavian Journal of Management, 28（4）: 298-310.

Sears J, Hoetker G. 2014. Technological overlap, technological capabilities, and resource recombination in technological acquisitions[J]. Strategic Management Journal, 35（1）: 48-67.

Shanley J B. 1994. Effects of ion exchange on stream solute fluxes in a basin receiving highway deicing salts[J]. Journal of Environment Quality, 23（5）: 977-986.

Shimizu K, Hitt M, Vaidyanath D, et al. 2004. Theoretical foundations of cross-border mergers and acquisitions: a review of current research and recommendations for the future[J]. Journal of International Management, 10（3）: 307-353.

Shleifer A, Vishny R W. 2003. Stock market driven acquisitions[J]. Journal of Financial Economics, 70（3）: 295-311.

Shrivastava P. 1986. Is strategic management ideological? [J]. Journal of Management, 12（3）: 363-377.

Siegel D S, Simons K L, Lindstrom T. 2009. Ownership change, productivity, and human capital: new evidence from matched employer-employee data[C]//Dunne T, Jensen J B, Roberts M J. Producer Dynamics: New Evidence From MicroData. Chicago: University of Chicago Press: 397-442.

Slangen A H L. 2006. National cultural distance and initial foreign acquisition performance: the moderating effect of integration[J]. Journal of World Business, 41（2）: 161-170.

Slangen A H L, Hennart J. 2007. Greenfield or acquisition entry: a review of the empirical foreign establishment mode literature[J]. Journal of International Management, 13（4）: 403-429.

Smit H T J, Moraitis T. 2010. Serial acquisition options[J]. Long Range Planning, 43（1）: 85-103.

Soundararajan V, Sahasranamam S, Khan Z, et al. 2021. Multinational enterprises and the governance of sustainability practices in emerging market supply chains: an agile governance perspective[J]. Journal of World Business, 56（2）: 101149.

Southard F A. 1931. American Industry in Europe [M]. Boston: Houghton Mifflin Company.

Stahl G K, Voigt R. 2008. Do cultural differences matter in mergers and acquisitions? A tentative model and examination[J]. Organization Science, 19（1）: 160-176.

Steigenberger N. 2017. The challenge of integration: a review of the M&A integration literature[J]. International Journal of Management Reviews, 19（4）: 408-431.

Steininger D M, Mikalef P, Pateli A, et al. 2022. Dynamic capabilities in information systems research: a critical review, synthesis of current knowledge, and recommendations for future research[J]. Journal of the Association for Information Systems, 23（2）: 447-490.

Stiebale J. 2013. The impact of cross-border mergers and acquisitions on the acquirers'R&D—firm-level evidence[J]. International Journal of Industrial Organization, 31（4）: 307-321.

Stiebale J, Reize F. 2011. The impact of FDI through mergers and acquisitions on innovation in target firms[J]. International Journal of Industrial Organization, 29（2）: 155-167.

Sturgeon T, van Biesebroeck J, Gereffi G. 2008. Value chains, networks and clusters: reframing the global automotive industry[J]. Journal of Economic Geography, 8（3）: 297-321.

Suzuki J, Kodama F. 2004. Technological diversity of persistent innovators in Japan: two case studies of large Japanese firms[J]. Research Policy, 33（3）: 531-549.

Tang B, Bragazzi N L, Li Q, et al. 2020. An updated estimation of the risk of transmission of the novel coronavirus（2019-nCov）[J]. Infectious Disease Modelling, 5: 248-255.

Tang H, Lin P, Chan H, et al. 2011. Highly sensitive dopamine biosensors based on organic electrochemical transistors[J]. Biosensors and Bioelectronics, 26（11）: 4559-4563.

Tang R, Metwalli A M. 2003. M&A in greater China[J]. Journal of Corporate Accounting & Finance, 14（2）: 45-54.

Tanriverdi H, Venkatraman N. 2005. Knowledge relatedness and the performance of multibusiness firms[J]. Strategic Management Journal, 26（2）: 97-119.

Tate E D, Linn M C. 2005. How does identity shape the experiences of women of color engineering students? [J]. Journal of Science Education and Technology, 14（5）: 483-493.

Teece D J. 2007. Explicating dynamic capabilities: the nature and microfoundations of（sustainable） enterprise performance[J]. Strategic Management Journal, 28 (13): 1319-1350.

Teece D J. 2018. Profiting from innovation in the digital economy: enabling technologies, standards, and licensing models in the wireless world[J]. Research Policy, 47 (8): 1367-1387.

Thompson J D. 1967. Organizations in Action: Social Science Bases of Administrative Theory[M]. New Brunswick: Transaction Publishers.

Tripathi V, Lamba A. 2015. What drives cross-border mergers and acquisitions? A study of Indian multinational enterprises[J]. Journal of Strategy and Management, 8 (4): 384-414.

Tyagi V V, Rahim N A A, Rahim N A, et al. 2013. Progress in solar PV technology: research and achievement[J]. Renewable and Sustainable Energy Reviews, 20: 443-461.

Uddin M, Boateng A. 2009. An analysis of short-run performance of cross-border mergers and acquisitions: evidence from the UK acquiring firms[J].Review of Accounting and Finance, 8 (4): 431-453.

Urbinati A, Chiaroni D, Chiesa V, et al. 2018. An exploratory analysis on the contextual factors that influence disruptive innovation: the case of Uber[J]. International Journal of Innovation and Technology Management, 15 (3): 1850024.

Urbinati A, Manelli L, Frattini F, et al. 2022. The digital transformation of the innovation process: orchestration mechanisms and future research directions[J]. Innovation: Organization & Management, 24 (1): 65-85.

Vernon G M. 1962. Measuring religion: two methods compared[J]. Review of Religious Research, 3 (4): 159-165.

Vernon R. 1966. Comprehensive model-building in the planning process: the case of the less-developed economies[J].The Economic Journal, 76 (301): 57-69.

Verspagen B. 2000. Growth and structural change: trends, patterns and policy options[R]. Netherlands: Maastricht Economic Research Institute on Innovation and Technology.

Very P, Lubatkin M, Calori R, et al. 1997. Relative standing and the performance of recently acquired European firms[J]. Strategic Management Journal, 18 (8): 593-614.

Vial G. 2019. Understanding digital transformation: a review and a research agenda[J]. The Journal of Strategic Information Systems, 28 (2): 118-144.

Wang L, Zajac E J. 2007. Alliance or acquisition? A dyadic perspective on interfirm resource combinations[J]. Strategic Management Journal, 28 (13): 1291-1317.

Wasserstein A G. 1998. Nephrolithiasis: acute management and prevention[J]. Disease-a-Month, 44 (5): 196-213.

Weber E, Engler C, Gruetzner R, et al. 2011. A modular cloning system for standardized assembly of multigene constructs[J]. PloS One, 6 (2): e16765.

Wei T, Clegg J. 2104. Successful integration of target firms in international acquisitions: a comparative study in the medical technology industry[J]. Journal of International Management, 20 (2): 237-255.

Wernerfelt B. 1984. A resource-based view of the firm[J]. Strategic Management Journal, 5 (2): 171-180.

Wolfgang M C, Jyot J, Goodman A L, et al. 2004. Pseudomonas aeruginosa regulates flagellin expression as part of a global response to airway fluid from cystic fibrosis patients[J]. Proceedings of the National Academy of Sciences, 101（17）: 6664-6668.

Yang W, Park B, Jung E, et al. 2017. Iodide management in formamidinium-lead-halide—based perovskite layers for efficient solar cells[J]. Science, 356（6345）: 1376-1379.

Yelon S L, Ford J K. 1999. Pursuing a multidimensional view of transfer[J]. Performance Improvement Quarterly, 12（3）: 58-78.

Yin S, Ding S X, Xie X, et al. 2014. A review on basic data-driven approaches for industrial process monitoring[J]. IEEE Transactions on Industrial Electronics, 61（11）: 6418-6428.

Zaheer A, Castañer X, Souder D. 2013. Synergy sources, target autonomy, and integration in acquisitions[J]. Journal of Management, 39（3）: 604-632.

Zaheer S. 1995. Overcoming the liability of foreignness[J]. Academy of Management Journal, 38（2）: 341-363.

Zaheer S, Schomaker M S, Nachum L. 2012. Distance without direction: restoring credibility to a much-loved construct[J]. Journal of International Business Studies, 43（1）: 18-27.

Zahra S A, George G. 2002. The net-enabled business innovation cycle and the evolution of dynamic capabilities[J]. Information Systems Research, 13（2）: 147-150.

Zhang F, Pant D, Logan B E. 2011. Long-term performance of activated carbon air cathodes with different diffusion layer porosities in microbial fuel cells[J]. Biosensors and Bioelectronics, 30（1）: 49-55.

Zhou C, Xie J, Wang Q. 2016. Failure to complete cross-border M&As: "To" vs "From" emerging markets[J]. Journal of International Business Studies, 47: 1077-1105.

Zollo M, Singh H. 2004. Deliberate learning in corporate acquisitions: post-acquisition strategies and integration capability in US bank mergers[J]. Strategic Management Journal, 25（13）: 1233-1256.

后　记

　　30 年前，我独自离开故乡来到陌生的广州，自此踏上荆棘密布的求学之路。多年来的治学之路如履薄冰、如临深渊，但我始终不忘初心、砥砺前行，始终秉承一分耕耘、一分收获的理念，不断提升自我与时代同行，严格要求自我不断进取。

　　这部专著从 2020 年立项开始，到逐渐成形丰满、经历多次的修改打磨至此完成终稿。在此，向我最尊敬的李善民老师致以诚挚的谢意和崇高的敬意，老师兼济天下的胸怀和乐观豁达的精神亦是我终身学习的榜样，李老师引领我开启对并购领域的研究，高屋建瓴让我从事跨国并购的研究，多年来我始终坚持相关领域的学习，也取得微不足道的成绩，无论是论文的发表还是项目的研究，始终聚焦跨国并购领域。未来之路依然漫长，我将始终如一不断求索、不断成长，以期不辜负老师的厚爱与期望。

　　感恩我的家人，是你们在我身后为我撑起一片温暖的港湾，默默付出、无私奉献，无论我在哪里，你们都是我最坚实的后盾和最坚强的力量。

　　感谢我的学生们，是你们让我不敢松懈，推动我努力进取，与你们共同成长，携手同行，不负韶华。

　　我始终坚信路虽远、行则至，事虽难、做则成，未来我将继续奋斗，成为更好的自己。